LET'S GO 요한계시록

깊게 읽고 쉽게 풀어쓴

LET'S GO

요한계시록

강학종 지음

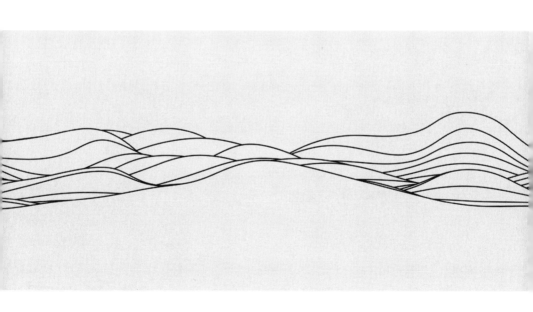

베드로서원

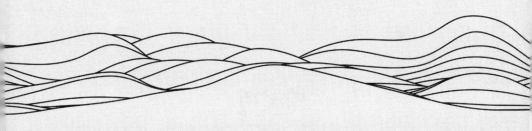

머리말

지난 2017년과 2018년에 〈쉽게 보는 어려운 요한계시록 1〉과 〈쉽게 보는 어려운 요한계시록 2〉를 출판했습니다. 그리고 책을 쓰게 된 특별한 계기가 있느냐는 질문을 몇 번 받았습니다. 책을 쓰게 된 계기가 어떤 게 있을까요? 처음에는 무슨 질문인지 아리송했는데 같은 질문을 몇 번 받으니 짐작 가는 것이 있었습니다. 요한계시록을 특별한 책으로 오해한 질문이었습니다. 예컨대 마태복음이나 로마서를 강해한 책이라면 머리 싸매고 연구해서 쓰겠지만 요한계시록은 금식기도를 하거나 환상을 보는 등 특별한 체험이 있어야 쓸 수 있다고 생각한 것이었습니다.

요한계시록은 그런 책이 아닙니다. 요한계시록이라고 해서 성경 다른 곳에 없는 내용이 있지도 않습니다. 신명기에도 있고 시편에도 있고 로마서에도 있는 내용이 다른 표현으로 기록된 것뿐입니다. 성경이 특별한 책이면 요한계시록도 특별한 책이지만 성경이 특별한 책이 아니면 요한계시록도 특별한 책이 아닙니다.

예전에 멕시코에서 선교사로 사역하는 친구가 잠깐 귀국한 적이 있습니다. 친구들끼리 모였습니다. 당연히 멕시코에서 온 친구가 주인공이었습니다. 그 친구가 먹고 싶다는 메뉴로 점심을 먹고, 그 친구가 찜질방에 가고 싶다고 해서 찜질방에도 다녀왔습니다. 그런데 난데없이 로또복권 얘기를 꺼냈습니다. 재미있을 것 같다면서 한번 해보자는 것이었습니다. 목사가 로또복권을 사는 것은 말이 안 됩니다만 멕시코에서 고생하다 온 친구 얘기를 모른 척 할 수도 없지 않습니까? 그 자리에서 만 원씩 거두었습니다. 걸음 빠른 친구가 대표로 가서 복권을 구입해 왔고, 한 친구가 그것을 보관했습니다. 친구들이 다 모이면 11명인데 3명이 불참해서 8명이 같이 있었습니다. 로또복권이 대화 소재가 되었습니다. 1등 당첨되면 예배당을 크게 지어서 공동목회를 하자는 말도 했고, 불참한 친구들은 사찰집사로 써주자고 해서 웃기도 했습니다. 며칠 후에 복권을 보관했던 친구가 저희끼리 운영하는 인터넷 카페에 글을 올렸습니다.

7인의 기도하는 사람들이여!
하나님은 위대하시도다.
우리의 기도 대상은 우리와 전혀 관계없는 자 3인에 의해 빼앗긴 바 되었으며,
우리의 것은 그중 8분의 7이 쓰레기통에 슬피 울며 찢겨진 채 버림받았으나
다행히 우리의 손에 의하지 아니한 것에 의해
우리의 분깃 중 8분의 1이 다시 또 색깔 입혀짐을 당하고 있음을 고하노라.

7인의 기도하는 사람은 여덟 명 중에 자기를 뺀 일곱 명입니다. 우리의 기도 대상은 우리와 전혀 관계없는 자 3인에 의해 빼앗긴 바 되었다는 얘기는 당첨되면 우리끼리 공동목회를 하기로 했는데 그 자리에 없던 세 명 때문에 부정 타서 꿈이 무산되었다는 뜻입니다. 우리의 것은 그중 8분의 7이 쓰레기통에 슬피 울며 찢겨진 채 버림받았다는 얘기는 복권 8장 가운데 7장이 '꽝'이라는 얘기입니다. 우리의 분깃 중 8분의 1이 다시 또 색깔 입혀짐을 당하고 있다는 얘기는 한 장이 본전을 건져서 그것으로 다시 복권을 구입했다는 뜻입니다.

아무리 재미삼아 한 일이지만 목사 체면에 '로또복권'을 직접 말하기는 거북했나 봅니다. 그 글을 보면서 그 자리에 있던 친구들은 모두 배꼽을 잡았

습니다. 하지만 그 자리에 없었던 친구들은 어리둥절할 뿐이었습니다.

요한계시록이 그런 책입니다. 아는 사람한테는 어렵지 않은데 모르는 사람은 절대 모릅니다. 구약을 배경으로 하고 상징이 많기 때문입니다. 당시 요한은 밧모섬에 유배된 상태였습니다. 로마에게 불리한 내용을 쓸 수는 없습니다. 그래서 그렇게 썼습니다. 그런 것을 묵시서라고 합니다. 구약을 모르거나 상징을 모르면 마치 암호문처럼 보일 수밖에 없지만 원래 독자인 소아시아 일곱 교회 교인들은 아무 어려움 없이 읽었을 것입니다.

요한계시록은 신비한 책이 아닙니다. 난해한 책도 아닙니다. 이 세상 종말에 대한 타임 스케줄을 기록한 책도 아니고 특별한 영적 체험이 있는 사람만 알 수 있는 책은 더더욱 아닙니다. 하나님이 이 세상 주인이기 때문에 하나님을 바로 섬겨야 한다는 사실을 말하는 책이고 우리가 그리스도의 신부이기 때문에 신랑 되신 예수님을 만날 날을 고대해야 한다는 사실을 말하는 책입니다. 우리가 요한계시록을 통해서 알아야 할 내용은 666이 누구인지, 아마겟돈 전쟁이 언제 일어나는지가 아닙니다. 언젠가 주님이 오신다는 사실이고 우리는 주님을 기다리는 사람들이라는 사실입니다.

이런 내용을 담아서 펴낸 〈쉽게 보는 어려운 요한계시록 1, 2〉를 한 권으로 줄여서 〈Let's Go 요한계시록〉에 담았습니다. 이 책을 읽고 더 상세한 내용을 원하시는 분께는 〈쉽게 보는 어려운 요한계시록 1, 2〉를 권해드립니다. 출판을 허락하신 베드로서원 방주석 장로님과 베드로서원 가족들에게 고마움을 전합니다.

주후 2024년 1월

하늘교회 목사 강 학 종

1장 예수 그리스도의 계시

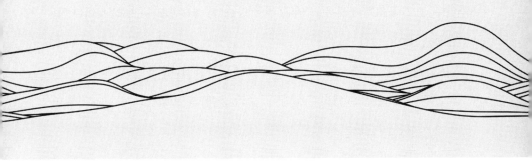

1:1〉 예수 그리스도의 계시라 이는 하나님이 그에게 주사 반드시 속히 일어날 일들을 그 종들에게 보이시려고 그의 천사를 그 종 요한에게 보내어 알게 하신 것이라

강아지가 주인을 연구해서 알 수 있을까? 강아지는 주인이 보여준 모습을 통해서 안다. 주인이 밖에서 무엇을 하며 지내는지는 전혀 모른다. 하물며 신을 우리가 연구해서 알 수는 없다. 신이 보여준 만큼 알 수 있을 뿐이다. 그것을 계시라고 한다. 신은 계시의 주체이면서 계시의 대상이다. '예수 그리스도의 계시'는 예수 그리스도께서 보여주신 계시인 동시에 예수 그리스도에 대한 계시다.

요한계시록은 기독교에 대한 박해가 극심하던 도미티아누스 황제 때 기록되었다. 당시 기독교인들한테 가장 필요한 것은 자기들이 이런 박해를 견디는 것이 과연 의미 있는 일인지에 대한 확신이었다.

지금도 신앙을 지키는 것이 그리 만만하지 않다. "이러다가 세상에서 낙오하는 것은 아닌가?"라는 생각이 들기도 한다. 그에 대한 답이 요한계시록에 있다. 요컨대 요한계시록은 "악은 결국 망한다. 최후 승리는 우리 것이다."를 말하는 책이다.

'반드시 속히 일어날 일들'이라는 표현이 의아할 수 있다. 요한계시록은 새 하늘과 새 땅에 대한 얘기로 끝난다. 우리 중에 그 일이 반드시 일어날 일이라는 사실을 의심하는 사람은 없다. 그런데 속히 일어날 일이기도 할까?

3절에서는 때가 가깝다고 하는데 이 역시 그렇다. 요한이 때가 가깝다고 했으면 지금은 그때가 지나 있어야 하는 것 아닐까?

때를 나타내는 헬라어는 '크로노스'와 '카이로스' 두 가지다. 크로노스는 시간이 가면 이르는 때이고 카이로스는 특정한 사건이 있는 때이다. 어떤 버스가 12시에 출발한다면 크로노스이고 승객이 다 차야 출발한다면 카이로스다. 3절에서는 카이로스가 쓰였다. 그처럼 특정한 사건이 벌어지는 때가 언제인지 모르지만 그때가 가깝다는 것이다.

요즘을 말세라고 한다. 작년도 말세였고 재작년도 말세였고 10년 전에도 말세였다. 그 말세가 언제 시작해서 지금까지 이어지는 것일까?

말세는 주님이 다시 오시면 끝난다. 그러면 주님이 다시 오시기 전에 일어나야 할 일이 다 일어난 다음부터 말세다. 주님이 다시 오시려면 먼저 주님이 이 세상에 와서 살다가 죽고 부활해서 승천하는 일이 있어야 한다. 지금은 그 일이 다 이루어졌다. 주님이 다시 오시면 그것으로 끝난다. 그래서 말세다.

그렇다고 해서 그것이 속히 될 일일까?

다니엘이 왕 앞에 대답하여 이르되 왕이 물으신바 은밀한 것은 지혜자나 술객이나 박수나 점쟁이가 능히 왕께 보일 수 없으되 오직 은밀한 것을 나타내실 이는 하늘에 계신 하나님이시라 그가 느부갓네살 왕에게 후일에 될 일을 알게 하셨나이다 왕의 꿈 곧 왕이 침상에서 머릿속으로 받은 환상은 이러하니이다(단 2:27-28)

다니엘이 말한 '후일에 될 일'을 요한은 '속히 일어날 일'이라고 했다. 다니엘을 기준으로는 종말이 막연한 후일이지만 요한을 기준으로는 그렇지 않기 때문이다. 종말은 예수님의 초림으로 이미 성취되었고 예수님의 재림으로 완성될 것이다. 요컨대 "앞으로 얼마 남았느냐?"가 아니다. 앞날에 반드시 있을 일을 말한다. 하나님이 그 일을 요한에게 보이셨다. 우리는 요한계시록을 통해서 장차 일어날 일을 속속들이 알아야 하는 것이 아니다. 요한이 알아들은 정도만 알면 된다.

1:2) 요한은 하나님의 말씀과 예수 그리스도의 증거 곧 자기가 본 것을 다 증언하였느니라

요한은 자기가 본 것을 다 증언했다. 우리도 우리가 본 것을 다 증언하고 있을까? 우리가 그리스도에 대해서 아무것도 모르면 아무것도 증언하지 않아도 된다. 하지만 아는 것이 있으면 아는 만큼은 증언해야 한다.

허영만 화백이 칭기즈 칸의 일대기를 그린 〈말에서 내리지 않는 무사〉라는 만화가 있다. 칭기즈 칸이 아버지의 의형제인 토그릴을 찾아간다. 토그릴이 반갑게 맞으며 자기를 천주교 신자라고 소개한다. 〈말에서 내리지 않는 무사〉는 몽골 현지를 답사해서 치밀한 고증을 거친 작품이다. 토그릴을 천주교 신자라고 하는 것이 작가의 자의적 설정이 아니라 그만한 근거가 있을 것이다.

그런데 그다음 내용이 허무했다. 토그릴이 말한다. "난 천주를 믿는다네. 물론 탱그리신(몽골의 토속신)도 믿지. 이리저리 다리를 걸쳐놔야 마음이 편하거든."

마음에 들지는 않지만 토그릴은 자기가 아는 하나님을 증언한 셈이다. 혹시 우리 중에 하나님을 토그릴처럼 아는 사람이 있으면 그렇게 하면 된다. "난 하나님을 믿는다. 또 경우에 따라서 돈도 믿는다."라고 할 수 있다. 그리고 믿는 대로 살면 된다. 하지만 이 세상에서 믿을 분이 오직 하나님 한 분뿐인 것을 알면 자기가 아는 대로 증언해야 한다. 무신론자처럼 살면 안 된다.

1:3〉 이 예언의 말씀을 읽는 자와 듣는 자와 그 가운데에 기록한 것을 지키는 자는 복이 있나니 때가 가까움이라

당시 두루마리 성경은 아무나 가질 수 있는 물건이 아니었다. 회당에 마을 공동 소유의 성경이 있었다. 회당에서 예배 인도자가 읽으면 청중이 들었다. 어쨌든 요한계시록은 우리를 곤혹스럽게 하기 위해서 기록된 책이 아니다. 읽어서 복을 받으라고 기록된 책이다.

어쩌면 요한계시록에 대해서 숱한 오해가 있는 것이 우연이 아닐 수 있다. 이단들이 즐겨 인용하는 성경이 요한계시록이다. 우리가 요한계시록을 아는 것을 사탄이 싫어한다는 뜻이다. 자기의 종말이 기록되었으니 싫어할 수밖에 없다. 사탄이 싫어하는 일이라면 우리는 기를 쓰고 해야 한다. 요한계시록을 기를 쓰고 읽어야 한다는 뜻이 아니다. 이 세상에 하나님 나라가 선포된다는 사실을 바로 알아서 그날에 맞게 살아야 한다는 뜻이다. 우리는 기를 쓰고 사탄의 술책을 배격하고 하나님께 붙어 있어야 하는 사람들이다. 우리가 아는 것을 행하는 것, 거기에 우리의 복이 있다.

1:4-5a〉 요한은 아시아에 있는 일곱 교회에 편지하노니 이제도 계시고 전에도 계셨고 장차 오실 이와 그의 보좌 앞에 있는 일곱 영과 또 충성된 증인으로 죽은 자들 가운데에서 먼저 나시고 땅의 임금들의 머리가 되신 예수 그리스도로 말미암아 은혜와 평강이 너희에게 있기를 원하노라

날씨가 늘 우중충한 영국은 인사말이 Good morning이다. 우리나라는 "식사하셨습니까?"가 인사말이던 시절이 있었다. 감비아는 인사말이 굉장히 길다. 아버지가 집에 있는지, 어머니는 집에 있는지, 동생들은 다 집에 있는지, 모든 식구가 집에 있는지를 일일이 묻는다. 알렉스 헤일리가 쓴 〈뿌리〉의 배경이 감비아다. 하루만 지나면 노예 사냥꾼에 의해 누군가 없어지는 일이 다반사였기 때문이다.

본문에서는 은혜와 평강을 기원한다. 은혜는 자격 없는 자가 누리는 무조건적인 사랑이고 평강은 오직 은혜를 통해서만 누릴 수 있는 것이다. 죄인인 인간의 실상을 알면 가장 필요한 것이 은혜와 평강인데 이것을 주실 수 있는 분은 성삼위 하나님뿐이다.

우선 이제도 계시고 전에도 계셨고 장차 오실 이는 성부 하나님이다. 시간 순서대로 하면 "전에도 계셨고 이제도 계시고 장차 오실 이"라고 해야 하는데 이제도 계시다는 말을 가장 먼저 한다. 당시 상황을 감안하면 그럴 수밖에 없다. 과거에 하나님이 계셨다는 사실을 누가 모를까? 하나님이 장차 오서서 이 세상을 심판하신다는 사실도 안다. 하지만 지금 당장은 계시지 않은 것 같다. 사는 것이 그만큼 암울하다. 그래서 하나님은 이제도 계신 분이라는 사실을 강조한다.

하나님은 이제도 계신 분이고 전에도 계셨던 분이다. 그러면 그다음에 '앞으로도 계실 분'이라고 해야 할 것 같은데 '장차 오실 분'이라고 한다. '앞으로도 계실 분'이라고 하면 정적이지만 '장차 오실 분'이라고 하면 역동적이 된다.

하나님은 이 세상에 오셔서 세상을 심판하실 분이다. 이 세상 역사가 하나님께 달려 있다. 한때 바벨론의 느부갓네살이 세상을 호령했던 적이 있다. 하지만 그도 하나님의 도구였다. 이 세상의 주인은 하나님 한 분뿐이다.

또 '그의 보좌 앞에 있는 일곱 영'이라는 말이 나온다. 요한계시록에는 7이 유난히 자주 나온다. 7이 완전수이기 때문이다. 일곱 영도 영이 일곱 분이라는 뜻이 아니라 완전하신 성령 하나님을 말한다.

삼위일체를 말할 때는 주로 성부, 성자, 성령의 순이다. 그런데 본문은 성부, 성령, 성자의 순서로 얘기한다. 예수님의 사역을 강조하기 위한 배열이다. 본문은 예수님을 충성된 증인이고, 죽은 자들 가운데에서 먼저 나신 분이고, 땅의 임금들의 머리가 되신 분이라고 한다.

옥쇄(玉碎)라는 말이 있다. 부서져 옥이 된다는 뜻으로 명예롭게 죽는 것을 비유하는 말이다. 반대말이 와전(瓦全)이다. 기와가 되어 안전하게 남는다는 뜻이다.

지금도 예수 믿고 복 받자는 말을 하는지 모르겠다. 그런 말에 귀가 솔깃한 사람은 어떤 사람일까? 요한계시록이 기록될 당시는 터무니없는 말이었다. 신앙을 지키려면 사자 밥이 되어야 했던 시절이다. 옥쇄와 와전 중에서 어느 한쪽을 택해야 했다. 그런 절박한 사람들한테 예수님을 충성된 증인으로 얘기한다. "너희가 믿는 예수님은 충성된 증인이었다. 너희는 어떻게 하겠느냐?"라는 질문이 자연스럽게 연상된다.

의리를 지키기 위해서 죽음도 불사해야 한다는 얘기가 아니다. 예수님이 죽은 자들 가운데에서 먼저 나신 분이기 때문이다. 먼저 나셨다는 얘기는 그 다음 차례도 있다는 뜻이다. 예수님의 부활이 우리의 부활로 이어진다. 우리는 설령 죽는다고 해도 그것이 끝이 아닌 사람들이다. 충성된 증인으로 살다 죽어도 밑지는 것이 없다.

그렇다고 해서 본전이라는 얘기도 아니다. 예수님이 땅의 임금들의 머리가 되시는 분이기 때문이다. 당시는 로마 황제를 '땅의 임금들의 통치자'라고 했다. 요한이 그 표현을 예수님께 적용한다. 이 세상의 진정한 통치자가 예수님이기 때문이다. 결국 요한은 "예수님이 우리의 영원한 왕이라는 사실을 잊었단 말이냐? 그분께 충성하다가 잠시 손해를 본다고 해서 정말로 손해로 끝날 것 같으냐?"를 말하는 셈이다.

1:5b-6) 우리를 사랑하사 그의 피로 우리 죄에서 우리를 해방하시고 그의 아버지 하나님을 위하여 우리를 나라와 제사장으로 삼으신 그에게 영광과 능력이 세세토록 있기를 원하노라 아멘

예수님은 우리가 죄에서 죽는 것을 보는 것보다 차라리 우리를 위해서 대신 죽는 편을 택하셨다. 그렇게 해서 우리를 나라와 제사장으로 삼으셨다. NLT에는 He has made us a Kingdom of priests for God his Father라고 되어 있다. 우리를 제사장들로 구성된 나라로 삼으셨다.

예수님이 우리를 죄에서 해방하신 이유가 있다. 죄가 있는 채로는 제사장

나라가 될 수 없기 때문이다. 그래서 우리 대신 피 흘려 돌아가셨다. 그리고 그것이 하나님을 위한 일이다. 제사장 나라가 되었다고 하면서 하나님을 위할 줄 모르면 우리를 위해서 흘린 예수님의 피가 무색하게 된다.

만일 예수님이 우리 구원을 무르자고 하면 어떻게 될까? "네가 하나님의 영광을 가릴 줄 몰랐다. 너 위해서 흘린 피를 도로 무르자."라고 하면 정말 낭패다. 오히려 "역시 아무개는 내가 구원하기를 잘했지. 피 흘린 보람이 있어."라고 할 수 있어야 한다.

1:7〉 볼지어다 그가 구름을 타고 오시리라 각 사람의 눈이 그를 보겠고 그를 찌른 자들도 볼 것이요 땅에 있는 모든 족속이 그로 말미암아 애곡하리니 그러하리라 아멘

성경에 나오는 구름은 대부분 하나님의 영광을 말한다. 예수님이 구름을 타고 오신다는 얘기는 영광 가운데 오신다는 뜻이다. 그때 각 사람의 눈이 그를 보는데, 그를 찌른 자들도 본다고 한다. 예수님을 직접 창으로 찌른 로마 군병이 죽기 전에 예수님이 오신다는 뜻이 아니다. 모든 사람이 부활해서 예수님의 재림을 본다는 뜻이다.

연극을 할 때 처음부터 끝까지 모든 배우가 다 무대에서 공연하지는 않는다. 하지만 연극이 끝나면 전부 무대에 서서 인사를 한다. 예수님이 재림하는 날 그렇게 된다. 그때는 주님을 찌른 자가 정말로 주님을 본다.

그러면 누구를 걱정해야 할까? 주님을 찌른 군병만 큰일이고 다른 사람은 괜찮을까? "저는 주님 안 찔렀습니다. 구경만 했습니다."라는 말은 통하지 않는다. 주님을 찌른 자와 찌르지 않은 자 사이에 아무런 차이가 없다. 오직

물과 성령으로 거듭났느냐가 문제다.

성경은 땅에 있는 모든 족속이 그로 말미암아 애곡한다고 한다. 불신자들이 자기들의 불신앙 때문에 통곡한다는 말 같은데 성경 다른 곳을 보면 그렇지 않다.

그날에 예루살렘에 큰 애통이 있으리니 므깃도 골짜기 하다드림몬에 있던 애통과 같을 것이라 온 땅 각 족속이 따로 애통하되 다윗의 족속이 따로 하고 그들의 아내들이 따로 하며 나단의 족속이 따로 하고 그들의 아내들이 따로 하며(슥 12:11-12)

요한이 스가랴 선지자가 말한 이스라엘 백성의 회개를 땅에 있는 모든 족속의 회개로 확대해서 적용한다. 땅에 있는 모든 족속이 그로 말미암아 애곡한다는 얘기는 구원 얻은 백성들이 회개의 눈물을 흘린다는 뜻이다. 주님을 찌른 자가 구원의 반열에 있다면 그가 얼마나 회개할까? 그렇다고 해서 주님을 찌른 적이 없는 사람은 덜 회개해도 된다는 뜻이 아니다. 우리가 주님께 드릴 수 있는 것은 회개의 눈물뿐이다.

1:8〉 주 하나님이 이르시되 나는 알파와 오메가라 이제도 있고 전에도 있었고 장차 올 자요 전능한 자라 하시더라

알파와 오메가는 헬라어 첫 글자와 마지막 글자다. 하나님은 처음과 끝인 분이다. 시작도 하나님께 달려 있고 끝도 하나님께 달려 있다.

〈크리스채너티 투데이〉의 편집자인 마샬과 그의 아내 수잔 사이에 아이가 생겼다. 그런데 심장이 기형이라서 태중에서 죽든지 분만 과정에서 죽을 가능성이 높다고 한다. 마른하늘에 날벼락이다. 그들 부부는 간절히 하나님께 매달렸다.

해산 날짜가 다가왔다. 임신 기간 내내 아이가 잘 버텨준 것이다. 드디어 아이가 태어났다. 그리고 2분 후에 죽었다. 부부는 잠깐 아이를 안아보고는 이내 헤어져야 했다. 이런 비극이 어디 있을까?

부부가 아이 이름을 '토비'로 지었다. '토비야'의 줄임말로 "여호와는 선하시다"라는 뜻이다. 어떻게 그럴 수 있을까? 아이가 2분 만에 죽었으면 하나님이 어디 있느냐고 울부짖어야 하는 것 아닐까?

마샬과 수잔 부부는 하나님이 자기 아이를 단지 2분 동안 세상에 존재하게 하려고 태어나게 하지는 않았을 것이라고 했다. 그리고 그 하나님은 선하신 분이다. 그래서 아이 이름이 토비다. 아이에게 생명을 주신 분도 하나님이고 아이에게 영원을 허락하신 분도 하나님이다.

하나님은 이제도 계시고 전에도 계셨고 장차 오실 분이요 전능하신 분이다. 우리를 존재하게 하신 분이 하나님이고 영원을 예비하신 분도 하나님이다. 그 하나님이 조만간 우리를 찾아오실 것이다. 우리는 그런 하나님을 믿는다. 우리가 할 일은 우리한테 주어진 상황을 성실하게 감당하는 일이다.

1:9-10〉 나 요한은 너희 형제요 예수의 환난과 나라와 참음에 동참하는 자라 하나님의 말씀과 예수를 증언하였음으로 말미암아 밧모라 하는 섬에 있었더니 주의 날에 내가 성령에 감동되어 내 뒤에서 나는 나팔 소리 같은 큰 음성을 들으니

아브라함을 믿음의 조상이라고 한다. 믿음으로 구원 얻는 것이 무엇인지 보여주는 샘플이라는 뜻이다. 아브라함이라고 해서 우리와 다른 사람이 아니다. 성경에 등장하는 사람 중에 우리와 다른 사람은 아무도 없다. 요한 역시 그렇다. 요한이 자신을 형제라고 소개한다. 요한계시록 독자들과 동등한 신분이다.

믿음 소망 사랑이나 성부 성자 성령을 나란히 말하는 것은 어색하지 않다. 그런데 환난과 나라와 참음은 뭔가 어색하다. 원문에는 이 셋이 하나의 정관사에 묶여 있다. 구별된 개념이 아니라는 뜻이다.

우선 나라는 주님 재림하신 이후의 하나님 나라가 아니다. 그런 나라가 환난이나 참음과 나란히 있을 리 없다. 무엇보다 요한이 밧모섬에 유배된 상태다. 주님이 오셨는데 여전히 세상 권세에 시달리는 것은 말이 안 된다.

예수님이 "때가 찼고 하나님 나라가 가까이 왔으니 회개하고 복음을 믿으라"라고 하셨다. 그때의 하나님 나라는 우리가 이다음에 갈 천국이 아니라 이 땅에 시작된 하나님 나라다. 그 나라는 환난과 참음과 더불어 존재한다. 요한이 그 나라에 동참해서 밧모섬에 유배 중이다.

편지를 받는 사람들은 어떤 사람들일까? 요한이 그들을 형제라고 했다. 요한이 예수의 환난과 나라와 참음에 동참했으면 그들 역시 마찬가지다. 요한계시록은 예수의 환난과 나라와 참음에 동참한 사람이 예수의 환난과 나라와 참음에 동참한 사람한테 보낸 편지다. 예수의 환난과 나라와 참음에 동참할 마음이 없는 사람은 요한계시록을 읽을 자격이 없다.

예수의 나라는 예수의 환난과 예수의 참음 사이에 샌드위치처럼 끼어 있다. 앞에는 환난이 있고 뒤에는 참음이 있다. 그리고 이 셋이 '한 세트'다. 혹시 신앙을 이유로 경험하는 환난과 참음이 없으면 예수의 나라에 동참하지 않은 때문이다.

1:11〉 이르되 네가 보는 것을 두루마리에 써서 에베소, 서머나, 버가모, 두아디라, 사데, 빌라델비아, 라오디게아 등 일곱 교회에 보내라 하시기로

요한이 보는 것을 두루마리에 써서 소아시아 일곱 교회에 보내라고 한다. 물론 그 일곱 교회한테만 해당되는 얘기가 아니다. 지금 우리한테 주시는 말씀이다. 예수님은 교회의 머리이다. 교회는 다른 얘기는 듣지 않아도 예수님 말씀은 들어야 한다.

그러므로 형제들아 내가 하나님의 모든 자비하심으로 너희를 권하노니 너희 몸을 하나님이 기뻐하시는 거룩한 산 제물로 드리라 이는 너희가 드릴 영적 예배니라 (롬 12:1)

로마서는 1-11장과 12-16장으로 나눌 수 있다. 1-11장에서는 우리가 얻은 구원이 어떤 구원인지 설명하고 12-16장에서는 그런 구원을 얻었으니 어떻게 살아야 하는지 말한다. 특히 롬 12:1에서는 우리 몸을 하나님께 산 제물로 드리라고 한다.

우리 몸을 산 제물로 드리려면 어떻게 하면 될까?

너희는 이 세대를 본받지 말고 오직 마음을 새롭게 함으로 변화를 받아 하나님의 선하시고 기뻐하시고 온전하신 뜻이 무엇인지 분별하도록 하라 (롬 12:2)

먼저 이 세상을 본받지 말아야 한다. 우리가 이 세상에 속한 사람이 아니기 때문이다.

사람들이 곧잘 연예인에게 열광한다. 그러면서 자기를 만든 하나님께는 열광하지 않는다. 달이나 꽃을 보면서는 시를 쓰고 노래를 부르면서 자기를 구원하신 그리스도를 찬양할 줄 모른다. 그러니 세상 사람들의 얘기에 귀 기울일 이유가 없다. 하지만 예수님 말씀은 귀담아들어야 한다. 그들한테 나름대로 살아가는 방식이 있는 것처럼 우리도 나름대로 살아가는 방식이 있다.

1:12-16) 몸을 돌이켜 나에게 말한 음성을 알아보려고 돌이킬 때에 일곱 금 촛대를 보았는데 촛대 사이에 인자 같은 이가 발에 끌리는 옷을 입고 가슴에 금띠를 띠고 그의 머리와 털의 희기가 흰 양털 같고 눈 같으며 그의 눈은 불꽃 같고 그의 발은 풀무 불에 단련한 빛난 주석 같고 그의 음성은 많은 물소리와 같으며 그의 오른손에 일곱 별이 있고 그의 입에서 좌우에 날선 검이 나오고 그 얼굴은 해가 힘 있게 비치는 것 같더라

요한계시록은 요한이 본 환상으로 이루어져 있다. 하지만 요한은 환상보다 예수님을 먼저 봤다. 예수님께 들은 소식이 아무리 중요해도 예수님을 만난 것에 비교할 수는 없다.

잠깐 마음속으로 예수님을 상상해보자. 아마 십자가를 지고 골고다에 오르시는 모습이나 십자가에 달리신 모습이 그려질 것이다. 그런데 본문은 전혀 다른 모습이다. 우리는 주로 우리를 구원하러 오신 예수님을 생각한다. 하지만 세상에 다시 오실 때는 그런 모습이 아니다. 그때는 심판주로 오시기 때문이다.

요한이 가장 먼저 본 것은 일곱 금 촛대와 일곱 금 촛대 사이에 계신 예수님이다. 20절에 따르면 일곱 금 촛대는 일곱 교회다. 세상에 있는 하나님의 백성을 말한다. 그들은 예수의 환난과 나라와 참음에 동참하여 로마의 압제에 시달리는 중이다. 그들 사이에 예수님이 계시다. 그러면 그들이 받는 압제가 어떻게 된다는 뜻일까? 그들이 받는 압제는 곧 보상을 받고 그들을 압제하는 악한 세력은 그에 대한 보응을 받을 것이다.

> 그때에 내가 눈을 들어 바라본즉 한 사람이 세마포 옷을 입었고 허리에는 우바스 순금 띠를 띠었더라 또 그의 몸은 황옥 같고 그의 얼굴은 번갯빛 같고 그의 눈은 횃불 같고 그의 팔과 발은 빛난 놋과 같고 그의 말소리는 무리의 소리와 같더라(단 10:5-6)

> 내가 보니 왕좌가 놓이고 옛적부터 항상 계신 이가 좌정하셨는데 그의 옷은 희기가 눈 같고 그의 머리털은 깨끗한 양의 털 같고 그의 보좌는 불꽃이요 그의 바퀴는 타오르는 불이며(단 7:9)

본문은 다니엘의 내용을 배경으로 한다. 우선 예수님이 발에 끌리는 옷을 입었다고 했다. 제사장 복장이다. 가슴에는 금띠를 띠었다. 왕의 복장이다. 옷은 곧 그 사람의 정체성을 얘기한다. 예수님은 제사장이면서 왕이다. 하나님과 결부해서는 제사장이고 세상에 대해서는 왕이다.

머리와 머리카락은 양털처럼 혹은 눈처럼 희다고 했다. 단 7:9에 따르면 옛적부터 항상 계신 이가 왕좌에 좌정했는데 그의 머리털이 깨끗한 양털 같다고 했다. '옛적부터 항상 계신 이'는 피조된 존재가 아니라는 뜻이다. 성부 하나님을 말한다. 그런데 예수님이 성부 하나님과 방불하다. 예수님의 신성을 얘기한다.

또 눈은 불꽃 같다. 단 10:6에서는 횃불 같다고 했다. 아무리 어두워도 불빛이 있으면 볼 수 있다. 예수님 눈이 불꽃 같다는 얘기는 예수님은 모든 것을 다 보신다는 뜻이다. 예수님께는 아무것도 숨길 수 없다.

예수님의 발은 풀무 불에 단련한 빛난 주석 같다. 단 10:6에서는 빛난 놋 같다고 했다. 놋은 심판을 뜻한다. 예수님은 세상을 심판하실 분이다. 이 세상 모든 가치 질서가 예수님 발아래 무릎 꿇을 것이다.

예수님 음성은 많은 물소리 같다. 정방폭포는 그렇게 큰 폭포가 아닌데도 그 근처에서는 대화가 힘들다. 나이아가라폭포는 어떨까? 예수님 음성이 그렇다고 한다. 예수님이 말씀하시면 다른 모든 소리는 의미가 없게 된다. 이 세상 모든 일에 대해서 오직 예수님만 발언권을 갖는다.

예수님의 오른손에는 일곱 별이 있다. 20절에서는 일곱 별이 일곱 교회의 사자라고 한다. 일곱 교회의 사자가 누구일까? 얼핏 생각하면 일곱 교회의 목회자 같은데 원문에는 '앙겔로스(천사)'가 쓰였다. 성경에서 목회자를 천사에 비유한 예가 없다. '일곱 교회의 목회자'라고 하면 뜻은 통하는데 원문에 없는 얘기이고, 원문대로 '일곱 교회의 천사'라고 하면 뜻이 통하지 않는다. 어쨌든 일곱 교회의 사자가 예수님의 오른손에 있다. 그렇다고 해서 예수님의 관심이 일곱 교회의 사자를 보호하는 데 있는 것이 아니다. 사자를 보호한다는 얘기는 곧 교회를 보호한다는 뜻이다. 일곱 교회, 즉 세상 모든 교회가 예수님의 보호 안에 있다.

예수님 입에서는 좌우에 날선 검이 나온다. 혹시 한쪽에만 날이 선 칼이 나오면 요행히 죽음을 면할 수 있을지 모른다. 하지만 좌우에 날선 검이다. 이

쪽으로 당하든 저쪽으로 당하든 마찬가지다. 예수님이 세상을 심판하시는 날, 예수님 말씀에 어긋나는 것들은 전부 그렇게 된다. 심판을 모면할 수 있는 길은 어디에도 없다.

끝으로 예수님 얼굴은 해가 힘 있게 비치는 것 같다고 했다. 지난 2002년 한일 월드컵 때 우리나라 선수들의 얼굴이 얼마나 늠름했던가? 세상에서는 축구 경기에서 이겨도 안색이 달라진다. 일찍이 드보라가 시스라의 군대를 물리친 다음에 "여호와여 주의 원수들은 다 이와 같이 망하게 하시고 주를 사랑하는 자들은 해가 힘 있게 돋음 같게 하시옵소서"라고 노래한 바 있다. 성경에 수두룩하게 있는 하나님의 싸움에서 한 번을 이긴 것도 그렇다. 하물며 이 세상 마지막 날, 예수님 얼굴에 나타날 최후 승리는 드보라가 노래한 정도가 아닐 것이다.

1:17-18) 내가 볼 때에 그의 발 앞에 엎드러져 죽은 자 같이 되매 그가 오른손을 내게 얹고 이르시되 두려워하지 말라 나는 처음이요 마지막이니 곧 살아 있는 자라 내가 전에 죽었었노라 볼지어다 이제 세세토록 살아 있어 사망과 음부의 열쇠를 가졌노니

요한은 예수님 품에 기대기도 했던 제자다. 하지만 심판주이신 예수님을 뵐 때는 발 앞에 엎드러져 죽은 자 같이 되었다. 예수님의 영광과 위엄에 눌려 손가락 하나도 까딱할 수 없었다.

우리는 예수님을 무서워할 줄 알아야 한다. 예수님이 우리보다 얼마나 높으신 분인지 알아야 한다. 예수님이 무서워서 벌벌 떨어야 한다는 얘기가 아니라 죄를 무서워해야 한다는 뜻이다. 예수님이 무엇을 할까 무서워하는 것이 아니라 우리가 무엇을 할까 무서워해야 한다.

8절에서는 하나님이 알파와 오메가라고 했다. 그런데 예수님도 처음이요 마지막이라고 한다. 하나님이 알파와 오메가라고 한 것은 역사의 주인이라는 뜻이었다. 예수님을 처음이요 마지막이라고 하는 것은 생명에 초점이 있다. "곧 살아 있는 자라 내가 전에 죽었었노라"라는 표현이 그렇다. "예수님은 죽지 않고 살아 있는 분이다"라는 뜻이 아니다. 예수님은 세세토록 살아 있어 사망과 음부의 열쇠를 가진 분이다. 심판을 주관하시는 분이다. 이 세상이 우리를 정죄하는 것이 심판이 아니다. 진짜 심판은 예수님께 달려 있다. 결국 하나님께 해당되는 얘기가 고스란히 예수님에게 옮겨진다.

1:19-20〉 그러므로 네가 본 것과 지금 있는 일과 장차 될 일을 기록하라 네가 본 것은 내 오른손의 일곱 별의 비밀과 또 일곱 금 촛대라 일곱 별은 일곱 교회의 사자요 일곱 촛대는 일곱 교회니라

당시는 신앙에 대한 박해가 극심했다. 계속 신앙을 지켜야 할지 늘 고민해야 했다. 그런 즈음에 예수님이 오른손으로 일곱 별과 일곱 촛대를 붙드신 모습을 보여주셨다.

그러면 일곱 교회 교인들은 선택을 해야 한다. "도저히 못살겠다. 우리끼리 살 방도를 찾자."라고 할 수도 있고 "힘들어도 참고 견디자. 주님이 보호하신다."라고 할 수도 있다. 요컨대 주님의 오른손을 믿는지 여부가 문제다. 주님의 보호를 믿으면 신앙을 지킬 것이고 주님의 보호를 못 믿으면 신앙을 버리게 된다.

우리가 신앙생활을 제대로 못하는 이유가 무엇일까? 우리한테는 예수님보다 세상이 더 영향력이 있다. 그런 우리한테 말씀하신다. "누가 더 강한 것 같으냐? 세상이 강한 것 같으냐, 내가 강한 것 같으냐? 세상이 나를 심판하는 것 같으냐, 내가 세상을 심판하는 것 같으냐?" 요한계시록은 그 질문에 바른 답을 할 수 있도록 돕는 책이다.

2장 에베소 서머나 버가모 두아디라교회

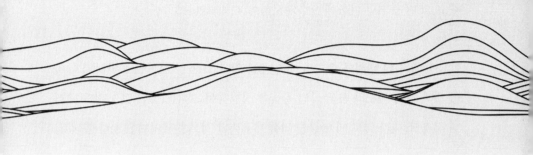

2:1〉 에베소교회의 사자에게 편지하라 오른손에 있는 일곱 별을 붙잡고 일곱 금 촛대 사이를 거니시는 이가 이르시되

에베소는 소아시아에서 가장 큰 도시였다. 항구 도시였기 때문에 물자의 유통이 활발해서 도시 전체가 부유했다. 물질문명이 발달한 만큼 도덕적으로 타락해서 음란과 부패가 판을 치기도 했다. 당시 에베소 사람들은 아데미를 섬겼다. 이집트의 피라미드가 세계 7대 불가사의 중의 하나인 것처럼 아데미 신전도 그렇다. 길이 130m, 폭 67m, 신전을 이루는 기둥이 18m이다. 그런 기둥이 120개나 되는 엄청난 규모였다.

그 정도로 우상 숭배에 열심인 에베소에 바울이 들어갔다. 두란노서원에서 2년 동안 말씀을 강론했다. 전하는 얘기에 따르면 11시부터 4시까지 하루에 다섯 시간씩 강의를 했다고 한다.

복음을 들은 사람 중에 마술을 하는 사람들도 있었다. 그들이 자기네가 보던 책을 불살랐는데 무려 은 오만이나 되었다. 급기야 은장색 데메드리오가 바울을 반대하는 데모를 주동했다. 이런 우여곡절 속에 에베소교회가 탄생했고, 40년쯤 지난 다음에 요한계시록이 기록되었다.

2:2-3〉 내가 네 행위와 수고와 네 인내를 알고 또 악한 자들을 용납하지 아니한 것과 자칭 사도라 하되 아닌 자들을 시험하여 그의 거짓된 것을 네가 드러낸 것과 또 네가 참고 내 이름을 위하여 견디고 게으르지 아니한 것을 아노라

전에 어떤 청년이 말했다.

"제가 복권 당첨되면 절반 딱 떼서 건축 헌금할게요."

"당첨되기 전에는 얼마 할래?"

신앙은 복권 당첨되면 얼마를 헌금할지로 따지는 것이 아니다. 지금 무엇을 하는지로 따져야 한다. 말이 그 사람의 수준이 아니라 행위가 그 사람의 수준이다.

에베소교회는 주님께 행위를 인정받은 교회였다. 주님께서 "내가 너의 번드르르한 말씀씨를 안다"라고 하지 않고 "내가 네 행위를 안다"라고 했다.

또 에베소교회의 수고를 말씀했다. 헬라어로 '코포스'라고 하는데 고된 일이라는 뜻이다. 행위가 실천의 문제라면 수고는 실천의 강도를 말한다.

교회에서 가장 듣기 거북한 말이 부담된다는 말이다. 부담 없이 예수 믿는 것도 예수 믿는 축에 끼워줘야 할까? 회사 생활을 부담 없이 하는 사람이 있으면 보나마나 구조조정 1순위다. 부담 없이 예수를 믿고 싶어 하는 사람은 그 자녀가 고 3이 되었을 때 공부에 부담을 안 가졌으면 좋겠다.

에베소교회는 인내가 있는 교회였다. 잠깐 참으면 되는 경우에는 인내가 필요하지 않다. 물 한 양동이를 드는 일은 누구나 하지만 그것을 들고 10리를 걷는 일은 아무나 못한다. 에베소교회 교인들은 몹시 힘든 일을 꾸준히 감당했다.

그것이 전부가 아니다. 주님의 이름을 위하여 견디고 게으르지 않았다. 자기 자신을 위해서 어려운 일을 감당해도 전부 칭찬한다. 어떤 사람이 칠전팔기 끝에 고시에 패스한 경우를 생각해 보자. 자신을 위해서 그렇게 했는데도 칭찬한다. 하물며 에베소교회 교인들은 주님을 위해서 그런 일을 했다.

또 있다. 에베소교회는 악한 자도 용납하지 않았고 거짓 사도를 분별하는 안목도 있었다. 악한 자를 용납하지 않았다고 하면 당연한 일로 생각할 수 있지만 성경이 그 사실을 칭찬한다. 아무나 할 수 있는 일이 아니라는 뜻이다.

하나님은 항상 선하시다. 그러면 우리도 항상 선을 택할 수 있어야 한다. 하나님은 어떤 경우에도 악을 기뻐하지 않기 때문에 선을 택하는 것이 우리한테 유익이다. 그런데 자기를 위한다면서 악을 택하는 사람이 있다. "이런 경우에는 별수 없다"라는 말을 쉽게 한다. 하나님이 싫어하는 일을 해서 무슨 유익이 있을까? 에베소교회 교인들은 그렇지 않았다.

또 거짓 사도를 분별했다. 〈열두 사도의 교훈〉이라는 2세기 초반 문서에 보면, 만일 순회하는 예언자나 교사가 한 교회에 머물러 목회하겠다고 하면 그를 받아들이고 그의 생활비를 부담하라는 내용이 있다. 또 구약시대 제사장한테 했던 것처럼 농작물이나 가축의 첫 수확, 심지어 포도주의 첫 항아리도 바치라고 했다. 그러나 예언자나 교사가 주님 말씀에 어긋나게 가르치면 배척하라고 되어 있다.

흔히 주의 종한테 순종하라고 한다. 표현이 이상하다. 예수를 믿는 사람은 누구나 주의 종이다. 순종하는 일을 맡은 주의 종과 순종을 받는 일을 맡은 주의 종이 따로 있지 않다. 어쨌든 영적 지도자한테 순종하는 것은 바람직하다. 하지만 조건이 있다. 목회자가 하는 말이 성경에 근거해야 한다. 결국 교인한테는 두 가지 책임이 있는 셈이다. 목회자한테 순종할 책임과 목회자의 말이 성경에 부합한지 분별할 책임이다. 이런 점에서 에베소교회는 상당한 식견이 있는 교회였다.

여기까지만 보면 에베소교회는 완벽한 교회 같다. 그런데 주님이 부족한 점을 책망하신다.

2:4〉 그러나 너를 책망할 것이 있나니 너의 처음 사랑을 버렸느니라

앞에서 예수님의 눈이 불꽃 같다고 했다. 예수님 앞에서는 모든 것이 다 드러난다. 예수님은 우리의 행위만 아시는 것이 아니라 행위의 동기도 아신다. 사람들 눈에는 어떤 일을 했는지, 안 했는지만 보이지만 예수님 눈에는 왜 했는지, 왜 안 했는지도 보인다.

에베소교회 교인들은 나무랄 데가 없었다. 그들의 신앙 행위는 완벽해 보였다. 그런데 타성에 젖어 있었다. 형식은 있었는데 내용이 없었다. 우연히 그렇게 된 것이 아니다. 성경은 처음 사랑을 버렸다고 지적한다. 어쩌다 잃어버린 것은 자기 의사와 관계없을 수 있지만 버렸다고 했으니 자기 의사가 개입했다는 뜻이다.

2:5〉 그러므로 어디서 떨어졌는지를 생각하고 회개하여 처음 행위를 가지라 만일 그리하지 아니하고 회개하지 아니하면 내가 네게 가서 네 촛대를 그 자

리에서 옮기리라

요컨대 에베소교회는 처음 행위를 회복해야 했다. 에베소교회에는 분명히 신앙적으로 보이는 행위들이 있었다. 하지만 처음 사랑이 빠진 행위는 아무 의미가 없다.

에베소교회 교인들이 어떻게 타성에 젖었는지 모르지만 짐작은 할 수 있다. 에베소교회가 시작될 때 마술하던 사람들이 책을 불태운 것이 은 오만이나 되었다. 그때 어떤 마음이었을까? 바울이 두란노서원에서 2년 동안 매일 다섯 시간씩 강론할 때 그들이 어떤 마음으로 말씀을 받았을까?

그런데 옛날이야기가 되고 말았다. 에베소교회 교인들은 그것을 어쩔 수 없는 일로 여길지라도 주님은 그렇게 여기지 않으신다. 오죽하면 촛대를 옮기겠다고 하실 만큼 심각하게 말씀하신다. 에베소교회의 문을 닫아버리겠다는 뜻이다.

이제 에베소교회가 응답할 차례다. 에베소교회만 응답하면 안 된다. 서머나, 버가모, 두아디라, 사데, 빌라델비아, 라오디게아교회가 다 응답해야 한다. 그들도 이 내용을 같이 보고 있다. 그리고 우리도 응답해야 한다. 에베소교회 교인들이 예수님을 주님으로 고백했던 것처럼 우리도 예수님을 주님으로 고백하기 때문이다. 그들이 믿는 예수님과 우리가 믿는 예수님이 같은 분이다. 요한계시록은 촛대가 옮겨지지 않은 사람들만 읽을 자격이 있는 책이다.

2:6〉 오직 네게 이것이 있으니 네가 니골라당의 행위를 미워하는도다 나도 이것을 미워하노라

언젠가 유난히 자극적인 개업 축하 문구를 본 적이 있다. 화환에 "돈 세다 뒈져라"라고 쓰여 있었다. 설령 뒈졌다는 말을 들어도 돈을 세다 뒈질 수 있으면 그것을 복으로 여기는 모양이다.

문득 다른 생각이 들었다. "돈 세다 죽어라"라는 말과 "예수 믿다 죽어라"라는 말 사이에 어떤 차이가 있을까? 돈 세다 죽으라는 말은 죽기 전에 돈을 세어보는 경험을 하라는 뜻이 아니다. 돈을 세는 것이 주요 일과여야 하고, 죽는 순간까지 돈을 세고 있어야 한다. 그러면 예수 믿다 죽는 것도 그렇다. 교회 다닌 경험만 있으면 되는 것이 아니다. 죽는 순간까지 예수를 믿고 있어야 한다. 죽을 때까지 단 한순간도 세상과 타협하지 않고 신자로 살아야 한다.

신자로 산다는 얘기는 하나님이 모든 가치의 기준이라는 뜻이다. 하나님만 사랑하면 안 된다. 하나님께서 사랑하시는 것도 사랑해야 한다. 또 있다. 하나님께서 미워하시는 것을 미워해야 한다.

본문에서 주님이 니골라당의 행위를 미워한다고 했다. 그러면 니골라당의 행위를 미워하는 것이 신앙이다. 신앙이 좋을수록 하나님을 더 사랑하는 것처럼 신앙이 좋을수록 니골라당의 행위를 더 미워할 것이다.

니골라가 누구일까? 초대 교회 일곱 집사 중에 니골라가 있었다. 그 니골라가 타락해서 교회에 해악을 끼쳤을 수도 있고 혹은 동명이인일 수도 있다. 우리가 할 일은 니골라당의 뿌리를 캐는 일이 아니라 니골라당을 조심하는 일이다.

요한계시록은 소아시아에 있는 일곱 교회에 보낸 편지다. 그중 세 교회에 니골라당 얘기가 나온다. 니골라당으로 인한 폐해가 그만큼 심각했다. 본문에는 니골라당의 구체적인 행위가 나오지 않지만 버가모교회와 두아디라교회에 보낸 내용에는 나온다.

그러나 네게 두어 가지 책망할 것이 있나니 거기 네게 발람의 교훈을 지키는 자들이 있도다 발람이 발락을 가르쳐 이스라엘 자손 앞에 걸림돌을 놓아 우상의 제물을 먹게 하였고 또 행음하게 하였느니라 이와 같이 네게도 니골라당의 교훈을 지키는 자들이 있도다(계 2:14-15)

출애굽한 이스라엘이 모압 평지에 이르렀다. 모압 왕 발락이 주술을 써서 이스라엘을 물리칠 생각으로 발람한테 도움을 청한다. 발람은 금은보화에 눈이 멀어서 이스라엘을 저주할 마음을 먹는다. 그런데 하나님이 막으셨다. 오히려 축복의 메시지를 선언하게 하신다. 발락이 노발대발할 것은 당연하지만 발람도 애가 탔다. 은밀히 묘책을 얘기한다. "하나님이 가장 싫어하는 것이 다른 신을 섬기는 거요. 이스라엘을 초대해서 여인들과 어울리게 하시오. 그러면 이스라엘이 하나님께 심판받게 될 거요." 구약 시대에는 음행과 우상 숭배가 항상 연결되어 나온다. 이방 신을 섬기는 예법 중의 하나가 성전의 창기들과 관계를 맺는 것이었다.

니골라당의 행위가 바로 그와 같다고 한다. 니골라에 해당하는 헬라어 '니콜라이톤'은 '니카오(이기다)'와 '라오스(백성)'의 합성어다. 백성을 이기는 것이 니골라다. '이긴다'는 표현은 요한계시록에 특히 자주 나온다. 요한계시록이 기록된 이유가 우리로 하여금 이기게 하기 위한 것이다. 그런데 백성을 이긴다는 니골라는 하나님의 자녀의 승리가 아니라 사탄의 승리다.

또 '발람'은 '발라(삼키다)'와 '암(백성)'의 합성어다. 백성을 이기는 것이 '니골라'인 것처럼 백성을 삼키는 것이 '발람'이다. 사탄의 욕망을 그대로 보여주는 이름이다. 구약 시대 발람이 한 일을 니골라당이 하고 있었다.

그러나 네게 책망할 일이 있노라 자칭 선지자라 하는 여자 이세벨을 네가 용납함 이니 그가 내 종들을 가르쳐 꾀어 행음하게 하고 우상의 제물을 먹게 하는도다(계 2:20)

두아디라교회에 하신 말씀이다. 니골라는 안 나오고 이세벨이 나오지만 내용은 같다. 그 역시 이스라엘을 행음하게 하고 우상 제물을 먹게 했다.

이세벨은 성경에 나오는 대표적인 악녀다. 딸 이름을 이세벨로 지을 부모는 없다. 주님이 "저 여자는 자칭 선지자라고 하지만 실상은 이세벨이다"라고 했을 것이다. 이름이 이세벨이 아니고 행위가 이세벨이다.

모압 여인들이 어떤 말로 이스라엘에게 접근했을까? "하나님과 우리 사이에서 양자택일을 해라. 어느 쪽이냐?"라고 했을 리는 만무하다. "누가 하나님을 섬기지 말라고 했느냐? 너희끼리 있을 때는 하나님 섬기고 우리와 같이 있을 때는 우리와 어울리면 되는 것 아니냐?"라고 했을 것이다. 요즘 말로 바꾸면 "신앙은 물론 중요하다. 하지만 세상을 사는 것은 별개 문제 아니냐?"라고 했다는 뜻이다.

그런데 두아디라교회에는 자칭 선지자라 하는 여자 이세벨이 있었다. 그 여자가 누구인지 모르지만 자기 스스로 선지자라고 했다. 하나님의 이름을 빙자했다는 뜻이다. 세상과 타협해도 괜찮다고 한 것이 아니라 그것이 신앙적으로 옳다고 했다.

어떤 사람이 사업을 한다. 남들은 수단, 방법을 가리지 않는데 혼자 신앙을 지키려니 힘든 점이 한둘이 아니다. 그러면 슬그머니 타협을 한다. "신앙은 신앙이고 사업은 사업이다. 사업을 하면서 신앙을 내세우다가는 죽도 밥도 안 되겠다." 그렇게 하다 보면 한 걸음 더 진도가 나간다. "나는 사업가다. 돈을 많이 벌어서 물질로 하나님께 영광 돌리겠다." 처음에는 세속적인 방법으로 사업하는 것을 별수 없는 일로 여기다가 나중에는 그것이 하나님이 주신 지혜인 양 합리화한다.

다행히 에베소교회는 니골라당의 행위를 미워했다. 그들은 '신앙 따로 생활 따로'가 아니었다. 신앙은 교회에서 통하는 원칙이라는 생각도 하지 않았고, 세상을 살려면 세상 법칙을 따라야 한다는 생각도 하지 않았다.

하나님의 백성은 성전에서만 하나님의 백성이 아니라 모압 평지에서도 하나님의 백성이다. 모압 평지에서 하나님의 백성으로 서 있지 않은 사람은 성전에서도 하나님의 백성으로 서 있을 수 없다.

2:7〉 귀 있는 자는 성령이 교회들에게 하시는 말씀을 들을지어다 이기는 그에게는 내가 하나님의 낙원에 있는 생명나무의 열매를 주어 먹게 하리라

이겨야 하는 장소가 어디일까? 성전이 아니라 세상이다. 우리의 신앙을 나타내야 할 곳이 교회가 아니라 세상이라는 뜻이다.

우선 "귀 있는 자는 성령이 교회들에게 하시는 말씀을 들을지어다"를 생각해 보자. 눈도 감을 수 있고 입도 다물 수 있지만 귀는 닫을 수 없다. 그런데 참 잘 닫는다. 도무지 들을 줄 모르는 사람이 얼마든지 있다. 마지막으로 청력 검사를 했던 것이 언제일까? 하나님의 음성을 듣기 위해서 방해받지 않는 시간을 가졌던 것이 언제일까? 이 질문에 대답이 되어야 "이기는 그에게는 내가 하나님의 낙원에 있는 생명나무의 열매를 주어 먹게 하리라"라는 말씀을 묵상할 수 있다.

자칫 오해의 소지가 있다. "정신 바짝 차리고 신앙생활을 하면 생명나무의 열매를 주지만 만일 세상에 지면 국물도 없다."라는 뜻으로 생각할 수 있다. 그런 뜻이면 생명나무의 열매를 먹는 신자도 있고 먹지 못하는 신자도 있게 된다. 생명나무 열매를 먹지 못하는 신자한테는 영생이 있을까, 없을까? 그런 신자는 아담에게 속한 자와 어떤 차이가 있을까?

신자, 성도, 제자, 그리스도의 신부, 십자가 군병이 전부 크리스천을 가리키는 말이다. 신자가 어떤 사람일까? 믿는 사람일까, 믿어야 하는 책임이 있는 사람일까? 성도는 거룩한 사람일까, 거룩해야 하는 사람일까? 제자는 주님을 따르는 사람일까, 주님을 따라야 하는 사람일까? 이기는 자도 마찬가지다. 세상을 상대로 승리를 거둔 자가 아니다. 이겨야 할 책임이 있는 자, 이기기로 작정된 자를 말한다.

수년 전에 상영한 〈타워〉라는 영화가 있다. 신임 소방관이 결의에 찬 표정으로 좋은 소방관이 되겠다는 포부를 밝힌다. 서장이 좋은 소방관이 어떤 소방관인지 묻자, 고참 소방관이 시큰둥한 말투로 대신 대답한다. "중간에 관두지 않고 끝까지 버티는 소방관이 좋은 소방관이죠."

이기는 것이 그런 것이다. 자기가 아는 신앙 원칙을 포기하지 않고 끝까지 지키는 것이다. 세상을 무릎 꿇리는 것이 이기는 것이 아니라 세상의 도도한 흐름에 굴하지 않고 버티는 것이 이기는 것이다.

세상에서는 승리자의 모습이 화려하게 나타난다. 모두의 부러움을 사며 부귀와 명예를 누린다. 우리는 그렇지 않다. 우리가 사는 세상은 신앙을 지키면 고지식하다고 하고 주님을 위해 희생하면 어리석다고 한다. 우리의 승리를 세상에서는 아무도 부러워하지 않는다. 우리가 그런 세상에서 이기는 자, 이길 수밖에 없는 자로 부름받았다.

2:8〉서머나교회의 사자에게 편지하라 처음이며 마지막이요 죽었다가 살아나신 이가 이르시되

처음이며 마지막이라는 얘기는 앞에서도 나왔다. 역사의 주인이라는 뜻이다. 이 세상 역사가 주님께 달린 것처럼 서머나교회의 모든 상황 역시 주님께 달려 있다. 그러면 '죽었다가 살아나신 이'라는 말은 왜 할까?

서머나는 주전 1,200년에 건설된 도시다. 그런데 주전 6세기 초에 리디아의 공격으로 파괴되었다가 주전 3세기에 알렉산더의 수하였던 리시마쿠스에 의해 재건되었다. 도시가 죽었다가 살아난 셈이다. 그런 서머나교회의 상황에 맞게 주님을 소개한 것이다.

2:9〉내가 네 환난과 궁핍을 알거니와 실상은 네가 부요한 자니라 자칭 유대인이라 하는 자들의 비방도 알거니와 실상은 유대인이 아니요 사탄의 회당이라

주님께 모르는 것이 있으면 말이 안 된다. 서머나교회에 있는 환난과 궁핍도 당연히 아실 것이다. 하지만 성경 다른 곳과 비교하면 그렇지 않다.

우리에게 있는 대제사장은 우리의 연약함을 동정하지 못하실 이가 아니요 모든 일에 우리와 똑같이 시험을 받으신 이로되 죄는 없으시니라(히 4:15)

'동정하다'에 해당하는 헬라어 '쉼파테스'는 '쉰(함께)'와 '파스코(고통당하다)'의 합성어이다. 함께 고통당하는 것이 '쉼파테스'이다. 〈개역한글판성경〉에는 "우리에게 있는 대제사장은 우리 연약함을 체휼하지 아니하는 자가 아니요"

라고 되어 있다. '체휼'은 체험의 체(體)와 긍휼의 휼(恤)을 합한 말이다. 주님은 우리 연약함을 체휼하지 않는 자가 아니다.

나는 해산의 고통을 제대로 모른다. "아프다고 하더라"가 고작이다. 주님은 그렇지 않다. 주님은 우리보다 더한 고통을 실제로 겪으셨다. 그런 주님이 서머나교회에게 "내가 네 환난과 궁핍을 알거니와 실상은 네가 부요한 자니라"라고 하신다.

그 말이 위로가 될까? "주님은 다 지난 일 아닙니까? 저희는 발등에 떨어진 불입니다. 부요하지 않아도 좋으니 일단 숨통 좀 트이게 해주십시오."라고 하지 않을까?

지나간 환난과 궁핍을 부요함으로 인식하는 것은 누구나 할 수 있다. 하지만 현재의 환난과 궁핍을 부요함으로 인식하는 것은 아무나 못한다. 당장 힘든데 부요함은 무슨 부요함인가? 그러면 이어지는 내용, "자칭 유대인이라 하는 자들의 비방도 알거니와 실상은 유대인이 아니요 사탄의 회당이라"를 확인해야 한다.

주후 90년에 얌니아회의가 있었다. 그 회의에서 예수를 믿는 유대인은 아브라함의 자손이 아니라고 선언했다. 기도문에는 "나사렛 사람들과 이교도들을 순식간에 파괴하소서. 생명책에서 그들의 이름을 지우시고 의로운 자들과 함께 기록되지 않게 하소서."라는 문구를 집어넣었다. 그런 내용을 가리켜서 주님은 "자칭 유대인이라 하는 자들의 비방도 알거니와 실상은 유대인이 아니요 사탄의 회당이라"라고 했다.

서머나교회 교인들의 마음이 어땠을까? 여태껏 유대인들로부터 받은 박해가 주마등처럼 지나갔을 것이다. 그 모든 것이 자기들이 옳기 때문이라는 사실에 가슴 뿌듯한 희열을 느꼈을 것이다.

그러면 서머나교회를 비방하는 자칭 유대인들은 뭐라고 할까? 보나마나 말도 안 되는 소리라고 할 것이다. 아브라함의 후손으로 태어나서 할례도 받았고 율법을 지키는 자기들을 사탄의 회당이라고 하는 나사렛 예수야말로 이단 괴수다.

서머나교회는 어떨까? 주님이 조금만 참으면 곧 끝난다고 했으면 수긍할 수 있지만 부요한 것이라는 말도 수긍할 수 있을까? 하지만 말씀하시는 분이 주님이다. 아브라함의 자손으로 태어나서 할례를 받고 율법을 지켜도 주님이 사탄의 회당이라고 하면 사탄의 회당이다. 마찬가지다. 서머나교회에 그 어떤 환난과 궁핍이 있어도 주님이 부요하다고 하면 부요한 것이다.

자칭 유대인들이 자기네가 사탄의 회당인 것을 인정하지 않는 것은 별수 없다. 하지만 우리는 주님 말씀에 동의할 수 있어야 한다. 얌니아회의에서 예수 믿는 유대인은 아브라함의 자손이 아니라고 결정하거나 말거나 관계없다. 환난이나 궁핍을 어느 만큼 피부로 느끼는지도 중요하지 않다. 주님이 뭐라고 하셨느냐가 중요하다. 판단은 우리가 하는 것이 아니라 주님이 하신다.

자칭 유대인들이 실상은 사탄의 회당인 이유가 무엇일까? 땅에 속한 시선으로는 유대인이 분명하다. 하지만 하늘에서 보면 사탄의 회당이다. 서머나교회에 있는 환난과 궁핍이 실상은 부요함인 이유도 마찬가지다. 땅에 발을 딛고 사는 현실에서는 환난과 궁핍이 맞다. 주님도 인정했다. 그런데 그것이 하늘의 시선으로는 오히려 부요함이다.

리처드 범브란트가 창설한 선교 기관 VOM(the Voice of the Martyrs)에서 펴낸 책에 사우디아라비아의 박해받는 기독교인을 소개한 내용이 나온다.

무타와(사우디의 종교경찰)가 프라브 이삭의 집을 급습해서 그 지역 기독교인의 정보가 담긴 컴퓨터를 압수해 갔다. 그렇게 해서 에스킨더 멩기스가 체포

되었다. 그다음에는 윌프레도 칼리우악이 체포된다. 칼리우악은 체포 직후에 일사병 때문에 병원에 후송되었는데 몸 곳곳이 부어 있었고 시퍼렇게 멍이 들어 있었다고 한다. 고문을 당한 흔적이다.

이런 경우에 그 지역 사람들이 무엇을 염려해야 할까? 자기 이름이 무타와의 블랙리스트에 올라 있으면 어떻게 할지 염려해야 할까, 올라 있지 않으면 어떻게 할지 염려해야 할까? 블랙리스트에 이름이 있으면 낭패다. 조만간 크게 곤욕을 치를 것이다. 하지만 이름이 없으면 정말 낭패다. 이름이 있어서 겪는 낭패는 낭패도 아니다. 그처럼 블랙리스트에 이름이 있는 것을 가리켜서 부요하다고 하는 것이다. 결국 본문은 "너희가 세상 풍조에 굴하지 않고 환난과 궁핍을 겪는구나. 참 잘하고 있다. 내가 그렇게 했다. 그 길이 하나님께 인정받는 길이다."를 말하는 셈이다.

언젠가 우리가 믿는 기독교가 우리 선배들이 믿었던 기독교와 같은 종교가 아닌 것 같다는 생각을 한 적이 있다. 예전에는 예수를 믿으려면 죽음을 각오해야 했다. 그런데 언제부터인지 "예수를 믿으니까 잘살게 해주세요"가 되었다. 신앙을 세상에서 보상받으려고 한다.

두 사람이 있다. 한 사람은 "예수를 위해서라면 죽어도 좋습니다"라고 하는데 다른 사람은 "예수를 믿으니까 더 잘살게 해주십시오"라고 한다. 두 사람이 믿는 종교가 같은 종교일까?

2:10〉 너는 장차 받을 고난을 두려워하지 말라 볼지어다 마귀가 장차 너희 가운데에서 몇 사람을 옥에 던져 시험을 받게 하리니 너희가 십 일 동안 환난을 받으리라 네가 죽도록 충성하라 그리하면 내가 생명의 관을 네게 주리라

성경에는 환난을 면하게 해준다는 약속이 없다. 환난은 우리가 신앙을 정당하게 지키고 있다는 표징이다. 늘 세상과 타협하면 환난이 있을 턱이 없다.

우리가 환난 중에 있을 때 주님은 무엇을 하실까? "나는 처음이며 마지막이다. 모든 일의 시작과 끝이 나한테 달렸다."라고 하면서 우리가 환난을 받거나 말거나 구경만 하실까? 그렇지 않다. 십 일이라는 기한이 있는 것이 그 증거다.

십 일은 제한된 기간을 말한다. 그것도 얼마 되지 않는 짧은 기간이다. 뒤에 가면 신자들이 천 년 동안 왕 노릇 한다는 얘기가 나온다. 환난은 십 일인데 왕 노릇은 천 년이다. 십 일을 보내는 중에는 길게 느껴지겠지만 조금만 기다리면 십일 일째 날이 금방 온다.

랍비들이 성서를 해석한 〈미드라쉬〉에서 하나님이 아브라함을 시험한 이유를 이렇게 설명했다.

아브라함이 묻는다. "제가 왜 그 일을 겪어야 했습니까? 제 충성심을 알아보기 위해서 저를 시험했습니까?"

"아니다. 나는 너를 시험할 필요가 없었다."

"그렇다면 제 자신의 충성심을 검증하기 위해서 저한테 시험이 필요했습니까?"

"아니다."

"그러면 무엇 때문에 제가 그 일을 겪어야 했습니까?"

"열방에 증거 하기 위해서다."

서머나교회 교인들은 끊임없이 "왜?"라고 물었을 것이다. 자기들이 왜 환난을 겪어야 할까? 왜 궁핍에 시달려야 하고 왜 유대인들의 비방을 받아야 할까? 그때마다 주님이 답하신다. "열방에 증거 하기 위해서다."

누군가 "죽도록 충성하다가 정말로 죽으면 어떻게 합니까?"라고 물었다.

죽도록 충성하다 죽으면 주님이 책임지실 것이다. 책임을 못 지면 주님이 아니다. 우리가 걱정할 문제는 "죽도록 충성하다 정말로 죽으면 어떻게 하나?"가 아니라 "죽도록 충성하지 못하면 어떻게 하나?"이다.

2:11) 귀 있는 자는 성령이 교회들에게 하시는 말씀을 들을지어다 이기는 자는 둘째 사망의 해를 받지 아니하리라

주님이 주신다는 생명의 관이 실재하는 것처럼 둘째 사망도 실재한다. 두 번 태어난 사람은 한 번 죽지만 한 번 태어난 사람은 두 번 죽는다. 거듭난 사람한테는 둘째 사망이 없다. 하지만 거듭나지 못한 사람은 육체의 죽음을 맞은 다음에 또 영원한 죽음을 죽어야 한다.

바스훌아 너와 네 집에 사는 모든 사람이 포로 되어 옮겨지리니 네가 바벨론에 이르러 거기서 죽어 거기 묻힐 것이라 너와 너의 거짓 예언을 들은 네 모든 친구도 그와 같으리라 하셨느니라(렘 20:6)

거짓 선지자 바스훌이 저주의 메시지를 듣는다. 랍비들이 이 구절을 두 번 죽는 것으로 해석한다. 바벨론에서 한 번 죽고, 계속 거기에 묻히는 것으로 두 번 죽는다는 것이다. 하지만 이스라엘 땅에 묻힌 사람은 한 번만 죽으면 된다. 영원히 무덤에 남는 것이 아니라 메시야의 날에 부활할 것이기 때문이다. 유대인다운 발상이지만 일리는 있다. 정작 중요한 문제는 "죽느냐, 죽지 않느냐?"가 아니다. "영원한 생명이 있느냐, 없느냐?"이다. 주님이 이런 부활 생명을 예비하고서 우리한테 죽도록 충성하라고 하신다.

조조의 장남 조비와 삼남 조식 사이에 왕위를 둘러싼 암투가 있었다. 조조가 죽은 다음에 조비가 왕위에 오른다. 왕권 경쟁에서 밀리면 남은 것은 죽음뿐이다. 조비가 조식을 호출하자, 조식의 측근들이 가면 죽는다며 만류한다. 조식이 호기롭게 말한다. "하루를 더 산다고 행복한 것도 아니고 하루를 덜 산다고 불행한 것도 아니다. 하루하루를 즐기면 그뿐이다."

세상 경쟁에서 밀린 사람이 할 수 있는 말은 그런 말뿐이다. 지금 세상이 있는 것만 알고 다음 세상이 있는 것을 모르면 어쩔 수 없다. 그런 말을 하는 것이 멋있게 보일 수도 있다.

우리는 하루하루를 즐기는 것으로 낙을 삼지 않고 죽도록 충성하는 것으로 낙을 삼는다. 하루하루 죽도록 충성하면 그뿐이다. 우리의 충성을 받는 주님이 처음이며 마지막이요 죽었다가 살아나신 분이기 때문이다. 주님은 이 세상과 다음 세상의 주인이다. 그분이 우리를 위하여 생명의 관을 예비하고 계시다.

2:12-13) 버가모교회의 사자에게 편지하라 좌우에 날선 검을 가지신 이가 이르시되 네가 어디에 사는지를 내가 아노니 거기는 사탄의 권좌가 있는 데라 네가 내 이름을 굳게 잡아서 내 충성된 증인 안디바가 너희 가운데 곧 사탄이 사는 곳에서 죽임을 당할 때에도 나를 믿는 믿음을 저버리지 아니하였도다

판테온이라는 건물이 있다. 로마에서 섬기는 모든 신을 다 모아 놓은 신전이다. 전능의 개념이 없으면 신이 많을수록 좋다. 로마는 다른 나라를 정복하면 그 나라의 신도 자기네 신으로 받아들였다.

황제가 죽으면 그 황제도 신으로 모셨다. 폭군으로 내몰린 황제는 예외지만 대부분 죽으면 신으로 추대되었다. 그런데 도미티아누스는 살아생전에 신으로 숭배받기를 원했다. 그 도미티아누스 황제 때 요한계시록이 기록되었다. 자기를 신으로 섬기라고 강요했으니 기독교가 박해를 받을 수밖에 없다.

버가모에는 로마 제국 행정부가 있었다. 황제를 위한 신전을 가장 먼저 지은 도시도 버가모다. 아우구스투스를 위한 신전이다. 두 번째 신전인 트라야누스 신전도 버가모가 지었다. 나중에는 세베루스 신전도 지었다. 버가모는 말 그대로 황제 숭배의 중심지였다. 주님이 "네가 어디에 사는지를 내가 아노니 거기는 사탄의 권좌가 있는 데라"라고 할 만하다.

황제를 숭배하는 법도는 상당히 간단했다. 일 년에 한 번 신전에 가서 향을 피우고 "가이사는 주님이시다"라고 하면 된다. 그러면 증명서를 발급해 줬고, 그 증명서가 있으면 어떤 신을 섬기든지 자유였다.

다른 신은 일체 섬기지 말고 로마 황제만 섬기라는 것이 아니다. 그것이 뭐 그리 어렵다고 거부한단 말인가? 로마 영토에 살면서 그 정도도 못하는 것은 말이 안 된다. 그런 악질분자를 그냥 둘 수는 없다. 그래서 당시 기독교인들은 화형을 당하기도 하고 사자 밥이 되기도 했다.

전하는 얘기에 의하면 도미티아누스 황제가 버가모의 통치자한테 '글라비'라는 검을 하사했다고 한다. 또 죄인을 임의대로 처형할 수 있는 권한도 주었다. 소아시아에서 유일하게 황제로부터 사형 집행권을 위임받은 도시가 버가모다. 글라비가 그 권한의 상징인 셈이다.

본문에서 "좌우에 날선 검을 가지신 이가 이르시되"라고 한 이유가 여기에 있다. 실제로 세상을 심판할 권세가 누구한테 있는지 보자는 것이다. 지금은 사탄의 권좌에서 나오는 세속적인 힘이 버가모를 지배하는 것 같다. 아무도 글라비의 권세를 거스를 수 없다. 하지만 진짜 심판의 주인이 누구인지 곧 알게 된다.

어쨌든 사탄의 권좌가 있는 곳에 자리한 버가모교회에 박해가 없을 수 없다. 하지만 버가모교회 교인들은 주님의 이름을 굳게 잡았다. 충성된 증인 안디바가 죽임을 당할 때도 주님을 믿는 믿음을 저버리지 않았다.

삼위일체라는 말을 처음 쓴 사람이 터툴리안이다. 그리스도인들이 기꺼이 순교를 택하는 것에 감명을 받아 예수를 영접했다. 교회는 순교자의 피를 먹고 자란다는 유명한 말을 남기기도 했다. 터툴리안에 따르면 안디바는 놋쇠 가마에서 구워져서 죽었다고 한다.

성경은 그 안디바를 충성된 증인이라고 한다. 본래 충성된 증인은 예수님에 대한 호칭이다. 그 호칭을 안디바한테 쓴다.

진실한 크리스천이라는 말을 생각해 보자. 진실하지 않은 사람을 크리스천이라고 할 수는 없다. 그런데도 진실한 크리스천이라고 하면 그의 진실이 그만큼 두드러진다는 뜻이다. 충성된 증인도 마찬가지다. 증인은 충성되기 마련이다. 그런데도 유난히 충성하는 사람이 있는 법이다. 안디바가 그런 사람이었다.

증인을 헬라어로 '마르튀스'라고 한다. 영어로 순교자라는 'martyr'가 여기에서 파생했다. 순교는 아무나 할 수 있는 것이 아니다. 증인이어야 할 수 있다. 뒤집어서 말하면 증인은 순교의 책임이 있는 사람이다. 자기가 본 것을 목숨을 걸고 증언해야 한다.

어쩌면 주님이 "안디바는 나의 충성된 증인이었다. 너희는 어떤 증인이냐?"라고 묻는지 모른다. '실천적 무신론자'라는 말이 있다. 입으로는 신의 존재를 믿는다고 하면서 신이 없는 것처럼 산다. 누군가 그를 본받아 살면 주님을 만나는 것이 아니라 세상을 만나게 된다. 주변 사람들로부터 "저 사람을 보니 하나님이 정말로 계신 것 같다"라는 말을 듣는 것이 아니라 "저 사람을 보니 아무래도 하나님이 안 계신 것 같다"라는 말을 듣는다. 주님의 증인이 아니라 세상의 증인인 셈이다.

안디바가 놋쇠 가마에 구워져서 참혹하게 죽었다. 버가모교회 교인들은 공포에 떨었을 것이다. 그리고 주일이 되었다. 예배 참석 인원이 얼마나 되었을까? 안디바가 죽기 전과 비교해서 어떤 차이가 생겼을까? 다행히 별 차이가 없었다. 주님이 "안디바가 죽임을 당할 때에도 너희는 나를 믿는 믿음을 저버리지 아니하였도다"라고 인정했다.

어떤 교회가 있다. 여름수련회에 참석했던 고 3이 전원 대학 입시에 떨어졌다. 그다음 해 여름수련회에 참석하는 고 3이 몇 명이나 될까? 혹시 부모가 나서서 만류하지 않을까? 어쩌면 제직회 때 고 3은 수련회에 참가하지 못하게 하자는 안건이 나올지 모른다.

버가모교회에는 그런 일이 없었다. 참으로 대단한 교회다. 그런데 이어지는 내용이 의외다.

2:14-15) 그러나 네게 두어 가지 책망할 것이 있나니 거기 네게 발람의 교훈을 지키는 자들이 있도다 발람이 발락을 가르쳐 이스라엘 자손 앞에 걸림돌을 놓아 우상의 제물을 먹게 하였고 또 행음하게 하였느니라 이와 같이 네게도 니골라당의 교훈을 지키는 자들이 있도다

발람은 이스라엘을 꼬드겨서 우상 제물을 먹게 하고 행음하게 한 사람이다. "이와 같이 네게도 니골라당의 교훈을 지키는 자들이 있도다"라고 했으니, 니골라당의 교훈도 발람의 교훈과 같은 교훈이다. 충성된 증인 안디바가 순교한 곳에 니골라당의 교훈을 따르는 사람이 있었다.

앞에서 버가모교회를 칭찬하면서 "네가 내 이름을 굳게 잡아서"라고 했다. '굳게 잡다'에 해당하는 헬라어가 '크라테오'다. 본문에서 발람의 교훈을 지킨다, 니골라당의 교훈을 지킨다고 할 때도 '크라테오'가 쓰였다. 목숨을 돌보지 않고 주님의 이름을 굳게 잡는 것과 같은 열심으로 니골라당의 교훈을 굳게 잡는 사람들이 있었다.

버가모교회 교인들은 안디바가 죽는 것을 보면서도 황제 숭배에 굴하지 않았다. 그런데 발람의 교훈을 지키는 사람들이 있었다. 이런 일이 어떻게 가능할까? 로마 황제만 섬기지 않으면 다른 우상은 섬겨도 무방한 것일까?

주님이 "그러나 네게 두어 가지 책망할 것이 있나니 거기 네게 발람의 교훈을 지키는 자들이 있도다"라고 했을 때, 버가모교회 교인들은 펄쩍 뛰었을 것이다. "저희는 죽음을 각오하고 황제 숭배를 거부한 사람입니다. 어떻게 발람의 교훈을 따른다는 말입니까?"라고 할 만하다. 그래서 "이와 같이 네게도 니골라당의 교훈을 지키는 자들이 있도다"라고 하신다. "너희가 지키는 니골라당의 교훈이나 너희 조상들이 지켰던 발람의 교훈이나 마찬가지 아니냐?"라는 뜻이다.

버가모교회 교인들이 출애굽한 이스라엘처럼 이방 여인들과 음행하고 그들의 신을 같이 섬기지는 않았다. 단지 니골라당의 교훈을 지켰을 뿐이다. 그 교훈이 어떤 것인지는 성경에 나와 있지 않다. 하여간 형태는 달라도 그 안에 담긴 내용은 발람의 교훈과 같은 것이었다.

사람들이 무슨 정신으로 발람의 교훈을 따랐을까? 설마 하나님을 노골적으로 대적했을 리는 만무하다. 자기들이 세상 신을 섬긴다는 사실을 몰랐을 것이다. 출애굽 시대에 있었던 일이 요한 당시에도 있었다. 지금도 있을 것이다. 사람의 본성은 예나 지금이나 똑같다.

십일조를 한다는 얘기는 물질에 대한 하나님의 주권을 인정한다는 뜻이다. 그러면 십일조를 하는 교인은 세금도 정상적으로 낼까? 그렇지 않은 교인이 있을 수 있다. 그러면 그가 세상을 사는 힘이 하나님일까, 돈일까? 그런 교인한테 십일조를 하지 말라고 하면 어떻게 하나님의 것을 도적질하느냐고 할 것이다. 세금을 제대로 내지 않는 사람한테 있는 마음이 십일조를 하지 않는 사람한테 있는 마음이라는 사실을 전혀 모를 것이다.

종교적인 명분이 잘못된 것은 누구나 안다. 로마 황제를 섬기라는 명령은 거부할 수 있다. 하지만 니골라당의 교훈은 그렇지 않다. 오죽하면 죽음의 위협 앞에서도 황제 숭배를 거부한 버가모교회 교인들조차 자기들이 무슨 잘못을 하는지 분간하지 못했다. 신앙을 위해서라면 죽어도 좋다고 하는 사람들이 자기들이 지키는 니골라당의 교훈이 발람의 교훈과 같은 것인 줄 모를 수 있다.

외국어 예배가 편성된 교회가 더러 있다. 외국에서 오래 살아서 우리말보다 외국어가 편한 사람도 있고, 우리나라에 체류하는 외국인도 있으니 외국어 예배가 필요할 수 있다. 그런데 부작용도 있다. "요즘은 영어가 중요하다"라는 생각으로 예배를 이용하여 과외를 받으려는 사람도 있기 때문이다.

그 사람들한테 "하나님이 중요합니까, 세상이 중요합니까?"라고 물으면 당연히 하나님이 중요하다고 할 것이다. "하나님을 예배하는 시간에 영어에 관심을 두는 것이 옳습니까?"라고 물어도 그것이 왜 문제인지 모를 것이다. 하나님도 예배하고 영어 공부도 하면 더 좋은 것 아니냐고 할 것이다. 예배를 빼먹는 것이 잘못인 것은 알면서 그런 마음으로 드리는 예배가 옳지 않은 것은 모른다.

16-17) 그러므로 회개하라 그리하지 아니하면 내가 네게 속히 가서 내 입의 검으로 그들과 싸우리라 귀 있는 자는 성령이 교회들에게 하시는 말씀을 들을지어다 이기는 그에게는 내가 감추었던 만나를 주고 또 흰 돌을 줄 터인데 그 돌 위에 새 이름을 기록한 것이 있나니 받는 자 밖에는 그 이름을 알 사람이 없느니라

주님이 "너희와 싸우리라"라고 하지 않고 "그들과 싸우리라"라고 했다. 참으로 다행이다. 그들의 무리에 섞여 있으면 안 된다. 얼른 나와야 한다. 신앙생활에 필요한 것은 자기가 속한 단체의 결단이 아니라 자기 자신의 결단이다.

전설에 의하면 바벨론에 의해 예루살렘 성전이 파괴될 적에 예레미야가 언약궤 안에 있던 만나 항아리를 시내산 절벽에 감추었다고 한다. 메시야가 오면 그것을 찾아내게 된다. 이기는 자에게는 감추었던 만나를 준다는 얘기는 그 전설을 배경으로 한다. 이기는 자는 메시야 시대의 복을 누리게 된다. 행음을 한 사람은 우상 제물을 먹지만 우리는 만나를 먹는다. 물론 만나는 하늘에서 내려온 생명의 떡이신 주님 자신을 말한다.

또 흰 돌을 준다고 했다. 흰 돌은 공식 연회에 참석할 수 있는 일종의 초대권이다. 우리는 주님이 베푸시는 천국 잔치에 참여할 사람들이다. 그 흰 돌에는 새 이름을 기록한 것이 있다.

애인끼리 상대방을 특별한 이름으로 부를 수 있다. 남자가 여자를 '나의 천사'라고 부른다고 하자. 그 이름은 아무나 부를 수 없는 이름이다. 그렇게 불린다는 사실도 둘밖에 모른다. 하나님과 우리 사이가 그렇게 된다. 하나님과 우리가 이 세상 누구도 개입할 수 없는 아주 각별한 사이가 된다. 우리는 그 날을 기다리는 사람들이다.

2:18-20〉 **두아디라교회의 사자에게 편지하라 그 눈이 불꽃 같고 그 발이 빛난 주석과 같은 하나님의 아들이 이르시되 내가 네 사업과 사랑과 믿음과 섬김과 인내를 아노니 네 나중 행위가 처음 것보다 많도다 그러나 네게 책망할 일이 있노라 자칭 선지자라 하는 여자 이세벨을 네가 용납함이니 그가 내 종들을 가르쳐 꾀어 행음하게 하고 우상의 제물을 먹게 하는도다**

두아디라교회는 여러 측면에서 점점 나아지는 중이다. 참으로 바람직한 모습이다. 그런데 책망할 일도 있다. 자칭 선지자라 하는 여자 이세벨을 용납한 일이다. 그가 사람들을 꾀어 행음하게 하고 우상 제물을 먹게 했다.

버가모교회에는 니골라당의 교훈을 지키는 자들이 있었다. 니골라당의 교훈도 우상 제물을 먹게 하고 행음하게 하는 것이었다. 니골라와 이세벨이 무슨 관계가 있을까?

마귀가 예수님을 시험한 적이 있다. 마귀가 원하는 것은 메시야 사역을 무너뜨리는 것이었다. 시험은 세 가지였지만 노리는 것은 한 가지였다. 어떤 시험에 걸려 넘어지나 결과는 마찬가지다.

니골라와 이세벨이 그렇다. 성경에서 가장 자주 언급하는 범죄가 간음이다. 우리가 그리스도의 신부이기 때문이다. 또 우상 제물을 먹는다는 얘기는 하나님이 아닌 다른 신을 섬긴다는 뜻이다. 즉 신앙을 버린 대표적인 모습으로 행음과 우상 제물을 얘기하는 것이다. 니골라한테 미혹되든지, 이세벨한테 미혹되든지 결론은 같다.

두아디라는 동업 조합이 상당히 발달한 상업 도시였다. 양털, 제빵, 염색, 피혁, 의복, 요업, 구리 세공업, 노예 거래 같은 동업 조합이 있었다고 한다. 조합원으로 가입해야 상업 활동을 할 수 있다. 문제는 조합마다 섬기는 신이 있었다.

취직을 하면 자동적으로 노조에 가입된다. 노조에서는 정기적으로 고사를 지낸다. 고사를 지내지 않으면 근로계약이 무효가 된다. 이런 경우에는 어떻게 해야 할까?

이런 배경에서 자칭 선지자라 하는 여자 이세벨이 등장한다. 그가 구체적으로 어떤 말을 했는지 모른다. 어쩌면 "주님은 우리를 세상의 빛과 소금으로 부르셨습니다. 우리는 마땅히 세상 속으로 들어가야 합니다. 동업 조합으로 들어가는 것이 하나님의 뜻입니다."라는 말을 했을 수 있다.

부교역자 시절의 일이다. 혼기가 찬 자매가 있었다. 집에서는 얼른 결혼하라고 성화였는데 그 자매는 한사코 믿는 남자를 고집했다. 누군가 조언을 했다. "안 믿는 남자하고 결혼해서 그 사람을 구원하면 하나님이 더 기뻐하실 거 아냐? 그런 선교사 사명을 가져야지, 왜 신앙생활을 편하게 하려고 해?"

그런 말은 참 곤란하다. 옳고 그른 가치가 뒤바뀌기 때문이다. 말로는 선교사 사명을 가지라고 하는데 그런 사명이 가난한 집안에 대해서는 거론되지 않는다. 다행히 그 자매는 그런 말에 속지 않았지만 두아디라교회에는 속은 사람이 있었다. 그러면 그 사람들은 이세벨의 유혹에 넘어간 순진한 사람들일까?

2:21-23〉 또 내가 그에게 회개할 기회를 주었으되 자기의 음행을 회개하고자 하지 아니하는도다 볼지어다 내가 그를 침상에 던질 터이요 또 그와 더불어 간음하는 자들도 만일 그의 행위를 회개하지 아니하면 큰 환난 가운데에 던지고 또 내가 사망으로 그의 자녀를 죽이리니 모든 교회가 나는 사람의 뜻과 마음을 살피는 자인 줄 알지라 내가 너희 각 사람의 행위대로 갚아 주리라

이세벨이 나쁜 사람인 것은 누구나 안다. 이세벨은 주님이 회개할 기회를 주어도 회개하지 않았다. 급기야 주님이 그를 침상에 던지겠다고 했다. 병들어 눕게 하겠다는 뜻 같은데 아니어도 상관없다. 어쨌든 하나님 뜻을 왜곡한 벌을 받을 것이다. 이세벨은 그렇다 치고, 그한테 속은 사람들은 어떻게 될까?

김유정이 쓴 〈금 따는 콩밭〉이라는 단편소설이 있다. 성실하게 농사를 지으며 사는 영식한테 친구 수재가 찾아온다. 수재의 꼬드김에 빠진 영식이 금을 찾기 위해 같이 콩밭을 파헤친다. 동네 어른들이 나무랐지만 아랑곳하지 않았다. 그런데 아무리 파헤쳐도 금이 안 나온다. 가을이 되었다. 영식의 아내가 불만을 얘기한다. 생활은 점점 궁핍해지고 영식도 슬슬 불안해진다. 그러던 어느 날, 황토가 나왔다. 수재는 그것을 금맥이라고 했다. 조금만 더 파면 금이 나온다는 것이다. 그날 밤 수재는 그만 달아나야겠다고 혼자 중얼거린다.

영식이 왜 동네 어른들 얘기는 무시했으면서 수재 얘기는 귀담아들었을까? 사람은 아무 말이나 듣지 않는다. 자기가 듣고 싶은 말을 듣는다.

두아디라교회 교인들도 마찬가지다. 이세벨한테 미혹된 것은 마음이 거기 있었기 때문이다. 그들은 "아차! 이세벨한테 속았구나." 하고, 자기 머리를 치면 되는 사람들이 아니다. 욕심에 밴 자기들 마음을 꺼내 놓고 통회 자복해야 하는 사람들이다.

그런데 이세벨이 회개하지 않은 것처럼 그들 중에도 회개하지 않는 사람이 있었다. "또 내가 사망으로 그의 자녀를 죽이리니…"라고 한 것이 그렇다. '그의 자녀'는 이세벨의 추종자를 말한다. 이세벨을 추종하는 무리라면 당연히 회개하지 않을 것이다.

주님 말씀이 무척 준엄하다. 이세벨과 더불어 간음하는 자들이 그의 행위를 회개하지 않으면 큰 환난 가운데 던진다고 했다. 또 이세벨의 추종자들을 사망으로 다스리겠다고 했다. 그리고 "모든 교회가 나는 사람의 뜻과 마음을 살피는 자인 줄 알지라"라고 했는데 〈메시지성경〉에는 "내가 겉모습에 감동받지 않는다는 것을 온 교회가 알게 될 것이다"라고 되어 있다. 주님은 이세벨을 용납한 그들의 행위를 벌하지 않으신다. 이세벨을 용납한 그들의 뜻과 마음을 벌하신다. 아무리 겉으로 주님을 섬겨도 주님은 거기에 속지 않으신다.

18절에서 "그 눈이 불꽃 같고 그 발이 빛난 주석 같은 하나님의 아들"이라고 주님을 소개했다. 눈이 불꽃 같다는 얘기는 주님 앞에서는 모든 것이 드러난다는 뜻이고 발이 빛난 주석 같다는 얘기는 심판을 상징한다. 주님께는 감출 수 있는 것이 없다. 사람 눈에 보이지 않는 것이라고 해서 심판 대상에서 예외가 아니다.

토저 목사가 한 말이 있다. "우리는 우리가 한 일에 대해서만 심판받는 것이 아니다. 우리가 무엇을 할 수 있었는지에 대해서도 심판받는다." 주님이 사람의 뜻과 마음을 살피신다는 얘기가 그렇다. 그리고 그 사실을 모든 교회에 알게 하신다.

그러면 "내가 너희 각 사람의 행위대로 갚아 주리라"라고 한 것은 무슨 영문일까? 구원은 행위로 얻지 않는다. 그런데 본문에서는 각 사람의 행위대로 갚아 준다고 한다. 이때의 행위는 내적 수준에 대한 외적 표현이다. 어떤 일을 했느냐, 안 했느냐가 전부가 아니라 왜 했고 왜 안 했는지를 포함하는 개념이다.

각 사람의 행위대로 갚아 주신다는 주님 말씀을 들으면 어떤 생각이 드는가? 기대가 되는가, 걱정이 되는가? 걱정되면 안 된다. 행여 주님이 각 사람의 행위대로 갚아주시지 않을까봐 걱정되어야 한다.

2:24-25〉 두아디라에 남아 있어 이 교훈을 받지 아니하고 소위 사탄의 깊은 것을 알지 못하는 너희에게 말하노니 다른 짐으로 너희에게 지울 것은 없노라 다만 너희에게 있는 것을 내가 올 때까지 굳게 잡으라

성경에서 안다는 말은 주로 체험에 근거한 개념이다. 사탄의 깊은 것은 우리가 알아야 하는 것이 아니라 알지 말아야 하는 것이다.

아마 이세벨과 그 추종자들은 자기들이 남다른 신앙 경지를 구가하는 것처럼 말했을 것이다. "우리는 신앙의 깊은 비밀을 안다", "우리는 하나님의 숨겨진 뜻을 안다"라고 하면서, 신앙의 이름으로 불신앙을 부추겼을 것이다. 불신자와의 결혼을 권하면서 선교사 사명을 말하는 것이 그런 경우다. 그렇게 하면 신앙을 고집하는 사람보다 세속 조건을 따지는 사람이 더 신실한 사람처럼 보인다.

간혹 호랑이를 잡으려면 호랑이 굴에 들어가야 한다면서 불신자와 어울리는 사람이 있다. 예수님도 죄인들과 어울렸다는 것이다. 그런데 예수님은 죄를 짓지는 않았다. 호랑이를 잡고 싶은 것인지, 호랑이와 놀고 싶은 것인지 분간해야 한다. 주님은 그들을 신앙의 깊은 비밀을 아는 사람으로 인정하지 않고 사탄과 교제를 나누는 사람이라고 했다.

사탄의 깊은 것을 알지 못하는 사람들한테 다른 짐으로는 지울 것이 없다고 했으니 이미 진 짐이 있다는 뜻이다. 그 짐이 어떤 짐일까? "사탄의 깊은 것을 알지 못하는 것"이다. 이세벨의 교훈을 거부하는 것 자체를 짐을 진 것으로 얘기한다.

모두 '예'라고 할 때 혼자 '아니오'라고 하는 것은 쉬운 일이 아니다. 두아디라교회에 그런 사람들이 있었다. 그러면 그것으로 족하다. 주님이 더 이상다른 것을 요구하지 않으신다. 우리가 이 세상에서 해야 할 한 가지 일이 있다면 불신앙과 타협하지 않는 것이다.

그래서 "너희에게 있는 것을 내가 올 때까지 굳게 잡으라"라고 한다. 우리는 우리가 모르는 것을 새롭게 알아야 하는 사람들이 아니라 우리가 아는 것을 굳게 잡아야 하는 사람들이다. "하나님을 사랑해야 한다", "세상 풍조를따르지 말아야 한다"를 모르는 사람이 있을까? 신앙생활을 바로 하기 위해서 필요한 것은 남들이 모르는 오묘한 비밀을 아는 것이 아니다. 누군가 그런 말을 하면 그것이 사탄의 깊은 것이다.

2:26-27〉 이기는 자와 끝까지 내 일을 지키는 그에게 만국을 다스리는 권세를 주리니 그가 철장을 가지고 그들을 다스려 질그릇 깨뜨리는 것과 같이 하리라 나도 내 아버지께 받은 것이 그러하니라

이기는 자가 따로 있고 끝까지 주님의 일을 지키는 자가 따로 있는 것이 아니다. 같은 내용을 다른 말로 반복하는 것은 히브리인들이 즐기는 표현법이다. 특히 "내 일을 지킨다"는 "이세벨의 일을 지키는 자"들을 염두에 둔 표현이다. 이세벨의 일을 지키는 자들은 이기는 자들이 아니다. 주님의 일을 지키는 자가 이기는 자이다.

그런 자는 철장을 가지고 그들을 다스려 질그릇 깨뜨리는 것과 같이 할 것이다. 지금은 이세벨을 용납하지 않는 일이 버겁다. 하지만 조만간 쇠몽둥이로 질그릇을 부수는 것처럼 시원하게 그들을 부술 날이 온다. 상상만 해도 통쾌하다.

2:28-29〉 내가 또 그에게 새벽 별을 주리라 귀 있는 자는 성령이 교회들에게 하시는 말씀을 들을지어다

22:16에 의하면 새벽 별은 예수님이다. 예수님이 우리한테 주시기 원하는 것이 예수님 자신이다.

이스라엘이 가나안에 들어갈 때 지파 별로 땅을 제비 뽑았다. 그때 레위지파는 땅을 분배받지 않았다. 하나님이 그들의 분깃이기 때문이다. 다른 지파는 양도 기르고 포도도 재배해서 먹고 살지만 레위인들은 그런 일 하지 말고 거룩한 일만 하라는 뜻이 아니다. 하나님이 이스라엘의 분깃이라는 사실을 레위지파를 통해서 보여주신 것이다. 이스라엘은 레위지파를 보면서 자기들의 기업이 오직 하나님임을 알아야 했다.

우리가 신앙을 지킨 유일한 보상은 예수님이다. 다른 보상이 있을 수 없다. 찬송가 94장 가사 그대로다. 한 소절, 한 소절이 곧 우리의 신앙 고백이다.

주 예수보다 더 귀한 것은 없네 이 세상 부귀와 바꿀 수 없네

영 죽은 내 대신 돌아가신 그 놀라운 사랑 잊지 못해

세상 즐거움 다 버리고 세상 자랑 다 버렸네

주 예수보다 더 귀한 것은 없네 예수밖에는 없네

3장 사데 빌라델비아 라오디게아교회

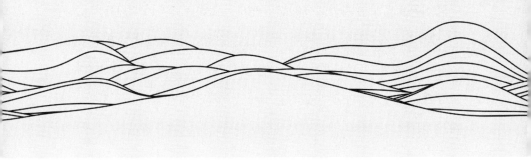

3:1〉 사데교회의 사자에게 편지하라 하나님의 일곱 영과 일곱 별을 가지신 이가 이르시되 내가 네 행위를 아노니 네가 살았다 하는 이름은 가졌으나 죽은 자로다

지금까지 나온 교회에는 저마다 어려움이 있었다. 그런데 사데교회에는 아무런 어려움이 없었다. 그래서 신앙을 만발하게 꽃피운 것이 아니라 살았다 하는 이름은 가졌으나 죽은 교회가 되었다.

사데교회에 대해서 그렇게 말씀하시는 주님은 하나님의 일곱 영과 일곱 별을 가지신 분이다. 하나님의 일곱 영은 성령이고 일곱 별은 일곱 교회의 사자라는 사실을 앞에서 확인했다. 교회는 성령의 능력으로 세워지고 유지된다. 또 교회의 주인은 주님이다. 결국 사데교회가 살았다 하는 이름은 가졌으나 죽은 자라는 얘기는 사데교회의 모든 일이 성령으로 말미암은 일이 아니었다는 뜻이다. 주님 역시 관심을 거두셨다.

교회에 모인 사람들은 늘 주님의 이름을 얘기한다. 그러면 주님이 자동으로 그 자리에 계서야 할까? 과연 무엇을 위해서 모였는지 확인해야 한다. 주님의 이름으로 모인 자리에서 사람의 영광을 구하는 경우가 얼마든지 있다.

사데교회는 사람들이 보기에는 살아 있는 교회였다. 겉에서 보면 생동감이 넘쳤다. 하지만 그 교회에서 진행되는 모든 일이 사람을 위한 일이었다. 오죽하면 주님이 죽었다고 판정했다. 예배당 가득 시체만 있더라는 것이다. 시체가 설교하고 시체가 찬양하고 시체가 '아멘'하고 시체가 봉사한다.

3:2) 너는 일깨어 그 남은바 죽게 된 것을 굳건하게 하라 내 하나님 앞에 네 행위의 온전한 것을 찾지 못하였노니

사데교회는 살았다 하는 이름만 있었다. 그렇다고 해서 완전하게 죽은 것은 아니다. 그냥 두면 죽겠지만 아직 남은 것이 있다. 그것을 굳건하게 하라고 한다. 다른 말로 하면 하나님 앞에서 행위가 온전해지라는 것이다.

'일깨어(awake)'는 일어나라는 말이다. 그러면 사데교회가 하나님 앞에 온전하지 못한 이유가 나온다. 그들은 잠에 빠져 있었다.

1720-1740년에 미국에서 대각성운동이 있었다. 각성은 잠든 상태를 전제로 한다. 도덕성은 잠들어도 육체는 깨어 있을 수 있다. 장사도 할 수 있고 농사도 지을 수 있고 공장도 돌릴 수 있다. 영이 잠들어도 마찬가지다. 세상을 사는 것은 물론이고 종교 행위도 가능하다. 사데교회가 그런 교회였다. 몸은 깨어 있었지만 영은 잠들어 있었다.

사람들은 영이 잠든 상태를 인정받고자 한다. "남들도 그렇게 한다. 하나님도 다 아신다."라는 말을 듣고 싶어 한다. 사람들이 듣고 싶어 하는 말은 진실보다 오히려 달콤한 거짓이다. 그런데 성경은 일어나라고 한다. 일어나는 것이 아무리 힘들어도 살아 있는 사람이 죽은 사람처럼 처신할 수는 없다.

3:3〉 그러므로 네가 어떻게 받았으며 어떻게 들었는지 생각하고 지켜 회개하라 만일 일깨지 아니하면 내가 도둑같이 이르리니 어느 때에 네게 이를는지 네가 알지 못하리라

사데는 고대 리디아 왕국의 수도였다. 남쪽을 제외한 삼면이 450m 높이의 벼랑으로 둘러싸인 난공불락의 도성이었다. 그런 천혜의 조건을 믿다가 두 번이나 함락당한 적이 있다. 주전 546년에 페르시아의 고레스의 침공 때와 주전 218년에 시리아의 안티오쿠스 3세의 침공 때였다. 사데에는 그런 아픈 역사가 있었다. 그래서 주님이 "내가 도둑같이 이르리니"라고 한다. 한 번 경험했으면서도 정신을 차리지 못해서 두 번이나 당했다. 같은 일을 또 당할 수는 없지 않은가?

학생 시절, 불시에 소지품 검사를 하곤 했다. 원래 소지품 검사는 하거나 말거나 신경 쓰지 않아야 정상이다. 그런데 그렇지 않은 학생도 있었다. 주로 담배가 있는 학생이다. 소지품 검사에 대비하는 가장 좋은 방법은 담배를 안 피우는 방법이다. 소지품 검사를 언제 하는지 눈치를 볼 이유가 없다. 주님이 도둑같이 온다는 얘기에 신경 쓰지 않으려면 늘 깨어 있으면 된다. 하나님 앞에 행위가 온전하면 된다.

3:4-6〉 그러나 사데에 그 옷을 더럽히지 아니한 자 몇 명이 네게 있어 흰옷을

입고 나와 함께 다니리니 그들은 합당한 자인 연고라 이기는 자는 이와 같이 흰옷을 입을 것이요 내가 그 이름을 생명책에서 결코 지우지 아니하고 그 이름을 내 아버지 앞과 그의 천사들 앞에서 시인하리라 귀 있는 자는 성령이 교회들에게 하시는 말씀을 들을지어다

사데는 직물업과 염색업이 발달한 도시였다. 그래서 흰옷을 얘기한다. 옷을 더럽히지 않은 자는 흰옷을 입고 주님과 함께 다닌다.

사데교회에 대한 메시지는 살았다 하는 이름은 가졌으나 죽은 자라는 질책으로 시작했다. 그리고 '죽은 자'의 반대 개념으로 '옷을 더럽히지 않은 자'가 등장한다. 옷을 더럽힌 자는 죽은 자이다. 그런 자는 주님과 함께 다니지 못한다.

청설모의 본래 이름이 청서(靑鼠)다. 청설모는 청서의 털이다. 그런데 청서라고 하면 알아듣는 사람이 없고 청설모라고 해야 알아듣는다. 청서의 털이 청서의 정체성이 된 것이다.

나는 청설모만 보면 "누구든지 그리스도와 합하기 위하여 세례를 받은 자는 그리스도로 옷 입었느니라"라는 구절이 떠오른다. 옷이 곧 그 사람을 보여주는 단적인 예이다. 우리는 그리스도로 옷 입은 사람들이다. 그리스도가 우리의 정체성이다. 그런데 우리가 입고 있는 그리스도를 더럽히는 사람이 있다면 죽은 사람이 맞다. 그 옷을 더럽히지 않아야 흰옷을 입고 주님과 함께 다닐 수 있다. 본문은 그런 사람을 합당한 사람이라고 한다.

옷이 어느 만큼 깨끗해야 합당하다는 말을 들을 수 있을까? 신부가 입는 웨딩드레스로 바꿔서 생각해 보자. 어느 만한 얼룩까지 용인이 될까? 지름이 1mm인 얼룩 정도는 그냥 넘어갈 수 있을까? 0.5mm는 어떨까?

2절에서 "네 행위의 온전한 것을 찾지 못하였다"라는 말이 나왔다. 행위가 온전한 사람이면 옷을 더럽히지 않은 사람이고, 그런 사람이 합당한 사람이다. '온전하다'는 '플레로오'를 번역한 말인데 '가득하다', '완성하다'라는 뜻이다.

컵에 물이 가득하면 움직일 때마다 물이 넘친다. 그것이 온전한 것이다. '플레로오'에서 파생한 단어가 충만으로 번역되는 '플레로마'이다. 하나님은 우리가 하나님으로 충만하기를 바라신다. 하나님이 안 계신 공백이 조금도 있으면 안 된다.

사데교회가 죽은 교회라고 해서 하나님을 등진 적은 없다. 자기들 생각으로는 하나님을 섬겼는데 하나님 보시기에 함량 미달이었다. 자기들은 분명히 컵에 물을 채웠는데 하나님은 물이 없다고 하신다. 컵을 움직였는데 물이 넘치지 않으면 '플레로오'하지 않은 것이고, '플레로오'하지 않으면 물이 없는 것이다.

유진 피터슨 목사가 목회를 하게 된 다음에 느낀 첫 소감을 이렇게 말했다. "내가 놀란 것은 교인들이 자신들의 영혼에 별로 관심이 없다는 사실이었다. 나는 그들이 영혼에 관심이 있어서 교회에 온다고 생각했다. 그리고 내가 그 문제에 대해서 인도해줄 것을 기대하리라 생각했다. 그런데 그렇지 않았다. 그보다 더 큰 오해는 없을 정도로 심각하게 오해하고 있었다." 교회에 모여서까지 신앙에 관심이 없으면 무엇에 관심이 있을까? 그들의 관심에 서열을 매기면 하나님은 몇 번째쯤 될까?

어떤 사람이 "하나님은 무조건 제 인생의 1순위입니다. 하나님보다 앞서는 것은 아무것도 없습니다."라고 하면 하나님이 뭐라고 하실까? 참으로 장하다며 칭찬하실까?

어떤 남자가 사랑을 고백한다.

"난 자기가 제일 좋아."

"정말?"

"응, 그래서 자기를 열 번 만나면 영숙이는 다섯 번 만나고, 미숙이는 세 번 만나고, 은숙이는 한 번밖에 안 만나."

우리는 하나님을 제일 좋아하면 안 된다. 하나님뿐이어야 한다. 하나님은 비교 대상이 아니다. 하나님을 다른 것과 비교하는 발상 자체가 이미 합당하지 못한 것이다.

사데교회는 살았다 하는 이름은 가졌으나 죽은 자라는 말을 들었다. "살았다 하는 이름을 가졌다"라는 말을 저절로 들을 수는 없다. 그만큼 열심이 있었다. 그런데 사람을 의식하는 열심이었다. 주님이 "내가 그 이름을 생명책에서 결코 지우지 아니하고"라고 강조하는 이유가 무엇이겠는가? 사데교회에 주님의 이름을 지우는 사람이 있었다는 뜻이다. 아마 "성경에는 그렇게 되어 있지만 이런 경우에는 별수 없다."라고 했을 것이다. 사람을 의식하고 세상을 시인하면 주님은 잠시 잊어야 한다.

성경은 이상한 책이다. 따뜻한 위안을 주기도 하지만 심각한 불안을 주기도 한다. 비천한 자를 낮은 곳에서 들어 올리기도 하지만 교만한 자를 높은 곳에서 떨어뜨리기도 한다. 멀쩡하게 살아 있는 사람한테 죽었다고 하고 그리스도 안에서 죽은 사람한테는 살았다고 한다. 그 이상한 책 앞에 사데교회가 서 있다. 조만간 우리도 설 것이다.

3:7〉 빌라델비아교회의 사자에게 편지하라 거룩하고 진실하사 다윗의 열쇠를 가지신 이 곧 열면 닫을 사람이 없고 닫으면 열 사람이 없는 그가 이르시되

이사야에 셉나라는 사람이 나온다. 맡은 일에 성실하지 않았다. 자기를 위하여 묘실을 만들고 자기 안위에만 급급했다. 그래서 그를 파직하고 엘리아김을 대신 등용한다. 셉나한테 있던 왕궁 열쇠를 빼앗아 엘리아김한테 맡긴 것이다.

그런 배경으로 다윗의 열쇠를 말한다. 한때 엘리아김이 다윗의 열쇠를 맡았던 것처럼 지금은 예수님이 다윗의 열쇠를 맡고 있다. 차이는 있다. 엘리아김의 지위는 단단한 곳에 박힌 못 같다고 했다. 단단한 곳에 박힌 못은 견고함의 상징일 수 있다. 하지만 언젠가 삭는다. 그러면 거기 걸렸던 물건도 떨어질 것이다. 엘리아김한테 있던 다윗의 열쇠가 그와 같다. 반면 예수님께 있는 다윗의 열쇠는 그렇지 않다. 예수님은 거룩하고 진실하신 분이다.

"빌 게이츠는 돈이 그것밖에 없어서 어떻게 살아?"라고 하는 사람이 있으면 어떤 사람일까? 마찬가지다. 견고한 곳에 박힌 못은 안전함의 대명사라야 한다. 그런데 예수님의 권세에 비하면 조만간 없어질 권세에 불과하다. 그러면 예수님의 권세는 어떤 권세일까?

3:8〉 볼지어다 내가 네 앞에 열린 문을 두었으되 능히 닫을 사람이 없으리라 내가 네 행위를 아노니 네가 작은 능력을 가지고서도 내 말을 지키며 내 이름을 배반하지 아니하였도다

예수님이 빌라델비아교회 앞에 열린 문을 두었다. 성경에서는 주로 '기회'라는 뜻으로 문이 열렸다는 표현을 쓴다(행 14:27, 고전 16:8-9, 고후 2:12, 골 4:3).

열린 문을 아무 앞에나 둘까? 빌라델비아교회에는 그럴 만한 이유가 있었다. "내가 네 행위를 아노니 네가 작은 능력을 가지고서도 내 말을 지키며 내 이름을 배반하지 아니하였도다"가 그렇다.

큰 것을 나타낼 때 '메가'라는 접두어를 쓴다. '메가'의 반대말이 '마이크로(미크로)'다. 1mm의 1/1,000은 1μ(마이크론, 미크론)이다.

노벨이 다이너마이트를 발명했다. 다이너마이트는 능력, 권능으로 번역되는 헬라어 '뒤나미스'에서 파생된 단어다. 빌라델비아교회는 작은 능력을 가지고도 주님 말씀을 지켰다. 능력은 능력인데 작은 능력(마이크로 뒤나미스)이다. 지갑에 달랑 천 원짜리 한 장 있으면 돈이 있다고 해야 할까, 없다고 해야 할까? 마이크로한 능력이 있는 사람은 능력이 있는 사람일까, 없는 사람일까?

안데스산맥 원주민들한테 세상에서 가장 작은 새에 대한 이야기가 전해진다.

숲이 타고 있습니다.

동물들이 앞을 다투며 도망갑니다.

하지만 벌새 크리킨디는 왔다 갔다 하며

작은 주둥이로 물고 온 단 한 방울의 물로 불을 끄느라 분주했습니다.

다른 동물들이 그를 비웃었습니다.

그것이 무슨 소용이 있느냐는 것입니다.

크리킨디가 대답합니다.

"나는 내가 할 수 있는 일을 할 뿐이야."

빌라델비아교회가 그런 교회였다. 그저 할 수 있는 일을 할 뿐이다. 그 일이 대단한 일이냐, 보잘것없는 일이냐는 고려할 이유가 없다.

3:9) 보라 사탄의 회당 곧 자칭 유대인이라 하나 그렇지 아니하고 거짓말 하는 자들 중에서 몇을 네게 주어 그들로 와서 네 발 앞에 절하게 하고 내가 너를 사랑하는 줄을 알게 하리라

마이크로한 능력을 가지고도 할 수 있는 일을 한 빌라델비아교회에 주시는 선물이 있다. 바로 본문이 그렇다. 주님은 우리가 할 수 없는 일을 요구하지 않으신다. 주님이 원하시는 일은 언제나 우리가 할 수 있는 일이다. 전에 청년회 성경 공부를 인도하면서 한 말이 있다. "주님이 제일 좋아하는 메뉴가 벼룩의 간이다. 혹시 자기한테 있는 것이 벼룩의 간이라고 생각되거든 얼른 주님께 드려라. 벼룩의 간으로는 할 수 있는 것도 없다. 주님께 드리는 것이 최고다."

빌라델비아교회가 사탄의 회당을 굴복시키는 일을 할 수는 없다. 그들이 할 수 있는 일은 주님 말씀을 지키며 주님의 이름을 배반하지 않는 일이다. 사탄의 회당을 굴복시키는 일은 주님이 하신다.

> 너를 괴롭히던 자의 자손이 몸을 굽혀 네게 나아오며 너를 멸시하던 모든 자가 네 발아래에 엎드려 너를 일컬어 여호와의 성읍이라, 이스라엘의 거룩한 이의 시온이라 하리라(사 60:14)

유대인들은 언젠가 열방이 자기들 앞에 무릎을 꿇을 것이라고 한다. 그런데 주님은 그 유대인들을 무릎 꿇리겠다고 하신다. 유대인들한테는 상당한 충격이겠지만 우리는 놀라지 않는다. 유대인이 참 이스라엘이 아니라 우리가 참 이스라엘인 것을 알기 때문이다.

한 가지 아쉬운 점이 있다. "자칭 유대인이라 하나 그렇지 아니하고 거짓말하는 자들을 전부 네게 주어 그들로 와서 네 발 앞에 절하게 하고"라고 되어 있으면 좋겠는데 그게 아니다. 유대인들 전부가 아니라 유대인들 몇 명만 굴복시킨다.

주님의 관심은 "내가 너를 사랑하는 줄을 알게 하리라"에 있다. 이 세상은 우리의 신앙을 보상받는 곳이 아니다. 신앙은 세상에서 어떤 대접을 받느냐로 확인되는 것이 아니라 주님의 사랑을 아는 것으로 확인된다.

3:10〉 네가 나의 인내의 말씀을 지켰은즉 내가 또한 너를 지켜 시험의 때를 면하게 하리니 이는 장차 온 세상에 임하여 땅에 거하는 자들을 시험할 때라

주님 말씀을 지키는 일은 저절로 되지 않는다. 인내가 필요하다. 그래서 인내의 말씀이다. 주님이 우리를 사랑하시는 줄 알면 인내의 말씀을 지키는 것은 어려운 일이 아니다. 우리가 인내로 주님 말씀을 지키면 주님 또한 우리를 지키신다.

하나님이 노아한테 방주를 만들라고 하셨다. 그래서 노아가 하나님 말씀을 지켰을까, 하나님 말씀이 노아를 지켰을까? 흔히 신앙을 지킨다는 말을 한다. 우리 생각에는 우리가 신앙을 지키는 것 같다. 하지만 어느 정도 지난 다음에 뒤돌아보면 신앙이 우리를 지킨 것을 알게 된다. 반대의 경우도 성립한다. 우리가 신앙을 지키지 않으면 신앙 또한 우리를 지킬 수 없게 된다.

3:11〉 내가 속히 오리니 네가 가진 것을 굳게 잡아 아무도 네 면류관을 빼앗지 못하게 하라

우리한테는 면류관이 예약되어 있다. 조만간 주어질 것이다. 조건이 있다. 주님이 오실 때까지 우리가 가진 것을 굳게 잡는 것이다. 그렇지 않으면 면류관을 빼앗기게 된다. 주님이 우리한테 면류관을 주실 근거가 없어지기 때문이다. 성경은 면류관을 빼앗기지 않는 자를 이기는 자라고 한다.

"가진 것을 굳게 잡는 것"이 어떤 것인지 사람마다 다를 수 있다. 빌라델비아 교회로 얘기하면 인내의 말씀을 지키는 것이다. 어쨌든 우리는 각자의 자리에서 신앙을 지키고 있어야 한다. 우리가 할 수 있는 일을 하고 있어야 한다.

3:12) 이기는 자는 내 하나님 성전에 기둥이 되게 하리니 그가 결코 다시 나가지 아니하리라 내가 하나님의 이름과 하나님의 성 곧 하늘에서 내 하나님께로부터 내려오는 새 예루살렘의 이름과 나의 새 이름을 그이 위에 기록하리라 귀 있는 자는 성령이 교회들에게 하시는 말씀을 들을지어다

빌라델비아는 지진이 잦은 도시였다. 지진이 일어나면 숱한 건물이 폐허가 된다. 그때 유일하게 남는 것이 신전의 돌기둥이다. "내 하나님 성전에 기둥이 되게 한다"가 그런 말이다. 다른 것은 다 부서져도 그것만은 보존된다. "그가 결코 다시 나가지 아니하리라"라는 말씀도 잦은 지진을 배경으로 한다. 지진이 일어나면 얼른 대피해야 한다. 하지만 하나님 성전에 기둥이 되면 그럴 염려가 없다. 아무리 큰 지진도 성전 기둥을 삼키지는 못한다.

그런 사람한테는 3중으로 서명을 한다. 하나님의 이름과 새 예루살렘의 이름과 주님의 새 이름이다. 주후 17년의 지진 당시 티베리우스 황제가 피해 복구에 상당한 도움을 줬다. 빌라델비아는 그에 대한 보답으로 도시 이름을 네오카이사르(새로운 황제)로 바꿨다. 나중에 빌라델비아로 환원되었는데 베스파시아누스 황제 때 또 지진이 일어났다. 그때도 베스파시아누스 황제의 도움이 컸다. 베스파시아누스 황제의 본명이 티투스 플라비우스 베스파시아누스다. 이런 그의 이름을 따서 도시 이름을 플라비아로 고쳤다. 또 빌라델비아에는 도시에 공헌이 큰 사람의 이름을 그가 원하는 신전 기둥에 새기는 관습도 있었다.

이기는 자한테는 이름을 3중으로 기록한다는 얘기는 그런 내용을 배경으로 한다. 하나님의 이름을 기록하면 하나님의 백성이 된다. 자칭 유대인들은 자기들이 하나님의 백성인 줄 알지만 그렇지 않다. 그들은 사탄의 회당에 불과하고 우리가 하나님의 백성이다. 또 새 예루살렘의 이름을 기록하는 것은 천국 시민권을 인정하는 것이다. 빌라델비아 시민권과는 차원이 다르다.

주님의 새 이름을 기록한다는 얘기는 주님 재림하실 때 영광을 같이 나눈다는 뜻이다. 주님께 새 이름이 있으면 옛 이름도 있을 것이다. 이 세상의 구세주로 오신 주님께 속한 사람들한테는 주님의 옛 이름이 기록된 셈이다. 그들은 인내의 말씀을 지켜야 했다. 하지만 재림주로 오시는 주님께 속하면 같이 영광을 누리게 된다. 그들이 주님의 새 이름이 기록된 사람들이다. 하나님의 이름, 새 예루살렘의 이름, 주님의 새 이름이 전부 같은 뜻이다. 같은 내용을 반복하는 것은 우리의 신분이 그만큼 견고하기 때문이다. 우리는 그날을 소망하는 사람들이다.

3:14) 라오디게아교회의 사자에게 편지하라 아멘이시요 충성되고 참된 증인이시요 하나님의 창조의 근본이신 이가 이르시되

주님이 라오디게아교회에 아멘이시요 충성되고 참된 증인이시오 하나님의 창조의 근본이신 이라고 자신을 소개한다. 이런 주님의 소개를 뒤집으면 라오디게아교회의 실상을 알 수 있다.

라오디게아교회는 아멘을 모르는 교회였다. 주님 말씀에 순종하는 것보다 자기들 임의대로 하는 쪽을 즐겼다. 그들은 충성되고 참된 증인도 아니었다. 주님보다 오히려 이 세상에 마음이 있었다. 특히 그들은 주님이 하나님의 창조의 근본이라는 사실을 알아야 했다. 주님이 모든 일의 근본이다. 주님을 통하지 않은 일은 그 어떤 일도 의미가 없다.

3:15-16) 내가 네 행위를 아노니 네가 차지도 아니하고 뜨겁지도 아니하도다 네가 차든지 뜨겁든지 하기를 원하노라 네가 이같이 미지근하여 뜨겁지도 아니하고 차지도 아니하니 내 입에서 너를 토하여 버리리라

라오디게아교회는 차지도 않고 뜨겁지도 않은 교회였다. 그래서 차든지 뜨겁든지 하라는 책망을 들었다. 모름지기 예수는 뜨겁게 믿어야 한다. 냉랭하게 믿으면 안 된다. 그런 생각이 있으면 차든지 뜨겁든지 하기를 원한다는 말이 아리송할 수 있다. 신앙생활을 뜨겁게 하라는 것은 말이 되지만 차갑게 하라는 것은 어떻게 하라는 얘기일까? 신앙생활을 제대로 하지 않을 바에는 차라리 불신자가 낫다는 뜻일까?

라오디게아는 16km 떨어진 골로새에서 물을 공급받았다. 골로새는 차갑고 깨끗한 물로 유명했다. 그런데 그 물이 라오디게아에 오면 미지근한 물이 된다. 또 10km 정도 떨어진 히에라볼리는 온천으로 유명했다. 그 물이 수도관을 통해서 라오디게아까지 공급되었다. 하지만 온천수로서의 효능은 없었다. 본문은 이런 상황을 배경으로 한다. 신앙생활을 차갑게 하거나 뜨겁게 하라는 얘기가 아니라 "너희는 왜 아무짝에도 쓸모가 없느냐?"라는 질책이다.

주님이 오죽 답답하면 "내 입에서 너를 토하여 버리리라"라고 한다. 라오디게아교회의 행위가 어느 만큼 역겨웠는지 일흔 번씩 일곱 번 용서하시는 주님이 차마 용납하지 못하시고 토하여 버리겠다는 것이다. 뜨겁지도 않고 차지도 않고 미지근하기 때문이다.

미지근하다는 것이 대체 어떤 사랑에 대한 반응일까? 미지근한 사랑을 받으면 미지근한 반응을 보이는 것이 맞다. 하지만 주님은 우리를 위하여 십자가에 달리셨다. 그런 사랑을 받았으면 불 속이라도 뛰어들어야 하는 것 아닐까? 그런데 라오디게아교회는 마냥 미지근했다.

3:17〉 네가 말하기를 나는 부자라 부요하여 부족한 것이 없다 하나 네 곤고한 것과 가련한 것과 가난한 것과 눈먼 것과 벌거벗은 것을 알지 못하는도다

라오디게아는 상당히 부유한 도시였다. 은행 거래의 중심지였고 직물과 안약도 유명했다. 교인들 역시 부유했을 것이다. 하지만 신앙이 부유한 것은 아니다. 라오디게아교회가 이 사실을 오해했다.

아브라함이 롯한테 "네가 좌하면 나는 우하고 네가 우하면 나는 좌하리라"라고 했다. 이렇게 해서 롯이 소돔으로 간다. 그 내용이 성경에는 "이에 롯이 눈을 들어 요단 지역을 바라본즉 소알까지 온 땅에 물이 넉넉하니 여호와께서 소돔과 고모라를 멸하시기 전이었으므로 여호와의 동산 같고 애굽 땅과 같았더라"라고 기록되어 있다. 롯에게는 요단 지역이 여호와의 동산처럼 보였다. 물이 넉넉했기 때문이다. 요즘 말로 바꾸면 "저 사람은 하나님께서 사랑하시는 사람이다. 저 사람 사는 집을 봐라. 집이 그렇게 좋을 수 없다."라고 하는 격이다.

기복신앙을 말하는 사람이 더러 있다. 그런 말이 사실이면 하나님만 잘 섬기면 세상에서도 부자로 살 수 있다. 부자로 사는 것이 하나님을 잘 섬긴 증거가 되기도 한다. 그런 생각이 라오디게아교회에 있었던 모양이다. 그러면 신앙을 지키다 순교한 사람들, 세상에서 손해 보면서도 신앙을 지키는 사람들은 전부 바보가 된다.

그럴 수밖에 없다. 모르는 것을 어떻게 한단 말인가? 라오디게아교회는 곤고하고 가련하고 가난하고 눈멀고 벌거벗은 교회였다. 그런데 몰랐다. 오히려 자기들은 부자라서 마냥 부요하고 아무것도 부족한 것이 없는 줄 알았다. 불편한 것이 없으니 열심을 부릴 이유도 없다.

전도를 해보면 이런 예가 잘 나타난다. 불신자는 자기가 불신자라는 사실이 전혀 불편하지 않다. 신자가 오히려 안쓰럽게 보인다. 일요일에 가족들과 놀러 가지도 못하고 무슨 청승이란 말인가?

이런 식의 사고가 불신자한테만 있을까? 불신자가 자기의 불신앙을 불편하게 여기지 않는 것처럼 신앙에 불성실한 사람 역시 자기의 불성실을 불편하게 여기지 않는다. 자기가 정상인 줄 안다. 돈이 없는 것이나 건강이 안 좋은 것에는 불편을 느껴도 신앙이 안 좋은 것에는 불편을 느끼지 못한다. 아마 라오디게아교회에도 금융시장이 불안정하면 불편을 느낄 사람이 있었을 것이다.

3:18〉 내가 너를 권하노니 내게서 불로 연단한 금을 사서 부요하게 하고 흰옷을 사서 입어 벌거벗은 수치를 보이지 않게 하고 안약을 사서 눈에 발라 보게 하라

주님께서 처방을 말씀하신다. 라오디게아는 은행 거래의 중심지였고 직물과 안약도 유명했다. 금, 흰옷, 안약이 전부 라오디게아 교인들한테 익숙한 단어다. 차든지 뜨겁든지 하려면 특정 온도를 만들려고 노력할 것이 아니라 주님 말씀을 새겨들어야 한다.

불로 연단한 금은 정금을 말한다. 그런 금은 주님께만 살 수 있다. 라오디게아 교인들한테는 불로 연단하지 않은 합금이 있었다. 그들은 불로 연단하면 다 녹아 없어질 것을 금인 줄 알았다. 라오디게아교회에는 은행에 돈을 보관한 사람도 많았을 것이다. 돈만 많으면 부요한 줄 알았을 것이다. 주님 말씀은 다르다. 하나님 나라에서 가치를 인정받지 못하는 것들은 다 태워버리라고 한다. 라오디게아교회가 스스로 부자라고 여기는 것이 하나님 앞에서도 과연 그런지 확인해보라는 것이다.

그다음에 흰옷을 사서 입어 벌거벗은 수치를 보이지 않게 하라고 한다. 라오디게아는 검은 양모가 대량으로 생산되는 곳이었다. 소매가 짧고 무릎까지 내려오는 튜닉인 트리미타가 특히 유명해서, 라오디게아를 '트리미타리아'라고도 했다. 하지만 그런 옷으로는 벌거벗은 수치를 가리지 못한다. 흰옷이라야 한다.

또 안약을 사서 눈에 발라 보게 하라고 했다. 라오디게아교회 교인들은 벌거벗은 상태다. 벌거벗은 사람들끼리 모여서 하나님을 예배한다. 그래도 부끄러운 줄 모른다. 눈이 멀었기 때문이다.

안약 또한 라오디게아의 특산품이었다. 많은 안과 질환자들이 라오디게아에서 치료를 받았다. 라오디게아교회 교인들도 그 사실을 안다. 세상 사람들이 육체의 시력을 회복하는 것처럼 그들은 영안을 회복해야 한다.

3:19〉 무릇 내가 사랑하는 자를 책망하여 징계하노니 그러므로 네가 열심을 내라 회개하라

라오디게아교회는 주님께 단 한마디 칭찬도 못 들었다. 그러면 있는 대로 욕을 먹어도 할 말이 없다. 그런데 주님이 사랑한다고 하신다. 라오디게아교회에 심판을 선언하는 것이 아니라 열심을 촉구하신다. 하지만 열심을 내기 전에 먼저 준비해야 할 것이 있다. 불로 연단한 금과 흰옷, 안약이다. 그래서 회개가 필요하다.

불로 연단한 금이나 흰옷, 안약은 세상에서 구할 수 없는 것들이다. 전부 주님께 사야 한다. 결국 라오디게아교회의 문제는 주님과 관계없이 자기들끼리 신앙생활을 한다는 사실이었다. 주님이 주시는 것이 아닌 세상에 속한 것으로 만족하고 있었다.

3:20-22〉 볼지어다 내가 문밖에 서서 두드리노니 누구든지 내 음성을 듣고 문을 열면 내가 그에게로 들어가 그와 더불어 먹고 그는 나와 더불어 먹으리라 이기는 그에게는 내가 내 보좌에 함께 앉게 하여 주기를 내가 이기고 아버지 보좌에 함께 앉은 것과 같이 하리라 귀 있는 자는 성령이 교회들에게 하시는 말씀을 들을지어다

20절은 전도지에서 흔히 볼 수 있다. 주님이 문밖에서 두드리고 있으니 얼른 문을 열고 주님을 영접하라는 것이다. 하지만 이 말씀은 라오디게아교회 교인들한테 하신 말씀이다. 예수님을 영접하라는 뜻이 아니라 신앙생활을 제대로 하라는 뜻이다.

라오디게아교회는 상당히 문제가 많았는데 그럴 만한 이유가 있었다. 그들 중에 예수님이 없었다.

주님이 라오디게아교회에 회개를 촉구했다. '회개하다'가 헬라어로 '메타노에오'인데 '메타(다시)'와 '노에오(생각하다)'의 합성어다. 다시 생각하는 것이 회개다. 회개에는 지성이 동원된다. 한순간의 감정 변화에 그치면 안 된다. 세상 사람들도 잘못을 뉘우치고 마음을 고치는 일을 한다. 하지만 우리의 회개는 그 정도가 아니다. 우리는 주님 중심이어야 한다. 주님을 모시는 것이 회개다.

주님을 모시고 무엇을 할까? 본문에 나온 내용은 "내가 그에게로 들어가 그와 더불어 먹고 그는 나와 더불어 먹으리라"가 전부다. 라오디게아교회도 엄연한 교회다. 주일마다 주님을 예배했을 것이다. 하지만 그것이 면책 사유는 안 된다. 주님과 교제가 있어야 한다. 예배당에 주님을 모셔 놓고 일주일에 한 번 안부 인사를 드리는 것이 전부가 아니라 그 주님과 삶을 공유해야 한다.

이 부분이 빠지면 신앙이 자칫 종교 유희가 될 수 있다. 입술로는 주님을 찬양하면서 주님과 아무 상관이 없을 수 있다. 자기들이 입술로 주님을 높인다는 이유로 신앙생활을 하는 줄 알 수 있다.

내일 해가 안 뜨면 어떻게 될까? 아마 난리가 날 것이다. 인류 역사상 가장 큰 재앙이라는 말도 할 테고, 세상 종말이 이르렀다는 말도 할 것이다. 그러면 내일부터 성령님이 활동하지 않으면 어떻게 될까? 성령님이 더 이상 우리를 인도하지도 않고 우리 삶에 간섭하지도 않는데 아무런 변화가 없지는 않을까? 그러면 우리가 라오디게아교회 교인들이다. 주님과 아무 상관없는 사람들이다.

우리는 주님을 높은 곳에 모셔 놓고 예배만 하면 되는 사람들이 아니다. 주님과 더불어 삶을 공유해야 하는 사람들이다. 그 주님이 문밖에서 두드리고 있다. 회개한 사람은 그 부르심에 응답해야 한다. 무조건 문만 열면 되는 것이 아니다. 문을 열기 전에 지금까지는 주님이 안 계셔도 불편한 것을 몰랐지만 앞으로는 주님이 안 계시면 불편하기로 결심을 해야 한다. 이 세상에서 다른 것은 다 불편하지 않아도 그것만큼은 불편해야 한다. 주님과 같이 보내는 시간이 아니면 그 어떤 시간도 의미가 없다.

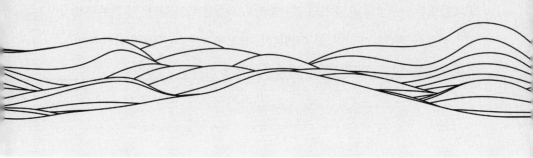

4장 천상의 예배

요한계시록은 읽어도 무슨 뜻인지 모르겠다는 말을 많이 한다. 그렇다고 해서 전혀 모르는 것은 아니다. 세상이 심판받는 내용인 것은 막연하게 안다. 그런 내용은 6장부터 나온다.

1장은 서론이다. 요한이 주님께 계시를 받는 장면이 설명되어 있다. 2장과 3장은 소아시아 일곱 교회에 보낸 편지다. 우리한테 주시는 말씀인 셈이다. 반면에 6장부터 시작하는 심판은 우리와 관계없다.

그 중간에 4장과 5장이 있다. 4장은 성부 하나님에 대한 내용이다. 이 세상을 심판하실 권세가 하나님께 있다는 뜻이다. 5장은 어린양 예수에 대한 내용이다. 하나님께서 어린양 예수를 통해서 세상을 심판하게 하신다.

3장이 "이기는 그에게는 내가 내 보좌에 함께 앉게 하여 주기를 내가 이기고 아버지 보좌에 함께 앉은 것과 같이 하리라 귀 있는 자는 성령이 교회들에게 하시는 말씀을 들을지어다"로 끝났다. 성자 예수님이 성부 하나님과 같은 보좌에 앉아 있다고 했다. 4장은 그 하나님 보좌에 대한 설명으로 시작한다.

4:1-2) 이 일 후에 내가 보니 하늘에 열린 문이 있는데 내가 들은 바 처음에 내게 말하던 나팔 소리 같은 그 음성이 이르되 이리로 올라오라 이후에 마땅히 일어날 일들을 내가 네게 보이리라 하시더라 내가 곧 성령에 감동되었더니 보라 하늘에 보좌를 베풀었고 그 보좌 위에 앉으신 이가 있는데

　요한이 하늘에 열린 문이 있는 것을 보았다. 구약성경에도 비슷한 얘기가 나온다. 이사야가 환상 중에 보좌에 앉아 계신 주님을 뵈었고, 에스겔도 그 발강 가에서 하늘이 열리는 것을 보았다.

　이사야나 에스겔은 하나님의 말씀을 맡은 사람들이다. 그 일이 만만하지 않다. 그런 일을 맡으려니 하늘 보좌를 보는 환상이 필요했다. 힘든 일을 앞둔 머슴한테 밥을 배불리 먹이는 것과 같다.

　아무리 그래도 실패가 작정된 일을 맡기는 것은 억지처럼 보일 수 있다. "열심히 해봐라. 아마 만만하지 않을 것이다. 그래서 용기를 잃지 말라는 뜻으로 환상도 보여준다. 그런데 너희는 결국 실패할 것이다. 너희 말을 듣고 돌이킬 백성은 없을 것이다. 어쨌든 너희들은 할 일을 해라."라는 것이 말이 될까?

　이 얘기는 인간의 패역함과 하나님의 사랑을 그대로 보여주기도 한다. 인간이 아무리 거역해도 하나님은 포기하지 않으신다. 그래서 이사야를 보내시고 에스겔을 보내신다. 나중에는 예수님을 보내신다.

　예수님이 이 땅에 와서 가장 먼저 선포한 메시지가 "회개하라 천국이 가까이 왔느니라"였다. 이사야와 에스겔의 사역이 그리스도 안에서 비로소 열매를 맺는다. 그리고 본문에서는 요한을 통하여 그 일이 어떻게 완성되는지 보여주신다. 그러면 이사야와 에스겔은 실패한 사람일까, 성공한 사람일까?

석공이 망치질을 한다. 한 번, 두 번, 세 번… 아무리 내려쳐도 끄떡없던 바위가 백 번째 만에 드디어 둘로 갈라졌다. 그러면 첫 번째부터 아흔아홉 번째까지는 죄다 실패한 망치질일까?

요한이 들은 음성은 "이리로 올라오라 이후에 마땅히 일어날 일들을 내가 네게 보이리라"였다. 열두 번째 망치질을 하는 사람이든지, 서른세 번째 망치질을 하는 사람이든지 거기에 연연하면 안 된다. 그들이 알아야 할 것은 백 번째 망치질을 한 결과다. 요컨대 우리는 영원의 관점에서 지금을 볼 수 있어야 한다. "이 일이 무슨 의미가 있느냐?"가 아니라 "이 일이 무슨 의미를 갖게 되느냐?"를 생각할 줄 알아야 한다.

우리 중에 이 세상이 전부가 아니라는 사실을 모르는 사람은 없다. 이 세상에 속한 모든 것이 하나님의 심판 대상이라는 사실도 안다. 그런데도 심판받을 세상의 시각을 버리지 못하는 경우가 있다. 그러면 백 번째에 이르기 전에 하는 망치질은 죄다 어리석은 일이 된다. 망치질을 할 때마다 당장 얻어지는 것이 있어야 한다. 소득도 없이 신앙을 고집하는 것보다는 장자권을 팔아서라도 팥죽으로 배를 불려야 한다.

요한이 요한계시록을 쓸 때는 모든 교회가 어려움 중에 있었다. 그런 상황이라면 "하나님, 대체 무엇을 하고 계십니까? 하나님이 세상을 다스리는 것이 정말 맞습니까?"라는 질문을 할 만하다. 어쩌면 이 세상을 통치하는 권세가 로마 황제한테 있는 것 같기도 하다. 그런 즈음에 하늘 보좌를 보여주신다. 세상의 주인이 로마 황제가 아니라 하나님이라는 뜻이다.

4:3) 앉으신 이의 모양이 벽옥과 홍보석 같고 또 무지개가 있어 보좌에 둘렸는데 그 모양이 녹보석 같더라

'모양'은 헬라어 '호라시스'를 번역한 말인데 '보이는 것'이라는 뜻이다. 그렇게 생겼다는 뜻이 아니라 그렇게 보인다는 뜻이다.

하나님은 형상이 없으시다. 요한이 하늘 보좌에서 다이아몬드 반지 같고 금팔찌 같고 진주 목걸이 같은 분을 본 것이 아니다. 이 세상보다 크신 하나님을 이 세상에 속한 언어로 설명할 수는 없다. 그래서 억지로 설명하는 것이다. 벽옥, 홍보석, 녹보석이 어떤 보석인지 모르지만 하나님은 이 세상에서 가장 진귀한 것을 총동원해서 설명할 수밖에 없는 분이다.

본문이 말하는 내용은 하늘 보좌에 앉아 계신 분의 생김새가 아니라 이 세상 주권이 하나님께 있다는 사실이다. 요한이 계시를 받을 당시로 말하면 하나님이 이 세상 주인인 줄 알아서 로마 황제한테 굴복하지 말라는 뜻이고, 우리한테 적용하면 세상과 타협하지 말라는 뜻이다.

로마는 황제 숭배를 강요했다. 그렇다고 해서 로마 황제 외의 다른 신은 섬기지 못하게 한 것이 아니다. 일 년에 한 번, 로마 황제를 모신 신전에 가서 향을 사르고 가이사가 주님이라고 한마디만 하면 된다. 별로 어려울 것이 없다. 그런데 이 간단한 요구 때문에 사자 밥이 된 사람이 한둘이 아니다.

로마는 상당히 합리적인 나라다. 가이사와 그리스도 사이에 양자택일을 하라고 강요하지 않았다. 둘을 같이 섬기라고 했다. 지금도 그대로 적용된다. 우리가 받는 요구는 신앙을 버리라는 것이 아니다. 신앙을 지키되 세상 사람들과 어울릴 수 있는 선에서 지키라고 한다.

그런 요구를 누가 할까? 간혹 주변에서 하는 수도 있지만 주로 자기 스스로 그런 요구를 한다. "신앙이야 적당히 지키면 되는 건데 꼭 그렇게까지 해야 하나?"라는 생각이 불쑥불쑥 든다. 아무리 신앙도 좋지만 세상에서 낙오할 수는 없는 것 아닐까?

하나님이 요한한테 하늘 보좌를 보여주셨다. "이 세상 통치자는 로마 황제가 아니라 나다"라는 뜻이다. 하지만 우리한테 같은 환상을 보여주신다면 뜻이 달라진다. "이 보좌에 누가 앉아야 하느냐? 너냐, 나냐? 너는 너의 영광을 위해 살겠느냐, 나의 영광을 위해 살겠느냐?"라는 뜻이다.

4:4) 또 보좌에 둘려 이십사 보좌들이 있고 그 보좌들 위에 이십사 장로들이 흰옷을 입고 머리에 금관을 쓰고 앉았더라 보좌로부터 번개와 음성과 우렛소리가 나고 보좌 앞에 켠 등불 일곱이 있으니 이는 하나님의 일곱 영이라

욥기에 하나님과 사탄의 대화가 나온다. 하나님이 "네가 어디서 왔느냐?"라고 물으시자, 사탄이 "땅을 두루 돌아 여기저기 다녀왔나이다"라고 대답한다. 사탄이 천상의 어전회의에 참석한 것 같다. 하지만 실제로 그런 일이 있을 수는 없다. 구체적으로 어떤 일이 있었는지 모르지만 천상에서 벌어진 일을 우리가 알아듣게 설명한 것이다.

본문도 그렇다. 이다음에 우리가 천국에 가면 이십사 장로들이 하늘 보좌를 둘러 있는 광경을 보게 되는 것이 아니다. 천상의 모습을 우리가 알아들을 수 있는 언어로 서술한 것이다.

성경에 나오는 이십사는 주로 신구약 교회를 총칭하는 숫자이다. 21장에 새 예루살렘 얘기가 나오는데 거기에 보면 열두 문에 이스라엘 열두 지파의 이름이 있다고 했다. 또 열두 기초석에는 열두 사도의 이름이 있다고 했다.

구약의 열두 지파와 신약의 열두 사도를 합하면 이십사가 된다.

이십사 장로는 하나님의 영광에 참여하면서 하나님을 섬기는 자들이다. 이들이 모두 보좌에 앉아 있다. 보좌는 왕이 앉는 자리다. 또 10-11절에는 장로들이 하나님을 예배하는 내용이 나온다. 제사장의 성격을 보여준다. 장로들은 왕이면서 제사장이다. 즉 왕 같은 제사장인 우리를 말한다.

서머나교회에 얘기할 적에 죽도록 충성하면 생명의 관을 준다고 했는데 이십사 장로가 머리에 금관을 썼다. 죽도록 충성한 자들이라는 뜻이다. 사데교회에 얘기할 적에 이기는 자는 흰옷을 입는다고 했다. 라오디게아교회한테는 이기는 자는 보좌에 앉게 해주겠다고 했다. 이십사 장로들은 흰옷을 입고 보좌에 앉아 있다. 이십사 장로는 하나님의 백성 전체를 대표하는 사람들이고, 장차 영광스럽게 변모할 우리의 모습이기도 하다. 우리는 하늘 보좌를 둘러싸서 세세무궁토록 하나님을 찬양하며 그리스도와 더불어 영원토록 우주를 통치할 것이다.

여기까지만 보면 천상의 분위기가 마냥 화려하고 장엄하다. 그런 곳에서 번개와 음성과 우렛소리가 난다. 모세가 십계명 돌판을 받으러 시내산에 갔을 때도 우레와 번개와 함께 큰 나팔소리가 들렸다. 하나님의 임재에 늘 따라오는 것이 번개, 우레, 큰 음성이다. 하나님이 임재하시면 그에 맞는 세리머니가 있어야 한다. 그러면 일단 웅장해야 할 텐데 사람들 생각에 가장 웅장한 것이 번개와 우레와 큰 음성인 셈이다.

이 세상 심판은 어차피 하나님의 영역이다. 번개나 음성, 우렛소리가 없어도 하나님이 하시는 일이 분명하다. 그런데도 굳이 그것을 강조한다. 나타난 현상에 정신 팔지 말고 그 뒤에 계신 분을 보라는 뜻이다. 아무리 놀라운 일이 일어나도 하나님보다 놀라울 수는 없다. 우리의 시선은 항상 하나님께 고정되어야 한다. 우리는 하나님이 친히 주인 되심을 선포하는 세상에 살고 있다.

4:6) 보좌 앞에 수정과 같은 유리 바다가 있고 보좌 가운데와 보좌 주위에 네 생물이 있는데 앞뒤에 눈들이 가득하더라

이리로 올라오라는 음성을 듣고 올라간 요한이 하늘 보좌 앞에서 하나님을 알현한 것이 아니다. 보좌 앞에 수정과 같은 유리 바다가 있었다. 요한은 바다 건너에 있는 보좌를 아스라하게 바라볼 뿐이다.

상대방을 높이기 위해서 상대방이 거처하는 공간 다음에 아래 하(下)를 쓰는 표현법이 있다. 황제는 폐하(陛下)라고 한다. 폐(陛)는 섬돌을 말한다. 신하들은 황제를 같은 위치에서 대면하지 못하고 섬돌 아래에서 우러러볼 뿐이다. 왕은 전하(殿下)다. 신하들이 전각 아래에서 뵙는다. 경복궁을 예로 들면 전하는 근정전 앞에서 뵙고 폐하는 광화문 밖에서 뵙는 격이다. 한때 대통령을 각하(閣下)라고 했다. 누각 아래서 뵙는다는 뜻이다.

우리는 하나님을 어디서 뵈어야 할까? 에베레스트산이 해발 8,848m이고 마리아나해구에는 깊이가 11,034m에 이르는 곳도 있으니 하나님을 에베레스트산 꼭대기에 모시고 마리아나해구에 들어가서 뵈면 될까?

그런 이미지를 수평으로 바꾸면 보좌 앞에 바다가 있게 된다. 하나님과 우리 사이에는 그만한 간격이 있다. 그냥 바다가 아니라 수정과 같은 유리 바다다. 하나님은 우리가 도저히 건너지 못할 정결함과 거룩함과 의로움을 가진 분이다.

또 보좌 가운데와 보좌 주위에 네 생물이 있다고 했다. 본래 동물, 식물, 미생물을 아울러서 생물이라고 한다. 하지만 본문의 생물은 천사를 말한다. 그런데 천사가 보좌 주위에 있는 것은 말이 되지만 보좌 가운데 있을 수도 있을까? 보좌에 앉는 것과 보좌 가운데 있는 것이 어떻게 다를까?

하나님은 영이시다. 천사도 영이다. 하나님이 형상이 있어서 정말로 보좌에 앉아 계시고, 천사들도 형상이 있어서 하나님 주변에 옹위해 있는 것이 아니지만 요한한테는 그렇게 보일 수밖에 없다. 그래서 이런 어색한 표현이 나온 것이다. 네 생물이 보좌 가운데와 보좌 주위에 있다는 얘기는, 보좌의 주인은 아니면서 보좌와 가장 가까이에 있다는 뜻이다.

4:7-8〉 그 첫째 생물은 사자 같고 그 둘째 생물은 송아지 같고 그 셋째 생물은 얼굴이 사람 같고 그 넷째 생물은 날아가는 독수리 같은데 네 생물은 각각 여섯 날개를 가졌고 그 안과 주위에는 눈들이 가득하더라 그들이 밤낮 쉬지 않고 이르기를 거룩하다 거룩하다 거룩하다 주 하나님 곧 전능하신 이여 전에도 계셨고 이제도 계시고 장차 오실 이시라 하고

성경에 그룹이라는 천사와 스랍이라는 천사가 나온다. 그룹은 하나님의 친위대 격이고 스랍은 찬양대 격이다. 에스겔에 그룹이 나오는데 네 얼굴과 네 날개가 있다. 본문에 나오는 생물은 얼굴이 하나인데 그룹은 사면에 얼굴이 있다. 앞은 사람의 얼굴이고, 오른쪽은 사자의 얼굴, 왼쪽은 소의 얼굴, 뒤는 독수리의 얼굴이다. 또 스랍은 이사야에 나오는데 여섯 날개가 있다. 요한이 본 네 생물은 그룹의 모습과 스랍의 모습을 다 가지고 있다. 그리고 하나님과 가장 가까이에 있다.

사 복음서에는 각각의 주제가 있다. 마태복음은 왕으로 오신 예수, 마가복음은 종으로 오신 예수, 누가복음은 완전한 사람으로 오신 예수, 요한복음은 하나님의 아들 예수다. 그런 주제에 따른 별명도 있다. 사자복음, 송아지복음, 인자복음, 독수리복음이다. 요한이 본 네 생물과 그대로 연결된다. 이들은 그리스도의 일부 속성을 닮은 천사들이다. 상당히 높은 지위에 있는 천사들인 것 같다.

그리스 신화에 눈이 100개나 있는 거인 아르고스가 나온다. 제우스가 이오와 바람을 피우는데 헤라가 다가왔다. 제우스가 얼른 이오를 흰 암소로 변하게 하고 시치미를 떼지만 눈치를 챈 헤라가 흰 암소를 달라고 했다. 제우스는 별수 없이 암소를 줬다. 헤라가 아르고스한테 그 암소를 지키게 했다. 아르고스는 두 눈을 감고 잠을 잘 때도 나머지 98개 눈으로 이오를 감시했으니 파수꾼으로는 최적인 셈이다.

요한이 본 생물의 특징도 눈이 많다는 것이다. 그들이 하는 일은 하나님을 찬양하는 일이다. 눈이 많은 것과 하나님을 찬양하는 일이 어떻게 연결될까?

방금 요한이 수정과 같은 유리 바다를 보았다. 하나님과 우리 사이에는 그 정도로 엄청난 격차가 있다. 이 사실이 불만이었던 사람을 꼽으면 단연 요나일 것이다. 하나님이 니느웨에 말씀하신 심판을 내리지 않은 것이다. 그때 요나가 쏟아 놓은 불만을 직설적으로 옮기면 "하나님, 참 잘나셨습니다. 계속 그렇게 자비를 베풀면서 나 빼고 하나님 노릇 잘 하십시오."가 될 것이다.

앞에서 안디바가 죽임을 당했다는 내용을 확인했다. 다른 사람들 역시 언제 죽을지 모른다. 그런 상황에서 요한이 환상을 봤다. 하늘 보좌가 있고 그 앞에 수정 같은 유리 바다가 있었다. 그러면 "저희는 여기서 힘든 나날을 보내는데 거기서 천사들과 지내니까 좋으십니까?"라는 불만이 나올 수 있지 않을까?

하나님이 계시다면 아프리카에 굶어 죽는 사람이 왜 그리 많으냐며 아무래도 하나님이 안 계신 것 같다는 분이 있었다. 우리 중에 그 말에 동의하는 사람은 없을 것이다. 하지만 그 의문에 명쾌하게 답변하지는 못한다. 그 일이 자기 일이 아니라서 심각하지 않을 뿐이다.

그런데 요한이 본 네 생물은 밤낮 쉬지 않고 하나님을 찬양한다. 그들의 특징은 눈이 많다는 것이다. 그 많은 눈으로 이 세상 구석구석을 다 살폈을 것이다. 그러고는 결론이 "거룩하다 거룩하다 거룩하다 주 하나님 곧 전능하신 이여 전에도 계셨고 이제도 계시고 장차 오실 이시라"이다. 사자같이 생긴 생물의 스물네 번째 눈에 보인 모습도 하나님의 거룩을 설명하는 일이고, 송아지같이 생긴 생물의 마흔두 번째 눈에 보인 모습도 하나님의 거룩을 설명하는 일이고, 사람같이 생긴 생물의 아흔세 번째 눈에 보인 모습도 하나님의 거룩을 설명하는 일이고, 독수리같이 생긴 생물의 백서른일곱 번째 눈에 보인 모습도 하나님의 거룩을 설명하는 일이다. 이 세상에서 벌어지는 그 어떤 일도 하나님의 거룩을 설명하지 않는 일이 없다. 하나님의 전능하심에 위배되는 일도 없고, 하나님이 이 세상의 주인임을 나타내지 않는 일도 없다.

영화 〈광해, 왕이 된 남자〉에 왕을 알현하기 전에 교육을 받는 장면이 나온다. 왕한테는 먼저 말을 하는 것이 아니라고 한다. 왕이 묻는 말에 예, 또는 아니요로 짧게 답하면 그만이다. 혹시 다른 말을 덧붙여야 할 때는 "아뢰옵기 황송하오나…"로 시작하라고 한다. 왕이 묻는 말에 대답하는 것이라고 해도 왕 앞에서 입을 여는 것은 송구스러운 일이기 때문이다.

우리는 하나님께 할 말이 없는 존재들이다. "지당하십니다. 맞습니다. 하나님 최고입니다."라고만 하면 된다. 하나님이 하시는 일을 우리가 속속들이 알 수는 없지만 거기에는 다 이유가 있다. 혹시 우리한테 발언권이 주어진다면 그 발언권으로 하나님을 찬양하면 그것으로 족하다.

4:9-10〉 그 생물들이 보좌에 앉으사 세세토록 살아 계시는 이에게 영광과 존 귀와 감사를 돌릴 때에 이십사 장로들이 보좌에 앉으신 이 앞에 엎드려 세세 토록 살아 계시는 이에게 경배하고 자기의 관을 보좌 앞에 드리며 이르되

눈이 가득한 네 생물이 하나님을 찬양할 때 이십사 장로들도 자기들의 관을 보좌 앞에 드리며 하나님을 찬양한다. 헬라어에 관은 두 가지가 있다. '디 아데마'와 '스테파노스'다. 디아데마는 왕이 쓰는 왕관이고 스테파노스는 경 기에서 이긴 사람이 쓰는 면류관이다. 이들이 쓰고 있던 관은 스테파노스다.

앞에서 죽도록 충성하면 생명의 관을 준다고 했다. 이들은 죽도록 충성한 공로로 면류관을 받은 사람들이다. 그런데 그것을 하나님께 돌려드린다. 자 기들한테 있는 면류관이 자기들의 공로가 아니라 하나님의 은혜인 것을 고 백한다.

예전에 "천상의 예배는 하나님께 영광을 돌려드리는 것으로 이루어진다. 자기한테 있는 영광이 하나님의 것임을 인정하는 것이 천상의 예배다. 그런 예배를 드리려면 먼저 자기가 받은 영광이 있어야 한다. 자기한테 영광이 없 으면 하나님께 드릴 것도 없게 된다."라는 말을 들은 기억이 있다. 이 땅에서 신자 노릇을 성실하게 감당하지 않으면 하늘에서도 제대로 감당할 수 없게 된다. 남들이 면류관을 벗어 드릴 때 자기 혼자 머리카락을 뽑아서 드릴 수 는 없지 않은가?

4:11〉 우리 주 하나님이여 영광과 존귀와 권능을 받으시는 것이 합당하오니

주께서 만물을 지으신지라 만물이 주의 뜻대로 있었고 또 지으심을 받았나이다 하더라

이런 표현은 우리도 얼마든지 쓸 수 있다. 누군가 기도 중에 "영광과 존귀와 권능을 받으시기에 합당하신 아버지 하나님, 오늘도 저희를 이 자리에 불러주시니 감사를 드립니다."라고 한다고 하자. 옆에서 말을 건다.

"방금 하나님을 영광과 존귀와 권능을 받으시기에 합당하신 분이라고 했는데, 맞습니까?"

"예, 그렇습니다."

"그 이유가 무엇 때문이라고 생각하십니까?"

"예?"

"하나님이 영광과 존귀와 권능을 받기에 합당한 이유가 무엇 때문입니까?"

아마 답을 못할 것이다. 십중팔구 입에 발린 표현이기 때문이다. 체험에서 우러난 신앙 고백이 아니라 들은풍월을 옮긴 것이다.

이십사 장로들은 그렇지 않다. 그들한테 물으면 하나님이 만물을 지으셨기 때문이라고 서슴없이 답할 것이다.

주께서 지으신 만물에는 우리도 포함된다. 이 세상 모든 만물이 주의 뜻대로 창조되어서 주의 뜻대로 존재하는 것처럼 우리 역시 그렇다. 우리는 주의 뜻대로 지음받아서 주의 뜻대로 존재하는 사람들이다. 우리도 같은 찬양을 할 수 있어야 한다. 찬양은 들은풍월로 하는 것이 아니다. 삶이 곧 찬양이고 찬양이 곧 간증이어야 한다. 이십사 장로의 찬양이 곧 우리 모두의 찬양이다.

5장 두루마리와 어린양

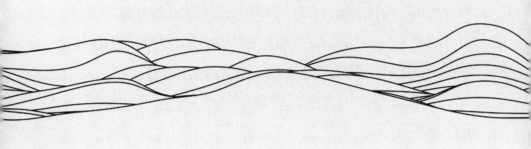

4장에서 하늘 보좌 얘기가 나왔다. 로마가 아무리 기승을 부려도 이 세상 주인은 하나님이라는 뜻이다. 5장에서는 예수님이 등장한다. 하나님이 세상을 다스리시는 기준이 예수님이다. 요한의 시선도 보좌에 앉으신 이한테서 예수님에게로 옮겨진다.

5:1〉 내가 보매 보좌에 앉으신 이의 오른손에 두루마리가 있으니 안팎으로 썼고 일곱 인으로 봉하였더라

요한이 보좌에 앉으신 이의 오른손에 있는 두루마리를 보았다. 안팎으로 쓰고 일곱 인으로 봉한 두루마리다. 에스겔에도 안팎에 글이 쓰인 두루마리가 나온다. 모세가 시내산에서 받은 십계명 돌판도 앞면과 뒷면 모두에 계명이 새겨져 있었다.

하나님이 엿새 동안 천지를 지으시고 일곱째 날에 안식하셨다. 모든 것이 완벽해서 더 이상 손 댈 데가 없었다. 두루마리를 안팎으로 썼다는 얘기가 그와 흡사하다. 더 이상 추가할 내용도 없고 추가할 공간도 없다. 하나님이 정하신 것만으로 모든 것이 충분하다. 그런 두루마리가 일곱 인으로 봉해져 있다.

5:2-3〉 또 보매 힘 있는 천사가 큰 음성으로 외치기를 누가 그 두루마리를 펴며 그 인을 떼기에 합당하냐 하나 하늘 위에나 땅 위에나 땅 아래에 능히 그 두루마리를 펴거나 보거나 할 자가 없더라

유대인들이 간음 중에 잡힌 여인을 예수님께 끌고 와서 어떻게 해야 하느냐고 물었다. 그때 예수님이 죄 없는 자가 먼저 돌로 치라고 했다. 돌로 치는 것이 육체의 능력에 속한 문제라면 돌을 들어서 던질 힘만 있으면 된다. 하지만 예수님 말씀은 그렇지 않다. 죄 없는 것이 돌로 칠 수 있는 조건이 된다.

누가 두루마리를 펴고 인을 떼기에 합당한지 묻는 얘기도 그런 식이다. '합당하다'에 해당하는 헬라어 '악시오스'는 능력이나 권리가 아니라 선함이나 의로움 같은 적합성을 나타내는 말이다.

그 두루마리는 하나님의 오른손에 있다. 그러면 하나님이 직접 인을 떼고 두루마리를 펴면 되는 것 아닐까?

하나님이 정말 사랑이 많은 분이면 모든 사람을 다 용서해주셔야 하는 것 아니냐는 질문을 받은 적이 있다. 하지만 하나님의 사랑 대상에 죄는 포함되지 않는다. 심판이 반칙을 판정하는 것처럼 하나님은 세상의 죄를 판정하신다. 죄를 묵인하면 더 이상 하나님이 아니다. 그래서 하나님이 오른손에 있는 두루마리를 누가 펼 것인지 물었다. 하나님이 직접 펴면 예수님의 십자가 사역 없이 세상의 죄를 묵인하는 형국이 된다.

다니엘아 마지막 때까지 이 말을 간수하고 이 글을 봉함하라 많은 사람이 빨리 왕래하며 지식이 더하리라(단 12:4)

다니엘서에서는 마지막 때까지 글을 봉함하라고 했다. 그런데 요한계시록에서는 인봉된 두루마리가 펴진다. 마지막 때가 이르렀다는 뜻이다.

요즘을 말세라고 한다. 말세는 시간 개념이 아니라 순서 개념이니 지금이 말세가 맞다. 우리의 문제는 그 말세가 2,000년 동안 지속된다는 사실이다. 주님이 다시 오시는 일이 자기 생애에는 일어나지 않을 줄 안다. 그럴 수 있지만 그게 무슨 상관일까? 주님이 다시 오시는 우주의 종말이 아니라도 개인의 종말은 누구한테나 있다. 이 세상 살다 죽으면 그것이 종말이다.

어떤 사람이 시한부 생명이라는 말을 들었다. 3개월을 넘기지 못한다는 것이다. 그 사람이 그 3개월을 어떻게 살까? 그 말을 듣거나 말거나 똑같이 살지는 않을 것이다. 3개월이 아니라 6개월이면 어떨까? 아마 별 차이가 없을 것이다. 9개월이나 12개월은 어떨까? 3년이나 5년은 어떻고, 10년이나 20년은 어떨까? 30년은 다를까? 3개월이든 30년이든 시한부 인생이기는 매일반이다.

시한부 종말론은 기독교 역사에 늘 등장하는 이단이다. 주님이 언제 오시는지에 그만큼 관심이 많은 모양이다. 하지만 정작 우리가 신경 써야 할 문제는 따로 있다. 주님이 언제 오시느냐가 아니라 그런 것에 관계없는 삶을 사는 것이다. 어떤 책에서 운전 중에 아슬아슬한 순간을 넘길 때마다 팬티가 깨끗한지 생각한다는 구절을 읽은 기억이 있다. 우리는 늘 준비하고 있어야 한다. 지금 당장 주님을 만나더라도 당혹스러울 것이 없어야 한다.

하여간 힘 있는 천사가 큰 음성으로 외쳤다. 큰 음성으로 외쳤으니까 모두가 들었을 것이다. 그런데 하늘 위에나 땅 위에나 땅 아래에 능히 그 두루마리를 펼 자가 없었다.

5:4) 그 두루마리를 펴거나 보거나 하기에 합당한 자가 보이지 아니하기로 내가 크게 울었더니

두루마리의 내용은 성경에 기록되어 있지 않다. 그런데 요한은 두루마리를 펴기에 합당한 자가 보이자 않자, 크게 울었다. 인봉된 두루마리를 펴지 못하는 것이 무엇을 의미하는지 알았다는 뜻이다.

일곱 인을 떼는 얘기는 6장에 나온다. 인을 뗄 때마다 그에 상응하는 심판이 이어진다. 아마 두루마리에는 이 세상 종말을 포함한 하나님의 구속 경륜이 기록되었을 것이다. 인을 떼지 않으면 세상이 지금 모습으로 마냥 지속될 수밖에 없다. 사탄의 세력이 계속 활개치고 의인의 고난은 끝이 없을 것이다. 그래서 요한이 울었다. 눈물 몇 방울을 글썽인 것이 아니라 크게 울었다.

사람한테는 희로애락의 감정이 있다. 사람마다 그 감정을 다르게 쓴다. 하나님의 나라가 확장되는 것으로 기뻐하는 사람도 있고 자기 욕심이 이루어지는 것으로 기뻐하는 사람도 있다. 슬픔도 그렇다. 자기 계획이 이루어지지 않는 것으로 슬퍼할 수도 있고 하나님의 뜻이 왜곡되는 것으로 슬퍼할 수도 있다.

인봉된 두루마리를 펴지 않으면 이 세상에 하나님의 계획이 나타나지 않게 된다. 그러면 무슨 낙으로 살까? 하나님의 은혜 외에 다른 소망이 있는 사람은 울지 않아도 되지만 하나님 은혜가 유일한 소망인 사람은 울 수밖에 없다.

5:5〉 장로 중의 한 사람이 내게 말하되 울지 말라 유대 지파의 사자 다윗의 뿌리가 이겼으니 그 두루마리와 그 일곱 인을 떼시리라 하더라

장로 중의 한 사람이 요한한테 울지 말라고 한다. 인봉된 두루마리를 펴기에 합당한 자가 나타났다.

유다는 사자 새끼로다 내 아들아 너는 움킨 것을 찢고 올라갔도다 그가 엎드리고 웅크림이 수 사자 같고 암 사자 같으니 누가 그를 범할 수 있으랴 규가 유다를 떠나지 아니하며 통치자의 지팡이가 그 발 사이에서 떠나지 아니하기를 실로가 오시기까지 이르리니 그에게 모든 백성이 복종하리로다(창 49:9-10)

야곱이 유다를 사자에 비유했다. 사자는 백수의 왕이다. 장차 유다 지파에서 그리스도가 날 것을 예언한 것이다. 또 예수님은 다윗의 후손이다. 그래서 다윗이 뿌리라고 했는데 뿌리라면 오히려 선조의 이미지가 느껴진다. 예수님이 혈통으로는 다윗의 가문으로 오셨지만 근본 하나님이라는 사실을 감안하면 참으로 적절한 비유다.

요한이 울었다는 4절과 장로가 울지 말라고 하는 본문을 연이어 읽으면 긴장감이 떨어진다. 처음부터 다시 생각해 보자. 보좌에 앉으신 이의 오른손에 두루마리가 있다. 그 두루마리를 펴기에 합당한 자가 아무도 없었다. 그래서 요한이 크게 울었다. 시간이 얼마나 지났을까? 그런 요한한테 장로 중의 한 사람이 울지 말라고 했다.

예전에 상영한 〈타워〉라는 영화가 있다. 최고급 주상 복합 아파트에서 화재가 난 상황을 설정한 재난 영화이다. 영화 중에 집들이를 하는 장면이 나온다. 한 사람이 말한다. "와! 천국이 따로 없네요!"

천국은 이 세상의 온갖 좋은 것을 모아 놓은 곳이 아니라 하나님이 계신 곳이다. 우리 구원이 완성되는 곳이고 우리가 하나님과 완벽한 교제를 나누는 곳이다. 만일 이 세상의 좋은 것을 모아 놓은 곳이 천국이라면 굳이 갈 이유가 없다. 돈만 많으면 이 세상도 천국이다. 〈타워〉 영화에서처럼 "와! 천국이 따로 없네요!"라고 하는 것은 하나님 없는 천국을 말하는 것 같아서 거북하다.

복음도 그렇다. 자기한테 유리한 소식을 복음이라고 하는 경우가 있는데 복음은 그렇게 값싼 것이 아니다. 그런데 "유대 지파의 사자 다윗의 뿌리가 이겼으니 그 두루마리와 그 일곱 인을 떼시리라"라는 말은 말 그대로 복음이다. 복음이 따로 없다고 비유할 만한 상황이 아니라 정말로 복음이다.

그 말을 듣는 순간 요한이 어떤 상상을 했을까? '유대 지파의 사자'라는 표현에 어울리는 모습을 기대했을 것이다. 어쩌면 천군천사를 거느린 메시야를 기대했을 수도 있다. 인봉된 두루마리를 펴서 이 땅에 하나님의 역사를 나타내려면 당연히 그래야 할 것이다.

5:6) 내가 또 보니 보좌와 네 생물과 장로들 사이에 한 어린양이 서 있는데 일찍이 죽임을 당한 것 같더라 그에게 일곱 뿔과 일곱 눈이 있으니 이 눈들은 온 땅에 보내심을 받은 하나님의 일곱 영이더라

요한이 어린양을 보았다. 방금은 사자였는데 난데없이 어린양이 나온다. 어떻게 된 영문일까?

신앙이 세상보다 더 강한 힘으로 나타나면 얼마나 좋을까? 그러면 예수 믿는 재미를 새록새록 느낄 수 있을 것이다. 하나님은 그렇게 하실 능력이 있으신 분이다. 그런데 좀처럼 그렇게 하지 않으신다. 신앙이 우리의 힘이라고 하는데 그 힘이 세상을 박살내는 데는 쓰이지 않고 늘 십자가에 매달려 있을 뿐이다.

본문에서도 유대 지파의 사자 다윗의 뿌리인 그리스도가 어린양의 모습으로 두루마리를 펴신다. 그 어린양은 일찍이 죽임을 당한 것 같은데 일곱 뿔과 일곱 눈이 있다. 일곱은 완전함을 말하고 뿔은 권세를 뜻한다. 일곱 눈은 하나님의 일곱 영이라고 했으니까 성령님을 말하는데, 특별히 눈은 지혜, 통찰력을 의미한다. 즉 죽임당한 어린양은 완전한 권세, 완전한 지혜를 가진 분이다. 그런데도 사자가 아닌 어린양이다. 죽임당한 어린양으로 하여금 세상을 심판하게 하는 것이 하나님의 방법이다.

요한계시록에 어린양을 찬양하는 내용은 계속 반복되는데 사자를 찬양하는 내용은 안 나온다. 우리 마음이 사자에 있을까, 어린양에 있을까? 암송된 교리로는 어린양을 찬양하고 속마음은 사자에 있지 않을까? 그렇다면 그 찬양은 무효다. 세상은 사자를 주목한다. 하지만 하나님은 어린양을 통해서 세상을 심판하기 원하신다. 우리는 마땅히 어린양을 주목해야 한다. 죽임당한 어린양이 우리의 기준이다.

5:7-8) 그 어린양이 나아와서 보좌에 앉으신 이의 오른손에서 두루마리를 취하시니라 그 두루마리를 취하시매 네 생물과 이십사 장로들이 그 어린양 앞

에 엎드려 각각 거문고와 향이 가득한 금 대접을 가졌으니 이 향은 성도의 기도들이라

두루마리는 요즘 말로 책이다. 성자 예수님이 성부 하나님께로부터 책을 넘겨받았다. 도서관에서 책을 빌리는 것 같은 단순한 일이 아니다. 그 일이 있기 전에 예수님의 대속 사역이 있었다. 십자가의 죽음과 부활을 통해서 사탄의 권세를 꺾고 영원한 승리를 선포했다. 그 승리에 근거해서 두루마리를 받으시고는 그 인봉을 떼서 집행하는 것이다.

어린양이 두루마리를 취하자, 네 생물과 이십사 장로들이 그 앞에 엎드렸다. 어린양이야말로 두루마리의 인봉을 떼기에 합당하다는 것이다. 왜 다른 피조물은 합당하지 않고 어린양만 합당할까? 네 생물과 이십사 장로의 찬양 내용에 그 이유가 나와 있다.

그들이 새 노래를 불러 이르되 두루마리를 가지시고 그 인봉을 떼기에 합당하시도다 일찍이 죽임을 당하사 각 족속과 방언과 백성과 나라 가운데에서 사람들을 피로 사서 하나님께 드리시고 그들로 우리 하나님 앞에서 나라와 제사장들을 삼으셨으니 그들이 땅에서 왕 노릇 하리로다 하더라(계 5:9-10)

어린양이 인봉을 떼기에 합당한 이유는 일찍이 죽임을 당했기 때문이다. 일찍이 죽임을 당한 이유는 각 족속과 방언과 백성과 나라 가운데서 사람들을 피로 사서 하나님께 드리기 위해서다. '족속과 방언과 백성과 나라'는 인종이나 언어, 국가에 대한 얘기가 아니라 세계의 모든 인류를 말한다. 어린양은 세계 모든 인류 가운데서 사람들을 피로 사서 하나님께 드리기 위해서 일찍이 죽임을 당했다. 어린양이 우리를 피로 사셨다. 우리가 팔린 적이 있음을 전제로 한다. 어린양은 죄에 팔린 우리를 되사서 하나님께 드렸다.

네 생물과 이십사 장로가 이런 내용으로 어린양을 찬양하는데 거문고와 향이 가득한 금 대접을 가졌다고 했다. 거문고는 찬양할 때 쓰이는 악기다. 또 금 대접에 담긴 향은 성도의 기도들이라고 한다. 어린양이 두루마리를 취하기까지 많은 기도가 있었다는 뜻이다. 기도를 열심히 하면 어린양이 두루마리를 취한다는 얘기가 아니다. 어린양이 두루마리를 취한 것이 하나님의 구원 사역의 성취다. 그 일을 위해서 많은 기도가 있었다는 뜻이다.

우리나라가 세계에서 가장 기도를 열심히 한다고 한다. 그런데 대부분의 기도 제목이 세 가지로 요약된다. 남편 돈 잘 벌어오고, 자식들 공부 잘하고, 가족들 건강하게 해달라는 것이다. 어떤 사람은 하루에 삼십 분씩 이런 제목으로 기도하고 다른 사람은 한 시간씩 기도한다. 그러면 한 시간씩 기도하는 사람이 삼십 분씩 기도하는 사람보다 하나님의 나라를 위해서 두 배 더 열심인 사람일까?

기도에서 가장 중요한 것은 "자기 소원이 이루어지느냐, 안 이루어지느냐?"가 아니다. 기도를 들으시는 분이 하나님이라는 사실이다. 우리는 간절히 기도해서 우리 뜻을 관철해야 하는 사람들이 아니라 하나님이 이 세상 주인인 것을 체험해야 하는 사람들이다. 우리의 소원을 이루는 것이 기도의 목적이면 "내 뜻대로 마옵시고 아버지 원대로 되기를 바라나이다"라는 예수님의 기도는 어떻게 설명해야 할까? 요컨대 우리의 기도가 땅에서 맴돌면 안 된다. 하늘에 닿아야 한다. 열심히 기도해서 우리의 뜻대로 하늘을 움직이는 것이 아니라 하늘의 뜻이 땅에서 성취되어야 한다.

그래서 네 생물과 이십사 장로들이 향이 가득한 금 대접을 가졌다. 그 금 대접에 가득한 향이 이 땅에 하나님의 구원 사역을 나타내기 위한 성도들의 기도였다. 그 일을 위해서 어린양이 인봉을 뗀다. "기도를 했더니 병이 나았다", "기도를 했더니 장사가 잘된다"가 아니다. 기도를 했더니 드디어 하나님의 구원 사역이 나타나는 것이다.

5:9-10〉 그들이 새 노래를 불러 이르되 두루마리를 가지시고 그 인봉을 떼기에 합당하시도다 일찍이 죽임을 당하사 각 족속과 방언과 백성과 나라 가운데에서 사람들을 피로 사서 하나님께 드리시고 그들로 우리 하나님 앞에서 나라와 제사장들을 삼으셨으니 그들이 땅에서 왕 노릇 하리로다 하더라

어린양은 두루마리의 인봉을 떼기에 합당한 분이라고 했다. 사람들을 피로 사기 위해서 일찍이 죽임을 당했기 때문이다. 그러면 어린양이 피로 산 사람들은 어떻게 될까? 그들은 하나님께 드려졌다. 그것이 전부가 아니다. 그들을 하나님 앞에서 나라와 제사장들을 삼으셨다. 그들은 땅에서 왕 노릇 할 것이다.

나라와 제사장을 삼았다는 표현이 좀 어색하다. 나라, 곧 제사장을 삼았다고 하는 것이 본문의 뜻에 더 가깝다. 죄에 팔린 우리를 어린양이 도로 샀다. 그리고 하나님의 나라를 삼으셨다. 하나님의 나라는 통치권 개념이다. 하나님의 다스리심을 받는 백성이 곧 하나님의 나라다. 건물이 교회가 아니라 믿는 사람이 교회인 것처럼 땅덩어리가 나라가 아니라 우리가 나라다. 그 나라는 또한 제사장이기도 하다. 우리는 하나님을 섬기는 예배 공동체다.

예수님을 믿으면 구원 얻는다고 한다. 예수님을 믿으면 이 땅에서 어떻게 살든지 천국에 간다는 뜻이 아니다. 예수님을 믿으면 하나님을 섬기는 하나님의 백성이 된다는 뜻이다. 그것이 구원이다. 예수님이 그 일을 위해서 십자가에 달리셨다. 예수님을 믿으면 그다음에는 하나님의 백성답게 살 궁리를 해야 한다.

"그들이 땅에서 왕 노릇 하리로다"가 그런 말이다. 이때의 땅은 종말론적인 성취를 말하는 것일 수 있다. 그리스도와 함께 영원토록 왕 노릇 한다는 뜻이라고 해도 무리가 없다. 하지만 현재형으로 받아들일 수도 있다. 우리는 영적 질서 속에서 이 세상을 다스리는 사람들이다. 세상의 눈치를 보는 사람들이 아니라 하나님이 이 세상 주인임을 선포하는 사람들이다. 우리가 전부 왕 같은 제사장들이다.

네 생물과 이십사 장로들이 이런 내용으로 어린양을 찬양한다. 그리고 성경은 이런 찬양을 '새 노래'라고 한다. '새'에 해당하는 헬라어는 '네오스'와 '카이넨' 두 가지다. 네오스는 시간 개념이고 카이넨은 본질 개념이다. 새 제품을 얘기하면서 "아직 포장도 안 뜯었다"라고 하면 네오스이고 "성능이 이전 것과 차원이 다르다"라고 하면 카이넨이다. 본문에서는 카이넨이 쓰였다. 네 생물과 이십사 장로들이 지금까지와 차원이 다른 노래를 불렀다.

새 노래가 있으면 '헌 노래'도 있을 것이다. 헌 노래는 하나님을 찬양하기에 적합하지 않은 노래다. 세상을 살던 버릇이 덕지덕지 묻은 노래로 하나님을 찬양할 수는 없다. 우리 입에서는 어떤 노래가 나오는지 확인해야 한다. 우리가 영광받는 삶을 노래하고 싶은지, 하나님의 영광을 찬양하고 싶은지 분명히 구분해야 한다.

대중가요 대신 복음성가를 불러야 한다는 뜻이 아니다. 우리의 찬양 대상이 무엇이냐에 대한 말이다. 우리 입에서 새 노래가 나오면 우리가 그리스도 안에 있는 새로운 피조물로 사는 것이 맞다. 하지만 헌 노래가 나오면 아직도 세상에 매인 사람들이다.

5:11-14) 내가 또 보고 들으매 보좌와 생물들과 장로들을 둘러 선 많은 천사의 음성이 있으니 그 수가 만만이요 천천이라 큰 음성으로 이르되 죽임을 당하신 어린양은 능력과 부와 지혜와 힘과 존귀와 영광과 찬송을 받으시기에 합당하도다 하더라 내가 또 들으니 하늘 위에와 땅 위에와 땅 아래와 바다 위에와 또 그 가운데 모든 피조물이 이르되 보좌에 앉으신 이와 어린양에게 찬송과 존귀와 영광과 권능을 세세토록 돌릴지어다 하니 네 생물이 이르되 아멘 하고 장로들은 엎드려 경배하더라

네 생물과 이십사 장로만 어린양을 찬양한 것이 아니다. 만만이요 천천에 이르는 수많은 천사도 찬양했다. 죽임을 당하신 어린양은 능력과 부와 지혜와 힘과 존귀와 영광과 찬송을 받으시기에 합당하다는 것이다. 또 이 세상 모든 피조물도 찬양한다. 하늘 위에와 땅 위에와 땅 아래와 바다 위에와 그 가운데 있는 모든 피조물이 "보좌에 앉으신 이와 어린양에게 찬송과 존귀와 영광과 권능을 세세토록 돌릴지어다"라고 한다.

지난 2002년, 우리나라와 이탈리아의 월드컵 16강전을 모르는 사람은 없을 것이다. 스페인과의 8강전은 어떤가? 승부차기에서 마지막 순서로 홍명보 선수가 찰 때는 차마 보지 못하고 눈을 감고 말았다. 정말이지, 가슴이 터지는 줄 알았다.

어린양이 두루마리를 취하는 것을 본 네 생물과 이십사 장로는 어떤 마음일까? 만만과 천천의 천사들은 어떤 마음이고 하늘 위에와 땅 위에와 땅 아래와 바다 위에와 그 가운데 있는 모든 피조물은 어떤 마음일까? 그들은 큰 음성으로 어린양을 찬양한다. 그런데 우리한테는 그런 감격이 없다. 축구 경기는 우리나라가 이기기를 간절히 바라는 마음으로 보는데 하나님의 구원 사역에 대해서는 그런 마음이 없다. 성경에 있으니까 그냥 그런가 보다 할 뿐이다.

혹시 2026년 월드컵에서 우리나라가 4강에 올라간다고 하자. 우리나라가 브라질과 결승 진출을 다투는데 갑자기 하늘에서 큰 음성이 들리면서 어린양이 두루마리의 인봉을 떼려고 하면 찬양을 하는 것이 아니라 오히려 불평을 할지 모른다. 그 중요한 시점에 꼭 두루마리 인봉을 떼야 할까? 우리한테는 하나님의 구원이 선포되는 것이 반가운 일도 아니고 급한 일도 아니다. 그러면 우리가 부르는 노래는 새 노래일까, 헌 노래일까?

한 가지 확인해야 할 사실이 있다. 어린양이 일찍이 죽임을 당한 이유가 무엇 때문일까? 물론 우리를 피로 사기 위한 것이다. 그러면 그것이 누구를 위한 일일까? 우리를 피로 산 것이 전부가 아니라 우리를 하나님께 드리기 위해서 피로 샀다. 또 우리를 하나님 앞에서 나라와 제사장으로 삼으셨다. 이 내용은 앞에서도 나온 바 있다. 예수님은 하나님을 위하여 우리를 나라와 제사장으로 삼으셨다.

우리를 사랑하사 그의 피로 우리 죄에서 우리를 해방하시고 그의 아버지 하나님을 위하여 우리를 나라와 제사장으로 삼으신 그에게 영광과 능력이 세세토록 있기를 원하노라 아멘(계 1:5b-6)

예수님은 모든 일을 하나님을 위해서 했다. 일찍이 죽임을 당한 것도 하나님을 위한 일이고, 사람들을 피로 산 것도 하나님을 위한 일이고, 사람들을 나라와 제사장으로 삼으신 것도 하나님을 위한 일이다. 이것이 네 생물과 이십사 장로의 찬양 내용이다. 성경은 이런 찬양을 새 노래라고 했다. 만일 우리의 관심이 우리한테 있으면 우리는 평생 새 노래를 부르지 못할 것이다. 이 말을 뒤집어도 된다. 우리한테서 새 노래가 나오지 않는다면 우리 관심이 우리한테 있기 때문이다. 하나님의 영광을 위하는 것이 우리 삶의 본질이라는 사실을 잊어버린 탓이다.

예전에 "사랑은 아무나 하나 눈이라도 마주 쳐야지"라는 대중가요가 있었다. 하물며 찬양은 아무나 할까? 찬양을 하려면 적어도 하나님의 영광을 사모하는 마음이 있어야 한다. 그런 마음이 있으면 찬양이 나온다. 네 생물도 어린양을 찬양하고, 이십사 장로도 찬양하고, 만만과 천천의 천사도 찬양하고, 세상의 모든 피조물도 찬양하는데 우리만 누락될 수는 없다.

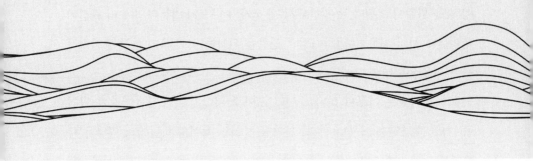

6장 일곱 인 재앙

6:1-2〉내가 보매 어린양이 일곱 인 중의 하나를 떼시는데 그때에 내가 들으니 네 생물 중의 하나가 우렛소리 같이 말하되 오라 하기로 이에 내가 보니 흰 말이 있는데 그 탄 자가 활을 가졌고 면류관을 받고 나아가서 이기고 또 이기려고 하더라

흰 말 탄 자가 누구일까? 그리스도일까? 하지만 어린양이 인을 떼었는데 그리스도가 나오는 것은 모순이다. 그리스도라면 칼이 어울리지, 활은 어울리지 않는다. 무엇보다 그리스도는 이기고 또 이기려고 하지 않는다. 그리스도는 언제나 넉넉히 이기시는 분이다. 그러면 답이 나왔다. 그리스도처럼 보이는데 그리스도가 아니라면 보나마나 적그리스도다.

그가 받은 면류관은 어떻게 된 영문일까? 면류관은 싸움에서 이겨야 받는다. 앞에서 빌라델비아교회에 보낸 편지에 "내가 속히 오리니 네가 가진 것을 굳게 잡아 아무도 네 면류관을 빼앗지 못하게 하라"라고 했다. 마땅히 자기가 써야 할 면류관을 적그리스도한테 빼앗긴 성도가 있는 모양이다.

어린양이 두루마리의 첫 번째 인을 떼었다는 얘기는 이 세상 종말이 시작되었다는 뜻이다. 종말에 나타나는 첫 번째 특징이 적그리스도의 출현이다. 아마 당시 사람들은 네로나 도미티아누스를 적그리스도로 생각했을 것이다. 그렇다고 해서 네로나 도미티아누스가 죽으면 적그리스도도 없어지는 것이 아니다. 적그리스도는 늘 있다.

언젠가 "국민들은 새로운 시대정신을 요구하고 있다"라는 말을 들은 기억이 있다. 언론에서 말하는 시대정신에 대해서는 아는 바 없지만 모든 시대가 갖는 시대정신의 본질은 안다. 하나님을 적대하는 것이다. 그것이 우리가 사는 세상 풍조다.

이런 얘기는 실감이 덜할 수 있다. "이 세상의 흐름 자체가 하나님과 반대쪽이다"라고 하는 것보다 "아무개가 적그리스도다" 하고 명쾌하게 얘기하는 것이 훨씬 알기 쉽다. 그래서 누가 적그리스도인지 말하고자 한다. 우리의 신앙을 집요하게 방해하는 원흉이 있다. 예수를 믿으려면 그의 술책에 넘어가지 말아야 한다. 바로 자기 자신이다. 운동선수들이 자기와의 싸움이라는 말을 많이 하는데 신앙이야말로 자기와의 싸움이다.

흰 말을 탄 자가 이기고 또 이기려고 한 대상이 누구일까? 우리가 이 세상에서 "이번 한 번만이다"라는 핑계로 악착같이 얻으려는 것이 무엇일까? 말세를 사는 우리가 가장 조심해야 할 상대는 바로 자기 자신이다.

6:3-6〉 둘째 인을 떼실 때에 내가 들으니 둘째 생물이 말하되 오라 하니 이에 다른 붉은 말이 나오더라 그 탄 자가 허락을 받아 땅에서 화평을 제하여 버리

며 서로 죽이게 하고 또 큰 칼을 받았더라 셋째 인을 떼실 때에 내가 들으니 셋째 생물이 말하되 오라 하기로 내가 보니 검은 말이 나오는데 그 탄 자가 손에 저울을 가졌더라 내가 네 생물 사이로부터 나는 듯한 음성을 들으니 이르되 한 데나리온에 밀 한 되요 한 데나리온에 보리 석 되로다 또 감람유와 포도주는 해치지 말라 하더라

두 번째 인을 떼자, 붉은 말이 나왔다. 그 탄 자는 땅에서 화평을 제하여 버리며 서로 죽이게 하고 또 큰 칼을 받았다고 한다. 큰 칼은 요즘 말로 큰 무기다. 붉은 말을 탄 자가 하는 일은 전쟁을 통해서 화평이 사라지게 하는 것이다. 말세에 나타나는 특징 중의 하나가 전쟁이다.

인류 역사에 전쟁은 늘 있었다. 그런데 하나님의 심판이 구체적으로 진행되어 나타나는 것이 전쟁이라고 한다. 세 번째 인도 마찬가지다. 셋째 인을 떼면 검은 말을 탄 자가 나타나는데 기근을 상징한다. 기근도 늘 있는 일이다.

"한 데나리온에 밀 한 되요 한 데나리온에 보리 석 되로다 또 감람유와 포도주는 해치지 말라"라는 말을 생각해 보자. 데나리온은 노동자 하루 품삯이고 밀 한 되는 하루 양식이다. 하루 품삯으로 자기 먹을 양식을 구하면 끝이다. 그러면 가족은 어떻게 할까? 별수 없이 보리를 사야 한다. 보리는 밀의 1/3 가격이다. 기근 때문에 먹고살기가 어려워진다는 얘기다.

또 저울은 하나님께서 재앙을 제한하신다는 뜻이다. 감람유와 포도주는 해치지 말라는 얘기가 바로 그렇다. 곡식과 포도주와 기름은 생필품이다. 기근은 내리시되 굶어 죽게 하지는 않으신다. 아직은 기회를 준다는 뜻이다. 이 세상이 종말을 향하여 가고 있지만 최종적인 종말까지는 시간이 있다. 불신자들한테는 종말에 대한 경고인 동시에 신자들한테는 이 세상 미련을 끊게

하는 것이다. 이 세상은 믿을 만한 곳이 못 된다.

6:7-8〉 넷째 인을 떼실 때에 내가 넷째 생물의 음성을 들으니 말하되 오라 하기로 내가 보매 청황색 말이 나오는데 그 탄 자의 이름은 사망이니 음부가 그 뒤를 따르더라 그들이 땅 사분의 일의 권세를 얻어 검과 흉년과 사망과 땅의 짐승들로써 죽이더라

넷째 인을 떼면 청황색 말이 나오는데 그 탄 자의 이름이 사망이라고 했다. 또 음부의 권세가 그 뒤를 따른다. 히브리 사람들은 사람이 죽어서 가는 곳을 음부라고 했다.

이어서 "그들이 땅 사분의 일의 권세를 얻어 검과 흉년과 사망과 땅의 짐승들로써 죽이더라"라고 한다. 청황색 말을 탄 자가 땅 사분의 일의 권세를 얻은 것이 아니다. 하나님이 흰 말 탄 자, 붉을 말 탄 자, 검은 말 탄 자, 청황색 말 탄 자한테 세상의 1/4을 맡겼다. 지금은 1/4이지만 8:7에서는 1/3이 되고 16장에서는 온 세상이 심판 대상이 된다.

전쟁, 기근, 사망, 땅의 짐승은 성경에서 하나님의 심판을 묘사하는 가장 일반적인 표현이다. 짐승을 하나님의 심판으로 얘기하는 것이 어색할 수 있지만 조선시대만 해도 호환이 상당한 골칫거리였다. 지방관한테 호랑이를 잡아서 백성 보호에 힘쓰라는 명령을 내릴 정도였다.

이 세상에 전쟁이 없었던 적은 없다. 기근과 질병도 늘 있는 일이다. 그러면 대체 종말은 언제 오는 것일까? 우리가 언제부터 정신을 차려서 주님 맞을 준비를 하면 될까?

말세를 사는 신자의 모범을 보여주는 사람이 에녹이다.

에녹은 육십오 세에 므두셀라를 낳았고 므두셀라를 낳은 후 삼백 년을 하나님과 동행하며 자녀들을 낳았으며 그는 삼백육십오 세를 살았더라 에녹이 하나님과 동행하더니 하나님이 그를 데려가시므로 세상에 있지 아니하였더라(창 5:21-24)

에녹은 65세에 므두셀라를 낳고, 므두셀라를 낳은 후 300년을 하나님과 동행한 사람이다. 므두셀라는 "네가 죽으면 세상이 심판받는다"라는 뜻이다. 그러면 므두셀라가 태어나기 전에는 마음 놓고 살 수 있지만 태어난 다음부터는 정신을 차려야 한다. 그래서 에녹이 므두셀라를 낳은 다음부터 하나님과 동행했다.

므두셀라는 969년을 살았다. 므두셀라가 187세에 라멕을 낳았고 라멕은 182세에 노아를 낳았다. 노아가 태어날 때 므두셀라가 369세였다. 그리고 노아가 600세 되던 해에 홍수가 터졌다. 므두셀라가 죽자, 세상이 심판을 받았다. 에녹은 그날이 언제인지 몰랐지만 늘 그날을 준비하며 산 사람이다. 그래서 그의 삶이 이 세상에서 끝나지 않고 하늘로 연결되었다.

우리가 요한계시록에서 확인해야 할 것은 종말에 대한 프로그램이 아니다. 우리는 심판이 언제 임하는지 알아서 그전에 정신 차리면 되는 사람들이 아니라 이 세상 역사가 하나님 손에 달린 줄 알아서 하나님 뜻에 맞게 사는 것을 연습해야 하는 사람들이다. 이 세상에 전쟁과 기근, 질병이 없었던 적은 없다. 전쟁과 기근과 질병은 "이제 얼마 안 남았다. 곧 카운트다운 들어간다."라는 뜻이 아니다. "이 세상은 완전하지 않다. 이 세상은 우리가 영원히 살 곳이 아니다. 우리는 다음 세상에 들어갈 준비를 해야 한다."라는 뜻이다.

한 가지 의문이 있을 수 있다. 애굽에 열 가지 재앙이 내릴 적에 이스라엘은 따로 보호를 받았다. 이스라엘과 애굽이 구별되었다. 그런데 두루마리의 인봉을 뗐을 때는 신자와 불신자의 구별이 없는 것 같다. 설마 하나님이 신자와 불신자를 똑같이 대하실까?

주 여호와께서 이같이 이르시되 내가 나의 네 가지 중한 벌 곧 칼과 기근과 사나운 짐승과 전염병을 예루살렘에 함께 내려 사람과 짐승을 그중에서 끊으리니 그 해가 더욱 심하지 아니하겠느냐 그러나 그 가운데에 피하는 자가 남아 있어 끌려 나오리니 곧 자녀들이라 그들이 너희에게로 나아오리니 너희가 그 행동과 소행을 보면 내가 예루살렘에 내린 재앙 곧 그 내린 모든 일에 대하여 너희가 위로를 받을 것이라 너희가 그 행동과 소행을 볼 때에 그들에 의해 위로를 받고 내가 예루살렘에서 행한 모든 일이 이유 없이 한 것이 아닌 줄을 알리라 주 여호와의 말씀 이니라(겔 14:21-23)

예루살렘에 대한 재앙을 예언한 내용이다. 그렇다고 해서 예루살렘 사람 전부가 죽는 것은 아니다. 남은 자가 있다. 그들은 위로를 받는다. 그리고 그들은 하나님께서 행하신 일에는 다 이유가 있다는 사실을 알게 된다고 한다. 결국 재난에는 양면성이 있다. 불의한 자한테는 심판이지만 의로운 자한테는 연단이다. 불의한 자는 죗값을 치르는 반면 의로운 자는 정결하게 된다.

6장은 어린양이 일곱 인 중의 하나를 떼는 것으로 시작했다. 우리가 6장에 있는 내용을 제대로 이해하지 못할 수는 있다. 하지만 어린양이 일곱 인을 떼는 것만은 확실하게 안다. 그때마다 세상에 재앙이 임했다. 그 모든 재앙을 주관하는 분이 어린양이다. 그러면 그것으로 충분하지 않을까? 우리를 위해서 십자가에 달리신 어린양이 하시는 일이면 우리한테 좋은 일일 것이다. 우리가 지금은 낱낱이 알 수 없지만 인을 뗄 때마다 그것이 확연하게 드러날 것이다.

예수님이 이 땅에 오셔서 가장 먼저 하신 말씀이 "회개하라 천국이 가까이 왔느니라"였다. 예수님은 하나님 나라 때문에 오셨다. 또 예수님 말씀 중에 "하나님의 나라는 너희 안에 있느니라"라는 말씀도 있다. 예수님이 이 땅에 오시는 것으로 하나님의 나라가 시작되었다. 그러면 그 하나님의 나라가 언제 완성될까? 십자가에서 돌아가시면서 "다 이루었다"라고 하실 적에 완성되었을까? 그렇지 않다. 하나님의 나라는 예수님의 초림부터 재림까지의 전 기간을 통하여 완성된다. 그래서 어린양이 두루마리의 일곱 인을 한꺼번에 떼지 않고 하나씩 차례로 뗀다. 하나님의 나라는 지금도 꾸준히 확장되는 중이다. 어린양이 그 일을 이루신다.

우리가 고민할 문제는 하나님의 나라가 점진적으로 완성되는 것처럼 우리 신앙도 완성되고 있느냐 하는 것이다. 인을 뗄 때마다 하나님의 계획이 이루어지는 것으로 끝나면 안 된다. 우리의 신앙도 더불어 완성되어야 한다.

6:9-11) 다섯째 인을 떼실 때에 내가 보니 하나님의 말씀과 그들이 가진 증거로 말미암아 죽임을 당한 영혼들이 제단 아래에 있어 큰 소리로 불러 이르되 거룩하고 참되신 대주재여 땅에 거하는 자들을 심판하여 우리 피를 갚아 주지 아니하시기를 어느 때까지 하시려 하나이까 하니 각각 그들에게 흰 두루마기를 주시며 이르시되 아직 잠시 동안 쉬되 그들의 동무 종들과 형제들도 자기처럼 죽임을 당하여 그 수가 차기까지 하라 하시더라

다섯째 인을 떼자, 지금까지 지상을 비추던 조명이 천상을 비추는 것 같다. 순교를 당한 영혼들이 하나님께 자기들의 피를 언제 갚아줄 것인지 묻고, 하나님은 순교자의 수가 차기까지 기다리라고 하신다.

어딘가 어색하다. 기독교는 사랑의 종교다. 기왕이면 원한을 갚아달라는 기도보다 용서해달라는 기도가 더 바람직하지 않을까? 스데반이 그렇게 기도했다.

또 있다. 하나님이 정하신 순교자의 숫자를 꼭 채워야 할까? 원형 경기장에서 사자 밥이 되기 직전인 신자들을 상상해 보자. 그들의 소망은 지금이라도 하늘이 열리고 주님이 오시는 것이다. 누군가 그렇게 기도도 했을 것이다. 그런데 하늘에서 음성이 들린다. "나는 지금 가지 않는다. 너희가 다 죽는 것은 물론이고 추가로 내가 생각하는 숫자만큼 더 죽어야 한다." 그런 말을 들으면 방금 전까지 순교를 각오했다가도 돌연 배교를 작정할 수 있지 않을까?

차근차근 따져 보자. 하나님의 말씀과 그들이 가진 증거로 말미암아 죽임을 당한 영혼들이 제단 아래 있다. 그들은 자기들의 피를 갚아달라고 기도하는 것이 아니다. 갚아주는 것을 전제로 그것이 언제인지 묻고 있다.

그들이 하나님을 '거룩하고 참되신 대주재여'라고 불렀다. 그런 하나님이 불의가 횡행하는 것을 방치하는 것은 말이 안 된다. 하나님은 분명히 선과 악을 판가름하실 것이다. 그날이 언제냐는 것이다. 자기들의 원한을 하소연하는 것이 아니라 하나님의 정의가 언제 실현되는지 묻고 있다.

구약 시대에는 짐승을 제물 삼아서 제사를 드렸다. 그때 짐승을 죽여서 태우기만 한 것이 아니다. 먼저 피를 제단에 뿌렸다. 불에 태우는 고기만 제물이 아니라 피도 제물이다.

자기들의 피를 언제 갚아 줄 것이냐고 기도하는 영혼들이 있는 곳이 제단 아래다. 그들의 피가 제물로 드려진 것이다. 하나님은 아무 제물이나 받으시는 분이 아니다. 흠 없는 제물만 받으신다. 그런데 그들은 하나님의 말씀과 그들이 가진 증거 때문에 죽임을 당했으니 하나님 받으시기에 합당한 제물인 셈이다.

예전에 "아브라함을 본받자"라는 투의 설교를 참 많이 들었다. 듣다 보니 뭔가 이상했다. 성경이 아브라함을 말하는 이유가 무엇 때문일까? 우리한테 아브라함처럼 살라는 뜻일까, 아브라함은 특별한 사람이니까 그럴 엄두를 내지 말라는 뜻일까? 그런데 아브라함을 자꾸 얘기하는 것으로 아브라함을 남다른 사람으로 만드는 것 같았다.

순교자를 얘기하는 것도 마찬가지다. 순교자의 신앙을 칭송하는 것은 당연하다. 하지만 우리의 책임은 순교자를 칭송하는 것이 아니다. 순교한 사람들은 남다른 사람이어서 목숨 걸고 예수를 믿었지만 우리는 그렇게 하지 않아도 무방하다는 법은 없다.

예전에 '택시 기사의 선행'이라는 제목의 기사를 읽은 적이 있다. 누군가 현금 1천만 원을 택시에 두고 내렸는데 주인을 찾아주었다는 것이다. 기사를 읽는데 뿌듯한 마음과 함께 씁쓸한 느낌도 들었다. 당연한 일을 했는데 왜 그렇게 호들갑을 떨어야 할까?

어떤 택시 기사는 신문에 이름이 오르고 다른 택시 기사는 그 신문을 보는 이유가 순전히 기회의 차이라야 한다. 양심에는 차이가 있으면 안 된다. 신문을 보는 택시 기사들마다 한마디씩 해야 한다. "이 사람은 재수도 좋네. 난 왜 이런 일이 안 생기는 거야? 나도 이런 일만 있으면 매스컴 탈 수 있는데…"

순교자와 우리가 그렇다. 순교자는 믿음이 좋아서 순교를 하고, 우리는 그런 믿음이 없어서 순교자를 칭송만 하는 것이 아니다. 우리가 순교를 못하는 것은 신앙의 문제가 아니라 여건의 문제라야 한다. 우리가 실제로 순교하기는 힘들 것이다. 하지만 순교자로 살기는 해야 한다. 그들이 믿는 예수님과 우리가 믿는 예수님이 같은 분이니 섬기는 열심도 같아야 한다.

순교는 특별한 사람한테만 해당되는 단어가 절대 아니다. 신자라면 누구한테나 적용되는 삶의 원칙이다. 일찍이 바울이 고린도교회에 편지를 쓰면서 "나는 날마다 죽노라"라고 했다. 천국에 가려면 죽어야 한다. 날마다 죽으면 날마다 천국이다. 그 보상으로 주어지는 것이 흰 두루마기와 안식이다.

하나님이 엿새 동안 천지를 창조하시고 일곱째 날에 안식하셨다. 모든 것이 완벽해서 더 이상 하실 일이 없었다. 순교자들한테 쉬라는 얘기도 마찬가지다. 그들은 믿음의 선한 싸움을 다 싸운 사람들이다. 더 이상 할 일이 없다. 이 세상의 모든 고난, 갈등, 염려, 고통, 시련이 다 지나갔다.

아무나 쉴 수 있는 것이 아니다. 하나님으로부터 흰 두루마기를 받은 사람만 쉴 수 있다. 언제까지 쉬느냐 하면, 그들의 동료들도 그들처럼 죽임을 당하여 그 수가 차기까지다. 그러면 그들의 동무 종들과 형제들은 할 일이 있다. 그들 역시 하나님의 말씀과 그들이 가진 증거로 말미암아 죽임을 당해야 한다. 그들도 자기들의 피를 제물로 뿌려야 한다.

예수님 말씀 중에 "이 천국 복음이 모든 민족에게 증언되기 위하여 온 세상에 전파되리니 그제야 끝이 오리라"라는 말씀이 있다. 그러면 "하나님 나라의 도래를 위해서 모든 민족에게 복음을 전하자. 우리가 복음을 전할수록 하나님의 나라가 더 빨리 이루어진다."라고 하는 것이 가능하다. 그렇다고 해서 "하나님이 미리 정하신 순교자의 수가 있다. 우리가 얼른 순교해서 하나님 나라를 오게 하자."라는 말도 가능할까? 하나님의 나라를 위한 비장한 열심은 인정한다고 해도 뭔가 어색하다.

어쨌든 "아직 잠시 쉬되 그들의 동무 종들과 형제들도 자기처럼 죽임을 당하여 그 수가 차기까지 하라"가 하나님 말씀이다. 그 수가 언제 찰까? 그 수가 차면 어떤 일이 벌어질까?

7장에 인침받은 자 144,000명 얘기가 나오는 이유가 여기에 있다. 드디어 수가 찬 것이다. 수가 차면 그다음에는 하나님이 세상을 심판할 차례다. 그래서 12-17절에서 이 세상에 대재앙이 임한다. 6장의 사건이 다 지나간 다음에 7장이 시작되는 것이 아니다. 12-17절에서 이 세상 심판을 말할 수 있는 이유가 7장에서 설명하는 것처럼 그 수가 찼기 때문이다. 7장은 "이는 보좌 가운데에 계신 어린양이 그들의 목자가 되사 생명수 샘으로 인도하시고 하나님께서 그들의 눈에서 모든 눈물을 씻어 주실 것임이라"라는 말씀으로 끝난다. 그들의 눈에서 모든 눈물을 씻어주시는 것이 바로 세상에 대한 심판이다. 개인의 원한에 대한 보복이 아니다. 하나님의 공의가 실현되는 것이다.

그러면 순교자의 수가 차야 세상을 심판한다는 얘기는 무슨 영문일까? 하나님이 세상을 심판하기 전에 작정하신 숫자가 있는데 그 숫자만큼 죽어야 세상을 심판한다는 뜻이 아니다. 하나님이 아직은 이 세상 악을 두고 보신다는 뜻이다.

> 너는 장수하다가 평안히 조상에게로 돌아가 장사될 것이요 네 자손은 사 대 만에 이 땅으로 돌아오리니 이는 아모리 족속의 죄악이 아직 가득 차지 아니함이니라 하시더니(창 15:15-16)

하나님이 장차 아브라함의 후손한테 가나안 땅을 주신다고 했다. 하지만 아직은 아모리 족속의 죄악이 가득 차지 않았다. 그래서 사 대 후로 그 일을 미루신다. 아모리 족속의 죄악이 가득 차면 이스라엘이 아모리 족속을 벌하고 그들의 땅을 차지할 것이다.

하나님은 거룩하고 참되신 대주재이시다. 당연히 세상을 의롭게 심판하신다. 하지만 아직은 이 세상 악을 용납하신다. 순교자의 수가 다 찰 때까지 기다린다는 얘기는 이 세상의 악이 충분히 무르익을 때까지 기다린다는 뜻도 된다. 하나님이 정하신 숫자가 죽는 것이 문제가 아니라 하나님이 정하신 수준만큼 악이 차야 한다.

우리가 사는 세상은 악이 점점 더 채워지는 세상이다. 예수를 믿는 것이 어려울 수밖에 없다. 세상은 우리한테 있는 신앙을 용납하지 않는다. 한 가지 방법이 있다. 바람에 나는 겨처럼 사는 것이다. 남들은 그렇게 산다. 그런데 우리의 신앙이 그렇게 사는 것을 허락하지 않는다. 그래서 늘 불평한다. "하나님, 억울합니다. 빨리 해결해주십시오."가 누구나 하는 기도 제목이다. 신앙을 지키며 살 테니 신앙 때문에 손해 보지 않게 해달라는 것이다. 신앙을 포기하지는 않겠지만 세상도 포기하기 싫기 때문이다.

그러면 본문의 순교자들을 생각해 보자. 그들은 하나님의 말씀과 그들이 가진 증거로 말미암아 죽임을 당했다. 그들은 억울함을 감수한 사람들이다. 이 세상에서 애매하게 고난을 받았다. 그래서 그 보상으로 흰 두루마기를 받았다.

우리한테 있는 억울함은 세상을 기준으로 하는 억울함이다. 그런 억울함이 있는 이유는 우리가 땅에 거하는 자들이 아니기 때문이다. 결국 우리가 느끼는 고통은 세상에 속하지 않고 하나님께 속했기 때문에 받는 고통이다. 세상에서는 그것을 억울함이라고 하지만 하늘에서는 영광이라고 한다.

이미 순교한 사람들은 더 이상 할 일이 없지만 그들의 동무 종들과 형제들은 할 일이 있다고 했다. 그들이 누구일까? A4 용지에 그 명단을 쓰면 우리 이름도 들어간다. 우리는 세상에서 손해 보기로 작정한 사람들이다. 그 손해의 범위에 목숨도 포함된다. 어쩌면 우리의 문제는 신앙을 지키기 힘든 때문이 아니라 신앙을 지키는 것이 힘들지 않은 때문일 수 있다. 늘 하나님과 세상 사이를 오락가락하면 순교가 자리할 틈이 없게 된다. 주님이 우리를 부르실 적에, 가장 먼저 자기한테 와서 죽으라고 부르신다. 우리가 다 아는 사실인데 자꾸만 망각한다.

우리보다 먼저 천국에 간 사람들의 간절한 소망은 이 땅에 하나님의 공의가 선포되는 것이다. 그런데 하나님이 그 일을 미루신다. 아직은 이 세상 악을 용인하신다. 그러면 "아직은 내가 세상을 심판할 만큼 세상의 악이 가득 차지 않았다"라고 하면 알기 쉽지 않을까? 왜 "그들의 동무 종들과 형제들도 자기처럼 죽임을 당하여 그 수가 차기까지 하라"라고 해서, 우리를 헷갈리게 할까?

하나님의 관심이 세상에 있지 않고 우리한테 있기 때문이다. 하나님의 관심은 이 세상이 언제면 충분히 악하게 되느냐 하는 것이 아니다. 과연 우리가 세상에 대하여 죽었느냐 하는 것이다. 우리의 관심도 하나님의 관심과 맥을 같이 해야 한다. "하나님, 세상이 너무 악합니다. 이런 세상에서 어떻게 신앙을 지키란 말입니까?"라고 하는 것은 부질없는 푸념이다. "살든지 죽든지 저는 하나님의 것입니다. 하나님의 영광이 저의 유일한 관심입니다."라고 해야 한다. 우리가 그 일을 위해 부르심을 받았다. 그리고 하나님은 흰 두루마기를 예비하고서 우리를 기다리신다. 우리의 안식은 그 두루마기를 입은 다음에 주어진다.

6:12-14) 내가 보니 여섯째 인을 떼실 때에 큰 지진이 나며 해가 검은 털로 짠

상복같이 검어지고 달은 온통 피같이 되며 하늘의 별들이 무화과나무가 대풍에 흔들려 설익은 열매가 떨어지는 것같이 땅에 떨어지며 하늘은 두루마리가 말리는 것같이 떠나가고 각 산과 섬이 제 자리에서 옮겨지매

기우라는 말이 있다. 중국 기(杞)나라 사람이 하늘이 무너질까봐 걱정했다는 얘기에서 생긴 고사로, 쓸데없는 걱정을 말한다. 본문에서 그런 일이 실제로 벌어진다. 우리가 그날을 준비해야 하는 사람들이다.

여섯째 인을 떼자, 큰 지진이 일어난다. 해가 검어지고 달은 온통 피같이 되고 별들이 떨어지고 하늘은 두루마리가 말리는 것처럼 말리고 산과 섬들이 자기 자리를 벗어난다.

예수님의 제자들이 말세에 어떤 징조가 있는지 물었을 적에 예수님이 "민족이 민족을, 나라가 나라를 대적하여 일어나겠고 곳곳에 지진이 있으며 기근이 있으리니 이는 재난의 시작이니라"라고 했다. 종말의 성격을 가장 잘 보여주는 재앙이 지진이다. 우리가 발을 딛고 사는 터전이 무너지는 재앙이기 때문이다. 지진이 일어나면 우리가 살아가는 기초가 허물어진다.

첫째 인부터 넷째 인을 떼었을 때는 흰 말 탄 자, 붉은 말 탄 자, 검은 말 탄 자, 청황색 말 탄 자가 나왔다. 그들은 전쟁과 기근과 온역으로 세상의 1/4을 다스릴 것이다. 하지만 전쟁이나 기근, 온역 때문에 세상이 없어지지는 않는다. 이 세상 종말이 오려면 그보다 더 큰 일이 벌어져야 한다. 그래서 세상에 대격변이 일어난다. 하늘이 무너지고 땅이 꺼진다.

우선 해가 검은 털로 짠 상복같이 검어진다. 우리는 해가 뜨면 낮이 되고 해가 지면 밤이 되는 것을 당연하게 여긴다. 그런데 더 이상 그런 말이 통하지 않게 된다. 해가 뜨고 지는 일조차 당연한 일이 아니면 당연한 일이 무엇이 있을까?

또 달이 온통 피같이 된다. 시인들이 즐겨 노래하는 대상이 달이다. 달을 보며 고향을 생각하고 어머니를 생각하는 것은 동서고금이 마찬가지일 것이다. 그런 달이 피같이 된다. 밤하늘에 보름달이 뜨지 않고 해골바가지가 뜬 형국이다. 달이 무서울 정도면 무섭지 않은 것이 무엇이 있을까? 주변의 모든 것이 공포일 수 있다.

하늘의 별들이 무화과나무가 대풍에 흔들려 설익은 열매가 떨어지는 것같이 땅에 떨어진다. 삼라만상이 더 이상 존재하지 않게 된다. 심지어 하늘도 없어진다. 둘둘 말았던 종이를 펴서 가위로 자르면 한쪽으로 말리는 것처럼 하늘이 그렇게 된다. 그런 마당에 땅은 제자리에 있을까? 산과 섬들도 자리를 옮긴다. 사람들은 산이나 섬이 이동하는 것을 보며 신기하게 여길 겨를이 없다. 자기가 서 있는 땅이라고 해서 요동하지 않는다는 보장이 없기 때문이다.

세상이 어떻게 변하느냐에 대한 얘기가 아니다. 이 세상이 더 이상 우리가 아는 세상이 아니게 된다. 하나님이 영존할 가치가 없는 것들을 다 없애신다. 그러면 영원한 것들만 남게 된다. 대청소를 하면서 쓰지 않는 물건을 버린 적이 있을 것이다. 하나님은 해, 달, 별, 하늘, 땅도 버리신다. 그것조차 영원한 것이 아니라고 하신다. 하나님 앞에 영원한 가치를 갖는 것이 어떤 것일까?

21장에 나오는 새 하늘과 새 땅이 그렇다. 오직 그것만 영원하다. 우리가 무엇을 추구하고 있을까? 사람들은 흔히 먹는 게 남는 거라고 하지만 그런 말은 우스갯소리에 불과하다. 영원한 것만 남는다.

태아는 어머니 자궁이 세상인 줄 안다. 그런데 어느 날 갑자기 세상이 요동한다. 알 수 없는 힘이 자기를 밖으로 밀어내려고 한다. 좁디좁은 산도(産道)

를 지나야 한다. 자기한테 왜 이런 시련이 있을까? 태아한테는 평생 처음 맞보는 고통일 것이다.

누군가 그 태아와 의사소통이 가능하다면 어떤 말을 할까? "이곳은 네가 영원히 있을 곳이 아니다. 바깥세상이 네 진짜 인생이 시작되는 곳이다. 밖에 나가면 네 부모가 기다리고 있다."라고 할 것이다.

바울이 이전에 자기한테 유익하던 모든 것을 그리스도를 위하여 배설물로 여긴다고 했다. 바울이 배설물로 여긴 목록을 요즘 말로 바꾸면 돈, 명예, 학력, 권세, 행복 같은 것들이다. 영원의 관점에서 보면 아무런 가치가 없기 때문이다. 예수를 위해서 이 세상에 속한 것을 어쩔 수 없이 포기해도 대단하다고 하는데 그 정도가 아니다. 화장실에서 용변을 보고 물을 내릴 적에 아까워하는 사람이 있을까?

그런데 한사코 애착을 갖는 사람들이 있다. 15절에 그런 사람들이 나온다. 삶의 이유가 이 세상에 있는 사람들, 이 세상이 영원하지 않다는 사실을 애써 부인하려는 사람들이다.

6:15-17〉 땅의 임금들과 왕족들과 장군들과 부자들과 강한 자들과 모든 종과 자유인이 굴과 산들의 바위틈에 숨어 산들과 바위에게 말하되 우리 위에 떨어져 보좌에 앉으신 이의 얼굴에서와 그 어린양의 진노에서 우리를 가리라 그들의 진노의 큰 날이 이르렀으니 누가 능히 서리요 하더라

"땅의 임금들과 왕족들과 장군들과 부자들과 강한 자들과 모든 종과 자유인"이면 이 세상 사람 전부다. 예외인 계층이 없다. 대체 무엇이 문제일까? 간단하다. 땅에 속했기 때문이다.

출애굽 직전에 애굽에 내린 열 번째 재앙이 모든 장자가 다 죽는 재앙이었다. 성경에는 "애굽 땅에 있는 모든 처음 난 것은 왕위에 앉아 있는 바로의 장자로부터 맷돌 뒤에 있는 몸종의 장자와 모든 가축의 처음 난 것까지 죽으리니 애굽 온 땅에 전무후무한 큰 부르짖음이 있으리라"라고 되어 있다. 하나님의 심판은 애굽에서 가장 높은 바로와 가장 미천한 몸종을 구별하지 않는다. 심지어 바로와 가축이 같은 대접을 받는다.

하나님의 심판이 이 세상 조건에 구애받지 않는다는 얘기는 하나님이 인정하시는 가치도 이 세상에 속한 것과 관계없다는 뜻이다. 하나님은 얼마나 더 가졌느냐, 얼마나 더 배웠느냐를 묻지 않으신다. 왜 가지려고 했느냐, 가져서 무엇을 했느냐, 왜 배웠느냐, 배운 것으로 무엇을 했느냐를 물으신다. 그 모든 질문에 하늘과 연결된 답을 할 수 있어야 한다.

모든 관심이 땅에만 있던 사람들의 마지막을 보자. 그들은 산과 바위가 자기들 위에 떨어져서 보좌에 앉으신 이의 얼굴에서와 어린양의 진노에서 자기들을 가리는 것을 소원한다.

사람들이 일반적으로 가장 무서워하는 것은 단연 죽음이다. 그런데 본문에는 죽음과 비교도 안 되게 무서운 것이 나온다. 어린양의 진노에 노출되는 것이다. 산이나 바위에 깔려죽을지언정 그 일만큼은 모면하고 싶어 한다.

10절에서 순교자들은 하나님께 탄원했다. 그런데 이들은 아무 도움도 받을 수 없는 무생물한테 호소한다. 이들의 호소가 이루어진다고 가정해 보자. 정말로 산과 바위가 자기들 위에 떨어졌다고 한들 그것이 무슨 의미가 있을까? 산과 바위에 깔려 죽는다고 해서 어린양의 진노에서 자신들을 가릴 수 있는 것이 아니다. 허물의 사함을 받고 자신의 죄가 가려진 자는 복이 있다고 했다. 죄는 산과 바위로 가리는 것이 아니라 주님이 가려주어야 한다. 이들한테 필요한 것은 산과 바위가 아니라 복음이다.

9-11절에 다섯째 인을 떼었을 때의 내용이 나왔다. 순교한 영혼들이 자기들의 피를 언제 갚아주느냐고 하자, 아직 잠시 동안 쉬되 그들의 동무 종들과 형제들도 자기처럼 죽임을 당하여 그 수가 차기까지 하라고 했다. 복음을 전할 사명이 그들의 동무 종들과 형제들한테 있다. 순교한 영혼들이 잠시 쉬는 동안 그 수가 차기까지 그 일을 해야 한다. 그들이 복음을 전하지 않으면 땅에 속한 영혼들은 어린양의 진노를 피할 방법이 도무지 없게 된다.

본문은 "그들의 진노의 큰 날이 이르렀으니 누가 능히 서리요"라는 말씀으로 끝난다. 어린양의 진노의 큰 날에 능히 설 수 있는 사람이 누구일까? 7장에 그 답이 나온다. 인침받은 자 144,000명이다. 이들은 어린양의 진노의 큰 날에 능히 설 수 있다. 물론 실제 숫자가 아니라 예수 믿는 사람을 말하는 상징적인 숫자다.

그러면 우리는 무엇을 해야 할까? 성경이 말하는 내용은 "세상에 속한 자들은 심판받지만 너희 이름은 144,000명 명단에 있으니 안심하고 푹 쉬어라."가 아니다. 한 영혼이라도 더 인침받은 자 144,000명에 초청해야 한다. 산과 바위가 그들을 덮을 것이 아니라 주님의 보혈이 덮게 해야 한다.

우리는 하늘이 무너지는 날을 준비하는 사람들이다. 세상 사람들은 그런 날이 있는 것을 모른다. 우리가 알려주지 않으면 끝까지 모르게 된다. 세상이 영원하지 않다는 것을 누가 알겠는가? 그리스도의 복음만이 영원을 담보한다는 사실을 누가 알겠는가?

연못에 돌멩이 하나만 던져도 파문이 일어난다. 우리가 이 세상을 살았으면 마땅히 흔적이 있어야 한다. 잠깐 있다가 없어지는 흔적은 안 된다. 복음과 함께 영원히 남는 흔적이어야 한다. 우리가 예수를 믿는다면 우리로 인하여 영원을 준비하게 된 사람이 있어야 한다. 우리한테 주어진 모든 날 동안 144,000명의 빈자리를 채우기 위해 애써야 한다. 그 일이 우리한테 주어진 일이다.

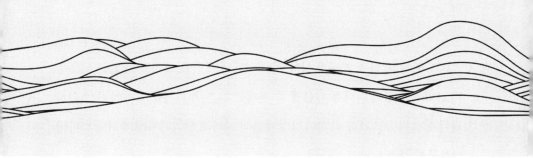

7장 144,000명

앞에서 여섯째 인을 떼자, 어떤 일이 일어나는지 확인했다. 그런 하나님의 진노 앞에 설 자가 누가 있을까? 그래서 7장이 시작된다. 땅에 속한 사람과 하늘에 속한 사람은 엄연히 다르다.

7:1〉 이 일 후에 내가 네 천사가 땅 네 모퉁이에 선 것을 보니 땅의 사방의 바람을 붙잡아 바람으로 하여금 땅에나 바다에나 각종 나무에 불지 못하게 하더라

요한이 네 천사가 땅 네 모퉁이에 선 것을 보았다. 그들은 땅 사방의 바람을 붙잡아 바람으로 하여금 땅에나 바다에나 각종 나무에 불지 못하게 하고 있었다.

'붙잡다'에 해당하는 헬라어가 '크라테오'인데 원문의 의미를 살리면 바람들이 불기 위해서 애를 쓰는데 그것을 억제하고 있다는 뜻이다. 개가 갑자기 뛰어가려고 하는데 사람이 줄을 꼭 붙들고 놓지 않으면 개는 앞다리를 든 채 버둥거리게 된다. 네 천사가 땅 네 모퉁이에서 바람을 붙잡았다는 얘기가 그런 뜻이다.

7:2-3) 또 보매 다른 천사가 살아 계신 하나님의 인을 가지고 해 돋는 데로부터 올라와서 땅과 바다를 해롭게 할 권세를 받은 네 천사를 향하여 큰 소리로 외쳐 이르되 우리가 우리 하나님의 종들의 이마에 인치기까지 땅이나 바다나 나무들을 해하지 말라 하더라

또 다른 천사가 있다. 살아 계신 하나님의 인을 맡은 천사다. 그 천사가 땅과 바다를 해롭게 할 권세를 받은 네 천사를 향하여 큰 소리로 외친다. 하나님의 종들의 이마에 인 치기까지 땅이나 바다나 나무들을 해하지 말라고 한다. 노아 일가족이 방주에 들어간 다음에 비가 내리고 롯이 소돔을 빠져나가다음에 유황불이 내린 것과 같다.

7:4) 내가 인침을 받은 자의 수를 들으니 이스라엘 자손의 각 지파 중에서 인침을 받은 자들이 십사만 사천이니

성경에는 12가 자주 나온다. 이스라엘이 열두 지파였고 예수님의 제자도 열둘이었다. 거룩한 성 새 예루살렘에는 열두 대문이 있고 성곽에는 열두 기초석이 있다. 생명수 강 좌우에 있는 생명나무에는 열두 가지 열매가 열린다. 또 많다는 것을 나타낼 때는 10의 배수를 쓴다.

본문의 144,000은 구약 시대의 이스라엘 열두 지파와 신약 시대의 열두 사도, 그리고 많다는 뜻의 1,000을 곱해서 나온 숫자다. 구원 얻은 하나님의 백성 전부를 144,000이라는 숫자로 나타낸 것이다. 그 숫자는 충분히 많다. 9절에서는 "아무도 능히 셀 수 없는 큰 무리"라고 했다. 실제로 144,000명이면 세지 못할 까닭이 없지만 아브라함한테 약속하신 것처럼 아브라함의 후손이 하늘의 뭇별처럼 많으면 셀 수가 없다.

7:5-8〉 유다 지파 중에 인침을 받은 자가 일만 이천이요 르우벤 지파 중에 일만 이천이요 갓 지파 중에 일만 이천이요 아셀 지파 중에 일만 이천이요 납달리 지파 중에 일만 이천이요 므낫세 지파 중에 일만 이천이요 시므온 지파 중에 일만 이천이요 레위 지파 중에 일만 이천이요 잇사갈 지파 중에 일만 이천이요 스불론 지파 중에 일만 이천이요 요셉 지파 중에 일만 이천이요 베냐민 지파 중에 인침을 받은 자가 일만 이천이라

르우벤, 시므온, 레위, 유다, 단, 납달리, 갓, 아셀, 잇사갈, 스불론, 요셉, 베냐민이 야곱의 열두 아들이다. 여기에서 레위와 요셉을 빼고 요셉의 두 아들인 므낫세와 에브라임을 넣으면 열두 지파가 된다.

소아시아 일곱 교회에서 요한계시록을 받은 당시를 상상해 보자. 한 사람이 읽으면 다른 사람들은 내용을 듣는다. 중간에 누군가 말한다. "어? 이상하다. 므낫세 지파와 요셉 지파가 같이 나오네?" 다른 사람이 말한다. "레위 지파도 있어." "그럼 빠진 지파가 있다는 얘기잖아? 무슨 지파가 없어?" "단 지파가 없네, 왜 그러지?" 이런 식의 대화가 오갔을 수 있다.

야고보서가 "하나님과 주 예수 그리스도의 종 야고보는 흩어져 있는 열두 지파에게 문안하노라"로 시작한다. 흩어진 열두 지파는 하나님의 백성 전부를 말한다. 본문도 그처럼 하나님의 백성 전부를 말하고 있다. 그런데 이스라엘 열두 지파 그대로가 아니다. 단 지파와 에브라임 지파가 빠지고 대신 레위 지파와 요셉 지파가 들어갔다.

단 지파와 에브라임 지파가 누락된 이유는 말하지 않는다. 하지만 추측할 수 있다. 이스라엘의 가나안 입성 과정에서 가장 추태를 보인 지파가 단 지파다. 이스라엘이 각 지파 별로 땅을 제비 뽑았는데 단 지파는 제비 뽑은 땅이 마음에 안 든다며 자기들 마음대로 다른 땅을 찾아 나섰다. 그렇게 해서 팔레스타인 북쪽 끝에 있는 라이스를 발견한다. 그곳을 차지하고는 자기네 지파 이름을 따라 단으로 바꾼다. 그곳에 신상도 세우고 자기네 지파를 위한 제사장도 세운다. 나중에 여로보암이 단과 벧엘에 금송아지 우상을 세웠는데 그 기초 작업을 한 셈이다. 본문은 이스라엘 열두 지파를 통하여 하나님의 백성을 설명하는 중이다. 이런 단 지파는 당연히 빼야 한다.

에브라임은 므낫세와 같이 요셉의 아들이다. 그러면 므낫세 지파와 요셉 지파가 나란히 나오는 것은 어울리지 않는다. 6절에 므낫세 지파가 있으니 8절에 있는 요셉 지파는 에브라임 지파인 셈이다. 에브라임이라는 이름을 쓰기 싫은 모양이다.

에브라임 지파는 이스라엘에서 가장 강성했다. 하나님의 싸움에 앞장설 만한 힘이 있었다. 그런데 오히려 텃세만 부렸다. 기드온이 미디안을 무찔렀을 때도 텃세를 부리더니 입다가 암몬을 무찔렀을 때도 텃세를 부렸다. 이스라엘의 안위보다 더 중요한 것이 자기들이 받는 대접이었다.

솔로몬이 죽은 다음에 이스라엘이 남 왕국과 북 왕국으로 갈라진다. 다윗 왕조의 정통성은 남 왕국 유다에 있었다. 그런 남 왕국 유다를 대적한 북 왕국 이스라엘의 중심이 에브라임 지파였다. 에브라임 지파는 자기들한테 있는 힘으로 하나님의 싸움을 싸운 것이 아니라 오히려 다윗 왕조를 대적했다. 하나님의 백성을 설명하는 이름으로는 어울리지 않는다.

그러면 레위 지파는 어떻게 된 영문일까? 본래 레위 지파는 이스라엘 열두 지파에 포함되지 않는다. 항상 따로 얘기한다. 레위 지파는 성전 섬기는 일을 맡았다. 그래서 막연히 특별하다는 생각을 할 수 있는데 본문은 레위 지파도 다른 지파와 나란히 얘기한다. 성전을 섬겼다고 해서 무화과를 재배하고 양을 기른 다른 지파와 다를 것이 없다. 같은 하나님의 백성이다.

나는 25년 전에 목사 안수를 받았다. 누군가 소감을 물었다. 목사가 되었으니 이전보다 더 충성해야 할 것 아니냐는 말도 보탰다. 무슨 뜻인지 모르는 것은 아니지만 논리에는 맹점이 있다. 목사가 되기 전에는 충성할 여지를 남겨 두었다는 얘기가 되기 때문이다.

세례를 받을 때 누구나 주님이 자기 인생의 주인이라고 고백한다. 예수 외에는 소망이 없다고 고백하고, 성경이 하나님 말씀이라고 고백한다. 그런 고백을 건성으로 하는 사람은 없다. 목사가 되었다고 해서 거기에 더 보탤 고백이 있을까?

세례를 받을 때도 서약을 하고 목사 안수를 받을 때도 서약을 한다. 두 서약 사이에 별 차이가 없다. "말도 안 된다. 그럼 목사 안수를 받을 때의 마음이 세례받을 때의 마음과 별 차이가 없어도 된다는 말이냐?"라고 할 것 없다. 뒤집어서 생각하면 된다. 세례받을 때의 마음이 목사 안수를 받을 때의 마음과 차이가 없어야 한다.

신앙생활을 하다 보면 마음가짐을 새롭게 다지는 계기가 있을 수 있다. 그러면 이전보다 더 충성하겠다는 각오가 있을 수 있다. 하지만 실제로 더 충성할 여지는 없어야 한다. 지금 상태로 이미 '맥시멈'이어야 한다. 목숨 걸고 예수를 믿어야 하는 책임은 모두한테 똑같다. 그리고 우리는 현재 목숨 걸고 예수를 믿는 중이어야 한다.

각설하고, 그런 하나님의 백성한테 인을 치기까지는 땅이나 바다나 나무를 해하지 말라고 했다. 인을 친 다음부터는 해할 것이다. 하나님이 이 세상을 심판하신다고 해서 무조건 심판하시는 것이 아니다. 하나님의 종들은 따로 보호하신다.

하지만 성경에 없는 상상을 하는 것은 곤란하다. 인침받은 자를 하나님이 보호하시는 것은 맞다. 그러면 어떻게 보호하실까? 세상의 모든 환난과 재앙 속에서 우리만 챙겨주실까?

하나님이 애굽에 내린 재앙 중에 애굽 가축들이 다 죽는 재앙이 있었다. 하지만 이스라엘의 가축은 죽지 않았다. 그 부분을 설명하면서 "하나님은 신자와 불신자만 구별하지 않으십니다. 신자에 속한 것과 불신자에 속한 것도 구별하십니다. 하나님은 우리만 보호하시지 않고 우리의 소유도 보호하십니다."라고 하자, 교인 한 분이 "아멘"이라고 했다. 그다음 내용은 "우리 소유가 하나님의 보호를 입고 있다고 인정한다면 그 소유를 하나님 보시기에 합당하게 써야 합니다. 하나님께서 주신 것을 이 세상 풍조에 맡기는 것은 옳지 않습니다."였다. 그런데 그분은 "하나님은 우리만 보호하시지 않고 우리의 소유도 보호하신다. 하나님이 우리를 구원해주신 것처럼 우리 소유 또한 불어나게 해주실 것이다."를 상상한 것이다.

본문에서도 그런 오해를 할 수 있다. 하나님이 우리를 보호해주신다니 얼마나 좋은가? 그러면 요한계시록의 원래 독자들을 생각해 보자. 당시는 예수를 믿는다는 이유로 사자 밥이 되던 시절이다. 그들이 우리와 같은 생각을 했다면 "이다음에 보호해주실 생각 말고 지금 보호해 주십시오."라고 하지 않을까? 당장 사자 밥이 되는 상황에서 보호해주시는 것보다 더 시급한 보호가 어디 있을까?

신자들한테 불만이 있다면, 왜 신앙이 세상에서는 별로 효용가치가 없느냐는 것이다. 성경에는 기도만 하면 나병도 낫고 맹인도 눈을 뜨는데 실제로는 비염도 낫지 않는다. 사르밧 과부의 가루와 기름은 떨어지지 않았다고 하는데 우리 통장 잔고는 늘 아슬아슬하다. 심지어 새벽 기도 나오다가 교통사고를 당하기도 한다. 하나님의 보호가 대체 어디에 있는 것일까?

하나님이 우리한테 약속하신 내용은 영에 속한 문제다. 본문에서 하나님의 종을 보호한다는 말씀도 이 세상 환난에서 보호해주신다는 뜻이 아니다. 하나님의 백성 된 우리의 신분을 보호하신다는 뜻이다.

성경에서 이스라엘을 각 지파 별로 계수하는 얘기는 민수기 1장에 나온다. 그때 "이십 세 이상으로 싸움에 나갈 만한 각 남자를 그 명수대로 다 계수하니"라는 표현이 계속 반복된다. 싸움에 나갈 만한 자가 아니면 인원 파악 대상에 안 들어간다.

민수기 앞에 레위기가 있다. 주제가 거룩이다. 레위기 앞에 있는 책이 출애굽기다. 애굽에서 나온 기록이라는 뜻이다. 애굽은 세상을 상징한다. 세상에서 나왔으면 가장 먼저 힘써야 할 것이 거룩이라는 얘기가 된다. 이어서 민수기에서는 인원 파악을 한다. 민수기(民數記)는 제목 그대로 백성들 숫자를 헤아린 기록이다. 어떤 숫자냐 하면, 이십 세 이상으로 싸움에 나갈 만한 숫자다. 물론 거룩을 위한 싸움이다. 우리가 그런 싸움을 싸우는 사람들이다. 하나님은 그런 싸움을 싸우는 우리의 신앙과 영혼을 보호하신다.

조직신학에서는 세상에 있는 교회를 전투하는 교회라고 한다. 그러면 세상에 있는 우리는 전투하는 교인인 셈이다. 하나님이 왜 우리 신앙과 영혼을 보호하시느냐 하면, 우리가 있는 곳이 전쟁터이기 때문이다. 우리가 유흥지에 있으면 보호할 까닭이 없다.

어떤 사람이 점심시간이 되었는데 밥맛이 없다며 밥을 안 먹었다. 잘못일까, 아닐까? 밥맛이 없어서 밥을 안 먹는 것이 무슨 문제일까? 자기 편한 대로 하면 된다.

군인들은 안 된다. 졸병 때는 그럴 일이 없지만 고참이 되면 밥 먹는 것도 귀찮을 수 있다. 밥을 안 먹고 내무반에 누워 있으면 군기 순찰에 걸린다. 전투력이 저하되기 때문이다. 군인한테는 자기의 기호보다 중요한 것이 전투력이다. 밥맛이 없어도 식사 시간이 되면 밥을 먹어야 한다. 최고의 전투력을 유지해야 하는 것이 군인의 책임이다.

우리가 그런 사람들이다. 우리는 이 세상에서 거룩한 싸움을 싸우는 십자가 군병들이다. 언제나 거룩을 위해서 최고의 전투력으로 무장되어 있어야 한다. 그게 안 되면 잘못이다.

6장이 "그들의 진노의 큰 날이 이르렀으니 누가 능히 서리요"라는 말로 끝났다. 거룩하시고 완전하신 하나님의 진노 앞에 설 수 있는 사람이 누구일까? 성경은 인침받은 자 144,000명이 설 수 있다고 한다. 그들의 특징은 이 땅에서 거룩을 위한 싸움을 싸운다는 사실이다. 장차 하나님의 보좌 앞에 인도될 때까지 계속 싸울 것이다. 하나님이 그런 그들을 보호해 주신다. 그들은 하나님의 보호를 입을 자격이 있다.

7:9-12) 이 일 후에 내가 보니 각 나라와 족속과 백성과 방언에서 아무도 능히 셀 수 없는 큰 무리가 나와 흰옷을 입고 손에 종려 가지를 들고 보좌 앞과

어린양 앞에 서서 큰 소리로 외쳐 이르되 구원하심이 보좌에 앉으신 우리 하나님과 어린양에게 있도다 하니 모든 천사가 보좌와 장로들과 네 생물의 주위에 서 있다가 보좌 앞에 엎드려 얼굴을 대고 하나님께 경배하여 이르되 아멘 찬송과 영광과 지혜와 감사와 존귀와 권능과 힘이 우리 하나님께 세세토록 있을지어다 아멘 하더라

요한이 각 나라와 족속과 백성과 방언에서 아무도 능히 셀 수 없는 큰 무리를 보았다. 앞에서는 144,000명이라고 했는데 본문에서는 아무도 능히 셀 수 없는 큰 무리라고 한다. 하나님은 하나님의 백성의 총수를 알고 계시다. 그 숫자를 144,000명으로 표시했다. 그런데 그 수가 사람으로서는 능히 셀 수 없는 큰 무리였다. 하나님이 아브라함의 자손을 땅의 티끌처럼 많아지게 해 주겠다고 하면서, 사람이 땅의 티끌을 셀 수 있으면 아브라함의 자손도 셀 수 있을 것이라고 했다. 사람은 땅의 티끌을 셀 수 없지만 하나님은 얼마든지 세신다.

그런 무리가 흰옷을 입고 종려 가지를 들고 큰 소리로 찬양한다. "구원하심이 보좌에 앉으신 우리 하나님과 어린양에게 있도다"가 이들의 찬양 내용이다. 그러자 모든 천사도 "아멘 찬송과 영광과 지혜와 감사와 존귀와 권능과 힘이 우리 하나님께 세세토록 있을지어다 아멘"이라고 화답했다.

전에 어떤 청년한테서 찬양 집회에 다녀온 얘기를 들은 적이 있다. 마침 수학능력시험이 끝난 다음날이었다. 찬양 인도자가 물었다.

"어제 시험 보신 분들 많을 텐데 하나님의 은혜로 전부 수능 대박 났으면 좋겠죠?" 전부 한목소리로 "예"라고 했다. 찬양 인도자가 찬물을 끼얹었다. "죄송한데요, 하나님은 거기 관심 없어요." 또 물었다. "직장을 놓고 기도 중인 분들이 많을 텐데 하나님이 얼른 좋은 직장을 주셨으면 좋겠죠?" 이번에도 "예"라는 소리가 상당히 컸다. 또 똑같이 말했다. "죄송한데요, 하나님은 거기 관심 없어요."

"말도 안 된다. 하나님이 우리 일에 어떻게 관심이 없을 수 있단 말이냐?"라고 할 수도 있을 것이다. 그러면 그 내용을 본문에 대입해 보자. 어떤 수험생이 수능 대박이 났다. 그런 은혜를 주신 하나님을 찬양한다. 그때 천사들이 화답할까? 백수가 취직을 한 경우도 마찬가지다. 본인한테는 기쁜 일이다. 그렇다고 해서 천사들도 화답할까?

우리가 어떤 일에 감사하고 어떤 일로 하나님을 찬양하는지 확인할 필요가 있다. 우리끼리만 감사하고 우리끼리만 찬양하면 안 된다. 천사들이 화답할 만한 내용으로 하나님께 감사하고 하나님을 찬양해야 한다.

"기왕이면 이 세상에서도 잘살고 하나님께 영광도 돌리면 더 좋지 않습니까?"라고 할 것 없다. 쌍꺼풀이 있는 사람이 하나님께 영광 돌리는 것과 쌍꺼풀이 없는 사람이 하나님께 영광 돌리는 것 사이에 어떤 차이가 있을까? 기왕이면 쌍꺼풀 있는 사람이 영광을 돌려야 하나님이 더 기뻐하실까?

기독교는 하늘에 속한 종교다. 그런데 땅에 속한 종교로 격하시킬 우려가 있다. 오래전에 "약 좋다고 남용 말고 약 모르고 오용 말자"라는 표어가 있었다. 성경 구절에도 그대로 적용할 수 있다. "내게 능력 주시는 자 안에서 내가 모든 것을 할 수 있느니라" 같은 말씀이 대표적이다. 사람들이 왜 성경책을 펴 놓고 성경에 없는 기대를 하느냐 하면, 구원을 제대로 몰라서 그렇다. 하나님이 우리를 위해서 그리스도를 보내신 것이 얼마나 놀라운 일인지 모른다. 하나님이 창세전에 우리를 택하셨다는 말이 갖는 영광의 풍성함을 모른다. 그러니 "구원하심이 보좌에 앉으신 우리 하나님과 어린양에게 있도다"

라는 찬양이 안 나온다. 그 얘기는 됐으니 다른 얘기를 하자는 것이다. 그런 얘기보다 "열심히 기도했더니 하나님이 아파트를 주셨어요"라는 얘기가 훨씬 듣기 좋은 것을 어떻게 할까? 천사들은 그런 문제에 관심이 없는데 우리만 귀를 쫑긋 세운다.

7:13-14) 장로 중 하나가 응답하여 나에게 이르되 이 흰옷 입은 자들이 누구며 또 어디서 왔느냐 내가 말하기를 내 주여 당신이 아시나이다 하니 그가 나에게 이르되 이는 큰 환난에서 나오는 자들인데 어린양의 피에 그 옷을 씻어 희게 하였느니라

흰옷은 아무나 입는 옷이 아니다. 주님 보시기에 합당한 사람만 입을 수 있다. 6장에서 "그들의 진노의 큰 날이 이르렀으니 누가 능히 서리요"라고 할 때만 해도 하나님 앞에 설 수 있는 사람이 아무도 없을 것 같았다. 그런데 능히 셀 수 없는 큰 무리가 흰옷을 입고 나타났으니 어떻게 된 영문일까?

"이 흰옷 입은 자들이 누구며 또 어디서 왔느냐?"라는 장로의 말에 요한은 "내 주여 당신이 아시나이다"라고 대답할 수밖에 없었다. 당시에는 '주'가 일상적인 존칭이었다. 사라도 아브라함을 주라고 불렀다.

장로가 요한에게 말한다. 이는 큰 환난에서 나오는 자들인데 어린양의 피에 그 옷을 씻어 희게 하였다는 것이다.

죄의 값은 사망인데 예수님이 우리 대신 죽으셨다. 우리가 다시 죗값을 치를 이유가 없다. 예수님이 십자가 위에서 "엘리 엘리 라마 사박다니"라고 부르짖으며 하나님의 진노를 받으셨으니 우리는 하나님의 진노를 받지 않아도 된다. 어린양의 피에 그 옷을 씻은 사람은 하나님의 진노를 받지 않는다는 얘기가 이런 뜻이다. 이들은 장차 어린양의 혼인 잔치에 참여하게 된다. 그리스도의 신부는 그리스도가 데려가는 것이 당연하다. 마찬가지로 이 세상 정욕으로 단장한 자는 마귀가 데려갈 것이다. 마귀와 한통속이기 때문이다.

7:15) 그러므로 그들이 하나님의 보좌 앞에 있고 또 그의 성전에서 밤낮 하나님을 섬기매 보좌에 앉으신 이가 그들 위에 장막을 치시리니

새 하늘 새 땅에는 성전이 없다(계 21:22). 하나님과 어린양이 친히 성전이 되신다. 그런데 본문에 성전이 나온다. 하나님께 대한 끊임없는 예배를 말하는 상징적인 표현이다.

부교역자 시절, 입관예배를 드릴 때의 일이다. 목사님이 "…지금 고인이 아브라함 품에 안겨 있는 것을 우리가 믿음의 눈으로 바라봅니다"라고 했다. 문득 의아하다는 생각이 들었다.

고인은 걸핏하면 주일 예배를 범하곤 했다. 예배에 참석할 때보다 빼먹을 때가 더 많았다. 그나마도 늘 지각이었고 성경책도 펴지 않은 채 졸기 일쑤였다. 설교를 들으면서 속으로 생각했다. "정말로 천국에 있으면 지루해서 어떻게 하려나? 지금쯤 아브라함 품에서 벗어나려고 발버둥을 치고 있지 않을까?"

천국에 가면 일과 자체가 하나님을 섬기는 것이다. 이 땅에 사는 동안 하나님 섬기기에 게으르던 사람이 죽었다는 이유로 하나님 섬기는 것을 좋아하게 될까? 어쩌면 이 땅에서 하나님 섬기기에 게으르던 사람한테는 천국이 지옥일 수 있다.

우리는 이 땅에서 하나님 섬기기를 제대로 연습해야 한다. 그래야 천국에 가서 밤낮없이 하나님을 섬길 수 있다. 예배를 빼먹지 말자는 얘기가 아니다. 이 세상 환난을 두려워하지 말자는 얘기다.

장로가 "이 흰옷 입은 자들이 누구며 어디서 왔느냐"라고 물었을 때 요한은 "내 주여 당신이 아시나이다"라고 대답했다. 그러자 장로가 "이는 큰 환난에서 나오는 자들인데 어린양의 피에 그 옷을 씻어 희게 하였느니라"라고 일러 주었다. 흰옷을 입은 자들은 전부 큰 환난에서 나오는 자들이다. 하나님 섬기기보다 세상 섬기기를 즐기면 환난이 있을 리 없다. 하지만 이 세상에서 하나님을 섬기려면 환난이 있는 것이 당연하다.

7:16) 그들이 다시는 주리지도 아니하며 목마르지도 아니하고 해나 아무 뜨거운 기운에 상하지도 아니하리니

천국이 고작 주리거나 목마르지 않고 해나 아무 뜨거운 기운에 상하지 않는 곳일까? 그러면 무더운 여름날 에어컨 틀어 놓고 수박을 먹는 것과 무슨 차이가 있을까?

> 그들이 주리거나 목마르지 아니할 것이며 더위와 볕이 그들을 상하지 아니하리니
> 이는 그들을 긍휼히 여기는 이가 그들을 이끌되 샘물 근원으로 인도할 것임이라
> (사 49:10)

이 말씀의 원래 독자는 바벨론 포로에서 돌아오는 사람들이고 출애굽 당시 상황이 이 말씀의 배경이다. 그 옛날 거칠고 험한 광야를 지나서 가나안에 이르렀던 것처럼 바벨론에서 귀환하는 사람들도 그렇다. 요한이 이 내용을

인용한다. 비록 지금은 주리거나 목마를 수밖에 없지만 본향에 이르면 더 이상 그런 일이 없다는 것이다.

성경은 우리가 주리고 목마른 형편이라고 한다. 세상이 본래 그런 곳이기 때문에 별 도리가 없다. 그런데 우리는 세상에서 만족을 누리며 살 수 있을 것처럼 착각한다. 가장 많이 기도하는 내용이 돈과 건강이다.

성경은 우리한테 영원한 기업을 예비해 두었다고 한다. 우리가 지금은 나그네라고 한다. 그런데 우리는 이 세상 문제를 해결해 달라고 기도한다. 그것만 해주면 족하다는 것이다. 마치 바벨론 포로에서 돌아오는 이스라엘이 광야 길을 걸으면서 주리거나 목마르지 않게 해주고 해나 아무 뜨거운 기운에 상하지도 않게 해달라는 격이다.

예전에 과외를 할 적에 늘 들었던 말이 있다. "본래 머리는 좋습니다. 그런데 기초가 약합니다.", "저의 애가 머리는 있는데 공부하는 방법을 잘 모릅니다."라는 말이다. 이때 머리가 좋다는 얘기는 지능지수에 대한 얘기가 아니다. 공부를 잘할 가능성에 대한 얘기다. 본래 잘못된 것이 아니라 사소한 문제가 있을 뿐이니 그 부분만 바로잡으면 된다는 것이다. 사랑하는 마음은 언제나 가능성을 인정한다.

우리가 세상에 애착을 갖는 것도 그런 이유 때문일 것이다. 하나님은 우리를 위해서 새 하늘 새 땅을 준비하고 계신데 우리는 한사코 이 세상에서 잘 먹고 잘살려고 한다. 세상은 본래 주리고 목마른 곳인 것을 모르고 사소한 문제만 바로잡으면 되는 줄 안다. 그 사소한 문제가 주로 돈과 건강으로 나타난다. 그만큼 세상이 좋은 것이다. 할 수만 있으면 이 세상에서 영원히 살고 싶은데 그것이 안 되니까 가는 곳이 천국이다.

그러면 하나님은 우리 눈에서 어떤 눈물을 씻어주셔야 할까?

7:17〉 이는 보좌 가운데에 계신 어린양이 그들의 목자가 되사 생명수 샘으로 인도하시고 하나님께서 그들의 눈에서 모든 눈물을 씻어 주실 것임이라

하나님이 우리 눈에서 모든 눈물을 씻어 주신다고 했다. 당연히 환난 중에 흘린 눈물을 말한다. 부조리로 가득한 이 세상을 살면서 신앙을 지키느라 흘린 눈물을 씻어 주신다. 남보다 가진 것이 없는 서러움, 남만큼 대접받지 못하는 억울함으로 흘린 눈물을 하나님께 씻어 달라고 할 수는 없는 노릇이다.

기뻐서 흘리는 눈물과 슬퍼서 흘리는 눈물은 성분이 다르다. 기쁨의 눈물은 단맛이 나고 슬픔의 눈물은 신맛이 난다. 하물며 하나님이 우리 눈물을 구별하지 못할 리는 없다. 우리가 흘린 눈물은 세상을 위한 눈물이 아니라 하나님을 위한 눈물이어야 한다.

우선 우리의 소망이 어디에 있는지 점검할 필요가 있다. 늘 땅에 속한 문제로 근심하고 땅에 속한 문제로 감사하면 평생 예수를 믿어도 "구원하심이 보좌에 앉으신 우리 하나님과 어린양에게 있도다"라는 찬양을 못한다. 우리 찬양에 천사들이 화답하는 일도 없을 것이다. 결정적으로 하나님이 씻어주실 눈물이 없게 된다. 하나님은 지금도 우리 눈에서 모든 눈물을 씻어주실 날을 기다리고 계시다. 그날은 우리 구원이 완성되는 날이다.

8장 일곱 나팔 재앙(1)

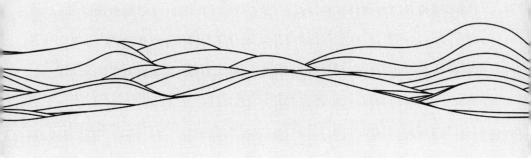

8장은 6장에 연결된 내용이다. 6장에서 여섯째 인을 떼었을 때 엄청난 재앙이 일어났다. 그런 내용이 "그들의 진노의 큰 날이 이르렀으니 누가 능히 서리요"로 끝났고 그 대답이 7장이었다. 하나님께 인침받은 자 144,000명이 능히 선다.

여섯째 인이 떼어졌으니까 일곱째 인이 떼어질 차례다.

8:1〉 일곱째 인을 떼실 때에 하늘이 반 시간쯤 고요하더니

여섯째 인을 뗐을 때 하늘이 무너지고 땅이 꺼졌다. 그런 상황에서 일곱째 인을 떼면 144,000명을 위한 새로운 세상이 열려야 하는 것 아닐까? 그런데 그런 얘기가 없다. 하늘에 반 시간쯤의 고요가 있을 뿐이다. 그리고 일곱 나팔 재앙으로 이어진다. 마치 일곱째 인을 떼자 일곱 나팔 재앙이 시작되는 것 같다.

바로가 꿈을 꾸었다. 꿈은 두 가지였지만 한 가지 사건에 대한 암시였다. 요한계시록도 그렇다. 일곱 인 재앙, 일곱 나팔 재앙, 일곱 대접 재앙이 순차적으로 임하는 것이 아니라 같은 사건을 반복해서 다룬다. 6장에서 여섯째 인을 뗐을 때 일월성신이 없어졌다. 그런데 12절에서 넷째 나팔을 불었을 때 해, 달, 별의 1/3이 어두워졌다고 했다. 이미 없어진 해, 달, 별의 1/3을 무슨 수로 어둡게 할까? 인 재앙이 지나간 다음에 나팔 재앙이 임하는 것이 아니라는 뜻이다.

첫 번째 인부터 네 번째 인까지 말 탄 자가 나왔다. 그들은 땅 1/4의 권세를 얻은 자들이었다. 그런데 나팔 재앙에서는 1/3이 나온다. 첫째 나팔부터 넷째 나팔까지 계속 1/3을 말한다. 같은 사건을 설명하는데도 차이가 있다. 성경이 말하는 초점이 "온 세상의 몇 %가 심판을 받느냐?"가 아니라 "아직 끝이 아니다"에 있기 때문이다. 첫째 인부터 넷째 인까지는 완전한 종말이 아니다. 첫째 나팔부터 넷째 나팔까지도 그렇다. 아직은 회개의 기회가 있다. 하지만 심판을 향하여 나아가고 있다. 시간적인 배열이나 단순 반복이 아닌 나선형 구조로 생각하면 된다. 같은 얘기를 하면서도 점점 더 지향점에 가까워진다. 16장에서 일곱 대접 재앙을 말할 적에는 전체를 심판 대상으로 얘기한다. 그때는 정말로 최종 심판이 코앞에 닥친 것이다.

8:2〉 내가 보매 하나님 앞에 일곱 천사가 서 있어 일곱 나팔을 받았더라

본문은 1절에서 이어지는 내용이 아니다. 1절로 인 재앙을 끝맺고 본문에서 나팔 재앙 얘기를 꺼낸다.

일곱째 인을 떼자, 하늘이 반 시간쯤 고요해졌다. 앞에서 여섯째 인을 뗐을 때 일월성신이 사라지는 것으로 이 세상 역사가 끝났다. 하나님이 이 세상 악을 청산했다. 그러면 새 하늘과 새 땅 얘기가 나와야 한다. 결국 반 시간쯤의 고요는 새 하늘과 새 땅이 그 모습을 드러내기 전의 고요다. 사극에서 "주상 전하 납시오" 소리가 나면 조용하는 것과 같다. 곧 주인공이 등장할 것이다.

일곱 천사가 일곱 나팔을 받았다. 이 내용은 6절로 이어져야 한다. 천사들이 나팔을 불면 그에 따른 재앙이 임한다. 6장에서 어린양이 인을 뗄 때마다 재앙이 임한 것과 같다. 그리고 3-5절에서는 기도를 얘기한다.

차근차근 정리해보자. 우선 1절은 6장에 연결된 내용이라고 했다. 첫 번째 인을 뗐을 때부터 시작해서 일곱째 인을 떼는 것으로 모든 것이 끝났다. 2절은 6절로 이어진다. "내가 보매 하나님 앞에 일곱 천사가 서 있어 일곱 나팔을 받았더라 일곱 나팔을 가진 일곱 천사가 나팔 불기를 준비하더라 첫째 천사가 나팔을 부니 피 섞인 우박과 불이 나와서 땅에 쏟아지매…"라고 하면 매끄럽게 연결된다. 6장에서 말한 인 재앙을 이번에는 나팔 재앙으로 설명한다.

그러면 난데없이 기도 얘기가 왜 끼어 있을까?

8:3-5〉 또 다른 천사가 와서 제단 곁에 서서 금향로를 가지고 많은 향을 받았으니 이는 모든 성도의 기도와 합하여 보좌 앞 금 제단에 드리고자 함이라 향연이 성도의 기도와 함께 천사의 손으로부터 하나님 앞으로 올라가는지라 천사가 향로를 가지고 제단의 불을 담아다가 땅에 쏟으매 우레와 음성과 번개와 지진이 나더라

천사가 향로를 가지고 제단의 불을 담아다가 땅에 쏟았다. 그 향로는 모든 성도의 기도가 담긴 향로다. 그러자 우레와 음성과 번개와 지진이 났고 이어서 일곱 나팔 재앙을 얘기한다. 땅에 쏟은 제단의 불의 내용이 일곱 나팔 재앙인 셈이다. 나팔 재앙이 이 세상을 향한 하나님의 심판인 동시에 성도들의 기도에 대한 응답이다.

이 세상을 심판하는 것은 하나님의 주권에 달린 문제다. 하나님이 그 주권을 우리의 기도를 통해서 행사하신다. 하나님께서 이루시는 이 세상 역사에 우리가 동참하게 하신다.

다섯째 인을 뗐을 때 순교를 당한 영혼들이 제단 아래에서 외쳤다고 했다. 제사를 지낼 때 제물의 피를 제단에 뿌렸으니 순교한 영혼들의 피를 하나님이 제물로 받으신 셈이다. 4절에서는 성도들의 기도가 향연과 함께 하나님 앞에 올라갔다고 했다. 기도 또한 하나님이 받으시는 제물이다.

특히 기도를 향을 피우는 것으로 설명했는데 이 내용은 성막에 대한 이해가 있어야 한다. 출입문으로 들어가면 가장 먼저 번제단이 보인다. 짐승을 제물로 삼아서 제사를 드리는 곳이다. 본래 자기가 죽어야 하는데 자기 대신 짐승이 죽는 것이 제사다. 우리를 위해서 돌아가신 예수님의 십자가 사건을 보여준다. 번제단 뒤에 물두멍이 있고 물두멍을 지나면 성소다. 성소에는 떡상과 금 촛대, 분향단이 있다. 분향단은 향을 사르는 곳인데 기도를 상징한다. 우리가 하나님께 드리는 기도를 의미할 수도 있고 우리를 위한 그리스도의 중보 사역을 의미할 수도 있다.

번제단이나 분향단이나 둘 다 제단이다. 번제단은 놋으로 되어 있고 분향단은 금으로 되어 있다. 3절에서 "또 다른 천사가 와서 제단 곁에 서서 금향로를 가지고 많은 향을 받았으니 이는 모든 성도의 기도와 합하여 보좌 앞

금 제단에 드리고자 함이라"라고 했다. 처음에 나온 제단은 번제단이고 뒤에 나오는 금 제단은 분향단이다. 분향단에서 향을 사를 적에는 번제단의 불을 사용해야 한다. 우리가 하는 기도의 근거가 그리스도의 십자가라는 뜻이다.

5절에서 천사가 향로를 가지고 제단의 불을 담아다가 땅에 쏟았다고 했다. 제물을 사르고 향을 피울 불을 땅에 쏟는다. 그러자 우레와 음성과 번개와 지진이 났다. 번제단은 우리 대신 하나님의 진노를 받으신 어린양을 보여주는 곳이다. 그런 어린양을 인정하지 않으면 자기가 직접 진노를 받아야 한다. 구약식으로 얘기하면, 한 사람은 양을 끌고 와서 제사를 드리는데 다른 사람은 자기 대신 제물이 될 양이 없는 격이다. 그러면 자기가 직접 불에 탈수밖에 없다. 그래서 제단의 불을 땅에 쏟는 것이다. 6장에서 "그들의 진노의 큰 날이 이르렀으니 누가 능히 서리요"라고 한 것처럼 그 불을 피할 사람은 없다.

한 가지 의아한 사실이 있다. 다섯째 인을 떼자, 순교를 당한 영혼들이 "거룩하고 참되신 대주재여 땅에 거하는 자들을 심판하여 우리 피를 갚아 주지 아니하시기를 어느 때까지 하시려 하나이까"라고 했다. 그때 하나님은 "아직 잠시 동안 쉬되 그들의 동무 종들과 형제들도 자기처럼 죽임을 당하여 그 수가 차기까지 하라"라고 응답하셨다. 아직 기도를 들어줄 때가 안 되었다는 것이다. 그런데 본문에서 나팔 재앙의 시작을 말하면서는 이 모든 것이 성도들의 기도 응답이라고 한다. 어떻게 된 영문일까?

아이가 떡볶이를 만들어 달라고 한다. 엄마가 알았다고 하고는 재료를 손질한다. 아이가 이내 보챈다. 엄마가 할 말은 "기다려, 아직 더 있어야지."뿐이다.

순교한 영혼들의 부르짖음에 더 기다리라고 한 것은 그들의 기도에 대한 응답이 '완제품'으로 나타나기를 기다리라는 뜻이다. 빨갛게 양념된 떡이 프라이팬에서 김을 모락모락 내고 있어야만 떡볶이를 만드는 것이 아니다. 도마에서 칼질을 하는 동안에도 떡볶이는 만들어지고 있다. 성도들이 기도할 때 하나님은 이미 응답하기 시작하셨다. 그것을 나팔 재앙으로 설명하는 것이다. 아직은 여섯째 인을 떼었을 때처럼 이 세상 모든 악이 최종적으로 심판받은 것이 아니지만 곧 그렇게 될 것이다.

청교도 목사 코튼 매더가 한 말이 있다. "우리가 천국에 갈 때까지 우리는 우리 기도가 미친 영향을 보지 못할 것이다." 어쩌면 우리한테는 응답되지 않은 숱한 기도들이 있을 수 있다. 그 모든 기도가 다 보존되어 있다. 기도한 사람이 존재하지 않는다고 해서 기도까지 무효가 되는 것이 아니다. 향을 피우면 향연이 위로 올라간다. 우리가 보기에는 잠깐 올라가다가 흩어지는 것처럼 보이지만 하나님은 그것을 제물로 받으신다.

그 하나님이 세상을 심판하신다. 첫째 인부터 일곱째 인을 통해서 이 세상 종말을 말씀하시고, 다시 일곱 나팔 재앙, 일곱 대접 재앙으로 그 내용을 확인하신다. 그러면 일곱째 인을 뗐을 때 하늘이 반 시간쯤 고요한 것은 무슨 영문일까? 그 고요함 속에서 어떤 일이 이루어지고 있을까?

이에 한 힘 센 천사가 큰 맷돌 같은 돌을 들어 바다에 던져 이르되 큰 성 바벨론이 이같이 비참하게 던져져 결코 다시 보이지 아니하리로다 또 거문고 타는 자와 풍류하는 자와 퉁소 부는 자와 나팔 부는 자들의 소리가 결코 다시 네 안에서 들리지 아니하고 어떠한 세공업자든지 결코 다시 네 안에서 보이지 아니하고 또 맷돌 소리가 결코 다시 네 안에서 들리지 아니하고 등불 빛이 결코 다시 네 안에서 비치지 아니하고 신랑과 신부의 음성이 결코 다시 네 안에서 들리지 아니하리로다

(계 18:21-23a)

바벨론으로 대표되는 세상 나라의 멸망을 큰 맷돌이 바다에 빠지는 것으로 얘기한다. 그러면 아무 소리도 안 들리게 된다. 이 세상 온갖 소리가 그치고 고요함만 남는다. 즉 일곱째 인을 떼자, 이 세상에 속한 것이 완전히 정리된 광경이 나타난 것이다. 하나님을 반대하던 모든 것을 심판했으니 고요만 있을 뿐이다.

학생들이 왁자지껄 떠든다. 선생님이 몽둥이로 교탁을 내려치며 "조용히 해!"라고 한다. 조용한 분위기를 만들려는 것이 아니다. 수업을 하기 위한 것이다. 마치 신접살림을 위해서 도배를 한 것과 같다. 안방, 거실, 작은방, 주방, 화장실이 다 깨끗하다. 신혼부부가 들어와서 살면 된다.

그래서 19장에 어린양의 혼인 잔치가 나온다. 일곱째 인을 뗄 때 하늘이 반 시간쯤 고요했다. 하나님을 반대하던 세상 세력이 청산되었으니 당연히 고요할 것이다. 그것이 전부가 아니다. 조만간 "할렐루야 구원과 영광과 능력이 우리 하나님께 있도다(계 19:1b)"라는 찬양이 터져 나올 것이다. 이런 찬양이 8절까지 계속된다. 바야흐로 어린양의 혼인 잔치가 시작된다. 바로 그것을 준비하는 고요함이다. 이제 새 하늘과 새 땅이 열릴 것이다. 거룩한 성 새 예루살렘이 하늘에서 내려오고 "보라, 내가 만물을 새롭게 하노라!"라는 하나님의 음성이 들릴 것이다.

소아시아 일곱 교회 교인들은 요한계시록을 통해서 암울한 나날을 이길 힘을 얻었다. 자기들한테 보장된 승리를 기대하면서 로마의 압제를 견뎠고, 본문을 통해서는 자기들의 기도가 헛되지 않은 것을 보면서 승리의 날을 소망했다.

하나님이 우리한테 같은 말씀을 하신다. 세상을 사는 우리의 위로가 어디에 있을까? 우리가 무엇에서 힘을 얻을까? 세상은 늘 우리를 대적한다. 하지만 우리는 거기에 구애받지 않는다. 우리는 세상을 믿지 않고 하나님 말씀을 믿는다. 우리한테 영원한 승리가 약속되어 있다. 그날에 대한 소망이 우리의 원동력이다.

8:6〉 일곱 나팔을 가진 일곱 천사가 나팔 불기를 준비하더라

출애굽 직전에 열 가지 재앙이 있었다. 나팔 재앙은 그때와 유사하다. 일곱 번째가 우박 재앙이었는데 우박만 내린 것이 아니라 불도 같이 내렸다(출 9:23). 그런데 이번에는 피도 섞였다(7절). 우박 재앙에 심판 요소를 강조한 것이다. 9장에서 다섯 번째 나팔을 불면 황충이 나온다. 출애굽 직전에도 메뚜기 재앙이 있었다. 8절에는 바다의 삼분의 일이 피가 되었다고 했다. 열 가지 재앙 중에 첫 번째 재앙이 나일강이 피로 변하는 재앙이었다. 12절에서는 해, 달, 별 삼분의 일이 타격을 받아 낮 삼분의 일은 비추임이 없고 밤도 그러하다고 했다. 아홉째 재앙인 흑암 재앙과 흡사하다.

말세의 징조를 얘기하면서 애굽에 내렸던 재앙을 떠올리게 한다. 궁극적인 출애굽이 일어날 것이기 때문이다. 소아시아 일곱 교회 교인들은 그런 생각을 하면서 인고의 시간을 견뎠을 것이다.

홍해를 건너서 애굽을 나온 것이 출애굽이 아니다. 우리 구원이 완성되는 것이 진정한 출애굽이다. 하나님이 우리를 위하여 그런 출애굽을 준비하고 계시다. 그것을 나팔 재앙으로 설명한다.

8:7〉 첫째 천사가 나팔을 부니 피 섞인 우박과 불이 나와서 땅에 쏟아지매 땅의 삼분의 일이 타버리고 수목의 삼분의 일도 타버리고 각종 푸른 풀도 타버렸더라

첫째 천사가 나팔을 불었다. 피 섞인 우박과 불이 나와서 땅에 쏟아졌다. 땅의 삼분의 일이 타버리고 수목의 삼분의 일도 타버리고 각종 푸른 풀도 다 타버렸다. 말세에 임할 기근을 상징한다.

요한계시록은 2,000년 전 기록이다. 이런 기근이 우리한테 과거시제일까, 미래시제일까? 과거시제면 우리와 상관없다. 하지만 미래시제라도 문제가 된다. 소아시아 일곱 교회 교인들이 2,000년이 지나도록 일어나지 않을 일을 미리 알아서 무엇을 할까?

성경은 말세의 징조로 기근을 말한다. 말세는 주님이 부활, 승천하신 다음부터 재림하기까지의 전 기간이다. 현재 우리가 기근 중에 지내고 있다는 뜻이다. 그것도 땅 삼분의 일이 타버리는 극심한 기근이다.

이때의 삼분의 일은 문자 그대로 삼분의 일이 아니라 재앙의 범위를 하나님이 통제하고 계시다는 뜻이다. 하나님이 지금 당장 세상을 끝내는 것이 아니다. 아직은 회개를 촉구하고 계시다. 그래서 전체가 아닌 일부라는 뜻으로 삼분의 일을 말한다.

주 여호와의 말씀이니라 보라 날이 이를지라 내가 기근을 땅에 보내리니 양식이 없어 주림이 아니며 물이 없어 갈함이 아니요 여호와의 말씀을 듣지 못한 기갈이라(암 8:11)

기근 중에 가장 심한 기근은 하나님 말씀을 듣지 못하는 기근이다. 양식이 없어서 주리거나 물이 없어서 갈한 것은 기근 축에 끼지도 못한다. 그것은 이 세상에서 끝나는 문제다. 하지만 하나님 말씀을 듣지 못하면 그다음에 어떻게 된다는 얘기인가? 그런 기근이 공연히 임하지 않는다.

때가 이르리니 사람이 바른 교훈을 받지 아니하며 귀가 가려워서 자기의 사욕을 따를 스승을 많이 두고 또 그 귀를 진리에서 돌이켜 허탄한 이야기를 따르리라(딤후 4:3-4)

말세에 나타나는 현상 중의 하나가 사람들이 바른 교훈을 싫어하는 것이다. 진리에는 귀를 닫고 허탄한 이야기에는 귀를 세운다.

사람들이 하나님 말씀을 싫어하면 하나님 말씀도 사람들과 멀어질 수밖에 없다. 우박으로 인한 재앙은 농사를 망친 사람이 아니라도 다 안다. 하지만 말씀이 없는 재앙은 아는 사람만 안다. 성경이 그런 재앙을 통해서 우리한테 말세를 경고한다.

8:8-9〉 둘째 천사가 나팔을 부니 불붙는 큰 산과 같은 것이 바다에 던져지매 바다의 삼분의 일이 피가 되고 바다 가운데 생명 가진 피조물들의 삼분의 일이 죽고 배들의 삼분의 일이 깨지더라

예레미야에 이 배경이 되는 내용이 있다.

여호와의 말씀이니라 온 세계를 멸하는 멸망의 산아 보라 나는 네 원수라 나의 손을 네 위에 펴서 너를 바위에서 굴리고 너로 불탄 산이 되게 할 것이니 사람이 네게서 집 모퉁잇돌이나 기촛돌을 취하지 아니할 것이요 너는 영원히 황무지가 될 것이니라 여호와의 말씀이니라(렘 51:25-26)

바벨론의 멸망을 예언한 내용이다. 바벨론은 한때 자기가 큰 산인 줄 알았다. 하나님이 자기를 불태우는 날이 있는 줄 꿈에도 몰랐다. 이런 바벨론이 세상을 대표한다. 거기에서 집 모퉁잇돌이나 기촛돌을 취한다는 얘기는 세상을 삶의 근거로 삼는다는 뜻이다.

이 내용을 요한계시록에서 인용한다. 하나님이 바벨론을 불태우기만 하시는 것이 아니라 바다에 집어던지기까지 하신다. 그러면 바다의 삼분의 일이 피가 되고 바다 가운데 생명 가진 피조물들의 삼분의 일이 죽고 배들의 삼분의 일이 깨졌다는 얘기는 바벨론에서 집 모퉁잇돌이나 기촛돌을 취한 사람들에게 해당한다. 세상에 삶의 근거를 두면 멸망할 수밖에 없다.

예수님이 우리 모퉁잇돌이고 기촛돌이다. 그런데 왜 바벨론에서 집 모퉁잇돌이나 기촛돌을 취한단 말인가? 하나님이 심판하는 이유가 여기에 있다. 결국 본문은 "하나님이 인정하지 않는 것에 너희 인생을 쌓지 마라"를 얘기하는 셈이다.

8:10-11〉 셋째 천사가 나팔을 부니 횃불같이 타는 큰 별이 하늘에서 떨어져 강들의 삼분의 일과 여러 물 샘에 떨어지니 이 별 이름은 쓴 쑥이라 물의 삼분의 일이 쓴 쑥이 되매 그 물이 쓴 물이 되므로 많은 사람이 죽더라

"별똥별이 한강에 떨어졌다. 그래서 한강이 별똥별이 되었다."가 말이 될까? 본문이 그런 식이다. 억지로 말을 만들면 "쓰레기더미라는 이름을 가진 별이 한강에 떨어져서 한강이 온통 쓰레기더미가 되었다"라고 하는 격이다. 하늘에서 떨어진 큰 별의 이름도 쓴 쑥이고 정체도 쓴 쑥이다.

성경 여러 곳에서 쑥은 우상 숭배와 연결되어 있다. 이스라엘이 우상을 섬기면 그로 인해 고초를 겪게 되는데, 그것을 쑥의 쓴 맛을 보는 것에 비유한다.

불상 앞에서 절하고 고목에 치성을 드리는 것만 우상 숭배가 아니다. 계획과 목표는 자기가 세우고 하나님께는 그것을 이룰 능력만 요구하면 그것이 우상 숭배다. 동기에는 하나님이 없는데 과정에서만 하나님을 찾으면 하나님은 무엇을 하는 분일까?

특히 본문에서 쓴 쑥을 하늘에서 떨어진 큰 별로 얘기하는 것에 주목할 필요가 있다.

너 아침의 아들 계명성이여 어찌 그리 하늘에서 떨어졌으며 너 열국을 엎은 자여 어찌 그리 땅에 찍혔는고 네가 네 마음에 이르기를 내가 하늘에 올라 하나님의 뭇 별 위에 내 자리를 높이리라 내가 북극 집회의 산 위에 앉으리라 가장 높은 구름에 올라가 지극히 높은 이와 같아지리라 하는도다 그러나 이제 네가 스올 곧 구덩이 맨 밑에 떨어짐을 당하리로다(사 14:12-15)

한때 바벨론 왕의 위세가 하늘을 찔렀다. 그런데 성경은 그를 하늘에서 떨어진 계명성이라고 한다. 마음껏 욕심을 펼치다 불에 타서 떨어지는 별이 된 것이다. 셋째 나팔은 사람들이 자기 욕심대로 살다가 망하는 것을 보면 말세인 줄 알라고 경고하는 셈이다.

8:12〉 넷째 천사가 나팔을 부니 해 삼분의 일과 달 삼분의 일과 별들의 삼분의 일이 타격을 받아 그 삼분의 일이 어두워지니 낮 삼분의 일은 비추임이 없고 밤도 그러하더라

1914년 영국 탐험가 어니스트 섀클턴이 이끄는 탐험대가 남극으로 떠났다. 그런데 배가 유빙에 갇히는 사고를 당한다. 그때 가장 견디기 힘든 것이 어둠이었다고 한다. 남극 근처에서는 5월 중순에 해가 져서 6월 말까지 다시 뜨지 않는다. 빛이 없는 곳에서 몇 주씩 견디는 것이 얼마나 힘든 일인지 겪어본 사람만 안다.

하지만 그런 암흑이 아무렇지 않은 사람도 있다. 맹인한테는 암흑이 아무 의미가 없다.

여호와의 크고 두려운 날이 이르기 전에 해가 어두워지고 달이 핏빛같이 변하려니와 누구든지 여호와의 이름을 부르는 자는 구원을 얻으리니 이는 나 여호와의 말대로 시온산과 예루살렘에서 피할 자가 있을 것임이요 남은 자 중에 나 여호와의 부름을 받을 자가 있을 것임이니라(욜 2:31-32)

해가 어두워지고 달이 핏빛같이 변하는 것이 세상의 종말이 아니다. 그런 일이 있은 연후에 여호와의 크고 두려운 날이 임한다. 해와 달이 어두워지는 것으로 경고할 만한 날이라면 대체 얼마나 크고 두려운 날일까?

애굽에 재앙이 내릴 적에는 흑암 재앙 다음에 장자가 죽는 재앙이 내렸다. 장자가 죽는 것으로 모두가 죽는 것을 암시한 것이다. 흑암 재앙으로도 정신을 안 차리면 전부 죽을 수밖에 없다.

앞에서 성경이 우리한테 궁극적으로 경고하는 기근은 말씀이 없는 기근이라고 했다. 그러면 해와 달, 별의 삼분의 일이 어두워진다는 얘기도 마찬가지다. 물리적인 어둠이 아니라 영적인 어둠이다. 맹인한테는 두 달 가까이 계속되는 남극의 밤이 아무렇지 않은 것처럼 영적인 어둠도 영적인 맹인한테는 괜찮다. 하나님에 대한 감각이 없는데 하나님의 경고를 어떻게 알아차릴까?

세상에 정신이 팔린 사람은 별수 없다. 말씀이 없는 기근은 느끼지 못하면서 자기 욕심에만 민감할 수 있다. 하나님의 뜻에 무지한 것에는 불편을 모르면서 자기 욕심이 이루어지지 않는 것은 못 견딜 수 있다. 그러면 바벨론에서 집 모퉁잇돌이나 기촛돌을 취할 것이다. 하나님을 수단으로 삼아서라도 자기 욕심을 이루려고 할 것이다. 급기야 해, 달, 별이 어두워지는 것을 보면서도 정신을 못 차린다.

8:13〉 내가 또 보고 들으니 공중에 날아가는 독수리가 큰 소리로 이르되 땅에 사는 자들에게 화, 화, 화가 있으리니 이는 세 천사들이 불어야 할 나팔 소리가 남아 있음이로다 하더라

반복은 강조를 나타낸다. 그런데 화를 세 번이나 반복했다. 성경에 이런 예가 더러 나온다(사 6:3, 렘 22:29, 겔 21:27, 단 7:18, 계 4:8). 더 이상 강조할 수 없는 최상의 강조법이다.

소아시아 일곱 교회 교인들은 이런 내용이 충분히 위로가 되었을 것이다. 그러면 우리는 어떤가? 요한계시록을 읽으면 위로가 될까? 혹시 안 된다면 그만큼 세상 욕심에 사로잡힌 때문이다. 하나님이 세상에 소망을 두고 사는 사람을 벌하신다는 얘기는 듣기 싫다. "하나님은 좋으신 분입니다. 우리가 원하는 것은 다 이루어주십니다."라는 말이 듣고 싶다. 그런데 듣고 싶은 얘기는 없고 엉뚱한 얘기만 있으니 위로가 될 까닭이 없다.

그러면 둘 중 하나를 고쳐야 한다. 성경을 고치든지 우리 욕심을 고치든지, 양자택일을 해야 한다. 두루뭉수리하게 넘어가면 안 된다. 하나님을 믿을 것인지, 세상을 믿을 것인지 태도를 분명하게 하자. 우리가 세상을 믿고 있으면 요한계시록은 저주와 악담만 가득한 책이다. 하지만 하나님을 믿고 있으면 이 이상 가는 위로가 없다. 요한계시록은 그런 사람을 위해서 기록되었다.

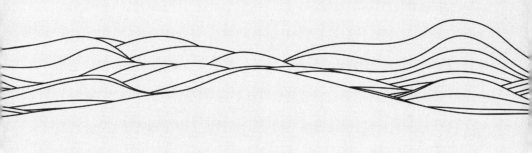

9장 일곱 나팔 재앙(2)

9:1〉 다섯째 천사가 나팔을 불매 내가 보니 하늘에서 땅에 떨어진 별 하나가 있는데 그가 무저갱의 열쇠를 받았더라

땅에 떨어진 별이 누구일까? '떨어졌다'고 했으니 좋은 느낌이 들지는 않는다. 혹시 사탄일까? 그런데 계 20:1에 "또 내가 보매 천사가 무저갱의 열쇠와 큰 쇠사슬을 그의 손에 가지고 하늘로부터 내려와서"라는 구절이 있다. 하늘에서 땅에 떨어진 별은 천사를 말한다. 왜 떨어졌다고 해서 헷갈리게 하느냐 하면, 별이 내려왔다고 하면 이상하기 때문이다. 별은 떨어졌다고 하는 것이 자연스럽다.

하늘에서 땅에 떨어진 별이 무저갱의 열쇠를 받았다. 그가 무저갱의 주권자가 아니라는 뜻이다. 그가 하는 일이 하나님의 통제 아래에서 이루어지고 있음을 보여준다.

9:2-3〉 그가 무저갱을 여니 그 구멍에서 큰 화덕의 연기 같은 연기가 올라오매 해와 공기가 그 구멍의 연기로 말미암아 어두워지며 또 황충이 연기 가운데로부터 땅 위에 나오매 그들이 땅에 있는 전갈의 권세와 같은 권세를 받았더라

황충(메뚜기)은 성경 여러 곳에서 하나님의 심판 도구로 나온다. 이런 황충이 전갈의 권세와 같은 권세를 받았다고 한다. 예수님이 70인의 전도대에게 "내가 너희에게 뱀과 전갈을 밟으며 원수의 모든 능력을 제어할 권능을 주었으니 너희를 해칠 자가 결코 없으리라"라고 한 적이 있다. 전갈과 뱀을 악한 세력의 대표로 얘기한 것이다.

메뚜기가 재앙인 이유는 엄청난 숫자를 바탕으로 모든 푸른 것들을 먹어 치워버리기 때문이다. 그런데 본문의 황충은 사람을 해한다.

9:4-6〉 그들에게 이르시되 땅의 풀이나 푸른 것이나 각종 수목은 해하지 말고 오직 이마에 하나님의 인침을 받지 아니한 사람들만 해하라 하시더라 그러나 그들을 죽이지는 못하게 하시고 다섯 달 동안 괴롭게만 하게 하시는데 그 괴롭게 함은 전갈이 사람을 쏠 때에 괴롭게 함과 같더라 그날에는 사람들이 죽기를 구하여도 죽지 못하고 죽고 싶으나 죽음이 그들을 피하리로다

무저갱에서 전갈과 같은 권세가 있는 황충이 나왔다. 그 권세로 하나님의 인침을 받지 않은 사람들을 해한다. 영적인 재앙이라는 뜻이다. 7장에 인침 받은 자 144,000명이 나왔다. 그들 말고는 전부 황충한테 시달려야 한다. 하나님을 떠나면 사탄의 밥을 면할 수 없다.

황충한테는 제한이 있다. 사람을 괴롭게 할 수는 있어도 죽일 수는 없다. 생명의 주인은 하나님이다. 무엇보다도 하나님이 재앙을 내리는 이유가 사람들을 죽이려는 것이 아니라 회개시키려는 것이다.

메뚜기 활동 기간이 유대력으로 4월부터 8월이다. 황충의 활동 기간도 다섯 달로 제한되어 있다. 악한 영도 이 세상에서 활동하는 동안만 불신자를 괴롭힌다. 그 기간은 고통에 시달리는 기간이기도 하지만 한편으로는 하나님께서 회개를 촉구하는 기간이기도 하다.

목숨을 빼앗지도 못하고 활동 기간도 제한되어 있지만 고통 강도는 상당하다. 게다가 죽기를 구하여도 죽지 못하고 죽고 싶어도 죽음이 그들을 피한다고 했다. 지옥이 바로 그런 곳이다. 다섯째 나팔 재앙은 사람들이 이 세상에서 지옥의 고통을 맛보는 것을 보여준다.

9:7-10〉 황충들의 모양은 전쟁을 위하여 준비한 말들 같고 그 머리에 금 같은 관 비슷한 것을 썼으며 그 얼굴은 사람의 얼굴 같고 또 여자의 머리털 같은 머리털이 있고 그 이빨은 사자의 이빨 같으며 또 철 호심경 같은 호심경이 있고 그 날개들의 소리는 병거와 많은 말들이 전쟁터로 달려 들어가는 소리 같으며 또 전갈과 같은 꼬리와 쏘는 살이 있어 그 꼬리에는 다섯 달 동안 사람들을 해하는 권세가 있더라

본문을 토대로 황충의 몽타주를 만들면 어떻게 될까? 본문은 "…같다"라는 말을 계속 한다. "얼굴은 사람 얼굴이더라, 여자의 머리털이 있더라, 이빨은 사자 이빨이더라."라고 단정하지 못한다. 이 세상에 속하지 않은 것을 이 세상 언어로 설명하려니 뭔가 어색할 수밖에 없다.

침팬지가 잠깐 사람이 되었다. 사람들과 어울려 일주일을 지내다가 다시 침팬지 세계로 돌아갔다. 동료들한테 무슨 말을 할까? 요한한테 그런 한계가 있다. 자기가 생전 처음 본 것을 자기가 아는 단어로 표현하려니 "…같고, …같고, …같고"라고 하는 것이다.

9:11〉 그들에게 왕이 있으니 무저갱의 사자라 히브리어로는 그 이름이 아바돈이요 헬라어로는 그 이름이 아볼루온이더라

본래 메뚜기 무리에는 왕이 없다(잠 30:27). 그런데 황충들한테는 왕이 있다고 한다. 무저갱의 사자가 그들의 왕이다. 히브리어로는 이름이 아바돈이고 헬라어로는 아볼루온이다. 파괴자라는 뜻이다. 즉 사탄이 그들의 왕이다.

메뚜기 떼가 농사를 망치는 것은 자연 현상일 수 있다. 하지만 황충 재앙은 의도하는 자가 있다. 그는 할 수만 있으면 사람들을 파멸시키려고 한다. 그의 술책에 따라 사람들이 이 세상에서 지옥의 고통을 맛보게 된다.

요한계시록을 주님 재림 전에 일어날 일을 보여주는 타임 스케줄로 오해하는 경우가 있다. 그러면 요한계시록에 있는 내용은 장차 일어날 특정 사건을 가리키는 것이어야 한다. "열 뿔이 뭐냐?", "666이 누구냐?" 같은 얘기도 한다. 본문도 주님 재림 전의 어느 시점에 일어날 일이 된다. 언제 이런 일이 있을지 몰라도 아직 일어나지 않았다. 우리가 죽을 때까지 일어나지 않을 수도 있다.

그러면 이런 내용이 기록된 이유가 무엇일까? 우리가 죽을 때까지 발생하지 않으면 우리와 상관없는 일인데 성경에 기록될 이유가 있을까? 이런 오해는 요한계시록이 묵시서라는 생각만 하고 서신서라는 생각을 하지 않은 탓이다. 요한계시록은 원래 소아시아 일곱 교회에 보낸 편지다.

본문을 푸는 열쇠는 황충들이 하나님의 인침을 받지 않은 사람만 해할 수 있다는 사실에 있다. 그들의 권세가 아무리 대단해도 하나님의 인침을 받은 사람은 해할 수 없다. 불신자는 불가항력적으로 노출되고 신자는 보호를 받는다면 답은 죄밖에 없다. 황충 재앙은 죄 아래 신음하는 이 세상 현실을 보여준다. 이 세상은 죄의 권능을 감당하지 못한다.

그러면 사람들이 죽기를 구하여도 죽지 못하고 죽고 싶으나 죽음이 그들을 피한다고 한 것은 무슨 까닭일까? 이 세상이 죄에 붙들린 것은 맞지만 그들은 죄의 고통을 모른다. 그런데 본문에서는 죄가 굉장한 고통을 유발하는 것으로 얘기한다.

언론에서 쓰는 표현 중에 마음에 들지 않는 표현이 더러 있다. '떡값'이 대표적이다. 왜 뇌물이라고 하지 않고 떡값이라고 할까? 요즘은 '조세 피난처'라는 말도 들린다. 조세 피난처보다 탈세 은닉처가 더 사실에 부합한 표현 같은데도 그렇다. 이런 표현으로 죄가 덜 드러나게 하는 것이 무엇 까닭일까? 아무래도 언론이 가진 자한테 우호적인 것 같다.

성경은 그런 표현을 쓰지 않는다. 성경은 우리의 본래 처지를 '빚을 졌다', '죄의 종이다', '죽었다'라고 한다. 상당히 극단적이고 과격하다. 우리가 본래 그랬다는 얘기는 불신자가 지금 그렇다는 뜻이다. 그런데 불신자들은 자기들의 신세를 모른다. 그들은 죽기를 구하여도 죽지 못하고 죽고 싶으나 죽음이 그들을 피하는 처지에 있으면서도 태연하다. 영적인 문제이기 때문이다. 손가락이 바늘에 찔린 것은 알아도 영혼이 전갈에 쏘인 것은 모르는 사람이 얼마든지 있다. 남의 얘기 할 것 없다. 밥은 한 끼만 걸러도 쩔쩔매는데 성경은 하루에 단 한 줄을 안 읽어도 불편한 줄 모른다.

교회는 위로가 있는 곳이라고 한다. 그런데 이 말이 잘못 쓰이는 예가 더러 있다. 신앙을 지키지 못해서 불편한 마음을 위로받으려고 하는 것이다. 그러면 교회가 불신앙에 대한 면죄부를 주는 곳일까? 교회는 세상과 싸울 힘을 얻게 해주는 곳이다.

요한계시록이 기록되던 때를 생각해 보자. 당시는 삶과 죽음의 경계선을 넘나들면서 예수를 믿어야 했다. 오늘 함께 예배드린 사람 중에 다음 주일에 안 보이는 사람이 있어도 이상한 일이 아니었다. 그런 사람들을 위로하려면 어떻게 하면 될까? "아직은 별수 없다. 당분간 로마 황제를 섬기는 것을 이해하기로 하자."라고 할까? 그래서 요한한테 이런 환상을 보여주셨다. 그리고 요한은 자기가 본 환상을 편지로 써서 소아시아 일곱 교회에 보낸다.

서머나교회 감독을 지낸 폴리캅의 순교 일화는 상당히 유명하다. 로마 관리가 빈말로라도 예수를 믿지 않겠다고 하면 풀어줄 테니까 풀려난 다음에 다른 곳에 가서 마음대로 믿으라고 하자, 폴리캅이 대답했다. "내가 86년을 사는 동안 주님은 한 번도 나를 서운하게 하신 적이 없는데 어떻게 주님을 서운하게 해드린단 말이오? 어서 죽이시오." 그러자 이번에는 협박을 한다. "그러면 불에 타 죽을 텐데 저 불이 무섭지 않단 말이냐?" "저까짓 불이 무엇이오? 저 불은 잠깐 타다 꺼지지만 당신이야말로 영원한 심판의 불을 어떻게 할 심산이오?"

이런 경우에 황충한테 괴롭힘을 받는 사람이 누구일까? 폴리캅일까, 로마 관리일까? 소아시아 일곱 교회가 바로 그런 메시지를 받았다. 로마 군병들한테 붙들려서 고문을 당한다고 해서 그것이 황충한테 시달리는 것이 아니다. 오히려 자기들을 학대하는 이 세상 권력이 황충한테 시달려서 그런 것이다. 그들은 죄의 권세에서 신음하는 중이다. 자기들을 압제하는 로마 군병은 무서운 사람들이 아니라 불쌍한 사람들이다. 로마 군병들이 그 사실을 모르는 것은 별수 없지만 소아시아 일곱 교회 교인들은 알아야 했다. 그래야 세상을 이길 수 있다.

이 내용을 우리한테 적용하면 어떻게 될까? 어떤 사람이 부동산 투기로 아파트 한 채를 벌었다고 한다. 물론 위장 전입은 옵션이다. 원정 출산으로 아이를 낳은 여자도 있다. 병역 문제가 저절로 해결되었다고 자랑한다. 부러운가, 불쌍한가?

세상은 돈을 힘으로 삼고 지위를 힘으로 삼는다. 바울의 표현대로 하면, 자기를 사랑하고 돈을 사랑한다. 쾌락 사랑하기를 하나님 사랑하는 것보다 더한다. 그것이 황충한테 시달리는 모습이다. 그런 모습을 부러워한다면 황충은 우리를 해하지 못한다고 했는데 자기가 나서서 물리고 싶어 하는 격이다.

우리는 그리스도에게 속한 사람이다. 이마에 하나님의 인침을 받았다. 추구하는 가치가 다르고 살아가는 의미가 다르다. 그래서 황충이 범접하지 못한다. 우리는 다른 사람들이다.

9:12) 첫째 화는 지나갔으나 보라 아직도 이후에 화 둘이 이르리로다

다섯째 나팔 재앙이 지나갔으니 여섯째, 일곱째 나팔 재앙이 남았다는 뜻 같지만 그렇지 않다. 요한계시록은 요한이 본 환상을 기록한 책이다. 그러면 기록된 내용은 재앙이 임하는 순서가 아니라 환상을 본 순서다. 앞에 기록된 내용이 다 지나간 다음에 뒤에 기록된 내용이 시작하는 것이 아니다.

앞에서 살펴본 다섯째 나팔 재앙은 황충 재앙이었다. 여섯째 나팔 재앙은 마병대 재앙이다. 황충 재앙으로 표현된 어떤 사건이 지나가면 그다음에 마병대 재앙이 임하는 것이 아니다. 요한이 환상으로 보기에는 황충 재앙을 먼저 보고 그다음에 마병대 재앙을 보았지만 둘 다 주님 재림 전의 이 세상 형편을 말한다.

9:13-15〉 여섯째 천사가 나팔을 불매 내가 들으니 하나님 앞 금 제단 네 뿔에서 한 음성이 나서 나팔 가진 여섯째 천사에게 말하기를 큰 강 유브라데에 결박한 네 천사를 놓아 주라 하매 네 천사가 놓였으니 그들은 그 년 월 일 시에 이르러 사람 삼분의 일을 죽이기로 준비된 자들이더라

유브라데강은 팔레스타인 북동쪽 경계선이다. 한동안 앗수르가 강을 건너와서 이스라엘을 괴롭히더니 앗수르가 망한 다음에는 바벨론이 그렇게 했다.

세계 역사에는 이런 일이 비일비재하다. 약소국은 늘 강대국의 밥이다. 하지만 약속의 땅 가나안에서 그런 일이 벌어지면 자연스러운 일이 아니다. 이스라엘이 하나님을 떠나 산 것에 대한 심판이기 때문이다.

유브라데는 그런 역사를 증언하는 강이다. 그런 유브라데에 결박된 천사가 있다. 그들은 그 년 월 일 시에 이르러 사람 삼분의 일을 죽이기로 준비된 자들이다. 그 년 월 일 시가 언제인지 몰라도 하나님이 정하신 날, 정하신 때가 있는 것이 분명하다.

수평선까지의 거리를 구하는 공식이 있다. $2.09 \times \sqrt{h}$인데, h는 수평선을 바라보는 눈높이를 말하고 단위는 해리다. 눈높이가 170cm인 사람이 해안에서 있으면 수평선까지의 거리는 약 2.73해리(5,056m)다. 마냥 아득해 보이는 수평선이 사실 그렇게 멀지는 않은 것이다.

예수를 믿는 사람 중에 이 세상에 종말이 있다는 사실을 인정하지 않는 사람은 없다. 하지만 암송된 교리에 불과하다. 언젠가 주님이 재림하시기는 하겠지만 자기와는 관계없는 일처럼 여긴다.

주님이 다시 오신다고 하신 지 벌써 2,000년이다. 앞으로 2,000년이 더 지나도 오시지 않을 수 있다. 그것이 무슨 상관일까? 주님이 오시지 않아도 우리가 주님 앞에 가게 된다. 그날이 오늘일 수도 있다. 아득한 수평선이 사실은 보기보다 훨씬 가까이 있는 것처럼 종말 또한 그렇다.

구약성경에 '여호와의 날'이 나온다. 여호와의 날이 언제일까? 예수님의 초림일까, 재림일까? 지금 당장 예수님이 오셔도 예수님의 초림과 재림 사이에는 2,000년의 간격이 있는 셈이다. 그런데 성경은 같은 날처럼 얘기한다. 어차피 성경이 말하는 말세는 주님의 부활 승천부터 재림까지의 전 기간이다. 그래서 우리는 늘 깨어 있어야 한다. 작정된 그 년 월 일 시가 언제인지 궁금하게 여길 필요가 없다. 평소대로 살면 된다.

9:16-19) 마병대의 수는 이만 만이니 내가 그들의 수를 들었노라 이 같은 환상 가운데 그 말들과 그 위에 탄 자들을 보니 불빛과 자줏빛과 유황빛 호심경이 있고 또 말들의 머리는 사자 머리 같고 그 입에서는 불과 연기와 유황이 나오더라 이 세 재앙 곧 자기들의 입에서 나오는 불과 연기와 유황으로 말미암아 사람 삼분의 일이 죽임을 당하니라 이 말들의 힘은 입과 꼬리에 있으니 꼬리는 뱀 같고 또 꼬리에 머리가 있어 이것으로 해하더라

학생 때 용돈을 챙기는 가장 흔한 방법은 책을 산다고 하는 것이다. 그렇게 해서 나온 우스갯소리가 있다. 군 입대를 앞둔 청년이 총을 사야 한다며 돈을 달라고 했다는 것이다. 로마 시대 사람들은 이 말이 왜 농담인지 이해하지 못할 것이다. 당시 군인들은 필요한 병장기를 직접 준비해야 했다. 갑옷이나 칼, 창이 전부 자기 부담이었다. 그러면 아무나 마병이 될 수 없다. 일단 집에 말이 있어야 한다. 그 말을 능숙하게 탈 줄도 알아야 한다. 보병은 훈련을 통해서 양성한다고 해도 마병은 양성할 길이 없다. 그런데 요한이 들은 마병대의 수가 이만 만이다. 당시 로마 제국 인구가 7천만이었으니 이만 만의 기병대를 무슨 수로 감당한단 말인가?

요한계시록의 내용을 장차 일어날 특정 사건으로 오해하는 경우가 더러 있다. 이만 만의 마병대가 주님 재림 전에 있을 세계 대전이라는 것이다. 그러면 이만 만을 상대해서 싸우는 군대도 있어야 하는데 그게 없다. 사람 삼분의 일이 죽을 뿐이다.

요컨대 성경은 황충 재앙과 함께 마병대 재앙으로 이 세상의 파멸을 경고한다. 자연인으로서는 감당 못할 재앙이다. 사람들은 죄의 권세 앞에 속수무책으로 죽어 넘어질 수밖에 없다.

예전에 요한계시록을 가르쳐달라는 청년이 있었다.

"왜 하필 요한계시록이냐?"

"재미있을 것 같아서요."

"뭐가 재미있을 것 같아?"

"읽어보면 좀 무섭기는 하지만 흥미진진하잖아요."

"요한계시록에 네가 기대하는 내용은 없어."

"그럼요?"

"전부 다 예수 잘 믿으라는 얘기야. '이 세상은 영원하지 않다. 언젠가 망한다. 그날을 준비해라.'라는 것이 요한계시록의 줄거리야."

"그럼 요한계시록도 다른 성경처럼 뻔한 얘기예요?"

'뻔한 얘기'라는 것이 무슨 뜻일까? 아마 교회에서 자주 듣는 내용이라는 뜻으로 그런 표현을 썼을 것이다. 그러면 뻔한 얘기가 맞다. 성경 다른 곳에 없는 얘기가 새롭게 추가된 것이 아니다. "이 세상은 죄에 시달리고 있다. 하나님이 그런 세상을 새롭게 하신다. 예수 외에는 소망이 없다."라는 것이 요한계시록의 내용이다.

9:20-21〉 이 재앙에 죽지 않고 남은 사람들은 손으로 행한 일을 회개하지 아니하고 오히려 여러 귀신과 또는 보거나 듣거나 다니거나 하지 못하는 금, 은, 동과 목석의 우상에게 절하고 또 그 살인과 복술과 음행과 도둑질을 회개하지 아니하더라

하나님이 마병대 재앙을 허락하시는 이유는 회개를 촉구하기 위한 것이다. 그런데 사람들은 그런 재앙 속에서 오히려 우상을 섬긴다. 멸망하기로 작정한 사람은 대책이 없다.

하나님이 남 왕국 유다를 벌하기 위해서 바벨론을 심판의 도구로 사용하신 적이 있다. 하나님이 몽둥이를 들면 얼른 회개하는 것이 정답이다. 그런데 유다는 애굽에 도움을 청했다. 애굽은 세상의 상징이다. 하나님의 간섭을 받으며 사는 것보다 차라리 예수를 안 믿으면 편하게 살 수 있지 않느냐고 하는 사람이 요즘만 있는 것이 아니었다.

체스터턴이 "하나님을 믿지 않는 사람들의 문제는 아무것도 믿지 못하게 되는 것이 아니라 아무거나 믿게 된다는 것이다"라고 했다. 사람은 본성적으로 자기가 제한된 존재라는 사실을 안다. 문제는 의지해야 할 대상을 제대로 분별하지 못한다는 사실이다. 그런 사람은 그 년 월 일 시를 알아도 별수 없다. 그리고 요한계시록은 그런 사람들의 종말을 보여준다. "세상에서 신앙을 지키는 것이 힘드냐? 그러면 너희가 얼마나 복된 신분인지 생각해 봐라." 라고 말하는 셈이다.

이제 우리가 그 음성을 들어야 한다. 우리의 복이 무엇일까? 세상에서 얼마나 형통한 삶을 누리느냐가 아니다. 이 세상이 우리의 영원한 터전이 아닌 것을 아는 것이다. 하나님이 우리를 위하여 영원한 도성을 예비하셨다는 사실을 아는 것이다. 우리는 이 세상에 속한 사람들이 아니다.

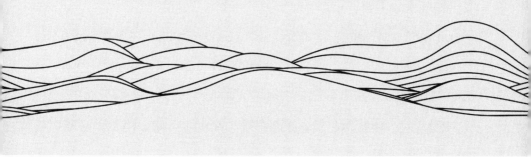

10장 천사와 두루마리

9:1-11에는 다섯째 천사가 나팔을 불자 황충 재앙이 임한다는 내용이 나왔고, 9:12-21에는 여섯째 천사가 나팔을 불자 마병대 재앙이 임한다는 내용이 나왔다. 그러면 일곱째 천사가 나팔을 불 차례다. 그런데 그 얘기는 11:15에 나오고 다른 얘기가 나온다.

앞에서도 이런 경우가 있었다. 첫째 인을 떼는 얘기부터 여섯째 인을 떼는 얘기로 6장이 끝났다. 그러면 7장에서는 일곱째 인을 뗄 차례인데 난데없이 하나님의 인침받은 자 144,000명이 나왔다. 문맥을 무시한 배열이 아니다. 여섯째 인을 떼자, 이 세상에 하늘이 무너지고 땅이 꺼지는 재앙이 임했다. 그런 내용이 "그들의 진노의 큰 날이 이르렀으니 누가 능히 서리요"라는 말로 끝났다. 7장은 그에 대한 대답이다. 하나님의 인침받은 자 144,000명이 능히 선다.

9장은 사람 삼분의 일이 죽는 재앙 속에서도 죽지 않고 남은 사람들이 회개하지 않고 오히려 우상을 섬긴다는 내용으로 끝났다. 그러면 어떻게 해야 할까? "너희는 영원히 형벌받아 마땅하다"라고 해야 할까? 그래서 10장이 "그가 내게 말하기를 네가 많은 백성과 나라와 방언과 임금에게 다시 예언하여야 하리라 하더라"라는 말로 끝난다.

다시 예언한다는 얘기는 앞에서도 예언을 했다는 뜻이다. 성경이 말하는 예언은 장래 일을 말하는 것이 아니라 하나님의 말씀을 맡아서 전하는 것이다. 사람 삼분의 일이 죽는 재앙 속에서도 회개하지 않는 사람들이 있기 때문에 다시 예언해야 한다. 일곱째 나팔 얘기 대신 다른 얘기가 나오는 이유가 이런 때문이다.

10:1〉 내가 또 보니 힘 센 다른 천사가 구름을 입고 하늘에서 내려오는데 그 머리 위에 무지개가 있고 그 얼굴은 해 같고 그 발은 불기둥 같으며

천사의 위용이 굉장히 영광스럽다. 구름을 입은 것은 장차 그리스도가 구름을 타고 온다고 한 사실을 떠올리게 한다. 머리 위에 무지개가 있다고 한 것은 하늘 보좌에 무지개가 둘린 것을 떠올리게 한다. 얼굴이 해 같다고 한 것은 그리스도의 얼굴이 해가 힘 있게 비치는 것 같다고 한 사실을 떠올리게 한다. 또 발이 불기둥 같다고 한 것은 그리스도의 발이 풀무 불에 단련한 빛난 주석 같다고 한 사실을 떠올리게 한다.

그렇다고 해서 요한이 본 천사가 그리스도라는 뜻은 아니다. 그리스도로부터 권한을 위임받은 천사다.

10:2-3〉 그 손에는 펴 놓인 작은 두루마리를 들고 그 오른발은 바다를 밟고

왼발은 땅을 밟고 사자가 부르짖는 것같이 큰 소리로 외치니 그가 외칠 때에 일곱 우레가 그 소리를 내어 말하더라

두루마리가 펴 놓였다는 얘기는 전에는 인봉되어 있었다는 뜻이다. 인봉된 두루마리 얘기는 5장에 나왔다. 그때 요한이 크게 울었다. 그런데 지금은 그 두루마리가 펴 놓였다. 그러면 무엇을 해야 할까? 두루마리의 인봉을 풀 자가 없을 때는 울었으니까 울음만 그치면 될까?

그리스도로부터 권한을 위임받은 천사가 오른발은 바다를 밟고 왼발은 땅을 밟고 사자가 부르짖는 것같이 큰 소리로 외친다. 천사가 얼마나 거대한지 말하는 것이 아니다. 그 두루마리의 내용이 바다와 땅 양쪽 다 적용된다는 뜻이다. 바다와 땅은 온 세상을 말한다.

또 사자가 부르짖는 것같이 큰 소리로 외쳤다고 했다. 사자의 부르짖음은 하나님이 하시는 말씀의 엄위하심을 비유한 표현이다. 힘 센 천사가 하나님의 음성을 대신하여 외칠 때 일곱 우레가 소리를 내어 말했다. 우레가 일곱 번 울었다는 얘기가 아니다. 하나님이 말씀하셨다는 수사학적인 표현이다.

10:4〉 일곱 우레가 말을 할 때에 내가 기록하려고 하다가 곧 들으니 하늘에서 소리가 나서 말하기를 일곱 우레가 말한 것을 인봉하고 기록하지 말라 하더라

요한이 일곱 우레가 말하는 내용을 기록하려고 했는데 그것을 막는다. 공개하지도 않을 말씀을 왜 하셨을까? 요한도 그렇다. 하나님이 인봉하고 기록하지 말라고 했다는 내용을 밝힐 이유가 있을까? 일곱 우레 얘기 자체를 꺼내지 말아야 하는 것 아닐까?

한참 얘기하다가 중간에 "안 돼, 이건 비밀이야."라고 할 수 있다. 그러면 약 올리려고 하는 것이다. 얘기해달라고 계속 보채면 아무한테도 말하지 말라며 조용한 목소리로 얘기할 것이 뻔하다. 정말로 비밀이면 비밀이 있다는 사실 자체를 공개하지 않는 법이다.

본문은 일곱 우레가 말한 것을 우리한테 알리지 않는 것이 아니라 일곱 우레가 말한 내용을 우리한테 알리지 않는다는 사실을 알리는 것이다. "뭔가 비밀이 있다. 너희는 모른다."가 아니라 "너희가 모르는 것이 있는 것을 알아야 한다."이다.

우리가 하나님의 계획을 다 알 수는 없다. 하나님이 알려주시는 것만 알면 족하다. 하나님이 말씀하시지 않는 것은 알 수도 없거니와 설령 안다고 해도 도움이 안 된다.

욥기에 계속 반복되는 얘기가 "왜 나한테 이런 일이 닥쳤는지 모르겠다"이다. 나중에 하나님이 직접 개입하시고, 욥의 소유가 이전의 두 배가 되는 것으로 욥기가 끝난다.

끝까지 안 나오는 내용이 있다. 욥의 고난에 대한 자초지종이다. 욥은 나중에 천상에 가서 모든 내막을 알았을 것이다. 그래서 사탄과 내기하느라 자기를 재난에 빠뜨린 하나님께 불만을 터뜨리지 않고 오히려 자기를 그렇게 믿어준 하나님께 감사했을 것이다.

욥의 고민은 하나님이 하시는 일을 자기가 다 알 수 없다는 사실을 모르는 연고였다. 우리는 그렇지 않다. 우리는 하나님이 하시는 일을 낱낱이 알지 못한다는 사실을 안다. 하나님이 하시는 일을 우리가 알지는 못해도 언젠가 다 이루어진다는 사실도 안다. 그래서 7절에서 "하나님의 그 비밀이 이루어지리라"라고 한다.

10:5-7〉 내가 본바 바다와 땅을 밟고 서 있는 천사가 하늘을 향하여 오른손을 들고 세세토록 살아 계신 이 곧 하늘과 그 가운데에 있는 물건이며 땅과 그 가운데에 있는 물건이며 바다와 그 가운데에 있는 물건을 창조하신 이를 가리켜 맹세하여 이르되 지체하지 아니하리니 일곱째 천사가 소리 내는 날 그의 나팔을 불려고 할 때에 하나님이 그의 종 선지자들에게 전하신 복음과 같이 하나님의 그 비밀이 이루어지리라 하더라

힘 센 천사가 맹세를 한다. "세세토록 살아 계신 이를 가리켜 맹세하여 이르되"라고 해도 되는데 복잡하게 말한다. 이 세상의 모든 것이 하나님께 달려 있음을 강조한 표현이다. 그런 하나님을 가리켜 맹세했으니 그 맹세는 보나마나 이루어질 것이다. 맹세 내용이 무엇일까? 일곱째 천사가 소리 내는 날 그의 나팔을 불려고 할 때에 하나님이 그의 종 선지자들에게 전하신 복음과 같이 하나님의 그 비밀이 이루어지는데, 그것이 지체하지 않는다는 것이다.

나 다니엘이 본즉 다른 두 사람이 있어 하나는 강 이쪽 언덕에 섰고 하나는 강 저쪽 언덕에 섰더니 그중에 하나가 세마포 옷을 입은 자 곧 강물 위쪽에 있는 자에게 이르되 이 놀라운 일의 끝이 어느 때까지냐 하더라 내가 들은즉 그 세마포 옷을 입고 강물 위쪽에 있는 자가 자기의 좌우 손을 들어 하늘을 향하여 영원히 살아 계시는 이를 가리켜 맹세하여 이르되 반드시 한 때 두 때 반 때를 지나서 성도의 권세가 다 깨지기까지이니 그렇게 되면 이 모든 일이 다 끝나리라 하더라(단 12:5-7)

다니엘은 강 이쪽 언덕과 저쪽 언덕에 있는 두 사람을 보았는데 요한은 오른발로 바다를 밟고 왼발로 땅을 밟은 천사를 보았다. 다니엘서에서는 한 사람이 좌우 손을 들어 하늘을 향하여 영원히 살아 계신 이를 가리켜 맹세했는데 힘 센 천사는 하늘을 향하여 오른손을 들고 세세토록 살아 계신 이를 가리켜 맹세했다.

맹세한 내용이 어떻게 될까? 다니엘서에서는 한 때 두 때 반 때를 지나서 이 모든 일이 다 끝난다고 했다. 본문에서는 하나님의 비밀이 지체하지 않고 이루어진다고 했다. 일곱째 천사가 소리 내는 날 그의 나팔을 불게 될 때가 곧 다니엘서에서 말하는 한 때와 두 때와 반 때가 끝난 시점이라는 뜻이다.

다니엘도 종말에 대한 계시를 받았다. 종말이 오려면 한 때와 두 때와 반 때를 지나야 한다. 그런데 요한에 이르러 그때가 임박한 것이다. 결국 한 때와 두 때와 반 때는 마지막 종말이 임하기 전의 종말적 시간이다. 예수님의 부활 승천부터 재림까지를 한 때와 두 때와 반 때라고 한 것이다. 예수님이 재림하시면 하나님의 모든 비밀이 이루어진다. 그때가 마지막 날이다.

인봉하고 기록하지 말라고 한 일곱 우레는 아마 마지막 때에 대한 내용이 아닐까 싶다. 그날과 그때는 아무도 모른다. 하늘의 천사들도 모르고 아들도 모르고 오직 아버지만 아신다. 하나님이 성도들한테 비밀로 한 대표적인 것이 그것이다.

10:8-11) 하늘에서 나서 내게 들리던 음성이 또 내게 말하여 이르되 네가 가서 바다와 땅을 밟고 서 있는 천사의 손에 펴 놓인 두루마리를 가지라 하기로 내가 천사에게 나아가 작은 두루마리를 달라 한즉 천사가 이르되 갖다 먹어버리라 네 배에는 쓰나 네 입에는 꿀같이 달리라 하거늘 내가 천사의 손에서 작은 두루마리를 갖다 먹어버리니 내 입에는 꿀같이 다나 먹은 후에 내 배에

서는 쓰게 되더라 그가 내게 말하기를 네가 많은 백성과 나라와 방언과 임금에게 다시 예언하여야 하리라 하더라

요한한테 일곱 우레가 말한 것을 인봉하고 기록하지 말라고 한 음성이 다시 말한다. 천사의 손에 펴 놓인 두루마리를 가지라는 것이다. 그래서 천사한테 가서 두루마리를 달라고 하자, 천사가 말한다. 그것이 배에서는 쓰지만 입에서는 꿀같이 달다고 하면서 그 두루마리를 갖다 먹어버리라는 것이다.

묵상(meditation)은 라틴어 메디켈루스(medikelus)에서 유래했는데 메디켈루스는 약(medicine)이라는 뜻이다. 약병에 있는 약의 성분이나 효능을 읽는 것으로는 약효를 볼 수 없다. 직접 먹어야 한다. 하나님 말씀은 머리로 이해하는 것이 아니다. 몸으로 체득해야 한다.

하나님 말씀은 우리한테 꿀처럼 달다. 하지만 늘 그런 것은 아니다. 그 말씀을 가지고 살려면 온갖 쓴맛을 감수해야 한다. 우리한테는 말씀을 받은 기쁨과 말씀으로 인한 고난이 공존한다.

아브라함 요수아 헤셸이 "하나님을 믿는 것은 그분의 꿈을 우리의 꿈으로 간직하는 것이다"라고 했다. 하나님의 꿈은 참으로 황홀하다. 그날이 되면 사자와 어린양이 함께 뛰놀 것이다. 다시 사망이 없고 애통하는 것이나 곡하는 것이나 아픈 것이 있지 않을 것이다. 그런 꿈이 저절로 이루어질 수 없다. 당연히 아픔과 고통이 있어야 한다. 우리는 그 일에 동참하기로 작정한 사람들이다. 그래서 결론이 "그가 내게 말하기를 네가 많은 백성과 나라와 방언과 임금에게 다시 예언하여야 하리라 하더라"이다.

당시 요한은 밧모섬에 유배된 상태였다. 예언을 했더니 그 예언을 듣고 회개한 것이 아니라 도리어 유배시켰다. 그들은 자기네가 어떤 형편에 처했는지 모른다. 황충 재앙에 시달리고 마병대 재앙에 시달리면서도 오히려 우상을 섬긴다. 그들한테 다시 예언하라는 것이다. 그런 일을 어떻게 감당할까?

김기석 목사의 〈일상순례자〉에 이용도 목사의 글이 소개되어 있다. "피를 주소서. 우리는 눈물도 말랐거니와 피는 더욱 말랐습니다. 그래서 무기력한 빈혈 병자가 되었습니다. 피가 없을 때는 기운이 없고, 맥없고, 힘없고, 담력 없고, 의분 없고, 화기 없고, 생기가 없습니다. 우리한테 그리스도의 피를 주사해 주소서. 그래서 새 기운을 얻고 화기와 생기 있고 기쁨이 있게 하옵소서. 우리는 죄에 잡히어 죽어가되 그 죄와 더불어 싸울 만한 피가 없습니다. 악마가 우리 인간을 유린하되 그것을 분히 여기는 피가 없습니다. 주여, 우리한테 당신의 피를 주사해 주옵소서. 그래서 죄악과 더불어 싸우게 하여 주옵소서."

두루마리를 먹으라는 얘기가 그래서 나왔다. 이용도 목사의 말처럼 그리스도의 피를 공급받아야 한다. 이미 예언한 바 있다. 그래도 회개하지 않고 우상한테 매달리는 '독종'들한테 다시 예언해야 한다. 아무나 못한다. 특히 빈혈 병자는 절대 못한다. 그래서 먼저 두루마리를 먹어야 한다. 입에는 달지만 배에는 쓴 것을 견딘 사람만 가능하기 때문이다.

페루 시인 세사르 바예호가 쓴 〈같은 이야기〉의 한 부분을 소개한다.

나는 신이
아픈 날 태어났습니다.

형제여, 들어보세요, 잘 들어봐요.
좋습니다. 1월을 두고

12월만 가져가면

안 됩니다.

나는 신이

아픈 날 태어났다니까요.

신이 아픈 날이 어떤 날일까? 어쨌든 우리가 예수님이 십자가에서 고난받은 날 태어난 것은 맞다. 1월을 두고 12월만 가져가면 안 된다는 말이 무슨 뜻인지 몰라도 두루마리에서 단맛만 취하고 쓴맛을 버릴 수는 없다. 하나님을 믿는 것이 그분의 꿈을 우리의 꿈으로 간직하는 것이라면 그분의 아픔은 우리의 아픔이어야 하고 그분의 고통은 우리의 고통이어야 한다. 신이 아픈 날 우리가 태어난 것처럼 우리가 아파서 태어나는 사람도 있어야 한다. 주님이 십자가에서 우리를 위해서 피를 흘렸으면 이제는 우리가 십자가에 달린 주님을 보면서 피를 흘릴 차례다.

두루마리가 인봉된 상태에서는 할 수 있는 일이 아무것도 없다. 고작해야 악한 이 세상 역사를 보면서 비통한 눈물을 흘리는 것뿐이다. 하지만 인봉이 풀렸으면 할 일이 있다. 많은 백성과 나라와 방언과 임금에게 다시 예언해야 한다. 그들이 듣지 않는 것은 우리 책임이 아니지만 전하지 않는 것은 우리 책임이다. 우리가 이 세상에서 복음을 전할 수 있는 유일한 통로다. 오직 우리만 복음을 전할 수 있다.

11장 두 증인과 일곱째 나팔

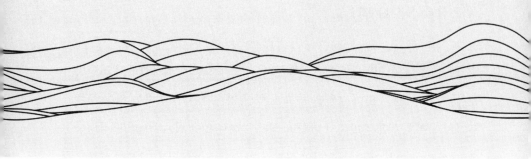

11:1-2〉 또 내게 지팡이 같은 갈대를 주며 말하기를 일어나서 하나님의 성전 과 제단과 그 안에서 경배하는 자들을 측량하되 성전 바깥마당은 측량하지 말고 그냥 두라 이것은 이방인에게 주었은즉 그들이 거룩한 성을 마흔두 달 동안 짓밟으리라

요한계시록은 주후 95년경에 기록되었다. 예루살렘 성전이 로마에 의해 무 너진 것이 주후 70년이니 당시는 성전이 없었다. 없는 성전을 어떻게 측량 할까? 결국 액면 그대로의 얘기가 아니라 뭔가를 상징하는 말이다. 무슨 상 징인지 성전 바깥마당은 측량하지 말고 그냥 두라는 말에서 알 수 있다. 성 전 바깥마당을 측량하지 말라고 한 이유는 이방인한테 주었기 때문이다. 이 방인들이 거룩한 성을 마흔두 달 동안 짓밟을 것이다. 그러면 성전과 제단과 그 안에서 경배하는 자들을 측량하라는 얘기는 이방인들로부터 보호한다는 뜻이다. 측량이 곧 하나님의 보호 범위를 나타낸다.

7년 대환난이라는 말이 있다. 마지막 때에 휴거되지 못한 자들은 7년 동안 환난에 시달리고, 그 후에 천년왕국이 시작된다고 한다. 정말로 그렇다는 것이 아니라 그렇게 말하기도 한다는 것이다.

이 세상에 최후 심판이 있는 것도 알고 우리가 구원 얻은 것도 안다. 그 둘을 합하면 "세상에는 환난이 있지만 우리는 그렇지 않다"가 된다. 그런 생각을 가지고 본문을 보면 "정신 바짝 차려서 교회에 붙어 있어야 된다. 교회에 있으면 하나님의 보호를 받지만 그렇지 않으면 환난을 받는다."라는 뜻으로 보일 수 있다.

하지만 교회 밖에 있으면 이방인인데, 이방인이 이방인한테 핍박을 받는 것은 모순이다. 또 이방인들이 마흔두 달 동안 짓밟는 곳은 거룩한 성이다. 성전 바깥마당이라고 해서 거룩하지 않은 곳이 아니다. 교회를 떠나서 박해를 받는 것이 아니라 교회 안에 있으면서 박해를 받는다는 얘기다.

10장이 "그가 내게 말하기를 네가 많은 백성과 나라와 방언과 임금에게 다시 예언하여야 하리라 하더라"로 끝났다. 본문은 거기에 이어지는 내용이다. 요한(요한으로 대표되는 신자들)은 많은 백성과 나라와 방언과 임금에게 하나님의 말씀을 전해야 한다. 그 일을 하는 동안 어떤 부분은 보호를 받지만 어떤 부분은 노출된다. 요한이 두루마리를 먹었더니 입에서는 꿀같이 달지만 먹은 후에 배에서는 쓰게 되었다고 했다. 입에서 단 것은 하나님의 보호를 얘기하고 배에서 쓴 것은 세상에 시달리는 것을 말한다. 그런 내용을 "하나님의 성전과 제단과 그 안에서 경배하는 자들을 측량하되 성전 바깥마당은 측량하지 말고 그냥 두라"라고 한 것이다.

"하나님께서 당신의 어떤 부분을 보호해 주셨으면 좋겠습니까?"라고 물으면 어떤 대답이 나올까? 사람들은 주로 재산이나 건강을 염두에 둘 것이다. 그런데 하나님은 그런 문제에 별로 관심이 없으시다. 하나님은 우리의 영혼을 보호해 주시고 우리의 신분을 보호해 주신다. 교회의 정체성을 보호해 주신다.

11:3〉 내가 나의 두 증인에게 권세를 주리니 그들이 굵은 베옷을 입고 천이백 육십 일을 예언하리라

신자는 세상에서 남다른 특혜를 누리는 사람들이 아니다. 굵은 베옷을 입고 천이백육십 일을 예언하는 사람들이다. 천이백육십 일은 앞에서 나온 마흔두 달이다. 또 굵은 베옷을 입었다고 했으니까 회개를 촉구하는 내용이다. 성전 바깥마당이 이방인한테 짓밟히는 동안 신자들은 굵은 베옷을 입고 회개의 메시지를 선포하게 된다.

신구약중간사를 얘기할 때 안티오쿠스 4세가 빠지지 않는다. 그는 유대교에 상당히 적대적이었다. 할례를 금하고 안식일을 지키지 못하게 했다. 성전에 제우스 상을 세우고 돼지고기를 제물로 드렸다. 급기야 마카비 혁명이 일어난다. 삼 년 반의 항쟁 끝에 예루살렘 성전을 회복했다. 주전 164년의 일이다.

마흔두 달이나 천이백육십 일이 모두 삼 년 반이다. 또 엘리야 때 비가 내리지 않은 기간도 삼 년 반이다. 이런 연유로 마흔두 달이나 천이백육십 일, 삼 년 반은 세상에서 고통을 견뎌야 하는 기간을 말한다. 한 때와 두 때와 반 때도 같은 뜻이다. 그 기간이 별로 길지 않다는 사실에 초점을 둘 때는 삼 일 반이라고도 한다.

11:4) 그들은 이 땅의 주 앞에 서 있는 두 감람나무와 두 촛대니

3절에서 말한 '나의 두 증인'을 본문에서는 두 감람나무와 두 촛대라고 하고 10절에서는 두 선지자라고 한다. 두 증인, 두 감람나무, 두 촛대, 두 선지자가 전부 같은 말이다.

두 감람나무는 슥 4장을 배경으로 한다. 스가랴가 두 감람나무를 보았는데 기름 부음받은 자 둘을 상징한다. 대제사장 여호수아와 총독 스룹바벨이다. 바벨론 포로에서 돌아와서 성전을 재건하는 임무를 수행했다. 그때 나온 얘기를 본문에서 다시 말한다. 두 감람나무는 하나님이 기름 부어 세운 종이다. 또 촛대는 앞에서 교회라고 했다. 그런데 왜 하필 두 촛대일까? 어느 교회와 어느 교회를 말하는 것일까?

성경에서는 2를 증인의 숫자라고 한다. 한 사람의 말은 증언으로 인정되지 않는다. 두 사람 이상이 같은 말을 해야 증언으로서의 효력을 갖는다.

만일 특정한 두 사람이면 7절의 무저갱으로부터 올라오는 짐승이 그들과 더불어 전쟁을 일으킨다는 얘기가 이상하게 된다. 둘을 상대로 무슨 전쟁을 할까? 또 9절에서 백성들과 족속과 방언과 나라 중에서 사람들이 그 시체를 본다는 얘기도 말이 안 된다. 두 사람의 시체를 온 세상 사람이 무슨 수로 볼까? 온 세상 사람이 시체를 보려면 시체도 온 세상에 있어야 한다.

두 증인, 두 감람나무, 두 촛대, 두 선지자는 전부 이 땅에서 하나님의 사역을 감당할 충성된 종들을 말하는 표현이다. 그들이 천이백육십 일 동안 굵은 베옷을 입고 예언한다. 이 세상에 악이 발호하는 동안 하나님의 백성들은 인고의 세월을 보내면서 회개의 메시지를 선포하게 된다.

그런 일을 그냥 맡기지 않는다. 3절에서 "내가 나의 두 증인에게 권세를 주리니…"라고 한 것처럼 감당할 만한 권세를 주신다.

11:5-6) 만일 누구든지 그들을 해하고자 하면 그들의 입에서 불이 나와서 그들의 원수를 삼켜 버릴 것이요 누구든지 그들을 해하고자 하면 반드시 그와 같이 죽임을 당하리라 그들이 권능을 가지고 하늘을 닫아 그 예언을 하는 날 동안 비가 오지 못하게 하고 또 권능을 가지고 물을 피로 변하게 하고 아무 때든지 원하는 대로 여러 가지 재앙으로 땅을 치리로다

엘리야나 모세 때 이런 일이 있었다. 그야말로 신자의 자긍심이 느껴지는 대목이다. 하나님의 사역을 수행하는 사람을 감히 누가 건드린단 말인가?

하지만 소아시아 일곱 교회 교인들한테는 남의 얘기다. 그들은 로마의 압제에 숨도 제대로 쉬지 못했다. 자기들 입에서 불이 나와서 로마 군병을 삼키는 것은 고사하고 사자 밥이나 안 되면 다행이다. 그것이 전부가 아니다. 무저갱으로부터 올라온 짐승과의 전쟁에서 죽게 된다(7절). 그들이 받은 권세에 무저갱에서 올라온 짐승을 쳐 없애는 권세는 포함되어 있지 않다는 뜻이다.

교회의 가치는 영적인 것에 있다. 그런데 세속적인 것에서 가치를 찾으려는 사람들이 있다. 그런 마음으로 본문을 보면 신앙이 세상을 사는 남다른 힘으로 보일 수 있다. 하지만 모세나 엘리야는 자기들의 능력을 과시한 적이 없다. 하나님이 시킨 일을 했을 뿐이다.

어떤 청년이 물었다. "하나님의 전능하심이 왜 나한테는 별로 도움이 안 되죠?" 어쩌면 이것이 모두한테 있는 마음일 것이다. 무엇이 문제일까? 우선 하나님이 우리한테 무심한 것이 문제일 수 있다. 아니면 우리가 하나님이 관심을 안 갖는 문제에만 매달리는 것일 수 있다. 엄마는 아이의 성적을 걱정하는데 아이는 최신형 핸드폰에만 관심이 있는 것처럼 하나님과 우리도 그럴 수 있다.

성경이 말하는 내용은 소아시아 일곱 교회가 박해 속에서도 신앙을 지키는 것을 하나님이 관심 있게 지켜보고 계시다는 사실이다. 주님의 종들이 굵은 베옷을 입고 천이백육십 일 동안 예언하는 사역이 그 옛날 모세나 엘리야가 했던 사역과 아무 차이가 없다.

11:7) 그들이 그 증언을 마칠 때에 무저갱으로부터 올라오는 짐승이 그들과 더불어 전쟁을 일으켜 그들을 이기고 그들을 죽일 터인즉

짐승이 무저갱으로부터 올라온다고 했으니 그 짐승의 배후에 사탄이 있다는 뜻이다. 원문에는 짐승에 정관사가 있다. 영어로 하면 the beast다. 무저갱으로부터 정체를 알 수 없는 괴물이 올라온 것이 아니다. 요한계시록 독자들이 익히 아는 짐승이 올라왔다. 그래서 '그 짐승'이다.

느부갓네살이 꿈에 큰 신상을 보았다. 머리는 순금, 가슴과 두 팔은 은, 배와 넓적다리는 놋, 종아리는 쇠이고 발의 일부는 진흙, 일부는 쇠인 신상이다. 머리부터 차례로 바벨론, 바사, 헬라, 로마 제국을 상징한다. 나중에 다니엘이 이 내용을 큰 짐승 넷이 바다에서 나오는 환상으로 본다. 독수리 날개가 있는 사자, 입에 세 갈빗대를 문 곰, 날개 넷에 머리가 넷인 표범, 무섭고 놀라우며 매우 강한 짐승이다. 이 네 짐승도 바벨론, 바사, 헬라, 로마 제국을 상징한다. 이들이 바다에서 나왔다는 얘기를 본문에서는 무저갱으로부터 올라온다고 했다. 무저갱이 끝이 없는 구렁텅이인 것처럼 바다 역시 그

깊이를 모른다. 특히 성경에서 바다는 죄의 본산을 말한다.

요한계시록은 마지막 때에 일어날 일에 대한 기록이다. 하지만 지금 일어나는 일이기도 하다. "언제 이런 일이 일어나느냐? 언제부터 조심하면 되느냐?"가 아니라 늘 조심해야 한다. 짐승은 주님 재림 일주일 전에 무저갱에서 나오는 것이 아니다. 하나님 나라를 반대하는 풍조는 어느 시대에나 있었다. 우리가 사는 세상 또한 그렇다.

그런 세상에서 두 증인이 증언을 마치고 죽는다. 음부의 권세가 교회를 이긴 것이 아니다. 증언이 끝났기 때문이다. 이제 하나님의 심판만 남았다. 그들은 사흘 반 동안의 짧은 승리를 즐길 것이다. 주님이 십자가에 달렸을 적에도 사탄은 자기가 이긴 줄 알았을 것이다.

아합 왕궁 근처에 나봇의 포도원이 있었다. 아합이 그 포도원을 탐냈다. 그런데 나봇이 팔기를 거부했다. 그런 일은 하나님이 싫어하신다는 것이다. 설마 나봇이라고 해서 아합이 무섭지 않았을 리는 없다. 하지만 왕이 아무리 무서워도 하나님 말씀을 어길 수는 없지 않은가?

이세벨이 계략을 꾸민다. 나봇한테 하나님과 왕을 저주했다는 누명을 씌워서 돌로 쳐서 죽인다. 이렇게 해서 포도원은 아합 차지가 되었다. 그러면 나봇이 신앙을 지킨 유익은 무엇일까? 못 이기는 척하고 포도원을 팔았으면 왕의 총애를 받으면서 호의호식했을 텐데 괜히 신앙 때문에 망했다.

우리가 사는 세상이 전부라면 나봇은 미련한 사람이다. 하지만 그럴 수는 없다. 하나님 말씀대로 살다가 능욕받고 죽는 것으로 모든 것이 끝나는 것은 말이 되지 않는다. 그다음 얘기가 있어야 한다. 그래서 11절이 "삼 일 반 후에"로 시작한다.

11:8-9〉 그들의 시체가 큰 성 길에 있으리니 그 성은 영적으로 하면 소돔이라고도 하고 애굽이라고도 하니 곧 그들의 주께서 십자가에 못 박히신 곳이라 백성들과 족속과 방언과 나라 중에서 사람들이 그 시체를 사흘 반 동안을 보며 무덤에 장사하지 못하게 하리로다

 증인들의 시체가 있는 곳은 영적으로 하면 소돔이라고도 하고 애굽이라고도 하는 곳인데 주님이 십자가에 못 박힌 곳이다. 이 세상의 타락상을 극명하게 보여주는 곳이 소돔이다. 또 애굽은 세상의 상징이다. 그런 곳에 증인들의 시신이 있다.
 그런데 백성들과 족속과 방언과 나라 중에서 사람들이 그 시체를 사흘 반 동안 보며 장사하지 못하게 한다. 고인을 철저하게 욕보인다는 뜻이다.

11:10〉 이 두 선지자가 땅에 사는 자들을 괴롭게 한 고로 땅에 사는 자들이 그들의 죽음을 즐거워하고 기뻐하여 서로 예물을 보내리라 하더라

 예전에 크리스마스가 되면 선물 교환을 했던 기억이 있다. 크리스마스가 신자한테는 선물을 교환할 만한 날이다. 땅에 사는 자들한테는 하늘에 속한 자의 죽음이 그런 모양이다. 어쩌면 자기들끼리는 '복음'일 수도 있다.
 엘리 위젤의 글 한 토막을 소개한다. 어떤 예언자가 소돔에 갔다. 음란을 버리고 하나님께 돌아오라고 목이 터져라 외쳤다. 그런데 아무도 듣지 않았다. 그래도 날마다 외쳤다. 어느 날, 한 사람이 다가와서 왜 헛수고를 하느냐고 물었다. 예언자가 대답했다. "저들이 나를 변화시키지 못하게 하려고 그럽니다."

그런 예언자가 죽었다. 소돔 사람들은 앓던 이가 빠진 기분일 것이다. 서로 예물을 보내며 자축할 만하다. 불의한 사람들이 가장 싫어하는 사람은 자기들한테 동조하지 않는 사람이다.

언젠가 장례를 치르면서 "우리는 고인을 떠나보내고 슬퍼하고 있습니다. 하지만 지금 천국에서는 신입생 환영회가 열리고 있습니다."라고 한 적이 있다. 누군가를 보내는 것이 이 세상에서는 슬픔이지만 천국에서는 기쁨이다. 그런데 본문을 보니 그게 전부가 아니다. 어떤 사람이 하늘에 속한 삶을 살다 죽으면 땅에 속한 자들한테는 기쁨이 된다. 우리의 문제는 우리가 과연 세상의 골칫거리인가 하는 점이다. 세상이 우리를 골치 아프게 생각하지 않으면 어떻게 해야 할까?

어떤 책에서 이런 구절을 읽은 기억이 있다. "만일 당신이 때로 원수 마귀와 정면으로 마주치지 않는다면 마귀와 같은 방향으로 걷고 있는 것이 틀림없다." 우리의 삶이 정말로 마귀를 대적하는 삶일까? 우리가 이 세상 흐름을 반대하며 살고 있을까? 그러면 우리의 존재에 마귀가 신경을 곤두세울 것이다. 우리의 존재를 마귀가 신경 쓰지 않는다면 정말 자존심 상하는 일이다. 그런 일만큼은 없어야 한다.

11:11〉 삼 일 반 후에 하나님께로부터 생기가 그들 속에 들어가매 그들이 발로 일어서니 구경하는 자들이 크게 두려워하더라

무저갱으로부터 올라온 짐승이 두 증인을 죽였다고 해서 그것으로 끝난 것이 아니다. 하나님이 삼 일 반 후에 그들을 다시 살리신다. 주님의 부활을 연상하게 한다. 세상이 교회를 이기는 일은 있을 수 없다. 그러면 두 증인이 죽은 것은 어떻게 된 영문일까? 세상이 교회를 이겼기 때문이 아니다. 교회가 그처럼 죽도록 충성한다는 뜻이다.

요한계시록은 힘겹게 신앙을 지키는 소아시아 일곱 교회에 보낸 편지다. 하나님이 요한을 통해서 그들한테 위로의 메시지를 주신다. 특별히 본문은 "너희들이 로마의 압제 아래 있는 것을 안다. 지금 세상은 마치 로마가 너희를 마음대로 주무르는 것 같다. 하지만 예수가 십자가에 달려 죽었다고 해서 그것으로 끝나지 않은 것을 알지 않느냐? 너희 역시 그리스도와 같은 길을 걷고 있다. 내가 다 지켜보고 있다. 때가 되면 너희를 높여줄 것이다."라는 내용이다.

예전에 영원에 대한 얘기를 했더니 한 분이 말했다. "그래도 기왕이면 지금 세상도 잘살고 다음 세상도 잘살면 더 좋잖아요?" 모든 말은 그 말 자체보다 동기를 먼저 따져야 한다. 지금 세상도 잘살고 다음 세상도 잘살면 더 좋지 않으냐는 얘기는 세상 욕심을 포기하기 싫다는 뜻이다. "주님을 위해 모든 것을 바치기는 싫다. 이 세상에 속한 것을 누리면서 주님을 따를 수도 있는 것 아니냐?"라는 말을 그렇게 하는 것이다.

그렇다고 해서 지금 세상이 중요하지 않은 것이 아니다. 지금 세상에서 우리가 추구해야 할 궁극적인 가치가 행복이 아니고 거룩이라는 뜻이다. 지금 세상은 우리 몸뚱이를 섬기라고 주어진 기간이 아니라 다음 세상을 준비하라고 주어진 기간이다.

우리는 지금 세상을 어떻게 보내는지에 따라 영원을 보상받는 사람이다. 중학생 때 ∞의 개념을 배웠다. 분모가 ∞면 분자에 오는 숫자는 의미가 없다. $1/\infty$도 0이고 $100/\infty$도 0이다. 1이라고 해서 100보다 작지 않고 100이라고 해서 1보다 크지 않다. 지금 세상과 다음 세상의 관계가 그렇다.

지금 세상도 잘살고 다음 세상도 잘사는 것이 제일 좋고, 지금 세상은 못살지만 다음 세상을 잘사는 것이 두 번째 좋고, 지금 세상은 잘살아도 다음 세상을 못사는 것이 그다음이고, 가장 나쁜 것은 지금 세상도 못살고 다음 세상도 못사는 것이 아니다. 그런 식의 얘기가 통한다면 누군가 천국에서 "하나님, 저를 구원해주신 것은 감사합니다. 그런데 제가 못 누린 세상 재미는 언제 누리게 해주실 것입니까?"라고 할 수도 있다는 뜻이다. 도무지 말이 되지 않는다. 우리는 지금 세상과 다음 세상을 양 손의 떡처럼 들고 있는 사람이 아니다. 지금 세상은 다음 세상을 위한 통로의 의미를 갖는다.

11:12〉 하늘로부터 큰 음성이 있어 이리로 올라오라 함을 그들이 듣고 구름을 타고 하늘로 올라가니 그들의 원수들도 구경하더라

예수님도 구름을 타고 승천하셨다. 두 증인이 그렇게 승천할 때 그들의 원수들은 구경할 수밖에 없다. 앞에서 땅에 사는 자들이 두 증인의 죽음을 기뻐한다는 내용을 확인했다. 불과 삼 일 반 사이에 처지가 바뀌었다. 예수님이 십자가에서 죽었을 때 사탄은 자기가 이긴 줄 알았겠지만 예수님의 부활로 상황이 역전된 것과 같다.

그들한테 남은 일은 하나님을 거스른 대가를 치르는 일이다.

11:13〉 그때에 큰 지진이 나서 성 십분의 일이 무너지고 지진에 죽은 사람이 칠천이라 그 남은 자들이 두려워하여 영광을 하늘의 하나님께 돌리더라

세상을 삶의 근거로 삼는 사람들을 심판하기에는 지진이 제격이다. 세상의 기초가 무너지는 재앙이기 때문이다. 그런 재앙으로 성 십분의 일이 무너진다. 그러면 십분의 구는 보전될까?

십일조가 무슨 뜻일까? 소득의 10%는 하나님 몫이지만 90%는 우리 몫이라는 뜻이 아니다. 모두가 다 하나님의 소유라는 뜻이다.

지진으로 성이 무너진 시점을 생각해 보자. 두 증인이 구름을 타고 하늘에 올라갔다. 교회가 들림받았다. 그러면 세상에 남은 것은 심판뿐인데 10%만 심판하고 90%는 남겨둘 이유가 없다. 성 십분의 일은 곧 성 전체를 말한다.

또 지진에 죽은 사람이 칠천이라고 했다. 완전수 7에 많다는 뜻의 1,000을 곱한 수이다. 큰 지진이 나서 성 십분의 일이 무너지고 칠천 명이 죽었으니 이 세상 기초가 붕괴되어 성 전체가 무너지고 충분히 많은 수가 죽은 셈이다.

그렇다고 해서 전부 몰살한 것은 아니다. 남은 자들이 있다. 그 남은 자들은 두려워하여 영광을 하나님께 돌린다. 마치 큰 재앙에서 목숨을 건진 사람들이 회개하고 하나님께 돌아왔다는 뜻 같은데 그럴 수는 없다. 이미 두 증인(교회)의 사역이 끝났다. 회개의 때가 지나갔다. 모든 성도가 구름을 타고 하늘에 올라갔다. 결국 이들은 죄를 자복하고 하나님의 백성으로 편입된 것이 아니다. 출애굽 때의 바로도 하나님을 두려워했다. 하나님의 통치가 실현되면 모든 피조물이 두려워 떨면서 하나님을 하나님으로 인정할 수밖에 없다. 이들을 기다리는 것은 영원한 지옥 형벌이다.

사람의 목적은 하나님을 영광스럽게 하는 것이다. 사람들끼리 머리 맞대고 "앞으로 우리의 목적은 하나님의 영광이라고 하자"라고 정한 것이 아니다. 하나님이 사람을 그렇게 만드셨다. 그러면 그 목적은 이루어지게 마련이다. 하나님은 불신자를 통해서도 영광받으신다. "이럴 줄 알았으면 진작 믿을걸!" 하고 후회하는 것도 하나님께 영광을 돌리는 방편이 된다. 이 땅에 살면서 하나님의 영광을 사모한 사람은 마지막 날에 구름을 타고 들림받고, 하나님을 외면한 사람은 자기의 죗값을 치르는 것으로 하나님께 영광 돌릴 것이다.

11:14-15〉 둘째 화는 지나갔으나 보라 셋째 화가 속히 이르는도다 일곱째 천사가 나팔을 불매 하늘에 큰 음성들이 나서 이르되 세상 나라가 우리 주와 그의 그리스도의 나라가 되어 그가 세세토록 왕 노릇 하시리로다 하니

뭔가 이상하다. "둘째 화는 지나갔으나 보라 셋째 화가 속히 이르는도다"라고 했는데 화에 대한 내용이 아니라 다른 내용이 나온다. 일곱째 천사가 나팔을 불자, 하나님을 찬양한다.

16장에 일곱 대접 재앙 얘기가 나온다. 그래서 12-15장은 삽입된 내용이고 16장에서 셋째 화가 시작하는 것으로 생각할 수도 있는데 그렇지 않다. 13절에서 이미 세상이 망했다. 더 이상 회개의 기회가 없는데 무슨 재앙을 내린단 말인가?

요한계시록은 사건 발생 순서에 따른 책이 아니다. 그런 책이면 본문에서 하나님의 통치를 선포하는 것으로 사탄은 더 이상 활동하면 안 된다. 그런데 12장에 사탄 얘기가 나온다. 이미 세상이 끝났는데 사탄이 어떻게 활동할까?

요한계시록은 반복 구조다. 일곱 인 재앙으로 얘기한 내용을 일곱 나팔 재앙으로 얘기하고, 일곱 나팔 재앙으로 얘기한 내용을 일곱 대접 재앙으로 얘기한다.

앞에서 첫째 인부터 여섯째 인까지는 그에 상응하는 재앙이 있었는데 일곱째 인을 떼었을 때는 재앙 대신 하늘이 반 시간쯤 고요했다고 했다. 여섯째 재앙으로 하늘이 무너지고 땅이 꺼졌다. 이 세상 역사가 끝났다. 남은 재앙이 있다면 지옥 형벌뿐이다. 결국 반 시간쯤의 고요는 주인공의 등장을 암시하느라 그렇다. 조만간 새 하늘과 새 땅이 시작될 것이다.

본문도 그렇다. 일곱째 천사가 나팔을 불자, 하나님을 찬미하는 음성이 들리고 이십사 장로가 화답한다. 바야흐로 새로운 세상이 열린다. 천상에서 그런 일이 진행되고 있다. 같은 시각, 거기에 참여하지 못한 자들한테는 화가 있다. 거기에 참여하지 못해서 화를 받는 것인지, 화를 받느라 참여하지 못한 것인지 모르지만 엄청난 화가 있는 것은 분명하다. 하나님이 요한한테 그 참상을 보여주지 않으신 모양이다.

"세상 나라가 우리 주와 그의 그리스도의 나라가 되어 그가 세세토록 왕 노릇 하시리로다"라는 말은 이 세상이 더 이상 사탄의 나라가 아니라는 뜻이다. 한때 사탄이 이 세상의 주인이었다는 얘기가 아니다. 사탄이 준동할 수 없게 된다는 뜻이다. 이제 하나님의 통치가 완벽하게 실현되는 나라가 시작될 것이다.

11:16-18〉 하나님 앞에서 자기 보좌에 앉아 있던 이십사 장로가 엎드려 얼굴을 땅에 대고 하나님께 경배하여 이르되 감사하옵나니 옛적에도 계셨고 지금도 계신 주 하나님 곧 전능하신 이여 친히 큰 권능을 잡으시고 왕 노릇 하시도다 이방들이 분노하매 주의 진노가 내려 죽은 자를 심판하시며 종 선지자들과 성도들과 또 작은 자든지 큰 자든지 주의 이름을 경외하는 자들에게 상 주시며 또 땅을 망하게 하는 자들을 멸망시키실 때로소이다 하더라

이십사 장로의 찬양이 뭔가 어색하다. 지금까지는 하나님을 전에도 계셨고 이제도 계시고 장차 오실 이라고 소개했는데 "옛적에도 계셨고 지금도 계신 주 하나님"이라고 한다. 장차 오신다는 얘기가 없다. 모든 일이 이루어진 다음에 한 찬양이기 때문이다. 이때의 주님은 장차 오실 주님이 아니고 이미 와 계신 주님이다. 모든 상황이 끝났다.

주님이 다시 오셔서 죽은 자를 심판하시고 또 종 선지자들과 성도들과 작은 자든지 큰 자든지 주의 이름을 경외하는 자들에게 상을 주신다. 죽은 자와 하나님께 속한 자를 대조한다. 하나님께 속한 자는 죽어도 죽은 자가 아니다. 증언을 마친 두 증인이 무저갱으로부터 올라온 짐승한테 죽임을 당해도 전혀 손해가 아닌 이유가 여기에 있다. 우리는 죽어도 안 죽는다. 하지만 하나님께 속하지 않은 자는 이 세상을 어떻게 살았는지에 관계없이 무조건 죽은 자이다. 그들이 이 세상에서 남긴 모든 발자취가 심판 대상이다.

반면 하나님께 속한 자들한테는 상을 주신다. 상의 구체적인 내용은 모른다. 아마 설명이 불가능할 것이다. 우리가 아는 것은 우리가 상을 받을 수 있는 근거가 예수님의 십자가라는 사실이다. 하나님은 우리한테 상을 주시기 위해서 그 아들을 십자가에 못 박았다. 그 상이 보통 상일까? 우리로서는 헤아릴 수도 없고, 우리 언어로는 설명이 불가능한 일이 우리를 기다리고 있을 것이다.

이 모든 내용이 소아시아 일곱 교회에 상당한 위로가 되었을 것이다. 우리는 어떤가? 혹시 위로가 안 된다면 그 이유가 무엇일까? 소아시아 일곱 교회 교인들과 우리가 무엇이 다를까? 어쩌면 "죽은 다음에 천국이 있는 것을 누가 몰라? 당장 지금이 문제지."라는 마음 때문인지 모른다. 그런 마음이 있으면 별로 위로가 안 될 것이다. 요한계시록에 가득한 내용은 "이 세상은 언젠가 끝난다. 주님 만날 준비를 해라."라는 내용이다. 세상 욕심이 덕지덕지 묻은 마음으로는 아무리 요한계시록을 읽어도 이해가 되지 않는다. 하지만 정말로 주님 만날 날을 고대하고 있다면 얘기가 다르다. 그런 사람은 요한계시록을 통해서 세상을 이길 힘을 얻을 것이다. 요한계시록은 그런 사람을 위한 책이다.

11:19〉 이에 하늘에 있는 하나님의 성전이 열리니 성전 안에 하나님의 언약궤가 보이며 또 번개와 음성들과 우레와 지진과 큰 우박이 있더라

성경을 보면 11:19 앞에 ◎표가 있다. 문단이 바뀐다는 뜻이다. 11장에 나온 내용이 19절로 끝나는 것이 아니라 다른 내용을 말하는 것이다.

요한이 언약궤를 보았다. 언약궤는 하나님의 임재를 상징한다. ◎표가 없으면 언약궤가 11장을 설명하는 것이 된다. 특히 19절이 '이에'라는 말로 시작했으니 그런 생각을 할 만하다. "두 증인이 무저갱으로부터 올라온 짐승한테 죽임을 당하지만 삼 일 반 후에 다시 살아나서 구름을 타고 하늘에 올라가고 하늘에서는 큰 음성이 나서 하나님을 찬미했다. 이처럼 모든 일이 해피엔딩으로 끝나는 일이 어떻게 가능한가 하면, 하나님이 함께 계시기 때문이다."라고 하면 얼마든지 논리적으로 타당하다.

그런데 '이에'라고 번역된 헬라어 '카이'는 영어 and에 해당한다. 지금까지 말한 내용에 이어서 다른 내용을 덧붙인다는 뜻이다. 11:19는 12장에 연결된 내용이다.

11장에 교회가 박해받는다는 내용이 나왔다. 12-13장에서는 그 배경을 설명한다. 12장에서는 용이 나오고 13장에서는 바다에서 나온 짐승과 또 다른 짐승이 나온다. 이런 내용을 얘기하기에 앞서 언약궤를 보여준다. "하나님이 함께하신다. 아무리 힘들고 어려워도 이 사실을 잊지 마라."라는 뜻이다.

요한이 언약궤만 본 것이 아니다. 하나님의 위엄과 권능을 같이 보았다. 언약궤 주변에 번개와 음성들과 우레와 지진과 큰 우박이 같이 있는 것이 그렇다. 교회에 고난이 있는 것은 하나님께 힘이 없는 탓이 아니다. 하나님은 이세상을 통치하는 분이다. 교회에는 어차피 최후 승리가 보장되어 있다.

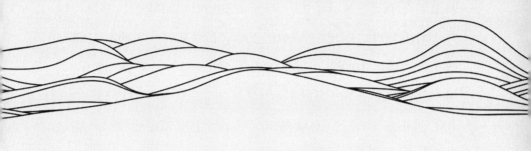

12장 여자와 용

12:1-2) 하늘에 큰 이적이 보이니 해를 옷 입은 한 여자가 있는데 그 발 아래에는 달이 있고 그 머리에는 열두 별의 관을 썼더라 이 여자가 아이를 배어 해산하게 되매 아파서 애를 쓰며 부르짖더라

이적은 '기적+메시지'를 말한다. 본문에서는 하늘에 큰 이적이 보였다고 했다. 이적의 규모가 아니라 내용이 그렇다. 모든 문제의 핵심을 보여주는 이적이다.

해를 옷 입고 발 아래에는 달이 있고 머리에는 열두 별의 관을 쓴 여자가 있다. 해를 옷 입었다는 얘기가 무슨 뜻일까? 해를 의인화한 그림에서 볼 수 있는 것처럼 해에 팔다리가 달리면 해를 옷 입은 것일까? 발 아래 달이 있다는 얘기도 이해가 안 된다. 어릿광대가 공 위에 올라가서 공을 굴리면 발 아래 공이 있게 된다. 그런 식으로 발 아래 달이 있으려면 여자가 얼마나 거인

이어야 할까? 열두 별의 관을 썼다는 얘기도 마찬가지다. 군인 계급 중에 별 모양이 있다. 별 모양이지, 별이 아니다. 그런데 본문에서는 열두 개의 별 모양이 달린 관이 아니라 열두 별의 관을 얘기한다. 대체 어떤 모습인지 상상이 안 된다. 어쨌든 굉장히 영광스러운 것만큼은 분명하다.

이 여자한테서 그리스도가 태어날 것이다. 그래서 큰 이적이다. 그렇다고 해서 이 여자가 마리아는 아니다. 17절에 '여자의 남은 자손' 얘기가 나온다. 여자한테서 그리스도만 태어나는 것이 아니라 숱한 하나님의 백성이 태어난다. 여자는 교회를 상징한다. 교회를 이처럼 영광스럽게 얘기하는 것은 여자가 밴 아이, 그리스도 때문이다.

예수님이 승천한 다음에 오순절 마가 다락방에 성령님이 임해서 교회가 시작된다. 그런데 어떻게 교회가 그리스도를 낳을까? 엄밀하게 말하면 그리스도를 낳아서 교회가 된다. 그리스도를 낳기 전의 교회는 이스라엘로 존재했다. 민족 단위의 이스라엘이 아니라 참 이스라엘을 말한다.

이 여자가 안고 있는 고통은 메시야 출생을 위한 고통이고 이 세상 구원을 위한 고통이다. 우리한테 적용하면 하나님의 언약을 이루기 위한 고통이다.

12:3-4a) 하늘에 또 다른 이적이 보이니 보라 한 큰 붉은 용이 있어 머리가 일곱이요 뿔이 열이라 그 여러 머리에 일곱 왕관이 있는데 그 꼬리가 하늘의 별 삼분의 일을 끌어다가 땅에 던지더라

머리가 일곱이고 뿔이 열이면 머리마다 뿔 숫자가 다르게 된다. 뭔가 어색하다. 해를 옷 입고 발 아래 달이 있고 머리에 열두 별의 관이 있는 여자도 그렇지만 용도 실제 모습이 아닌 상징이다.

머리가 일곱인 것은 완전수 7을 흉내 낸 것이다. 또 뿔은 능력, 권세, 힘을 뜻하고 10은 많다는 뜻이다. 대체 얼마나 무시무시한 용일까? 꼬리로 하늘의 별 삼분의 일을 끌어다가 땅에 던질 만하다.

용이 동양에서는 상서로운 동물이지만 성경에서는 사탄의 상징이다. 9절에 보면 용을 옛 뱀이나 마귀, 혹은 사탄이라고 한다고 했다. 본문의 용은 에덴동산의 뱀과 마찬가지다.

상당히 많은 신화에 홍수 얘기가 나온다. 아주 먼 옛날, 온 세상이 홍수에 잠긴 적이 있다는 뜻이다. 또 대부분의 신화에서 뱀이 악역으로 등장한다. 이집트 신화에서 태양신 '라'는 이루 헤아릴 수 없는 괴물 뱀의 위협에 시달린다. 스칸디나비아 신화에서는 뱀이 바다 깊은 곳에 살며 세계를 황폐하게 만드는 존재로 나온다. 그리스 신화에도 뱀이 악역으로 나오고 힌두교에서도 상당수 악마가 뱀으로 나타난다. 그리고 어느 신화에서나 뱀은 비참한 최후를 맞는다. 이런 공통점이 마냥 우연일까?

12:4b〉 용이 해산하려는 여자 앞에서 그가 해산하면 그 아이를 삼키고자 하더니

여자가 해산의 고통을 겪는데 용은 여자가 아이를 낳으면 삼키려고 한다. 예수님이 태어났을 때 헤롯이 두 살 아래의 아이를 다 죽인 사실을 떠올리게 한다. 출애굽 전에 바로는 히브리 가정에 사내아이가 태어나면 전부 나일강에 던지라는 잔혹한 명령을 내린 적이 있다. 사울은 다윗 죽이는 것을 평생의 과업으로 알았다. 바사 왕 아하수에로 때는 하만이 모든 유대인을 멸하려는 계획을 꾸몄다. 전부 용이 여자가 낳은 아이를 삼키려는 술책이다. 어떻게 해서든지 메시야의 출현을 막으려는 것이다.

12:5〉 여자가 아들을 낳으니 이는 장차 철장으로 만국을 다스릴 남자라 그 아이를 하나님 앞과 그 보좌 앞으로 올려가더라

메시야 탄생을 막으려는 사탄의 술책은 꾸준하게 있었다. 그런 술책이 어떻게 되었는지 간단하게 설명한다. 철장으로 만국을 다스릴 남자는 메시야를 말한다.

카이사르가 폰투스로 원정을 떠났다. 당시 폰투스 왕이 파르나케스였다. 양군이 오늘날 튀르키예의 질레에서 마주쳤는데 파르나케스는 카이사르의 상대가 아니었다. 카이사르가 로마 원로원에 단 세 마디로 된 승전 소식을 알렸다. 라틴어로 'VENI(베니) VIDI(비디) VICI(비치)', "왔노라, 보았노라, 이겼노라."이다. 카이사르한테는 그 정도로 승리가 당연했던 모양이다. 장황하게 설명할 이유가 없었다.

본문도 그런 식이다. 메시야가 어떤 임무를 어떻게 수행했는지에 대한 설명이 없다. 십자가에 달렸다는 얘기도 없고 부활했다는 얘기도 없이 여자한테서 태어나서 하나님 앞과 그 보좌 앞으로 올려갔다는 얘기뿐이다.

12:6〉 그 여자가 광야로 도망하매 거기서 천이백육십 일 동안 그를 양육하기 위하여 하나님께서 예비하신 곳이 있더라

그러면 사탄은 무엇을 해야 할까? 그토록 열심히 메시야의 사역을 방해하려고 했지만 수포로 돌아가고 말았다. 닭 쫓던 개는 지붕만 쳐다보면 되지만 사탄은 그게 아니다. 자기 종말을 각오해야 한다. 12b절에 "이는 마귀가 자기의 때가 얼마 남지 않은 줄을 알므로 크게 분 내어 너희에게 내려갔음이 라"라고 했다. 종말을 기다리는 사탄의 모습이 발악하는 것으로 나타난다.

하나님이 장차 여자의 후손이 뱀의 머리를 상하게 할 것이라고 했다. 메시야가 이미 뱀의 머리를 박살냈다. 그런데 완전히 숨통이 끊어지지는 않았다. 꼬리가 꿈틀거린다. 새 하늘과 새 땅이 선포될 때까지는 남은 수명이 있다.

그래서 여자가 광야로 피신한다. 그곳은 하나님이 여자를 양육하기 위해서 예비하신 곳이다. 광야가 출애굽을 연상하게 한다. 하나님의 은혜를 체험하기에 가장 적합한 곳이다. 여자가 그런 곳에서 천이백육십 일을 양육받는다.

5절에서 메시야가 승천했다. 본문에서는 교회가 양육받아야 하는 기간으로 천이백육십 일을 얘기한다. 교회의 양육은 메시야가 재림하면 끝난다. 결국 천이백육십 일은 주님의 승천부터 재림까지의 기간이다. 마흔두 달, 삼년 반, 한 때와 두 때와 반 때가 전부 같은 말이다. 현재 우리가 천이백육십일 중의 어느 날을 살고 있다.

광야가 어디일까? 우리를 종말의 날까지 양육하기 위해서 하나님이 예비하신 곳이 어떤 곳일까? 우리가 살고 있는 날이 천이백육십 일 중의 어느 한 날이면 우리가 사는 세상이 광야인 셈이다. 이스라엘이 가나안에 들어가기 전까지 광야에서 양육받았던 것처럼 우리는 이 세상에서 양육받는다. 이스라엘이 광야에서 하나님의 은혜가 아니면 살 수 없는 것을 체험했던 것처럼 우리는 이 세상에서 하나님의 은혜가 아니면 살 수 없는 것을 체험한다.

성경이 특별한 책일까? 성경이 특별한 책이면 요한계시록도 특별한 책이다. 하지만 성경이 특별한 책이 아니면 요한계시록도 특별한 책이 아니다. 요한계시록에 있는 얘기는 성경 다른 곳에도 있는 얘기다. 요한계시록은 미래의 어느 시점에 일어날 일을 기록한 책이 아니다. 우리가 사는 세상에서 지금 일어나는 일을 얘기한 책이다. 사도 요한 시대에도 있었고, 아우구스티 누스 시대에도 있었고, 루터와 칼빈 시대에도 있었던 일이 지금도 일어나고 있다.

여자가 광야에서 천이백육십 일을 양육받는다는 얘기가 그렇다. 그것이 교 회의 역사다. 우리가 그렇게 살고 있다. 삶이 고달플 수 있다. 그래서 요한한 테 언약궤를 보여주셨다. 하나님이 요한과 함께하신다는 뜻이 아니다. 우리 와 함께하신다는 뜻이다.

12:7-9〉 하늘에 전쟁이 있으니 미가엘과 그의 사자들이 용과 더불어 싸울새 용과 그의 사자들도 싸우나 이기지 못하여 다시 하늘에서 그들이 있을 곳을 얻지 못한지라 큰 용이 내쫓기니 옛 뱀 곧 마귀라고도 하고 사탄이라고도 하 며 온 천하를 꾀는 자라 그가 땅으로 내쫓기니 그의 사자들도 그와 함께 내쫓 기니라

미가엘과 용이 싸운다. 이 싸움에서 용이 미가엘을 이기지 못한다. 용과 그 의 사자들은 다시 하늘에서 있을 곳을 얻지 못하게 된다. 그들의 지위가 영 원히 회복되지 않는다는 뜻이다.

이 전쟁이 언제 일어난 전쟁일까? 위경 에녹서에 천사장 사탄이 하나님과 동등해지려고 하다가 쫓겨난다는 내용이 나온다. 본문에서 말하는 미가엘 과 용의 싸움이 그 일을 말하는 것일까? 아니면 세상 끝에 일어날 최후의 전 쟁을 말하는 것일까? 세상 끝에 일어날 최후의 전쟁이라면 사탄은 땅으로 쫓 기는 것이 아니라 지옥 형벌을 받아야 한다. 그 얘기는 계 20:10에 나온다.

그러면 창세전에 사탄이 천상에서 꾸몄던 반란인가 하면 그것도 아니다. 사탄을 패배시킨 것은 11절에 나오는 것처럼 어린양의 피다. 본문의 싸움은 사탄이 하나님께 반역을 도모하다 쫓겨난 싸움도 아니고 장차 있을 최후의 전쟁도 아니다. 우리가 날마다 싸우는 영적 전쟁이다.

사탄은 그리스도에 의해서 쫓겨났다. 우리는 그리스도의 승리에 근거한 싸움을 싸운다. 그런 싸움을 미가엘이 싸우는 것처럼 묘사한 것이다. 우리가 싸우는 싸움을 천사가 돕는다는 뜻이다. 행여 미가엘이 사탄을 이겨서 우리가 구원을 얻었다고 하면 복음을 부인하는 망발이 된다.

12:10〉 내가 또 들으니 하늘에 큰 음성이 있어 이르되 이제 우리 하나님의 구원과 능력과 나라와 또 그의 그리스도의 권세가 나타났으니 우리 형제들을 참소하던 자 곧 우리 하나님 앞에서 밤낮 참소하던 자가 쫓겨났고

사탄이 내쫓기자, 하늘에서 큰 음성이 들린다. 이제 우리 하나님의 구원과 능력과 나라와 또 그의 그리스도의 권세가 나타났다는 것이다. 원문에 보면 전부 정관사가 있다. 그 구원, 그 능력, 그 나라, 그 그리스도의 권세다. 요한계시록 독자들이 익히 아는 구원과 능력과 나라와 그리스도의 권세를 말한다. 구약 시대부터 약속된 내용이 성취된 것이다. 그래서 하나님 앞에서 밤낮 참소하던 자가 쫓겨났다.

예전에 이 말을 의아하게 여겼던 기억이 있다. 사탄이 우리를 참소한들 그것이 무슨 의미가 있을까 싶었다. 사탄이 우리를 참소한답시고 입을 열었다가 오히려 하나님의 노여움만 사지 않을까?

그게 아니다. 세상을 공명정대하게 다스리는 것은 하나님의 본분에 속한 일이다. 하나님이 아무리 우리를 사랑하셔도 죄는 죄대로 심판하셔야 한다. 사탄이 우리를 참소할 수 있는 근거가 여기에 있다. "법대로 하십시다. 저 사람은 이런저런 죄를 지었습니다. 그런데 어떻게 구원 얻는다는 말입니까?"라고 하면 하나님이 뭐라고 해야 할까?

만일 에녹서의 기록이 사실이면 사탄이 우리를 참소하는 이유를 이렇게 상상할 수 있다. 사탄이 하나님과 동등해지려다가 하늘에서 쫓겨났다. 에덴동산에서 야기된 죄의 기원이 바로 그렇다. 그런 사탄이 사람을 물고 늘어진다. "나를 벌하려면 사람들도 같이 벌하십시오. 사람들의 죄를 묻지 않으면 내 죄도 묻지 말아야 하는 것 아닙니까?"라는 물귀신 작전이다.

그런데 본문에서는 밤낮 참소하던 자가 쫓겨났다고 한다. 참소하던 자를 쫓아내려면 어떻게 하면 될까? 세상에서는 힘으로 억압하면 된다. 윗사람이 싫어하는 기색을 보이면 아랫사람은 입을 다물 수밖에 없다.

하나님은 참소의 근거를 없앴다. 예수님이 친히 세상에 와서 우리 죗값을 치렀다. 사탄이 우리를 참소할 근거가 없어진 것이다. 그러니 쫓겨날 수밖에 없다.

간혹 그리스도를 영접했으면서도 그 사실을 모르는 사람을 본다. 혼자 사탄의 참소에 시달리는 사람이다. 걸핏하면 "내 형편이 이런데도 구원 얻은 게 맞을까?" 하고 고민한다.

더 심각한 경우도 있다. 그리스도를 영접하지도 않았으면서 영접했다고 착각하는 사람이다. 예수를 믿지 않으면서도 교회 구성원 노릇을 하는 경우가 얼마든지 있다. 자기를 부인하지도 않고 자기 십자가를 지지도 않고 주님을 따르지도 않으면서 몸만 교회에 있는 사람을 어떻게 해야 할까? 이 땅에서 하나님 나라를 지향하는 삶을 살지 않으면 죽은 다음에 도착한 곳도 하나님 나라가 아니지 않을까?

12:11〉 또 우리 형제들이 어린양의 피와 자기들이 증언하는 말씀으로써 그를 이겼으니 그들은 죽기까지 자기들의 생명을 아끼지 아니하였도다

그리스도를 영접한 사람에게는 두 가지 특징이 있다. 사탄을 이기는 것과 죽기까지 자기 생명을 아끼지 않는 것이다. 미가엘이 사탄을 이긴 것이 문제가 아니라 우리가 이겨야 한다. 신자가 사탄이 갖고 노는 장난감일 수는 없다. 사탄을 이기는 사람한테는 공통점이 있다. 죽기까지 자기의 생명을 아끼지 않는 것이다. 관주성경에는 '아끼지'에 2)가 있고, 관주에 '헬 사랑하지'라는 설명이 있다. '아끼지 아니하였도다'를 헬라어 그대로 번역하면 '사랑하지 아니하였도다'가 된다. 자기를 사랑하는 마음이 있으면 절대 사탄을 이길 수 없다.

솔제니친이 미국을 방문한 적이 있다. 사람들이 소감을 묻자 이렇게 답했다. "나는 미국이 기독교 국가인 줄 알았습니다. 그런데 전부 자기만 섬기는 나라군요." 솔제니친한테 그리스도를 섬기는 것이 아니라 자기를 섬기는 것으로 보인 사람이 한둘이 아니었던 모양이다. 그들이 누구인지 모른다. 어쨌든 자기들 생각으로는 그리스도인인 사람들이다. 어쩌면 솔제니친의 말에 고개를 끄덕이면서도 자기가 거기에 포함된다는 사실은 모를 수도 있다.

간혹 형통이 신앙의 보상인 양 착각하는 사람을 본다. 하나님의 은혜로 잘 먹고 잘사는 것을 예수 믿는 보람인 양 얘기한다. 세상에서 가장 귀중한 것이 자기 자신이면 신앙도 자기를 돕는 방법으로 동원될 수밖에 없다. 그런데 성경은 전혀 다른 말을 한다. 죽는 한이 있어도 자기 생명을 사랑하지 말라는 것이다. 그런 사람이 사탄을 이긴다.

그만큼 비장한 각오로 예수를 믿으면 사탄이 굴복한다는 뜻으로 오해하지는 말자. 세상에서는 남보다 우위에 서는 것을 이겼다고 하지만 성경은 그렇게 말하지 않는다. 스데반이 이겼을까, 졌을까? 주기철 목사, 손양원 목사는 이겼을까, 졌을까? 형통을 누리는 것이 이기는 것이 아니다. 그리스도의 피를 증언하면서 순교하는 것이 이기는 것이다.

12:12〉 그러므로 하늘과 그 가운데에 거하는 자들은 즐거워하라 그러나 땅과 바다는 화 있을진저 이는 마귀가 자기의 때가 얼마 남지 않은 줄을 알므로 크게 분 내어 너희에게 내려갔음이라 하더라

하늘과 그 가운데에 거하는 자들은 하늘에 시민권이 있는 사람들, 즉 우리를 말한다. 죽기까지 자기 생명을 아끼지 않으면 남은 일은 생명을 잃는 일이다. 그런 일을 즐거워할 수 있는 이유는 우리가 하늘에 거하는 자들이기 때문이다. 이 세상에서 자기 생명을 잃은 것이 하늘에 거하는 자들한테는 일종의 훈장이다.

하지만 땅과 바다에는 화가 있다. 마귀가 자기의 때가 얼마 남지 않은 줄을 알므로 크게 분 내어 내려갔기 때문이다. 신자들은 하늘에서 즐거워하지만 불신자들은 세상에서 마귀한테 고통받는다는 뜻이 아니다. 신자들이 하늘에 속했다고 해서 하늘에서 살아가지 않는다. 무엇보다 마귀가 해코지하는 대상은 불신자가 아니다. 13절 이하에 용이 여자(교회)를 박해하는 내용이 나온다. 불신자들은 어차피 마귀 수중에 있는데 따로 박해할 이유가 없다.

땅과 바다에 화가 있다는 얘기는 어떻게 된 영문일까? 용이 여자를 박해하는데 땅과 바다에는 화가 있다. 땅과 바다는 세상을 말한다. 교회 안에 있으면서도 세상에 속한 자들한테는 화가 있다는 뜻이다.

어떤 사람이 운동을 한다. 그 사람 몸에 있는 불필요한 지방들한테는 재앙이다. 조만간 연소되어 없어질 것이다. 하지만 근육한테는 기쁜 소식이다. 운동을 할수록 더 튼튼해질 것이다.

하늘에서 내쫓긴 마귀가 교회를 표적으로 삼는다. 모든 가치 기준이 하늘에 있는 자들은 그런 마귀의 책동이 즐거운 일이다. 그들의 신앙이 더욱 정결하게 될 것이다. 당장은 고달프지만 가치 기준이 하늘에 있기 때문에 그것은 관계없다. 하지만 몸은 교회에 있으면서도 이 세상에 속한 사람들한테는 재앙이다. 땅의 것을 얻는 것이 삶의 보람인데 땅이 흔들리면 무슨 낙으로 살아갈까?

12:13-14) 용이 자기가 땅으로 내쫓긴 것을 보고 남자를 낳은 여자를 박해하는지라 그 여자가 큰 독수리의 두 날개를 받아 광야 자기 곳으로 날아가 거기서 그 뱀의 낯을 피하여 한 때와 두 때와 반 때를 양육받으매

용이 남자를 낳은 여자를 박해한다. 여자가 낳은 아이를 삼키려던 계획이 실패하자, 여자를 박해하는 것으로 방향을 바꾼 것이다. 여자가 낳은 아이를 박해할 능력은 없다는 뜻이다.

여자가 큰 독수리의 두 날개를 받아 광야 자기 곳으로 날아가서 한 때와 두 때와 반 때를 양육받는다. 출애굽기에 하나님이 이스라엘을 독수리 날개로 업어서 인도했다는 구절이 있는데 그 내용을 차용한 것이다.

한 때와 두 때와 반 때는 다른 말로 하면 삼 년 반, 마흔두 달, 천이백육십 일이다. 주님이 승천하시고 다시 오실 때까지의 기간을 말한다. 또 광야는 우리가 사는 세상을 말한다는 사실을 앞에서 확인했다.

12:15-16〉 여자의 뒤에서 뱀이 그 입으로 물을 강같이 토하여 여자를 물에 떠 내려가게 하려 하되 땅이 여자를 도와 그 입을 벌려 용의 입에서 토한 강물을 삼키니

방금 용이었는데 이번에는 뱀이다. 어차피 사탄을 가리키는 말이므로 관계는 없다. 뱀(용)이 여자를 박해하는 것은 사탄이 교회를 박해하는 것의 상징이다. 우리가 생각해야 할 내용은 뱀이 물을 토해서 여자를 떠내려가게 하려고 한다는 얘기가 무슨 뜻이고, 땅이 입을 벌려서 물을 삼킨다는 얘기가 무슨 뜻인가 하는 것이다.

성경 여러 곳에서 하나님의 백성을 해하려는 악한 세력의 시도를 홍수에 비유한다(시 18:4, 69:14-15, 144:7-8, 사 17:12). 그런데 뱀이 여자의 뒤에서 물을 토했다. 힘으로 윽박지르는 것이 아니라 간계를 쓴다는 뜻이다. 또 물을 강같이 토한다는 얘기는 예수님이 말씀하신 생수와 대조된다. 예수님을 주로 고백하는 사람은 그 배에서 생수의 강이 흐른다고 했는데 뱀은 그런 생수와 비슷하게 보이면서도 생수가 아닌 것으로 교회를 미혹하려고 한다.

또 뱀이 물을 토해서 여자를 공격할 때 땅이 입을 벌려서 여자를 도와준다고 한다. 고라 일파가 모세한테 반기를 든 적이 있다. 성경에 기록된 최초의 지진이 그때 나온다. 땅이 입을 열어 고라 일파를 삼킨 것이다.

땅이 입을 열어 물을 삼켰다는 얘기는 그런 일화를 배경으로 한다. 땅이 입을 열어 고라 일당을 삼키는 것으로 이스라엘이 보호받았던 것처럼 땅이 입을 열어 물을 삼키는 것으로 여자를 보호한다는 것이다.

하지만 그것으로 용이 물러가지 않는다.

12:17〉 용이 여자에게 분노하여 돌아가서 그 여자의 남은 자손 곧 하나님의 계명을 지키며 예수의 증거를 가진 자들과 더불어 싸우려고 바다 모래 위에 서 있더라

'여자의 남은 자손'이라는 표현에 주목할 필요가 있다. 강물에 떠내려간 자도 있다는 뜻이다. 본문의 표현을 빌리면 하나님의 계명을 지키지 않은 자들, 예수의 증거를 가지지 않은 자들이 강물에 떠내려간 자들이다. 민수기의 기록으로 얘기하면 고라 일당의 얘기에 미혹된 사람들이 그렇다. 그들은 더 이상 사탄한테 시달리지 않아도 된다. 하지만 강물에 떠내려가지 않고 남아 있으면 계속 사탄과 싸워야 한다.

물론 하나님이 보호해주신다. 하지만 하나님의 보호는 사탄의 준동을 허락하되, 그 준동으로 땅에 속한 자들을 제거하는 것으로 나타난다. 하나님은 우리가 아무 일 없이 잘 먹고 잘살게 보호해주시는 것이 아니라 우리 신앙이 더욱 성결하게 되도록 보호해주신다. 마치 금을 제련해서 순도를 높이는 것과 같다. 우리가 살아가는 모든 날 동안 그런 하나님의 보호가 계속 될 것이다. 그것이 우리의 정체성이다.

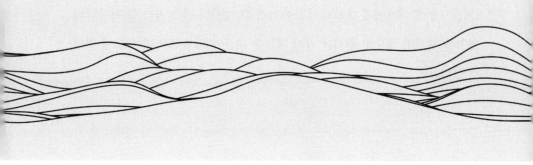

13장 두 짐승

13장에는 바다에서 나온 짐승과 땅에서 나온 짐승이 등장한다. 용의 사주를 받아 교회를 핍박할 용의 대행자다.

10장에서 펴 놓인 두루마리를 든 천사가 오른발은 바다를 밟고 왼발은 땅을 밟고 서 있었던 것을 기억할 것이다. 그 바다와 땅에서 용의 대행자가 나온다. 천사는 바다와 땅이 모두 하나님의 통치 영역인 것을 선포하는데 사탄은 한사코 그것을 인정하지 않는다. 어쩌면 용과 바다에서 나온 짐승, 땅에서 나온 짐승으로 삼위일체 하나님을 흉내 내고 싶은 것인지도 모른다.

13:1〉 내가 보니 바다에서 한 짐승이 나오는데 뿔이 열이요 머리가 일곱이라 그 뿔에는 열 왕관이 있고 그 머리들에는 신성 모독 하는 이름들이 있더라

12장의 용은 머리가 일곱이고 뿔이 열인데 머리에는 일곱 왕관이 있다고 했다. 바다에서 나온 짐승도 그와 흡사하다. 머리가 일곱이고 뿔이 열인데, 뿔에 열 왕관이 있다고 했다.

일곱 머리에 왕관 일곱이 있는 것과 열 뿔에 왕관 열이 있는 것 사이에 어떤 차이가 있을까? 어쨌든 바다에서 나온 짐승이 용의 속성을 그대로 빼닮은 것은 분명하다.

12:2) 내가 본 짐승은 표범과 비슷하고 그 발은 곰의 발 같고 그 입은 사자의 입 같은데 용이 자기의 능력과 보좌와 큰 권세를 그에게 주었더라

다니엘이 본 환상을 생각나게 한다. 다니엘이 네 짐승을 보았다. 사자같이 생긴 짐승과 곰같이 생긴 짐승, 표범같이 생긴 짐승과 열 뿔이 있는 짐승이다. 이를 하나로 뭉뚱그린 것이 바다에서 나온 짐승이다. 이 세상 나라의 속성을 그대로 보여주는 셈이다.

용이 자기의 능력과 보좌와 큰 권세를 바다에서 나온 짐승에게 준다. 성부 하나님이 성자 예수님과 보좌를 공유하는 것을 모방한 것이다.

13:3) 그의 머리 하나가 상하여 죽게 된 것 같더니 그 죽게 되었던 상처가 나으매 온 땅이 놀랍게 여겨 짐승을 따르고

바다에서 나온 짐승한테 이상한 일이 벌어진다. 그의 머리 하나가 상하여 죽게 된 것 같다가 나은 것이다. 그러자 온 땅이 놀랍게 여겨서 짐승을 따랐다고 한다. 용의 의도가 여기에 있다.

그의 아들에 관하여 말하면 육신으로는 다윗의 혈통에서 나셨고 성결의 영으로는 죽은 자들 가운데서 부활하사 능력으로 하나님의 아들로 선포되셨으니 곧 우리 주 예수 그리스도시니라(롬 1:3-4)

예수님이 부활해서 하나님의 아들로 선포되었다고 한다. 예수님이 행하신 이적은 한두 가지가 아니다. 하지만 부활은 다른 이적과 차원이 다르다.

사람이 죽는 것은 죄 때문이다. 그런데 예수님은 죽은 자들 가운데서 부활했으니 죄와 상관이 없다. 예수님은 죄를 짓지 않을 만큼 수준이 높은 분이 아니다. 어떤 것이 죄인지 판정하는 분이다. 죄에 대한 한 예수님은 시험을 보면 항상 100점을 맞는 우등생이 아니라 시험을 출제하는 선생님이다. 이 세상 누가 죄와 상관없을 수 있을까? 예수님은 하나님의 아들이 분명하다.

바다에서 나온 짐승이 이런 부활을 흉내 낸다. 그러자 온 땅이 놀랍게 여겨 짐승을 따랐다. 성자 예수님의 부활이 성부 하나님으로 말미암은 것처럼 이런 바다 짐승의 '부활 쇼'는 용으로 말미암은 것이다.

13:4-5〉 용이 짐승에게 권세를 주므로 용에게 경배하며 짐승에게 경배하여 이르되 누가 이 짐승과 같으냐 누가 능히 이와 더불어 싸우리요 하더라 또 짐승이 과장되고 신성 모독을 말하는 입을 받고 또 마흔두 달 동안 일할 권세를 받으니라

짐승에게 경배하는 것은 곧 용에게 경배하는 것이다. 세상과 타협하면 그것이 사탄을 숭배하는 것이다. 물론 우리 중에 사탄을 숭배할 사람은 없다. 하지만 세상과 타협할 가능성도 없다고 할 수 있을까?

사탄이 예수님에게 천하만국과 그 영광을 보여주면서 자기한테 경배하면 그 모든 것을 준다고 했다. 사탄 IQ가 두 자리일 리는 없다. 메시야 사역을 포기하라고 하면 누가 미혹될까? 하지만 이 세상 모든 영광을 확보한 다음에 그것으로 메시야 사역을 감당하라고 하면 설득력 있지 않을까?

어떤 책에서 평화에 이르는 길은 없다는 글을 읽은 기억이 있다. 평화 자체가 곧 길이기 때문이다. 전쟁을 통해서 평화를 얻는다는 생각은 망상일 뿐이다. 평화를 신앙으로 바꿔도 말이 된다. 신앙에 이르는 길은 없다. 신앙 자체가 길이다. 신앙을 이루기 위해서 불신앙을 택한다는 얘기는 궤변에 불과하다. 그런데 그런 얘기가 드물지 않게 들린다. "신앙도 좋지만 고 3 일 년 동안 집중적으로 공부해서 일류대학 가면 그것이 하나님께 더 영광 아니냐?", "그런 식으로는 장사 못합니다. 돈을 많이 벌어서 물질로 봉사하면 되는 것 아닙니까?" 같은 얘기가 그렇다.

본문에서는 "누가 이 짐승과 같으냐 누가 능히 이와 더불어 싸우리요"라고 노골적으로 세상을 칭송했다. 하지만 세상과 타협하는 모습은 그렇게 노골적으로 나타나지 않는다. 세상과 타협하는 것이 마치 하나님을 위한 일인 것처럼 얘기한다.

이 세상이 영원하다면 그럴 수 있다. 하지만 세상은 영원하지 않다. 짐승의 권세는 고작해야 마흔두 달 동안 일할 권세다. 권세에 제한이 있으니 진짜 권세가 아니라는 뜻이다. 그럴 수밖에 없다. 짐승은 용한테서 권세를 받았는데 그 용은 하늘에서 쫓겨난 용이다. 그런 용이 무슨 수로 권세를 줄까? 줄 것은 죄밖에 없다. 우리가 이 세상 풍조를 따르면 남는 것은 죄밖에 없다.

13:6) 짐승이 입을 벌려 하나님을 향하여 비방하되 그의 이름과 그의 장막 곧

하늘에 사는 자들을 비방하더라

짐승이 하나님을 직접 비방하는 것이 아니다. 하나님의 이름으로 사는 사람들, 하늘에 장막을 치고 사는 사람들을 비방한다. 그것이 곧 하나님을 비방하는 것이다.

바울이 다메섹에서 예수님을 만났다. 그때 예수님이 "사울아 사울아 네가 어찌하여 나를 박해하느냐"라고 했다. "네가 어찌하여 나 믿는 자들을 박해하느냐"라고 하지 않았다. 바울은 예수님을 박해한 적이 없다. 예수님을 믿는 자들을 박해했다. 그런데 예수님은 자기가 박해받은 것으로 간주하셨다. 마찬가지다. 세상은 우리를 비방하는데 성경은 그것을 하나님을 비방하는 것이라고 한다.

13:7) 또 권세를 받아 성도들과 싸워 이기게 되고 각 족속과 백성과 방언과 나라를 다스리는 권세를 받으니

대체 짐승이 어떻게 이긴다는 얘기일까? 사탄도 쫓겨난 마당에 사탄의 사주를 받은 짐승이 사탄보다 더 세다는 얘기일까?

11장에 비슷한 내용이 있었다. 무저갱에서 올라온 짐승이 두 증인을 죽이자, 땅에 사는 자들이 즐거워했다. 고작 삼 일 반 후에 끝날 승리를 즐긴 것이다.

마치 그런 격이다. 짐승이 성도들과 싸워 이긴 것처럼 보인다. 본래 각 족속과 방언과 나라를 다스리는 권세는 그리스도께 있지만 그것이 자기한테 있는 양 착각한다.

그래서 8절로 이어진다.

13:8〉 죽임을 당한 어린양의 생명책에 창세 이후로 이름이 기록되지 못하고 이 땅에 사는 자들은 다 그 짐승에게 경배하리라

앞에서 "누가 이 짐승과 같으냐 누가 능히 이와 더불어 싸우리요"라고 한 사람들의 정체를 알 수 있다. 죽임을 당한 어린양의 생명책에 이름이 기록되지 못한 자들이다. 그들은 다 짐승에게 경배한다.

예수님이 십자가에 달려 돌아가셨다가 부활 승천하시고 성령을 보내주셨다. 오순절 성령 강림을 기준으로 신약과 구약이 나뉜다. 하지만 구약 시대 성도들도 죽임당한 어린양으로 구원 얻는다. 예수님은 아벨이 양의 첫 새끼를 제물로 드릴 때 이미 죽임을 당한 셈이다. 어쩌면 하나님이 아담한테 가죽옷을 입혀주실 때였을 수도 있다. 우리는 예수님이 우리를 위해 십자가에 달리신 것을 믿는다. 이런 일이 구약 시대 성도들한테 어떻게 적용되는지 모르지만 어쨌든 구원은 예수님으로 말미암는다.

예수님의 부활은 우리한테 이 세상을 어떻게 살아야 하는지 알려준다. 예수님이 우리의 유일한 소망이다. 그런데 짐승이 부활을 흉내 냈다. 머리 하나가 상하여 죽게 된 것 같다가 나은 것이 구체적으로 무엇을 말하는지 모르지만 부활이 기독교 신앙의 근간인 것처럼 이 세상에서 낙오되면 끝일 것 같은 생각이 들게 하는 어떤 것이 분명하다. 거기에 미혹된 사람들은 이 세상을 삶의 소망으로 삼을 수밖에 없다. 게다가 짐승이 성도들과 싸워 이기는 것처럼 보이기도 했다. "신앙만 가지고는 못산다. 현실은 현실 아니냐?"라는 말이 더욱 설득력을 가질 것이다. 결국 짐승을 경배하다가 같이 망한다.

땅에 속한 자들은 그렇다 치고, 하늘에 장막을 치고 살아가는 하나님의 백성들은 어떻게 될까? 생명책에 이름이 기록되지 못한 자들이 짐승을 경배하는 것은 안타까운 일이지만 우리로서는 어쩔 수 없다. 그러면 생명책에 이름이 기록된 사람들한테는 어떤 일이 기다리고 있을까? 불신자들은 이 세상 사는 동안 짐승에게 경배하다가 짐승과 운명을 같이 하지만 신자들은 영혼이 잘됨같이 범사가 잘되고 강건하게 될까?

13:9-10〉 누구든지 귀가 있거든 들을지어다 사로잡힐 자는 사로잡혀 갈 것이요 칼에 죽을 자는 마땅히 칼에 죽을 것이니 성도들의 인내와 믿음이 여기 있느니라

남 왕국 유다가 망하기 직전, 사람들이 예레미야한테 대책을 묻는다. 그런데 하나님이 냉정하게 말씀하신다. "너희들한테는 패망이 준비되어 있다. 모든 것이 결정되었으니 빠져나가려고 괜히 잔머리 굴리지 마라."

그들이 만일 네게 말하기를 우리가 어디로 나아가리요 하거든 너는 그들에게 이르기를 여호와께서 이와 같이 말씀하시니라 죽을 자는 죽음으로 나아가고 칼을 받을 자는 칼로 나아가고 기근을 당할 자는 기근으로 나아가고 포로 될 자는 포로됨으로 나아갈지니라 하셨다 하라(렘 15:2)

생명책에 이름이 기록되지 못한 사람들이 짐승에게 경배할 때 생명책에 이름이 기록된 사람들은 짐승한테 시달린다. 사로잡힐 자는 사로잡혀 가고 칼에 죽을 자는 칼에 죽을 것이다.

차이는 있다. 예레미야에서는 죗값을 치를 수밖에 없다는 내용을 말했다. 하지만 본문은 이 세상에서 신앙을 지키려면 고난을 감수해야 한다는 뜻이다. 불신자들이 짐승에게 경배하는 동안 신자들은 호의호식하는 것이 아니다. 환난을 견뎌야 한다. 때로는 순교할 수도 있다. 사로잡힐 자는 사로잡히고 칼에 죽을 자는 칼에 죽을 때 성도들의 인내와 믿음이 발휘되는 법이다.

이런 얘기는 거북할 수 있다. "세상에는 환난이 있지만 염려 마십시오. 생명책에 이름이 있는 사람은 하나님이 다 지켜 주십니다."라고 하면 안 될까? "생명책에 이름이 있느냐? 그럼 각오해라. 고생문이 훤하다."라고 하면 예수를 믿는 보람이 무엇일까?

차제에 우리는 신앙의 가치가 무엇인지 정리해야 한다. 신앙은 세상에서 남다른 특혜를 누리는 수단이 아니다. 세상을 살면서 무슨 일이 있어도 지켜야 할 가장 고귀한 가치다.

일제 강점기 때 일본이 신사 참배를 강요했다. 편하게 사는 것에 마음이 있으면 신사 참배에 응하면 된다. 그것이 신앙 양심에 걸리면 감옥에 갇혀서 고문을 당하면 된다. 신앙에 거리끼는 일도 하지 않고 괴롭힘도 받지 않는 수는 없다. 공연히 징징거리지 말자. 천국을 소망하면 박해가 신앙을 강화하는 수단이 되는 법이다.

우리는 이 세상 마지막이 심판인 것을 알고 있다. 그런 세상에서 순교의 각오 없이 예수를 믿는 것이 가능할까? 순교는 멀리 있는 것이 아니다. 책에만 나오는 얘기는 더욱더 아니다. 순교는 우리와 늘 같이 있다. 우리의 생활이다.

우리의 인내와 믿음이 어디 있을까? 세상을 따르면 인내하지 않아도 된다. 자기한테 있는 믿음을 보일 기회도 없다. 하지만 세상을 따르지 않으려면 인내와 믿음이 있어야 한다. 인내와 믿음은 이 세상 마지막 때 필요한 것이 아니라 우리한테 늘 있어야 하는 신앙 덕목이다. 우리가 가는 길이 좁은 길이기 때문이다.

13:11-12) 내가 보매 또 다른 짐승이 땅에서 올라오니 어린양같이 두 뿔이 있고 용처럼 말을 하더라 그가 먼저 나온 짐승의 모든 권세를 그 앞에서 행하고 땅과 땅에 사는 자들을 처음 짐승에게 경배하게 하니 곧 죽게 되었던 상처가 나은 자니라

용이 자기를 대신해서 교회를 핍박할 적그리스도를 세상에 보냈다. 앞에서 확인한 바다에서 나온 짐승이다. 그리스도가 하나님의 형상인 것처럼 바다에서 나온 짐승은 용의 형상이다. 그리스도가 머리에 많은 왕관을 쓴 것처럼(계 19:12) 바다에서 나온 짐승은 열 왕관을 썼다. 그리스도가 성부 하나님께 능력과 보좌와 권세를 받은 것처럼 바다에서 나온 짐승은 용한테서 능력과 보좌와 권세를 받았다. 심지어 그리스도의 부활도 모방했다.

본문은 땅에서 나온 짐승 얘기다. 어린양같이 두 뿔이 있는데 용처럼 말을 한다. 외모는 그럴 듯하지만 본질은 사탄에 속했다. 그는 바다에서 나온 짐승을 경배하게 하는 일을 한다. 성령이 그리스도를 증거 하는 것과 흡사하다. 짝퉁 삼위일체의 짝퉁 성령인 셈이다. 그의 정체는 거짓 선지자다.

13:13-15) 큰 이적을 행하되 심지어 사람들 앞에서 불이 하늘로부터 땅에 내려오게 하고 짐승 앞에서 받은바 이적을 행함으로 땅에 거하는 자들을 미혹하며 땅에 거하는 자들에게 이르기를 칼에 상하였다가 살아난 짐승을 위하여

우상을 만들라 하더라 그가 권세를 받아 그 짐승의 우상에게 생기를 주어 그 짐승의 우상으로 말하게 하고 또 짐승의 우상에게 경배하지 아니하는 자는 몇이든지 다 죽이게 하더라

예수를 주로 고백하게 하는 것이 성령의 사역인 것처럼 땅에서 나온 짐승은 바다에서 나온 짐승을 경배하게 한다. 그런 일을 하려면 사람들을 미혹해야 한다. 그래서 큰 이적을 행하는데 심지어 하늘로부터 불이 내려오게도 한다. 11:5에서 두 증인이 행한 일과 흡사하다. 그런 식으로 사람을 미혹해서 바다에서 나온 짐승을 위한 우상을 만들게 한다.

로마 시대에는 곳곳에 로마 황제의 상을 세웠다. 그 상이 세워진 곳은 로마 황제의 통치가 이루어지는 곳이다. 우리가 하나님의 형상으로 지음받았다는 것이 그런 뜻이다. 우리가 있는 곳에는 하나님의 통치가 나타나야 한다. 그런데 짐승을 위한 우상을 만들게 한다는 얘기는 그 사람으로 사탄의 일을 하게 한다는 뜻이다.

그것이 전부가 아니다. 우상한테 생기를 줘서 말을 하게 한다. 생기를 준다는 얘기도 앞에서 나왔다. 두 증인이 무저갱에서 나온 짐승한테 죽임을 당했을 때, 하나님으로부터 생기가 그들 속에 들어가서 그들이 살아났다. 이런 것을 보면 사탄은 도무지 창의력이 없는 것 같다. 죄다 하나님이 하신 일을 흉내 내는 것뿐이다. 하여간 땅에서 나온 짐승이 그런 식으로 사람들을 미혹한다.

이적을 행했다고 해서 누구나 미혹되지 않는다. 땅에 거하는 자들이 미혹된다. 짐승을 위해서 우상을 만들고 거기에 경배하는 자들은 죄다 땅에 거하는 자들이다.

토저 목사가 이 세상 사람을 두 부류로 얘기했다. 아무것도 추구하지 않는 사람과 하나님을 추구하는 사람이다. 아무것도 추구하지 않는 사람은 선천적인 장애나 사고로 정상 생활을 할 수 없는 사람을 말하는 것이 아니다. 수 많은 정상적인 사람들을 말한다. 정상적인 기능을 가졌지만 그것을 사용하지 않으면 아무것도 추구하지 않는 사람이 된다. 나름대로 계획을 세워서 열심히 사는 사람들이 죄다 여기 속한다. 본문은 그런 사람을 땅에 거하는 자들로 얘기한다. 하늘에 거하지 않으면 땅에 거하게 마련이다.

13:16-17〉 그가 모든 자 곧 작은 자나 큰 자나 부자나 가난한 자나 자유인이나 종들에게 그 오른손에나 이마에 표를 받게 하고 누구든지 이 표를 가진 자 외에는 매매를 못하게 하니 이 표는 곧 짐승의 이름이나 그 이름의 수라

땅에서 나온 짐승의 영향력이 상당하다. 사람들에게 오른손이나 이마에 표를 받게 하고, 표를 가진 자 외에는 매매를 못하게 한다. 앞에서 구원 얻은 자 144,000명 얘기가 나왔다. 그들은 하나님의 종으로 이마에 인친 자들이었다. 하나님이 하나님의 백성 이마에 표시를 하는 것처럼 사탄도 자기 백성한테 표시를 한다. 결국 아무 표시도 없는 사람은 없다. 하나님의 백성이 되든지 사탄의 백성이 되든지 둘 중 하나다.

이스라엘아 들으라 우리 하나님 여호와는 오직 유일한 여호와이시니 너는 마음을 다하고 뜻을 다하고 힘을 다하여 네 하나님 여호와를 사랑하라 오늘 내가 네게 명하는 이 말씀을 너는 마음에 새기고 네 자녀에게 부지런히 가르치며 집에 앉았을 때에든지 길을 갈 때에든지 누워 있을 때에든지 일어날 때에든지 이 말씀을 강론

할 것이며 너는 또 그것을 네 손목에 매어 기호를 삼으며 네 미간에 붙여 표로 삼고 또 네 집 문설주와 바깥 문에 기록할지니라(신 6:4-9)

이스라엘은 하나님의 백성이다. 마음을 다하고 뜻을 다하고 힘을 다하여 하나님을 사랑해야 한다. 그 사실을 잠시라도 잊지 않도록 손목에 매어 기호를 삼고 미간에 붙여 표를 삼으라고 했다. 그런데 사탄은 하나님을 사랑하며 살아야 한다는 표를 사탄에 대한 충성 서약으로 바꾸려고 한다. 하나님이 하는 일은 뭐든지 모방하기로 작정한 모양이다.

13:18〉 지혜가 여기 있으니 총명한 자는 그 짐승의 수를 세어 보라 그것은 사람의 수니 그의 수는 육백육십육이니라

생체에 삽입하는 전자신분증을 베리칩이라고 한다. 쌀알 정도 크기인데 주사를 통해 인체에 주입하면 그 사람의 신상 정보나 금융 정보, 질병 기록 등을 다 알 수 있다. 그러면 물건을 구입할 때 줄을 설 필요가 없다. 계산대를 통과하면 저절로 계산된다.

한때 바코드가 666이라는 말이 나돈 적이 있다. 신용카드가 나온 다음부터는 신용카드가 666이라고 하더니 요즘은 베리칩이 666이라고 한다. 17a절의 "누구든지 이 표를 가진 자 외에는 매매를 못하게 하니…"라는 구절을 오해한 탓이다. 바코드나 신용카드, 베리칩이 전부 매매와 관계되어 있다. 사용을 거부하면 매매를 못한다.

만일 바코드나 신용카드, 베리칩이 666이면 그것이 소아시아 일곱 교회 교인들한테 무슨 의미가 있을까? "로마의 압제 때문에 얼마나 힘드십니까? 하지만 더 무서운 날이 기다리고 있습니다. 이 세상에 컴퓨터가 등장하면 바코드라는 것이 나오게 됩니다. 그것을 거부하면 매매를 못하게 됩니다."라고 하는 것이 말이 될까?

하나님의 백성은 이마에 인침을 받는다. 정말로 이마에 도장을 찍는 것이 아니라 하나님의 백성을 나타내는 상징이다. 짐승의 표도 마찬가지다. 정말로 표를 받는 것이 아니라 사탄한테 속했다는 상징이다.

당시는 동업 조합이 상당히 활발했다. 조합원으로 가입해야 상거래행위를 할 수 있는데 조합마다 수호신이 있었다. 조합에 가입한다는 얘기는 그 조합의 수호신을 섬기는 데 동의한다는 뜻이다. 조합에 가입하지 않으면 물건을 구입하지 못하는 정도가 아니다. 먹고살 길이 막막하게 된다.

문자로 숫자를 표기하는 방법을 '게마트리아'라고 한다. 영어로 치면 A는 1, B는 2, C는 3이라고 하는 식이다. 예컨대 다윗은 14가 되고 예수는 888이 된다. 이런 식으로 따져서 666이 누구인지에 대한 논의가 오래전부터 있었다.

하지만 666은 특정 인물이 아니라 짐승의 수다. 본문이 원문에는 두 문장으로 되어 있다. '사람의 수니' 다음에 마침표가 있다. 〈메시지성경〉에는 "수수께끼를 한번 풀어 보십시오. 서로 머리를 맞대고 그 짐승의 숫자의 의미를 알아맞혀 보십시오. 그것은 인간의 숫자로서 666입니다."로 번역되어 있다.

요한이 일종의 퀴즈를 낸 셈이다. "문제를 풀어보세요. 그릇된 종교를 나타내기에 가장 알맞은 숫자가 어떤 숫자일까요?" 답이 666이다. 진리를 가장하지만 진리가 아닌 것, 완전을 꾸미고 있지만 완전하지 못한 것을 666이라고 한 것이다.

요한계시록에 가장 자주 나오는 숫자가 7이다. 7을 완전수라고 한다. 사탄이 그것을 모방하고 싶어 한다. 그래서 온갖 방법을 다 쓰는데 하나님의 완전함에는 미치지 못한다. 재수를 해도 안 되고 삼수를 해도 안 된다. 그래서 777이 아닌 666이다. 하나님의 완전함에 모자라고 모자라고 또 모자라다.

17절에서 누구든지 이 표를 가진 자 외에는 매매를 못하게 한다고 했는데, 그 표는 그 짐승의 이름이나 그 이름의 수다. 그런 얘기에 이어서 "지혜가 여기 있으니 총명한 자는 그 짐승의 수를 세어보라"라고 한다. 표가 문자적인 표이고 666이 실제 숫자라면 지혜나 총명이 필요하지 않다. 거기에 담긴 의미를 알아야 하기 때문에 지혜와 총명이 필요하다. 성경이 요구하는 것은 지적인 분별이 아니라 영적인 분별이다. 진리를 가장하지만 거짓인 것, 생명으로 인도하는 것 같지만 사망에 연결된 것, 복인 것 같지만 화인 것을 분별해야 한다.

그래서 어떻게 하라는 얘기일까? 짐승의 표가 있어야 경제 활동이 가능하다. 그런 표를 흔쾌히 받을 수는 없지만 그 표를 안 받으면 세상을 살 방도가 없다.

우리가 세상에서 만나는 일이 다 이런 식이다. 세상은 우리한테 자기들처럼 살라고 요구한다. 그렇다고 해서 신앙을 포기할 수는 없다. 그런데 신앙을 지키는 일이 만만하지 않다. 우리는 그저 아등바등 애쓰며 살 뿐이다.

소아시아 일곱 교회 교인들이 그런 처지다. 신앙을 지키려니 당장 굶어 죽을 것 같다. 그렇다고 해서 동업 조합에 가입해서 우상 앞에 무릎 꿇을 수도 없다. 그런 상황에서 하늘에서 특별한 도움이 내려오면 얼마나 좋을까? 그런 것이 예수 믿는 보람 아닐까?

성경은 전혀 다른 말을 한다. 그 배후에 누가 있는지 아느냐는 것이다. 지혜와 총명이 있으면 분별해보라고 한다. "힘드냐? 그래서 어떻게 할 작정이냐? 이 세상에서 잠시 매매를 허락받는 것으로 너희 영혼을 사탄한테 맡기겠느냐?"라고 묻는 셈이다.

신앙은 일회성 선택이 아니다. 성경은 우리한테 좁은 문으로 들어가라고 한다. 좁은 문을 택하면 그 보상으로 넓고 평탄한 길이 이어질 것이라고 기대하지 말자. 좁은 문 다음에 좁은 길이 어울릴까, 넓은 길이 어울릴까? 우리는 좁은 문을 택해서 좁은 길을 걷기로 작정한 사람들이다. 물론 쉽지 않다. 땅에 거하는 자들은 이해도 못하고 흉내도 못 낸다. 그 영혼에 아무런 짐 승의 흔적이 없는 사람만 할 수 있다.

14장을 시작하면 144,000명이 어린양과 함께 시온산에 선다는 얘기가 나온다. 우리는 그 자리에 초대된 사람들이다. 좁은 문을 통과해서 좁은 길을 지나면 그곳에 이를 것이다.

14장 천사들의 메시지

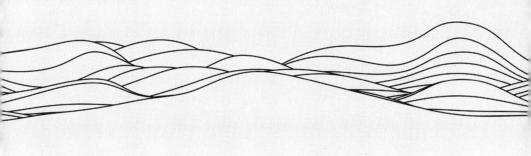

12장에 사탄이 교회를 단단히 벼른다는 얘기가 나왔다. 어린양이 시온산에 섰다는 얘기는 여기에 대조되는 내용이다. 그래서 1절에서 "또 내가 보니 보라…"라고 한다. 이미 보고 있으면서 보라고 할 만큼 감동적인 장면이다.

13장에서 바다에서 나온 짐승과 땅에서 나온 짐승 얘기가 있었다. 두 짐승의 위세가 사뭇 놀라웠다.

하지만 두 짐승은 결국 패배할 것이다. 어린양이 시온산에 선 것을 보면 알 수 있다. 결국 14장은 박해 아래 있는 교회에게 최종 승리를 보여줌으로써 박해를 이길 힘을 주는 내용이다.

14:1〉 또 내가 보니 보라 어린양이 시온산에 섰고 그와 함께 십사만 사천이 서 있는데 그들의 이마에는 어린양의 이름과 그 아버지의 이름을 쓴 것이 있더라

시온산에 어린양 혼자 선 것이 아니다. 144,000명이 함께 서 있다. 그들의 이마에는 어린양의 이름과 그 아버지의 이름을 쓴 것이 있다. 앞에서 짐승의 표를 받은 사람들 얘기가 나왔으니 본문에서 하나님의 백성 얘기가 나오는 것이 자연스러운 배열이다.

6장이 "그들의 진노의 큰 날이 이르렀으니 누가 능히 서리요"로 끝났다. 그리고 7장 시작하면서 144,000명 얘기가 나왔다. 인 맞은 자 144,000명이 하나님과 어린양의 진노에서 능히 설 수 있다는 것이다. 그런데 또 144,000명이 나온다. 물론 7장에서 나온 144,000명과 같은 사람들이다. 13장에서 짐승의 우상에게 경배하지 않는 자는 다 죽는다고 했다. 그러면 어떻게 해야 할까? 별수 없이 짐승의 우상에게 경배해야 할까? 144,000명이 어린양과 함께 있다는 얘기가 나오는 이유가 여기에 있다. "죽는 것이 두려우냐? 죽으면 이렇게 된다."라는 뜻이다.

신자는 신자답게 살아야 한다. 이 얘기에 그렇지 않다고 할 사람은 없다. 그런데 도저히 신자답게 살 수 없는 경우도 있다. 그러면 신자답게 죽으면 된다. 우리는 신자답든지, 신자답지 않든지 일단 살아야 하는 사람들이 아니라 살든지 죽든지 신자다워야 하는 사람들이다.

"이런 경우에는 별수 없지 않습니까?"라는 말을 생각해 보자. 별수 없는 것이 무엇일까? "이런 경우에는 신자답게 살지 않아도 별수 없지 않습니까?"라는 말은 우리가 할 수 있는 말이 아니다. "이런 경우에는 세상을 그만 살아도 별수 없지 않습니까?"라고 해야 한다. 설령 세상을 그만 사는 한이 있어도 '신자답게'는 절대 포기할 수 없는 가치다.

일찍이 본회퍼가 "하나님이 우리를 부르실 때 가장 먼저 자기에게 와서 죽으라고 부르신다"라고 했다. 새로운 말이 아니다. "누구든지 나를 따라오려

220   Let's Go 요한계시록

거든 자기를 부인하고 자기 십자가를 지고 나를 따를 것이니라"라는 말씀을 모르는 사람은 없다. 우리는 이미 우리를 부인한 사람들이고 십자가를 진다는 얘기는 죽으러 간다는 얘기다. 이것이 안 되면 예수를 믿지 못한다. 이것이 되는 사람들만 어린양과 함께 시온산에 선다.

14:2) 내가 하늘에서 나는 소리를 들으니 많은 물소리와도 같고 큰 우렛소리와도 같은데 내가 들은 소리는 거문고 타는 자들이 그 거문고를 타는 것 같더라

어른들끼리 주고받는 얘기를 어린아이는 알아듣지 못한다. 대화 내용은 듣지 못하고 소리만 들을 뿐이다. 요한도 그랬을 것이다. 하늘에서 소리가 들렸는데 그 소리가 의미하는 내용은 모른다. 단지 엄청나게 장엄하고 우렁차고 아름다운 소리였다.

무슨 내용인지 나와 있지 않지만 아마 144,000명의 행적을 칭찬하는 내용이 아닌가 싶다. 물론 어린양을 찬양하는 내용일 수도 있지만 어린양을 찬양하는 내용은 앞에서 여러 차례 나왔고, 찬양 내용을 공개하지 않을 까닭도 없다.

14:3) 그들이 보좌 앞과 네 생물과 장로들 앞에서 새 노래를 부르니 땅에서 속량함을 받은 십사만 사천 밖에는 능히 이 노래를 배울 자가 없더라

'속량하다'는 헬라어 '아고라조'를 번역한 말이다. '아고라(시장)'에서 사는 것이 '아고라조'이다. 속량했다는 얘기는 값을 주고 샀다는 뜻이다.

노예 시장에 진열된 노예가 있다. 누군가 값을 치르고 노예를 사면 그것이 속량하는 것이다. 노예 상인이 그 노예한테 "저분이 네 주인이다"라고 할 것이다. 그런 단어가 144,000명한테 쓰였다. 그들은 값을 치르고 매매된 대상물이다. 물론 그 값은 어린양의 피다. 어린양의 피로 구매된 것이 144,000명의 정체성이다.

그들은 한때 짐승의 표를 받지 않아서 매매를 할 수 없었다. 전에는 매매 주체가 될 수 없었는데 그것이 오히려 매매 대상이 되는 기쁨으로 돌아왔다. 그때는 짐승의 표를 받아 자유롭게 매매를 하는 사람들한테 한없이 미련하게 보였겠지만 누가 정말 미련한지 판가름 난 것이다. 이제 그들은 새 노래를 부른다. 매매를 할 수 없어서 받아야 했던 고통이 클수록 새 노래를 드높여 부를 것이다.

새 노래는 아무나 배울 수 있는 노래가 아니다. 자기가 자기 인생의 주인이 되어서 매매의 자유를 누린 사람은 배울 수 없고 그 자유를 포기하고 스스로 매매의 대상이 된 사람만 배울 수 있다. "내 인생은 나의 것입니다"라고 하는 사람은 배울 수 없고 "나는 하나님의 종입니다"라고 하는 사람만 배울 수 있다.

14:4) 이 사람들은 여자와 더불어 더럽히지 아니하고 순결한 자라 어린양이 어디로 인도하든지 따라가는 자며 사람 가운데에서 속량함을 받아 처음 익은 열매로 하나님과 어린양에게 속한 자들이니

여자와 더불어 더럽히지 않고 순결하다는 말은 8절의 음행과 대조된다. 성경에서 가장 자주 언급하는 범죄가 음행이다. 우리가 그리스도의 신부이기 때문이다. 자기가 그리스도의 신부인 걸 안다면 적어도 세상에 한눈파는 일은 없어야 한다. 우리가 지켜야 할 기본적인 미덕이다.

제사장은 처녀를 아내로 맞아야 한다. 과부나 이혼당한 여자나 창녀를 아내로 맞으면 안 된다. 이 말을 어떻게 받아들여야 할까? 어떤 교회에 아내를 먼저 떠나보낸 목사가 있었다. 어느 정도 시간이 지나자, 재혼 얘기가 나왔다. 장로 한 분이 극구 반대했다. 목사님이 어떻게 과부한테 장가드느냐는 것이었다. 제사장은 처녀를 아내로 맞아야 한다는 얘기가 그런 뜻일까? 예수를 믿는 사람은 누구나 제사장이다. 그렇다고 해서 예수 믿는 사람은 반드시 처녀한테 장가들어야 한다는 뜻일 수도 없다.

예수님이 우리의 영원한 제사장이다. 혼자 처녀장가들 생각으로 흐뭇한 미소를 지을 틈이 없다. 자기가 정결한 처녀가 되어 예수님을 신랑으로 맞을 준비를 해야 한다.

그다음에 어린양이 어디로 인도하든지 따라가야 한다. 부교역자 시절에 어떤 분이 갓 백일인 손자를 안고 와서 말했다. "이 아이의 평생을 하나님이 인도해달라고 기도해주세요." 무슨 뜻일까? 어떤 경우에도 순종하게 해달라는 뜻일까, 이 세상 형통을 보장해달라는 뜻일까? 하나님이 인도하시는 길은 세상이 인정하는 길과 무관하다는 사실을 알고 하는 얘기일까, 모르고 하는 얘기일까? 하나님은 우리를 푸른 초장, 잔잔한 물가로만 인도하시지 않는다. 사망의 음침한 골짜기로도 인도하신다.

남녀 사이의 연애감정은 아무도 못 말린다. "그 사람과 결혼하면 불행하게 된다"라고 해도 그런 말이 귀에 들어오지 않는다. 남들이 말하는 행복을 그 사람 없이 누려봐야 행복하지 않기 때문이다. 남들이 말하는 불행 역시 그 사람과 함께라면 불행이 아니다. 행복과 불행의 기준이 '그 사람'인 것을 어떻게 할까? 그 사람 없는 행복보다 그 사람 있는 불행을 택하겠다는 사람을 말릴 방법은 없다.

어린양이 어디로 인도하든지 따라간다는 얘기가 그렇다. 설령 세상이 손가락질하는 길이라도 상관없다. 유일한 관심이 어린양을 따라가는 것이다. 그것 한 가지로 모든 것이 족하다.

또 사람 가운데서 속량함을 받아 처음 익은 열매로 하나님과 어린양에게 속한 자이다. 144,000명의 이마에는 어린양의 이름과 그 아버지의 이름을 쓴 것이 있다고 했다. 그들은 하나님과 어린양에게 속한 자이다. 그냥 속하면 안 된다. 처음 익은 열매로 속해야 한다.

처음 익은 열매는 가장 좋은 것을 뜻한다. 하나님은 뭐든지 감지덕지하는 분이 아니다. 언제나 최상의 것만 받으시는 분이다. 우리가 하나님의 소유가 되려면 우리 역시 그렇게 가꿔져야 한다. 혼인 예식에서 신부가 신랑을 위하여 아름다워야 하는 것처럼 우리 인생이 하나님을 위해서 그래야 한다.

14:5〉 그 입에 거짓말이 없고 흠이 없는 자들이더라

언젠가 "예수 믿는 사람이 거짓말해도 됩니까?"라는 질문을 받은 적이 있다. 그러면 예수를 안 믿는 사람은 거짓말해도 될까?

어떤 사람이 아버지를 모시고 병원에 갔다. 의사가 석 달 넘기기 힘들다고 한다. 그렇다고 해서 "아버지, 얼마 안 남았대요. 죽을 준비 하세요."라고 할 수는 없다. "별일 아니래요. 마음 편하게 잡숫고 지내면 된대요."라고 하는 것이 정답이다. 이 세상에서도 사실 여부로 참과 거짓을 구분하지는 않는다. 그런 말을 왜 하는지가 중요하다. 특히 성경은 마귀를 거짓의 아비라고 한다

(요 8:44). 사탄한테 속한 것은 죄다 거짓이다.

짐승의 표를 받지 않으면 매매를 못한다. 짐승의 우상한테 경배하지 않으면 죽는다. 사실을 있는 그대로 말한 것이다. 그러면 그 말을 들어야 할까? 세상 사람들은 맞는 말이라고 하겠지만 우리한테는 거짓말이다. 들을 가치가 없다.

뭐든지 속에 있는 것이 입으로 나오기 마련이다. 세상을 탐하는 마음이 있으면 사탄한테 속한 말이 나올 수밖에 없다. "신앙도 중요하지만 이런 경우에는 별수 없다"라는 말을 하는 이유는 세상에 속한 것을 추구하는 마음이 있기 때문이다. 그러면 거짓말이 나온다. 하나님을 기쁘시게 해드리는 말이 아니라 사탄의 비위를 맞추는 말은 죄다 거짓말이다.

어린양과 함께 시온산에 선 144,000명은 그 입에 거짓말이 없고 흠이 없는 자들이다. 그들은 하나님께 속했다. 하나님께 속한 생각을 하고 하나님께 속한 말을 할 것이다.

이마에 도장을 찍는 것으로 저절로 하나님의 사람으로 만들어지는 것이 아니다. 하나님의 사람으로 산 징표로 이마에 표가 있게 되는 것이다. 그들은 살아온 모든 날을 뒤돌아보면서 새 노래를 부를 것이다. 아무나 부를 수 있는 노래가 아니다. 하나님께 속한 사람만 부를 수 있다.

14:6) 또 보니 다른 천사가 공중에 날아가는데 땅에 거주하는 자들 곧 모든 민족과 종족과 방언과 백성에게 전할 영원한 복음을 가졌더라

구원과 심판은 동전의 양면이다. 심판이 없으면 구원도 없다. 우리한테 허락된 구원이 복음이면, 그 복음은 구원 얻지 못한 자들에 대한 심판을 전제로 한다.

용이 교회를 핍박하려고 바다 모래 위에 서 있다는 내용으로 12장이 끝났다. 13장에서 교회가 극심한 박해에 시달렸다. 세상 역사가 그렇게 끝날 수는 없다. 14장 시작하면서 어린양이 시온산에 섰고 하나님의 인 맞은 자 144,000명도 그와 함께 있다는 내용이 나왔다.

그것으로 충분하지 않을까? 용이 아무리 발악해도 어린양은 이미 승리했다. 용을 섬길 것인지 어린양을 섬길 것인지 답이 명백하게 주어졌다. 그런데 천사가 공중을 날아가면서 한 번 더 다짐한다. 우리가 두려워하고 경배해야 할 대상이 하나님이라는 것이다.

14:7) 그가 큰 음성으로 이르되 하나님을 두려워하며 그에게 영광을 돌리라 이는 그의 심판의 시간이 이르렀음이니 하늘과 땅과 바다와 물들의 근원을 만드신 이를 경배하라 하더라

우상을 숭배하면 안 된다는 말에 우리는 별 부담 없이 고개를 끄덕인다. 하지만 신사 참배를 강요하는 일제 강점기라면 비장한 각오가 있어야 한다. "그가 큰 음성으로 이르되 하나님을 두려워하며 그에게 영광을 돌리라"라는 말이 그렇다. 교회에서 늘 하는 원론적인 말이 아니다. 짐승의 두려움에 시달리는 사람들한테 하는 말이다.

부대에 이등병이 새로 들어오면 고참들이 하는 장난이 있다. 상병은 "야, 일어서!"라고 하고 병장은 "앉아!"라고 한다. 이럴 수도 없고 저럴 수도 없다. 병장이 말한다. "상병하고 병장하고 누가 더 높아?" 상병도 말한다. "너, 군대 생활 누구하고 더 오래 할 거야?"

13장에서 짐승의 우상에게 경배하지 않으면 다 죽인다고 했다. 엄포가 아니라 정말로 죽는다. 그런데 다른 천사가 "하늘과 땅과 바다와 물의 근원을 만드신 이를 경배하라"라고 한다. 누구를 경배하는 것이 옳을까?

왜 꼭 기독교를 믿어야 하느냐고 묻는 사람이 있다. 왜 그런가 하면 이 세상 주인이 하나님이기 때문이다. 혹시 부처가 이 세상을 만들었고 부처가 이 세상을 다스리면 우리도 불교를 믿는 것이 맞다. 하지만 부처가 창조주가 아니라 하나님이 창조주다. 왜 짐승의 우상에게 경배하면 안 되고 하나님을 경배해야 하는가 하면, 짐승의 우상이 하늘과 땅과 바다와 물의 근원을 만든 것이 아니라 하나님이 만드셨기 때문이다. 짐승한테는 이 세상을 심판할 자격이 없다. 오직 하나님만 이 세상을 심판하신다. 그리고 본문은 그의 심판의 시간이 이르렀다고 한다.

요한계시록은 종말을 다루는 책이다. 우리는 종말을 남의 일처럼 생각하는 경향이 있다. 우리가 살아가는 기간이 종말인 것은 모르고 언젠가 있기는 하지만 자기 생애에는 없는 줄로 착각한다.

요한계시록의 원래 독자들은 그렇지 않았다. 그들은 정말로 생사의 기로에서 신앙을 고백한 사람들이다. 로마 황제를 섬기지 않으면 도저히 살 수 없는 형편이다. 그런 사람들한테 심판의 시간이 이르렀다고 한다. 그들은 조만간 주님을 만날 것이다. 순교를 해서 만날 수도 있고 자기 생을 다 살아서 만날 수도 있지만 어쨌든 시간은 금방 지나간다. 결국 본문은 이 세상을 섬긴 자들의 종말을 보여주는 것으로 신자들을 격려하는 내용이다. 이 세상을 사는 동안 누구를 두려워해야 하고 누구에게 경배해야 하는지 바로 알라는 것이다.

그래서 바벨론이 무너졌다는 얘기가 이어진다. 어차피 망했으니 겁낼 이유가 없다.

14:8〉 또 다른 천사 곧 둘째가 그 뒤를 따라 말하되 무너졌도다 무너졌도다 큰 성 바벨론이여 모든 나라에게 그의 음행으로 말미암아 진노의 포도주를 먹이던 자로다 하더라

　바벨론은 로마의 별명이지만 세상 나라를 총칭하기도 한다. 아직 이 세상은 망하지 않았다. 그러니 "무너질 것이다"라고 해야 하는데 "무너졌도다"라고 한다. 하나님이 하시는 일이기 때문이다. 사람이 세운 계획은 이루어지지 않는 경우가 흔하지만 하나님의 계획은 그렇지 않다. 하나님께는 "무너질 것이다"나 "무너졌도다"나 차이가 없다.

　본문은 바벨론을 "모든 나라에게 그의 음행으로 말미암아 진노의 포도주를 먹이던 자"라고 한다. 4절에서 어린양과 함께 시온산에 선 144,000명을 "여자와 더불어 더럽히지 아니하고 순결한 자"라고 했다. 본문의 음행은 4절의 순결과 대조되는 개념이다. 비단 성도덕에 대한 얘기가 아니다. 세상을 추구하는 일체의 마음이 음행이다. 하나님이 미워하시는 일을 하면 하나님의 진노를 받을 수밖에 없다.

14:9-10a〉 또 다른 천사 곧 셋째가 그 뒤를 따라 큰 음성으로 이르되 만일 누구든지 짐승과 그의 우상에게 경배하고 이마에나 손에 표를 받으면 그도 하나님의 진노의 포도주를 마시리니 그 진노의 잔에 섞인 것이 없이 부은 포도주라

　섞인 것이 없이 부은 포도주는 순도 100% 포도주를 말한다. 하나님이 그처럼 진노하신다는 뜻이다. 조금의 자비나 긍휼도 베풀지 않는다. 대체 얼마나 큰 죄를 범했기에 하나님이 그렇게 진노하시느냐가 아니다. 심판의 시간이 이르렀기 때문이다. 회개의 때가 다 지나가고 남은 것은 심판뿐이어서 그렇다.

8절에서 바벨론을 가리켜 모든 나라에게 그의 음행으로 말미암아 진노의 포도주를 먹이던 자라고 했다. 바벨론이 음행의 본산이다. 거기에 대해 하나님이 진노하신다. 본문에서는 누구든지 짐승과 그의 우상에게 경배하고 이마에나 손에 표를 받으면 그도 하나님의 진노의 포도주를 마신다고 했다. 하나님이 음행에 대해서만 진노하시지 않는다. 우상에게 경배하는 것이나 짐승의 표를 받는 것에 대해서도 똑같이 진노하신다.

그 시대 사람들이 바벨론의 음행에 대한 하나님의 진노는 당연하게 여기면서도 우상에게 경배하는 것이나 짐승의 표를 받는 것은 그보다 덜한 죄로 생각했던 것 같다. 그래서 성경이 "너도 마찬가지다"라는 뜻으로 "그도 하나님의 진노의 포도주를 마시리니"라고 한다. 그 진노의 포도주를 순도 100%라고 강조한다. 조금도 에누리가 없다.

우리 생각에는 우상에게 경배하는 것이나 짐승의 표를 받는 것이 상당히 큰 죄로 보이지만 당시 사람들한테는 그렇지 않았다는 뜻이다. 음행에 비해서는 정상 참작의 여지가 있는 것으로 여겼던 모양이다. 그럴 만한 이유를 추측할 수 있다. 우상에게 경배하지 않으면 죽는다. 짐승의 표를 받지 않으면 매매를 못한다. 그러니 어떻게 하라는 말인가? 어차피 옆집, 앞집, 뒷집이 다 그렇게 산다. 그러면 별수 없는 것 아닐까?

성경은 그렇지 않다고 한다.

14:10b-12) 거룩한 천사들 앞과 어린양 앞에서 불과 유황으로 고난을 받으리니 그 고난의 연기가 세세토록 올라가리로다 짐승과 그의 우상에게 경배하고 그의 이름표를 받는 자는 누구든지 밤낮 쉼을 얻지 못하리라 하더라 성도들의 인내가 여기 있나니 그들은 하나님의 계명과 예수에 대한 믿음을 지키는 자니라

누구든지 주의 이름을 부르는 자는 구원을 얻는다. 주의 이름을 불렀는데 다른 이유가 걸려서 구원을 얻지 못하는 법은 없다. '누구든지'가 그만큼 강력한 말이다. 마찬가지다. 짐승과 그의 우상에게 경배하고 그의 이름표를 받는 자는 누구든지 밤낮 쉼을 얻지 못한다. 짐승과 그의 우상에게 경배하고 그의 이름표를 받았는데도 예외적으로 쉼을 얻는 사람은 없다. 어떤 핑계도 통하지 않는다.

13장에서 교회가 상당히 심각한 상황이었다. 짐승과 타협하지 않으면 살수 없을 것처럼 얘기했다. 그런데 14장으로 넘어오면 전혀 다른 내용이 나온다. 누구든지 짐승과 그의 우상에게 경배하고 그의 이름표를 받으면 영원하도록 불과 유황으로 고난받는다고 한다.

하나님이 너무 무심한 것 같다. 그런 상황이면 짐승의 압제에서 교회를 구원해 주셔야 하는 것 아닐까? 그런데 그렇게 하시지 않는다. 짐승의 압제 아래 있는 것을 방관하신다. 그러면서 거기에 굴복하면 영원한 고난이 있다고 한다. 대체 어떻게 하라는 얘기일까? 짐승의 표를 받지 않으면 짐승의 진노를 받고, 받으면 하나님이 싫어하신다. 둘 다 만족시킬 수는 없다. 결국 성경은 우리한테 어린양과 함께 시온산에 설 것인지, 유황불에 들어갈 것인지 양자택일하라고 하는 셈이다.

14:13) 또 내가 들으니 하늘에서 음성이 나서 이르되 기록하라 지금 이후로 주 안에서 죽는 자들은 복이 있도다 하시매 성령이 이르시되 그러하다 그들이 수고를 그치고 쉬리니 이는 그들의 행한 일이 따름이라 하시더라

한창 얘기하다가 "잘 들어봐!"라고 하는 수가 있다. 안 그래도 얘기를 듣고 있는데 잘 들어보라고 하는 것은 중요한 내용이 있기 때문이다. 지금 요한은 하나님이 보여주시는 환상을 기록하고 있다. 그런데 기록하라고 한다. 그만큼 중요한 메시지라는 뜻이다. 그러면 어떤 내용이 나와야 할까? "짐승의 권세에 시달리고 있느냐? 그러면 이렇게 해라."라는 얘기가 있으면 좋겠는데 그런 얘기는 없다. 오히려 전혀 엉뚱한 얘기가 있다. 지금 이후로 주 안에서 죽는 자들은 복이 있다는 것이다. 살 수 있는 방도를 알려주는 것이 아니라 죽으라고 한다. 우리의 당면 과제는 고난을 면하는 것이 아니다. 차라리 죽을지언정 고난에 굴하지 않는 것이다.

주 안에서 죽는 자들이 어떤 자들일까? 교회에 등록된 사람이 죽으면 주 안에서 죽는 것일까? 본문이 기록될 당시의 상황은 그렇게 만만하지 않았다. 짐승의 압제에 시달리면서도 신앙을 포기하지 않고 차라리 죽음을 택하는 자가 주 안에서 죽는 자이다.

성경은 신앙을 지키면 형통하게 된다고 말하지 않는다. 신앙을 위해서 죽으면 복이 있다고 한다. 앞에서 짐승 우상에게 경배하지 않으면 죽는다고 했다. 죽음은 이 세상 사람에게 가장 무서운 위협이다. 그런데 본문은 오히려 복으로 말한다.

죽음이 복인 이유가 있다. 수고를 그치고 쉬기 때문이다. 앞에서 짐승과 그의 우상에게 경배하고 그의 이름표를 받는 자는 누구든지 쉬지 못한다고 했다. 수고한 것이 없으니 쉴 이유도 없다. 하지만 주 안에서 죽는 자들은 그렇지 않다. 그들한테는 행한 일이 따른다. 행한 일이 수고인 셈이다.

대체 어떤 수고를 했을까? 12절에서 "성도들의 인내가 여기 있나니 그들은 하나님의 계명과 예수에 대한 믿음을 지키는 자니라"라고 했다. 그들은 하나님의 계명과 예수에 대한 믿음을 지키느라 인내했다. 그것이 수고다. 그리고 그것을 그치고 쉬는 것을 복이라고 한다.

세상에 속한 사람들한테는 죽음이 가장 무서운 단어다. 죽으면 모든 것이 끝나는 줄 알기 때문이다. 우리는 어떤가? 우리는 사람이 죽어도 모여서 찬송을 부른다. 죽음조차도 우리한테는 찬양의 이유가 된다. 죽음이 무섭지 않은데 무서운 것이 무엇이 있을까? 혹시 무서운 것이 있다면 하나님께로부터 멀어지는 것 한 가지다. 그것 말고는 무서운 것이 없다.

전에 어떤 청년이 푸념조로 하는 말을 들은 적이 있다. 학교 다닐 적에 공부를 잘했던 것도 아니고, 돈 많은 부모를 만난 것도 아니고, 좋은 대학을 나오지도 못했고, 남들이 부러워할 만한 직장에 다니는 것도 아니고 자기는 왜 이렇게 존재감 없이 살아야 하느냐고 했다. 비단 그 청년만이 아니다. 세상에서는 누구나 그렇게 산다. 학교 다닐 적에 늘 1등만 하고, 돈 많은 부모 만나서 스무 살 갓 넘은 나이에 외제차 몰고 다니고, 외국에서 박사 학위 받고 와서 억대 연봉 받으며 근무하는 사람이 몇이나 되겠는가? 전부 있는 듯 없는 듯 산다.

하지만 분명한 사실이 있다. 지금은 그렇지만 다음 세상에서는 아무도 평범하지 않다는 사실이다. 굉장히 존귀하게 되든지 굉장히 비참하게 되든지 둘 중의 하나다.

14:14-16) 또 내가 보니 흰 구름이 있고 구름 위에 인자와 같은 이가 앉으셨는데 그 머리에는 금 면류관이 있고 그 손에는 예리한 낫을 가졌더라 또 다른 천사가 성전으로부터 나와 구름 위에 앉은 이를 향하여 큰 음성으로 외쳐 이르되 당신의 낫을 휘둘러 거두소서 땅의 곡식이 다 익어 거둘 때가 이르렀음이니이다 하니 구름 위에 앉으신 이가 낫을 땅에 휘두르매 땅의 곡식이 거두어지니라

방금 주 안에서 죽는 자들은 복이 있다고 했다. 그러면 주 밖에서 사는 쪽을 택한 사람들은 어떻게 될까? 그에 대한 설명이 본문이다. 한때 그들은 자기들이 지혜로운 줄 알았을 것이다. "그런 식으로는 세상을 못 산다", "현실을 너무 모른다"라는 말로 주 안에서 죽는 자들을 비웃었을 것이다. "주 안에서 죽는 것"과 "주 밖에서 사는 것"에서 '죽는 것'과 '사는 것'의 차이에 주목했다. 궁극적인 차이가 '주 안'과 '주 밖'에 있는 것을 몰랐다.

요한이 구름 위에 인자 같은 이가 앉아 있는 것을 보았다. 성경에 나오는 구름은 대부분의 경우 하나님의 영광을 말한다. 예수님이 영광 가운데 좌정해 계신 것을 본 것이다. 예수님 머리에는 금 면류관이 있고 손에는 예리한 낫을 가졌다.

토저 목사가 그의 책 〈하나님 편인가, 세상 편인가〉에서 "예수님의 초상화를 그리는 현대 화가들에게 '그분은 곱슬머리의 곱상한 약골이 아니셨다'라고 말해줄 때가 되었다"라고 했다. 예수님이 조만간 백마를 타고 칼을 들고 하늘을 가르며 오신다는 것이다. 예수님은 친히 세상을 심판하시며 만국을 그 발아래 무릎 꿇릴 분이다.

요한이 그런 예수님을 보았다. 예수님이 처음 이 세상에 오셨을 적에는 여

인의 자궁을 빌려서 오셨다. 그때는 구세주로 오셨기 때문에 누구의 죄도 묻지 않으셨다. 하지만 다시 오실 때는 심판주로 오신다. 만왕의 왕, 만군의 주로 오신다. 그래서 금 면류관을 쓰셨다.

성전에서 나온 천사가 그런 예수님께 큰 음성으로 외쳤다. 땅의 곡식이 다 익었으니 낫을 휘둘러 거두라는 것이다. 천사가 예수님께 명령을 하는 모양새가 어색할 수 있지만 그 천사는 성전에서 나왔다. 성부 하나님에게서 보냄을 받았다는 뜻이다.

15절에서 곡식이 익었다고 할 때 쓰인 단어가 '크세라이노'인데 '마르게 하다', '피폐해지다'라는 뜻이다. 이 단어가 성경 다른 곳에서는 어떻게 쓰였는지 확인해 보자.

더러는 흙이 얕은 돌밭에 떨어지매 흙이 깊지 아니하므로 곧 싹이 나오나 해가 돋은 후에 타서 뿌리가 없으므로 말랐고(마 13:5-6)

사람이 내 안에 거하지 아니하면 가지처럼 밖에 버려져 마르나니 사람들이 그것을 모아다가 불에 던져 사르느니라(요 15:6)

그러므로 모든 육체는 풀과 같고 그 모든 영광은 풀의 꽃과 같으니 풀은 마르고 꽃은 떨어지되 오직 주의 말씀은 세세토록 있도다(벧전 1:24-25a)

천사의 얘기는 잘 익은 곡식을 수확하라는 뜻이 아니다. 말라비틀어진 것들을 거두라는 뜻이다. 그래서 낫이 동원되었다.

내가 다시 눈을 들어 본즉 날아가는 두루마리가 있더라 그가 내게 묻되 네가 무엇을 보느냐 하기로 내가 대답하되 날아가는 두루마리를 보나이다 그 길이가 이십 규빗이요 너비가 십 규빗이니이다(슥 5:1-2)

스가랴 선지자가 날아가는 두루마리를 보았다. 두루마리는 물론 하나님 말씀이다. 그런데 〈70인역〉에는 두루마리가 낫으로 번역되어 있다. 본문의 예리한 낫이 곧 예리한 말씀이 된다.

이 세상 심판 기준이 하나님 말씀인 것은 당연하다. 하나님이 말씀으로 천지를 지으셨다. 하나님 말씀으로 지어진 세상에 살면서 하나님 말씀에 위배되면 심판받을 수밖에 없다. 하나님은 마음씨 좋은 할아버지처럼 늘 오냐오냐 하시는 분이 아니다. 하나님이 불신자를 심판한다는 얘기는 당연하게 들으면서 자기의 불순종은 용납될 줄로 생각하는 것은 모순이다. 불순종은 연약함 때문이 아니라 사악함 때문이다.

14:17-19〉 또 다른 천사가 하늘에 있는 성전에서 나오는데 역시 예리한 낫을 가졌더라 또 불을 다스리는 다른 천사가 제단으로부터 나와 예리한 낫 가진 자를 향하여 큰 음성으로 불러 이르되 네 예리한 낫을 휘둘러 땅의 포도송이를 거두라 그 포도가 익었느니라 하더라 천사가 낫을 땅에 휘둘러 땅의 포도를 거두어 하나님의 진노의 큰 포도주 틀에 던지매

14-16절에서 설명한 하나님의 진노를 훨씬 더 시각적으로 설명한다. 또 다른 천사가 성전에서 나오는데 역시 예리한 낫을 가졌다. 성전에서 나왔으니 심판의 근원이 하나님이다. 한때 그 성전에서는 사죄의 은총이 선포되었을

것이다. 하지만 지난 얘기다. 그 은총을 끝까지 무시하면 심판이 선언될 수밖에 없다. 용서의 진원지인 성전이 심판의 시발점이 되는 날이 있다.

불을 다스리는 다른 천사가 제단으로부터 나와 예리한 낫을 가진 천사한테 포도송이를 거두라고 한다. 포도가 익었다는 것이다. '익다'에 해당하는 헬라어 '아크마조'는 "전성기에 이르다"라는 뜻이다. 최고조에 달한 것이다.

하나님이 아브라함한테 장래 계획을 말씀하신 적이 있다. 아브라함의 자손이 이방에서 객이 되어 괴롭힘을 받다가 사 대 만에 가나안 땅으로 돌아오게 하겠다고 하면서, 그 이유를 아모리 족속이 죄악이 아직 가득 차지 않았기 때문이라고 했다.

하나님께 인내의 한계라는 표현을 쓰는 것이 어색하기는 하지만 포도가 익었다는 얘기가 그런 뜻이다. 더 이상 두고 볼 수 없는 형편에 이르렀다. 그래서 포도를 거두어 하나님의 진노의 큰 포도주 틀에 던진다. 포도주를 만들 때 포도를 큰 틀에 넣고 밟아 으깨는데, 하나님의 진노를 그렇게 표현한 것이다.

에돔에서 오는 이 누구며 붉은 옷을 입고 보스라에서 오는 이 누구냐 그의 화려한 의복 큰 능력으로 걷는 이가 누구냐 그는 나이니 공의를 말하는 이요 구원하는 능력을 가진 이니라 어찌하여 네 의복이 붉으며 네 옷이 포도즙 틀을 밟는 자 같으냐 만민 가운데 나와 함께한 자가 없이 내가 홀로 포도즙 틀을 밟았는데 내가 노함으로 말미암아 무리를 밟았고 분함으로 말미암아 짓밟았으므로 그들의 선혈이 내 옷에 튀어 내 의복을 다 더럽혔음이니 (사 63:1-3)

보스라는 에돔의 대표 도시다. 에돔에서 온다는 얘기나 보스라에서 온다는 얘기나 같은 뜻이다. 그는 공의를 말하는 자이고 구원하는 능력을 가진 자이다. 그런데 그 옷이 마치 포도즙 틀을 밟는 자처럼 붉다. 본래 붉은 옷이 아니다. 진노함으로 말미암아 무리를 짓밟았더니 선혈이 튀어서 그렇게 되었다. 그 정도로 포도즙 틀을 맹렬하게 밟았다. 그가 누구일까? 심판에 능한 자가 아니라 구원의 능력을 가진 자이다. 그런데 구원을 행하지 않고 심판을 행한다.

그런 내용을 본문이 빌려왔다. 짐승의 표를 받으면 이렇게 된다는 것이다. 포도주 틀에서 으깨지는 포도가 하나님의 진노 아래 있는 이들의 현실이다.

14:20〉 성 밖에서 그 틀이 밟히니 틀에서 피가 나서 말굴레에까지 닿았고 천 육백 스다디온에 퍼졌더라

말굴레는 지상에서 1.5m가 족히 넘을 것이다. 피가 그런 말굴레에까지 이르렀다고 했다. 피가 한곳에 고인 것이 아니다. 1,600스다디온에 퍼졌다. 1,600은 $4 \times 4 \times 100$이다. 4는 땅의 숫자다. 동서남북 사방을 말한다. 그런 숫자를 두 번 반복하고 거기에 많다는 뜻의 100을 곱한다. 즉 포도주 틀에서 나온 피가 전 세계에 퍼진다는 뜻이다. 모든 세계가 하나님의 진노 아래 놓이는 날이 있다.

그런 일이 성 밖에서 벌어진다. 성 밖에 있는 자들은 구원 얻지 못한 자들이다. 성경에서 말하는 성은 일단 예루살렘성이다. 14장 시작하면서 시온산 얘기가 나왔다. 시온산은 시온성, 즉 예루살렘성과 같은 말이다. 구원 얻은 144,000명은 어린양과 함께 시온산에 있다. 시온산이 아닌 곳에서는 하나님의 진노의 포도주 틀이 밟히고 있다. 그곳은 하나님과 단절된 곳이다.

14장은 12, 13장에 이어지는 내용이다. 우리 현실이 12, 13장이다. 늘 아슬아슬하다. 이 세상의 배후에 용이 있다. 고지식하게 신앙만 찾다가 망하기 십상이다. 그런 세상을 사는 우리한테 영원한 복음을 선포한다(6-7절). 하나님을 두려워하며 그에게 영광을 돌리라는 것이다. 하나님의 심판의 시간이 곧 이르는데 오직 시온산에만 피할 곳이 있다. 성 밖에 있으면 진노의 포도주 틀에서 밟히게 된다.

이런 말을 들으면 우리는 시온산에 있으니 다행이라는 생각이 들 수 있다. 하지만 그것으로는 모자라다. 십자가가 허구가 아닌 것처럼 진노의 포도주 틀도 허구가 아니다. 물론 우리 중에 허구라고 하는 사람은 없다. 그런데 허구인 것처럼 살 가능성은 있다. 신앙생활을 권면하면 늘 딴소리를 한다. 우리는 신앙 앞에 더 진지해질 필요가 있다. 우리가 직면한 가장 큰 현실이다.

15장 유리 바다 가의 찬양

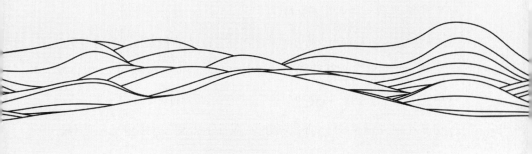

　앞에서 일곱 인 재앙, 일곱 나팔 재앙을 확인했다. 일곱 대접 재앙은 16장에 나온다. 15장은 일곱 대접 재앙의 도입부다.

　요한계시록은 사건 순서대로 기록된 책이 아니다. 12-14장의 내용이 다 끝난 다음에 15-16장의 내용이 시작되는 것이 아니다. 하나님이 일곱 인 재앙, 일곱 나팔 재앙으로 말세에 있을 일을 거듭 경고했다. 12-14장은 이 세상의 결국에 대한 설명이다. 이 세상의 배후에 누가 있는지, 거기에 넘어간 사람들은 어떻게 되고 끝까지 신앙을 지킨 사람들은 어떻게 되는지 보여주셨다. 그리고 일곱 대접 재앙을 말씀하신다.

15:1〉 또 하늘에 크고 이상한 다른 이적을 보매 일곱 천사가 일곱 재앙을 가졌으니 곧 마지막 재앙이라 하나님의 진노가 이것으로 마치리로다

일곱 인 재앙이나 일곱 나팔 재앙에는 회개의 여지가 있었다. 인 재앙에서는 땅 1/4이 심판받는다는 얘기가 나왔다. 나팔 재앙에서는 계속 1/3을 얘기했다. 더 강한 표현을 써서 심판을 강조한 것이다. 대접 재앙에는 회개의 여지가 없다. 그래서 마지막 재앙이다.

인 재앙은 역사의 주인이 하나님이라는 사실을 보여주었다. 보좌에 앉으신 이의 오른손에 일곱 인으로 봉한 두루마리가 있었고, 어린양이 그 인을 뗄 때마다 재앙이 임했다. 나팔 재앙은 "그러니까 회개하라"라는 뜻이다. 나팔은 경고의 의미를 갖는다. 대접 재앙은 "회개하지 않으면 이렇게 된다"라는 뜻이다. 대접 안에 있는 것을 쏟아 붓는 것처럼 하나님의 진노를 쏟아 붓는다. 그것으로 끝이다. 더 이상 기회가 없다. 그래서 '…마치리로다'라고 했다. 하나님의 진노가 일곱 대접 재앙으로 귀결된다. 남은 것은 어린양의 혼인 잔치뿐이다.

15:2-4) 또 내가 보니 불이 섞인 유리 바다 같은 것이 있고 짐승과 그의 우상과 그의 이름의 수를 이기고 벗어난 자들이 유리 바다 가에 서서 하나님의 거문고를 가지고 하나님의 종 모세의 노래, 어린양의 노래를 불러 이르되 주 하나님 곧 전능하신 이시여 하시는 일이 크고 놀라우시도다 만국의 왕이시여 주의 길이 의롭고 참되시도다 주여 누가 주의 이름을 두려워하지 아니하며 영화롭게 하지 아니하오리이까 오직 주만 거룩하시니이다 주의 의로우신 일이 나타났으매 만국이 와서 주께 경배하리이다 하더라

요한이 불이 섞인 유리 바다 같은 것을 보았다. 유리 바다면 유리 바다지, 유리 바다 같은 것은 뭘까? 별수 없다. 요한이 본 것은 이 세상에 속한 것이 아니다. 그런 것을 자기가 아는 단어로 설명해야 한다. 설마 요한이 본 것이 정말로 물 대신 유리로 이루어진 바다는 아닐 것이다. 자기가 본 것을 나름 대로 설명하려니 그런 표현이 나온 것이다.

유리 바다 가에서 짐승과 그의 우상과 그의 이름의 수를 이기고 벗어난 자들이 모세의 노래, 어린양의 노래를 부른다. 짐승도 이기고 그의 우상도 이기고 그의 이름의 수도 이긴 것이 아니라 같은 내용을 반복한 것이다. 모세의 노래와 어린양의 노래도 마찬가지다. 모세의 노래, 곧 어린양의 노래다.

그 이름의 수를 이겼다는 표현에 주목할 필요가 있다. 그 이름의 수는 666이다. 사탄이 하나님의 완전하심을 흉내 내려고 애쓰지만 도저히 미치지 못하는 것을 나타내는 숫자다. 사탄한테 소원이 있다면 하나님의 자리를 차지하는 것이다. 그래서 끊임없이 우리를 미혹한다. 우리로 하여금 하나님 대신 세상을 섬기게 하는 것이 사탄의 전략이다. 그런 술책에 넘어가지 않는 것이 그 이름의 수를 이기는 것이다.

한때 이 세상이 극심한 박해에 시달린 적이 있다. 짐승의 표를 받지 않으면 매매를 할 수 없었다. 짐승의 표를 받는 일을 누가 즐기겠는가? 하지만 목구멍이 포도청이니 별수 없다. 울며 겨자 먹기로 짐승의 표를 받은 사람이 있었을 것이다. 그런 사람은 모세의 노래, 어린양의 노래를 부르지 못한다. 굶어 죽는 한이 있어도 신앙 정절을 더럽히지 않겠다는 각오를 실천에 옮긴 사람만 그 노래를 부를 수 있다. 성령님은 우리 입술의 의지가 아니라 행위의 의지에 기름을 부으신다.

이스라엘이 출애굽 할 때의 일이다. 이스라엘은 홍해를 건넜는데 애굽 군사는 전부 홍해에 빠져 죽었다. 홍해를 건넌 이스라엘이 모세의 노래를 부른다. 당시 상황을 "그날에 여호와께서 이같이 이스라엘을 애굽 사람의 손에서 구원하시매 이스라엘이 <u>바닷가에서</u> 애굽 사람들이 죽어 있는 것을 보았더라(출 14:30)"라고 한다.

이스라엘이 홍해 바닷가에서 애굽 사람들이 죽어 있는 것을 보았다. 금방 홍해를 건넜으니 그들이 있는 곳은 바닷가가 뻔하다. 그런데도 행여 독자들이 모를까 싶었는지 바닷가라는 사실을 밝힌다. 마침 본문에도 바닷가가 나온다. 짐승의 시험을 이긴 성도들이 유리 바다 가에서 모세의 노래, 어린양의 노래를 부른다. 그러면 그 불 섞인 유리 바다에서 심판받는 사람들은 짐승과 그의 우상과 그의 이름의 수한테 져서 거기에 속박된 사람들이다.

16장에 일곱 대접 재앙이 나오는데 재앙 내용이 낯익다. 죄다 출애굽 직전에 애굽에 내린 재앙과 흡사하다. 또 8절에서 성전에 연기가 가득했다고 하는데 모세가 율법을 받을 때는 구름이 가득했다. 연기나 구름은 둘 다 하나님의 영광을 말한다.

그러면 얘기가 어떻게 되는 것일까? 짐승을 이긴 성도들이 유리 바다 가에서 모세의 노래, 어린양의 노래를 부르는데 일찍이 이스라엘이 홍해 바닷가에서 모세의 노래를 불렀던 적이 있다. 일곱 대접 재앙 내용은 애굽에 내린 재앙과 유사하다. 성전에 연기가 가득한 것처럼 모세가 율법을 받을 때 빽빽한 구름이 임했다. 출애굽 당시 상황을 배경으로 일곱 대접 재앙을 설명한다. 일곱 대접 재앙의 목적이 출애굽의 진정한 완성이라는 뜻이다.

출 15:1-18에 모세의 노래가 나온다. 홍해를 건넌 이스라엘이 하나님을 찬양하려면 어떤 내용이 어울릴까? 하나님이 자기들을 구원하셨다는 사실에 초점을 맞춰야 하지 않을까? 그런데 "내가 여호와를 찬송하리니 그는 높고 영화로우심이요 말과 그 탄 자를 바다에 던지셨음이로다"로 시작해서 바로의 병거가 물에 빠진 얘기, 원수들이 부서진 얘기, 이방 나라들이 무서워 떨었다는 얘기를 한다. 자기들이 홍해를 건넜다는 사실보다 애굽 군대가 홍해에 빠져 죽었다는 사실에 초점이 있다.

본문도 그렇다. 이들이 찬양하는 장소는 유리 바다 가다. 불이 섞인 유리 바다에서 심판받는 사람들을 보며 이 찬양을 한다. "하나님이 저희를 구원하셨습니다. 과연 전능하십니다."가 아니다. "하나님이 세상을 심판하셨습니다. 하나님 하시는 일은 과연 크고 놀랍습니다."이다.

만국이 와서 주께 경배한다고 해서 모든 족속이 하나님 백성으로 편입된다는 얘기가 아니다. 모든 족속이 하나님을 인정할 수밖에 없게 된다는 얘기다. 아무리 하나님을 부인하며 살았어도 최후 심판까지 불복하는 것은 아니다. 그때는 누구나 하나님 앞에 무릎을 꿇게 된다.

14장에서 하나님의 진노의 포도주 틀에서 나온 피가 말굴레까지 닿았고 1,600스다디온에 이르렀다는 내용이 있었다. 하나님은 사랑이시라는데 그런 일이 어떻게 가능한가 하면, 그것이 하나님의 의이고 거룩이기 때문이다. "자기가 만든 피조물을 지옥에 보내는 하나님이라면 나는 안 믿겠다"라는 항변을 들은 적이 있다. 지금은 그런 항변이 가능하다. 하지만 수긍하게 될 때가 있다. 하나님이 하시는 일을 지금은 이해하지 못해도 곧 이해하게 된다.

15:5-6) 또 이 일 후에 내가 보니 하늘에 증거 장막의 성전이 열리며 일곱 재 앙을 가진 일곱 천사가 성전으로부터 나와 맑고 빛난 세마포 옷을 입고 가슴 에 금띠를 띠고

성전은 사죄의 은총이 선포되는 곳이다. 그런 곳에서 심판이 시작된다. 은혜의 보좌와 심판의 보좌가 따로 있는 것이 아니다. 하나님의 은혜를 무시하는 사람은 심판에 직면할 수밖에 없다.

성전에서 나온 일곱 천사가 재앙을 내리기 전에 한 일이 있다. 맑고 빛난 세마포 옷을 입고 가슴에 금띠를 띠는 일이다.

세마포 옷은 제사장 복장이다. 맡은 일이 거룩한 일이니 옷에서도 거룩함이 나타나야 한다. 그런데 본문에서는 반대다. 성전에서 나온 천사들이 세상에 재앙을 내리기 위해서 거룩한 옷을 입었다.

성전에서 하나님을 섬기는 일이 거룩한 이유는 하나님의 거룩하심을 드러내는 일이기 때문이다. 세상을 심판하는 일도 마찬가지다. 하나님의 거룩하심이 성전에서 선포되는 사죄의 은총을 통해서만 나타나는 것이 아니라 세상에 대한 심판을 통해서도 나타난다. 하나님이 세상을 심판하는 이유는 하나님이 거룩하신 분이기 때문이다.

15:7-8) 네 생물 중의 하나가 영원토록 살아 계신 하나님의 진노를 가득히 담은 금 대접 일곱을 그 일곱 천사들에게 주니 하나님의 영광과 능력으로 말미암아 성전에 연기가 가득 차매 일곱 천사의 일곱 재앙이 마치기까지는 성전에 능히 들어갈 자가 없더라

하나님은 어차피 영원토록 살아 계신 분이다. 그런데 금 대접을 얘기하면서 영원토록 살아 계신 하나님의 진노를 가득히 담은 금 대접이라고 한다. 하나님의 진노를 강조한 표현이다. 하나님이 영원토록 살아 계신 분이면 하나님의 진노도 영원히 지속된다.

성전에서 나온 천사들이 그런 하나님의 진노가 담긴 금 대접을 받았다. 성전에는 하나님의 영광과 능력으로 말미암은 연기가 가득히 차서 일곱 천사의 일곱 재앙이 마치기까지 능히 들어갈 자가 없었다.

누군가 성전에 가는 것은 하나님을 뵙기 위해서다. 그런데 일곱 천사가 일곱 대접 재앙을 시행하자, 성전에 능히 들어갈 자가 없게 된다. 이런 경우에는 "일곱 재앙이 마치기까지는 아무도 성전에 들어갈 수 없더라"라고 하는 것이 자연스럽다. 그런데 "일곱 재앙이 마치기까지는 성전에 능히 들어갈 자가 없더라"라고 해서 '능력'을 얘기한다.

일곱 대접으로 인한 재앙은 하나님이 하시는 일이다. 그 일을 누가 막겠는가? 하나님을 방해할 수 있는 자는 아무도 없다. 그래서 "일곱 재앙이 마치기까지는 성전에 능히 들어갈 자가 없더라"라고 한 것이다. 일곱 대접 재앙 아래 놓인 자들이 그 재앙을 모면할 방법은 이 세상 어디에도 없다. 그들은 영원한 진노를 받게 된다.

예수님이 십자가에 달려 돌아가실 때 성전 휘장이 찢어졌다. 누구든지 하나님께 나아갈 수 있는 길이 열린 것이다. 그 길을 통과한 사람은 어린양과 함께 시온산에 서게 된다. 하지만 그 길을 끝까지 외면한 사람은 별수 없다. 그들한테는 다시 기회가 없다. 자기들이 택한 운명에 스스로 책임을 져야 한다.

우리는 세상 사람들과 다른 운명을 사는 사람들이다. 세상에 속한 것을 놓고 아옹다옹할 이유가 없다. 그들이 그렇게 사는 것은 그것밖에 아는 것이 없어서 그렇다. 홍해를 건넌 사람이 홍해에 빠져 죽은 애굽 군사의 시신을 보면서 부러워할 것이 무엇이 있을까? 그 시신에 아무리 금목걸이, 금반지, 금팔찌가 있어도 부러워할 이유가 없다.

알베르 카뮈가 한 질문이 있다. "당신은 왜 자살하지 않습니까?" 그냥 살기만 할 것이 아니라 사는 이유를 찾으라는 뜻이다. 아무 생각 없이 살면 안 된다. 자기의 삶을 진지하게 성찰해서 의미 있는 인생을 살아야 한다.

하지만 카뮈도 생각하지 못한 사실이 있다. 우리가 사는 것이 우리한테 의미가 있는 것으로는 모자라다. 하나님께 의미가 있어야 한다. 하루하루를 하나님께 의미 있는 시간으로 채워야 한다.

16장 일곱 대접 재앙

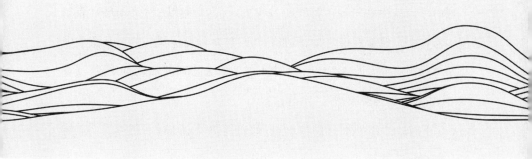

16:1〉 또 내가 들으니 성전에서 큰 음성이 나서 일곱 천사에게 말하되 너희는 가서 하나님의 진노의 일곱 대접을 땅에 쏟으라 하더라

인 재앙이나 나팔 재앙이라고 해서 하나님이 진노하시지 않은 것이 아니다. 하지만 그때는 '진노의 일곱 인'이나 '진노의 일곱 나팔'이라고 하지 않았는데 이번에는 '진노의 일곱 대접'이라고 한다. 하나님의 진노를 그만큼 강조한 것이다.

일곱 대접 재앙을 끝으로 더 이상 기회가 없다. 17-18장에 바벨론이 무너진다는 얘기가 나오고 19장에 어린양의 혼인 잔치가 나온다. 이 세상 역사가 끝나는 것이다.

16:2〉 첫째 천사가 가서 그 대접을 땅에 쏟으매 짐승의 표를 받은 사람들과

그 우상에게 경배하는 자들에게 악하고 독한 종기가 나더라

첫째 천사가 대접을 땅에 쏟았다. 짐승의 표를 받은 사람들과 그 우상에게 경배하는 자들에게 악하고 독한 종기가 났다. 신자에게는 해당 사항이 없고 불신자에게만 해당 사항이 있는 재앙이다. 짐승의 표를 받아서 자유롭게 매매를 할 때는 그렇게 사는 것이 순리인 줄 알았을 것이다. 그것이 이런 결과를 가져올 줄 꿈에도 몰랐을 것이다.

종기가 재앙인 것이 어색할 수 있다. 종기는 고약 붙였다가 짜내면 그만이다. 그런데 조선 시대 임금의 사망 원인 1위가 종기였다. 당시에는 종기가 치료하기 힘든 고질병이었다. 문종, 성종, 효종, 정조, 순조가 종기로 죽었고 그 외에도 많은 왕이 종기로 고생했다. 하물며 성경 시대라면 말할 것도 없다. 다섯째 천사가 대접을 쏟았을 때도 종기 얘기가 나온다(11절).

출애굽 직전의 애굽에 내린 여섯 번째 재앙이나 블레셋이 법궤를 빼앗았을 때, 욥이 고난 중에 있었을 적에는 정말 종기였다. 하지만 본문의 종기는 진짜 종기가 아니라 상징이다. 진짜 종기면 얘기가 이상하게 된다. "어떤 사람이 짐승의 표를 받고 양식을 구입했다. 집에 갔더니 종기가 났다. 다음날 마을 공터에 나가보니 종기로 고생하는 사람이 수두룩했다. 그런데 짐승의 표를 받지 않은 사람들은 멀쩡했다."라는 일이 벌어져야 하기 때문이다. 또 있다. 지금도 종기로 고생하는지 여부로 신자, 불신자를 구별할 수 있어야 한다. 새로 등록한 교인한테 세례를 줄 때마다 종기를 확인해야 할 것이다.

본문은 하나님 없이 사는 자들이 겪는 영적 고통을 종기로 표현한 것이다. 애굽에 재앙이 내렸을 때나 블레셋이 법궤를 빼앗았을 때는 종기 때문에 못 살겠다고 아우성을 쳤지만 본문은 다르다. 영적인 문제이기 때문에 고통 중에 있으면서도 고통을 모른다. 영혼이 아무리 핍절해도 육신은 멀쩡한 것과 같다.

16:3-7〉 둘째 천사가 그 대접을 바다에 쏟으매 바다가 곧 죽은 자의 피같이 되니 바다 가운데 모든 생물이 죽더라 셋째 천사가 그 대접을 강과 물 근원에 쏟으매 피가 되더라 내가 들으니 물을 차지한 천사가 이르되 전에도 계셨고 지금도 계신 거룩하신 이여 이렇게 심판하시니 의로우시도다 그들이 성도들과 선지자들의 피를 흘렸으므로 그들에게 피를 마시게 하신 것이 합당하니이다 하더라 또 내가 들으니 제단이 말하기를 그러하다 주 하나님 곧 전능하신 이시여 심판하시는 것이 참되시고 의로우시도다 하더라

둘째 천사가 대접을 바다에 쏟으니 바다가 죽은 자의 피처럼 응고되어 바다 가운데 모든 생물이 죽었다. 또 셋째 천사가 대접을 강과 물 근원에 쏟으니 피가 되었다. 출애굽 직전에 애굽에 내린 첫 번째 재앙과 흡사하다. 그때 나일강이 피가 되었다.

환경 오염으로 인한 생태계 파괴가 심각하다고 한다. 하지만 본문을 보면서 "종말에 나타날 징조 중의 하나는 환경 문제다"라고 한다면 요한계시록이 묵시서인 것에 정신이 팔려서 서신서라는 사실을 놓친 때문이다. 요한계시록은 소아시아 일곱 교회에 보낸 편지다. 그들한테 당장 필요한 것은 로마의 압제를 견딜 수 있는 힘이다. "환경을 생각하십시오. 환경은 후손한테 물려주어야 할 유산입니다."라고 하는 것은 자다가 봉창 두드리는 격이다.

뭔가 이상한 점이 있다. 바다가 죽은 자의 피같이 되고 강과 물 근원이 피가 되면 신자, 불신자 구별 없이 재앙이 임하는 것 아닐까? 그런데 그렇지 않은 모양이다. 5-6절에서 물을 차지한 천사가 그런 하나님의 심판이 의롭다는 말을 한다. 그들이 성도들과 선지자들의 피를 흘렸으니 그들에게 피를 마시게 하신 것이 합당하다는 것이다. 또 7절에서는 제단이 심판하시는 것이 참되시고 의로우시다며 그 얘기에 동조한다. 둘째 대접과 셋째 대접으로 인한 재앙도 첫째 대접처럼 이 세상에 속한 사람들한테만 적용되는 것을 알 수 있다. 실제로 나타나는 상황이 아니라 이 세상을 심판하는 한 단면에 대한 상징이라는 뜻이다. 구체적으로 무엇에 대한 상징인지 모르지만 신자와 불신자가 구별되는 것을 보면 영적인 내용이다.

분명한 사실은 하나님은 항상 의롭다는 사실이다. 하나님이 세상을 심판하면 그 심판은 의로울 수밖에 없다. 하나님의 심판이 의로우려면 먼저 구원이 의로워야 한다. 우리가 하나님께 받을 진노를 그 아들이 대신 받으셨다. 그렇게 해서 우리를 구원하셨으니 그 구원은 의롭다. 그런 구원을 끝까지 거절하면 심판받는 것이 마땅하다. 그래서 심판도 의롭다. 결국 하나님의 심판은 하나님의 의로우심에 대한 반증이다. 하나님의 진노가 없으면 십자가도 소용없는 것과 같다.

구약의 복과 신약의 복은 다르다. 구약의 복은 다분히 현세적이다. 신약에서는 그렇지 않다. 신약에서는 심령이 가난한 자가 복이 있다고 한다. 애통하는 자가 복이 있다고 하고 온유한 자가 복이 있다고 한다. 본래 하나님이 우리한테 주시기 원하는 복은 하늘에 속한 신령한 복이다. 하지만 영생이나 부활을 모르는 구약 시대 사람들은 그런 말을 못 알아듣는다. 그래서 "하나님을 잘 섬기는 것이 얼마나 좋은 것인 줄 아느냐? 그것은 마치 우양이 많아지는 것과 같다. 장수를 누리는 것과 같고 자녀가 많아지는 것과 같다."라고 한 것이다. 구약에서 말하는 복은 신약에서 말하는 궁극적인 복의 그림자인 셈이다.

예전에 성경 공부를 인도하면서 이 말을 했더니 한 청년이 실망스러운 말투로 물었다. "그럼 예수 잘 믿어봐야 아무것도 없다는 얘기네요?"

그 청년의 말이 맞다면 악하고 독한 종기가 나는 것도 아무것도 아니다. 바다가 죽은 자의 피같이 되고 강과 물 근원이 피가 되는 재앙도 아무것도 아니다. 그렇게 되었다고 해서 취직 못하는 것도 아니고 결혼 못하는 것도 아니다. 하나님 눈 밖에 나도 세상 사는 데에는 아무 불편이 없다.

우리가 누리는 복을 모르면 불신자들한테 무슨 문제가 있는지 모르게 된다. 신자라고 해서 떡 하나 더 생기는 것도 아니고 불신자라고 해서 세금을 더 내는 것도 아닌데 대체 무엇이 참되고 무엇이 의로운 것인지 이해가 안 될 수 있다.

홍해가 갈라진 것은 도무지 상상할 수 없는 기적이다. 하나님이 그런 엄청난 일을 왜 하셨을까? 이스라엘을 구원하기 위해서가 아니다. 우리한테 구원을 설명하기 위해서다. 홍해가 갈라진 것은 예고편이고 우리가 구원 얻은 것이 진짜다. 우리가 얻은 구원이 그만큼 놀라운 사건이다. 그런데 이 세상에만 정신이 팔리면 홍해가 갈라진 것은 엄청나다고 하면서 자기가 하나님의 백성이라는 사실은 대수롭지 않게 여길 수 있다.

영적인 감각은 불신자들한테만 필요한 것이 아니다. 당장 우리한테 필요하다. 세상에서 뒤처지는 것은 있을 수 없는 일로 알고 하나님 눈 밖에 나는 것은 별수 없는 일로 알면 안 된다. 예수 잘 믿으면 부자 된다는 말보다 더 신나는 말이 예수 잘 믿으면 하나님이 기뻐하신다는 말이어야 한다.

16:8-9〉 넷째 천사가 그 대접을 해에 쏟으매 해가 권세를 받아 불로 사람들을

태우니 사람들이 크게 태움에 태워진지라 이 재앙들을 행하는 권세를 가지신 하나님의 이름을 비방하며 또 회개하지 아니하고 주께 영광을 돌리지 아니하더라

넷째 천사가 대접을 해에 쏟았다. 해가 권세를 받아 불로 사람들을 태웠다. 사람들은 크게 태워지면서 하나님의 이름을 비방했다. 7:16에서 하나님의 백성을 얘기하면서 "그들이 다시는 주리지도 아니하며 목마르지도 아니하고 해나 아무 뜨거운 기운에 상하지도 아니하리니"라고 한 것과 극명하게 대조된다. 하나님의 백성은 해에 상하지 않는데 세상에 속한 사람들은 해에 태워진다.

청소할 때 양동이로 물을 끼얹을 수 있다. 그렇다고 해서 물 한 양동이를 지구에 쏟았다고 하지는 않는다. 그런 말을 하려면 양동이 크기가 태평양만큼은 되어야 할 것이다. 그런데 대접을 해에 쏟았다고 한다. 해의 반지름은 지구 반지름의 109배다. 대체 어느 만한 대접이라는 뜻일까? 또 천사는 얼마나 거대해야 할까? 결국 실제 상황이 아니라 상징이라는 뜻이다.

나팔 재앙에서 넷째 천사가 나팔을 불었을 때는 달이나 별과 함께 해의 삼분의 일이 어두워졌다. 그런데 이번에는 강도가 더 세졌다. 해가 지금보다 덜 비치는 것만 재앙이 아니라 더 비치는 것도 재앙이다.

지구에서 태양까지는 약 1억 4,960km이다. 여기에서 조금만 더 멀거나 가까워도 지구에 생명체가 살 수 없게 된다. 지구와 태양 사이가 가까워지면 지구의 온도가 올라가고 멀어지면 지구의 온도가 내려간다. 지구와 태양의 거리는 지금이 가장 알맞다. 아니, 우리가 존재하려면 지금의 거리 말고 다른 거리가 있을 수 없다. 결국 넷째 대접 재앙은 하나님이 이 세상을 보호하신다는 사실을 보여주는 재앙이다. 하나님이 잠시만 손을 놓으면 세상은 엉망이 된다.

사람은 하나님이 붙들어주시지 않으면 아무 대책이 없다. 그렇다고 해서 모든 사람이 하나님을 의지해서 살지는 않는다. 짐승의 표를 받지 않으면 매매를 못한다는 말에 얼른 표를 받는 사람이 얼마든지 있다. 그러고는 해가 권세를 받아 불로 사람들을 태우는 일이 벌어지면 회개를 하는 것이 아니라 하나님의 이름을 비방한다.

앞에서 첫째 대접 재앙을 말하면서 짐승의 표를 받은 사람들이 자기네 행위의 결과가 재앙인 줄 꿈에도 몰랐을 것이라고 했다. 잠깐만 성경에 없는 상상을 해보자. 만일 알았으면 어떻게 했을까? 그러면 짐승의 표를 거부했을까? 아마 별수 없다고 했을 것이다. 당장 먹고살기 힘든데 어떻게 한단 말인가?

짐승의 표를 받는 것은 하나님을 노골적으로 부인하는 처사다. 자기가 짐승한테 속했다고 고백한다는 뜻이기 때문이다. 그랬으면서 하나님을 비방하는 것이 무슨 경우일까? 자기가 하나님을 떠나거나 말거나 하나님은 늘 자기를 챙겨줘야 할까?

하나님을 부인하는 사람들한테만 해당되는 얘기가 아니다. 간혹 하나님이 자기 기도를 들어주지 않았다면서 불평하는 사람이 있다. 자기가 하나님 뜻대로 살지 않은 사실에 대해서는 고민하지 않는다. 자기가 하나님 뜻을 어긴 것은 별수 없는 일로 여기면서 하나님이 자기 뜻을 어기면 안 된다고 생각하는 것이 무슨 심보일까?

16:10-11〉 또 다섯째 천사가 그 대접을 짐승의 왕좌에 쏟으니 그 나라가 곧

어두워지며 사람들이 아파서 자기 혀를 깨물고 아픈 것과 종기로 말미암아 하늘의 하나님을 비방하고 그들의 행위를 회개하지 아니하더라

다섯째 천사가 대접을 쏟은 곳은 짐승의 왕좌다. 앞에서 용이 여자를 해하려다 실패했다. "용이 여자에게 분노하여 돌아가서 그 여자의 남은 자손 곧 하나님의 계명을 지키며 예수의 증거를 가진 자들과 더불어 싸우려고 바다 모래 위에 서 있더라"라는 말로 12장이 끝났다. 13장 시작하면서 바다에서 나온 짐승이 등장한다. 용의 사주를 받아 교회를 박해할 대행자다. 용이 그 짐승에게 자기의 능력과 보좌와 큰 권세를 주었다. 바로 그 보좌에 하나님의 진노의 대접을 쏟은 것이다.

하나님은 선의 세력을 대표하고 사탄은 악의 세력을 대표하는 것으로 오해하는 사람이 있다. 하지만 사탄은 하나님의 경쟁 상대가 아니다. 전능하신 하나님께 적수가 있을 수 없다. 사탄이 하나님의 일을 방해한다고 해봐야 아담한테 선악과를 먹게 한 것이 고작이다. 그런데 하나님은 그 보좌에 직접 진노를 쏟아 부으신다. 사탄이 아무리 자기 왕국을 건설해도 하나님이 인정하지 않으면 그만이다.

그 나라에 속한 사람들의 반응이 가관이다. 사람들이 아파서 자기 혀를 깨물고 아픈 것과 종기로 말미암아 하나님을 비방하고 그들의 행위를 회개하지 않는다고 했다. 마지막까지 발악한다는 뜻이다. 이런 반응은 하나님의 의로우심에 대한 부연 설명이다. 앞에서 하나님의 심판은 참되고 의롭다고 했다. 자기들의 나라가 망하고 자기들의 마지막이 다가오는 것을 알면서도 회개하지 않고 하나님을 비방할 만큼 악질이라면 당연히 심판해야 한다. 그 심판은 의로울 수밖에 없다.

하지만 그런 발악도 얼마 남지 않았다. 그들이 발악할 수 있는 것은 아직 남은 시간이 있기 때문이다. 최후 심판 때가 되면 이 세상 만국이 하나님께 경배하게 된다. 불신자까지도 하나님이 하시는 일을 인정하게 된다. 자기들이 틀렸고 하나님이 옳다는 사실을 자복하게 된다.

하나님이 세상을 심판한다고 해서 알렉산더나 칭기즈 칸처럼 힘으로 군림한다는 얘기가 아니다. 하나님은 이 세상 만국에 하나님의 의를 선포하신다. 이 세상 모든 족속이 하나님의 의를 납득할 날이 있다. 결국 하나님의 의를 지금 아느냐, 나중에 아느냐의 차이다.

우리는 하나님의 의를 지금 아는 사람들이다. 불신자들은 자기들이 이 세상에서 받는 고통을 몰라도 우리는 우리가 누리는 복을 알아야 한다. 이 세상이 아무리 암울하게 보여도 하나님이 이 세상 주인이다. 우리는 그 하나님과 함께 있는 사람들이다.

16:12) 또 여섯째 천사가 그 대접을 큰 강 유브라데에 쏟으매 강물이 말라서 동방에서 오는 왕들의 길이 예비되었더라

유브라데강은 팔레스타인 경계다. 그 너머에는 한때 앗수르가 있었고, 앗수르에 이어서 바벨론이 자리했다. 이스라엘한테는 둘 다 공포의 대상이었다.

1672년에 프랑스가 네덜란드를 침공한 적이 있다. 그때 네덜란드는 둑을 터뜨려서 프랑스군을 막았다. 네덜란드는 해수면보다 낮은 땅이 많기 때문에 둑만 터뜨리면 사방이 물바다가 된다. 1793년에도 프랑스가 쳐들어왔다. 네덜란드가 또 둑을 터뜨렸다. 그런데 공교롭게도 겨울철이었다. 프랑스 군대는 느긋하게 얼음이 얼기를 기다렸다. 그리고 네덜란드 정복에 성공했다.

여섯째 천사가 대접을 유브라데강에 쏟자, 강물이 말랐다고 한다. 강물이 마르면 그런 일이 벌어진다. 동방에서 오는 왕들이 누구인지 몰라도 그들이 유브라데강을 건너는 것이 강 이쪽에 있는 사람들한테는 재앙이라는 뜻이다.

16:13-14) 또 내가 보매 개구리 같은 세 더러운 영이 용의 입과 짐승의 입과 거짓 선지자의 입에서 나오니 그들은 귀신의 영이라 이적을 행하여 온 천하 왕들에게 가서 하나님 곧 전능하신 이의 큰 날에 있을 전쟁을 위하여 그들을 모으더라

용의 입과 짐승의 입과 거짓 선지자의 입에서 나온 귀신의 영이 온 천하 왕들에게 가서 하나님 곧 전능하신 이의 큰 날에 있을 전쟁을 위하여 그들을 모은다. 16절에 의하면 그곳이 아마겟돈이다.

하여간 굉장히 긴박한 형편이다. 귀신의 영에 미혹된 천하의 왕들이 마지막 날에 있을 전쟁을 위해서 아마겟돈으로 모인다. 1차 세계 대전이나 2차 세계 대전에 비할 바가 아니다. 이런 내용은 드라마로 봐도 긴장감이 흐른다. 하물며 당사자한테는 긴장감 정도가 아니다.

성경은 그런 상황에서 15절을 말한다.

16:15-16) 보라 내가 도둑같이 오리니 누구든지 깨어 자기 옷을 지켜 벌거벗고 다니지 아니하며 자기의 부끄러움을 보이지 아니하는 자는 복이 있도다 세 영이 히브리어로 아마겟돈이라 하는 곳으로 왕들을 모으더라

주의 날이 도둑같이 오는 것을 누가 모를까? 하지만 지금은 이런 말을 할

계제가 아니다. 바야흐로 아마겟돈 전쟁이 임박했다. 그런 긴박한 순간에 누가 잠에 빠진단 말인가? 그런 상황에서 벌거벗고 다닐 만큼 우매한 사람은 없다. 성경에서 옷은 성도의 옳은 행실을 말한다. 도덕이나 윤리에 대한 얘기가 아니다. 신자가 신자다운 것을 옷을 입은 것으로 얘기하는 것이다.

신자와 불신자는 짜장면 한 그릇만 앞에 있어도 구별이 된다. 기도하고 먹으면 신자이고 기도하지 않고 먹으면 불신자이다. 하물며 아마겟돈이라는 중차대한 전쟁을 앞둔 상황에서 구별이 안 될 수는 없다. 그런데 본문은 구별이 안 될 수 있는 것처럼 말한다.

아마겟돈은 '마겟돈의 산'이라는 뜻이다. 그런데 성경에 그런 지명이 안 나온다. 팔레스타인에도 그런 산이 없다. 그래서 '므깃도의 산'으로 고쳐 얘기한다. 히브리어는 모음 없이 자음으로만 표기하니 '므깃도'나 '마겟돈'이나 차이가 없다. 므깃도는 팔레스타인에서 대표적인 전략 요충지다. 이스라엘 역사를 통틀어서 200차례가 넘는 전쟁이 벌어졌다.

그런데 므깃도라고 하기에도 어설프다. 므깃도는 산이 아니라 평원이다. 성경은 므깃도를 골짜기로 얘기한다. 성경에서 말하는 골짜기는 우리가 아는 골짜기와 다르다. 히브리 사람들은 산과 산 사이의 평지를 골짜기라고 한다.

가나안 왕 야빈의 군대 장관 시스라가 철 병거 900대를 앞세우고 이스라엘을 침공한 적이 있다. 드보라가 그들을 물리친 곳이 므깃도다. 엘리야의 갈멜산 전투도 므깃도를 배경으로 한다. 어쩌면 므깃도 지역에 있는 갈멜산을 므깃도산이라고 할 수도 있을 것 같다.

하지만 우리가 알아야 할 내용은 "아마겟돈 전쟁이 언제 일어나느냐?", "아마겟돈 전쟁이 일어나는 장소가 어디냐?"가 아니다. 바벨론이라는 나라는 실제로 존재했지만 요한계시록에서 말하는 바벨론은 로마를 이른다. 또 하나님을 모르고 사는 이 세상 나라를 뜻하기도 한다. 창세기 11장에 나오는 바벨탑과 이름이 같은 것이 우연이 아닐 것이다. 아마겟돈도 그런 식이다. "그곳이 어디냐?"보다 그 의미를 확인하는 것이 중요하다.

> 왕들이 와서 싸울 때에 가나안 왕들이 므깃도 물가 다아낙에서 싸웠으나 은을 탈
> 취하지 못하였도다(삿 5:19)

사사 드보라 때 시스라가 침공한 것은 이스라엘과 가나안의 1:1 싸움이 아니었다. 가나안 여러 왕들이 연합해서 침공했다. 엘리야 때 이방 선지자 850명이 몰려온 것과 같고, 본문에서 온 천하 왕들이 모인 것과 같다. 그런데 은을 탈취하지 못했다고 한다. 전리품을 얻지 못했다는 얘기가 아니다. 전리품은 고사하고 무참하게 박살났다.

그들은 기세 좋게 쳐들어왔을 것이다. 이스라엘의 모든 금은보화를 자기들 소유로 알았을 것이다. 그곳이 자기들 무덤이 될 줄 꿈에도 몰랐을 것이다.

아마겟돈에서 같은 내용을 볼 수 있다. 천하의 왕들이 한자리에 모여 전쟁을 준비한다. 그 옛날 가나안 왕들이 은을 탈취할 궁리를 했던 것처럼 그들도 나름대로 전쟁에 대한 계산이 있었을 것이다. 그런데 성경은 그 내용을 가리켜서 "…하나님 곧 전능하신 이의 큰 날에 있을 전쟁을 위해서 모으더라"라고 했다. 구약성경 여러 곳에서 하나님이 세상을 심판하는 날이 여호와의 날로 나온다. 천하의 왕들이 유브라데강을 넘으면 팔레스타인을 장악하게 되는 것이 아니다. 오히려 여호와의 큰 날이 찾아온다. 귀신의 영은 나름대로 하나님을 대적하려고 일을 꾸몄지만 실상은 여호와의 큰 날을 준비했을 뿐이다.

개구리 같은 세 더러운 영이 이적을 행하면서 천하의 왕들을 아마겟돈으로 모은다. 하나님의 나라를 멸하기로 작정하고 서로 칼을 간다. 참으로 가소로운 수작이다. 하나님이 뭐라고 해야 할까? 그들한테는 따로 하실 말씀이 없으시다. 성도들을 향해서 "보라 내가 도둑같이 오리니 누구든지 깨어 자기 옷을 지켜 벌거벗고 다니지 아니하며 자기의 부끄러움을 보이지 아니하는 자는 복이 있도다"라고 하실 뿐이다.

요한계시록의 원래 독자는 소아시아 일곱 교회의 교인들이다. 그들한테 무슨 말을 해야 할까? "세상이 너희를 박해하고 있느냐? 마치 그 옛날 앗수르나 바벨론이 유브라데강을 건너서 쳐들어온 것 같으냐? 그들은 여호와의 큰 날을 위한 제물일 뿐이다. 너희가 할 일은 늘 깨어 있는 일이다. 행여 그런 일 때문에 너희 부끄러움을 보이지 않도록 주의해라."라는 말이 가장 어울린다. 하나님의 나라를 대적하는 그 어떤 도모도 서지 못할 것이기 때문이다.

이렇게 따지면 아마겟돈 전쟁은 흔히 말하는 것처럼 지구 최후의 전쟁이 아니다. 지금 우리가 싸우고 있는 영적 전쟁이다. 장래 특정한 날에 일어날 사상 최대의 전쟁이 아니라 우리 주변에서 늘 일어나는 전쟁이다. 문제는 우리가 과연 그 전쟁에 참여하고 있느냐 하는 것이다.

전쟁에 참여하는 방법은 간단하다. 늘 깨어서 자기 옷을 지키는 것이다. 그러면 악한 세력은 스스로 자기 무덤을 팔 것이다. 그들은 전부 여호와의 큰 날을 위한 제물에 불과하다. 유브라데강이 마르는 것이 팔레스타인한테 재앙으로 보였지만 사실은 동방에서 오는 왕들한테 재앙이었다.

16:17-18〉 일곱째 천사가 그 대접을 공중에 쏟으매 큰 음성이 성전에서 보좌로부터 나서 이르되 되었다 하시니 번개와 음성들과 우렛소리가 있고 또 큰

지진이 있어 얼마나 큰지 사람이 땅에 있어 온 이래로 이같이 큰 지진이 없었더라

사탄을 가리켜서 공중 권세 잡은 자라고 한다. 대접을 공중에 쏟았다는 얘기는 사탄의 활동 영역에 하나님의 진노를 쏟았다는 뜻이다. 사탄에 속한 자 중에 이 재앙을 면할 자는 아무도 없다. 그러자 큰 음성이 성전에서 보좌로부터 나서 이르기를 되었다고 한다. 앞에서 일곱 대접 재앙은 마지막 재앙인데 그것으로 하나님의 진노가 마친다고 했다. 하나님의 진노를 다 쏟아 부었으니 되었다는 음성이 들릴 만하다.

또 큰 지진이 있었는데 사람이 땅에 있어 온 이래로 이같이 큰 지진이 없었다고 한다. 지진이 나면 땅이 허물어진다. 이 세상의 기초가 없어진다. 하나님이 사탄의 모든 활동 영역에 진노를 쏟아 부었더니 이 세상을 전부로 알던 사람들이 설 곳이 없어졌다.

16:19-20) 큰 성이 세 갈래로 갈라지고 만국의 성들도 무너지니 큰 성 바벨론이 하나님 앞에 기억하신 바 되어 그의 맹렬한 진노의 포도주 잔을 받으매 각 섬도 없어지고 산악도 간 데 없더라

큰 성이나 만국의 성들이나 하나님의 진노 대상이기는 마찬가지다. 만국의 성들로서는 억울할 수 있다. 자기들한테 무슨 잘못이 있을까? 그저 큰 성을 따랐을 뿐이다. 하지만 그런 식의 얘기가 하나님 앞에서는 통하지 않는다.

본문은 큰 성 바벨론이 하나님 앞에 기억하신 바 되어 진노의 포도주 잔을 받는다고 한다. 바벨론을 큰 성이라고 하는 이유는 그만큼 승승장구했기 때문이다. 모든 것이 형통했다. 그들은 한껏 기고만장했을 것이다.

하나님이 이 세상 주인인데 어떻게 그런 일이 있을 수 있을까? 의로우면 상을 받고 불의하면 벌을 받는 것이 하나님이 정하신 법칙이다. 그래서 하나님 앞에 기억하신 바 되었다는 말이 나온다. 그 모든 일을 하나님이 알고 계셨다. 단지 때가 차기까지 기다리셨다.

하나님이 진노를 쏟아 부으면 각 섬도 없어지고 산악도 간 데 없게 된다. 울릉도는 6·25 때 아무런 피해를 입지 않았다. 섬이었기 때문이다. 그런데 하나님의 진노에는 섬이라고 해서 예외가 아니다. 또 산악은 땅에서 가장 윤곽이 뚜렷한 곳을 말한다. 그런 곳도 없어진다. 이 세상에 속한 그 어떤 흔적도 더 이상 남지 않게 된다.

16:21〉 또 무게가 한 달란트나 되는 큰 우박이 하늘로부터 사람들에게 내리매 사람들이 그 우박의 재앙 때문에 하나님을 비방하니 그 재앙이 심히 큼이러라

출애굽 직전에 애굽에 내린 재앙에도 우박 재앙이 있었다. 그런 우박 재앙에 시달리는 사람들이 하나님을 비방한다. 당장 세상이 끝나는 것이 아니라는 뜻이다. 세상 끝 날에는 아무도 하나님을 비방하지 않는다. 의인은 물론이고 불의한 자들도 하나님을 하나님으로 인정하게 된다.

그러면 앞에서 대접 재앙을 마지막 재앙이라고 한 것은 어떻게 된 영문일까? 이 세상 마지막이 아니라 더 이상 회개의 기회가 없어서 마지막이다. 계 20:11 이하에 백 보좌 심판이 나온다. 누구든지 생명책에 기록되지 못한 자는 불 못에 던져진다. 그때가 정말로 이 세상 마지막이고, 아직은 마지막을 향하여 나아가는 마지막이다.

악에 속한 자들이 그때까지도 하나님께 항거한다. 그것이 악의 본질이다. 하나님을 원망하고 죽겠다는데 그 고집을 누가 말릴까? 하나님의 심판이 과연 참되고 의롭다는 사실이 그들을 통해서 다시 한 번 확인된다.

소아시아 일곱 교회 교인들은 이런 내용을 통해서 신앙 의지를 새롭게 다졌을 것이다. 우리는 어떤가? 우리 중에 박해 아래 있는 사람은 없다. 하지만 우리 역시 영적 싸움을 싸우고 있어야 한다. 우리한테 하나님 보시기에 합당하지 않은 모습이 있지는 않은지 늘 점검해야 한다. 하나님의 나라가 승리하는 것을 알면서 세상의 비위를 맞추면서 살 이유는 없다.

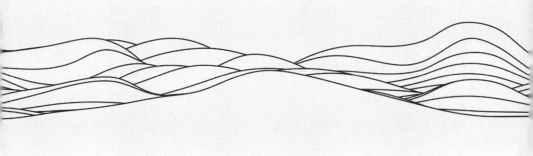

17장 심판받는 음녀

16장에서 일곱 대접 재앙을 확인했다. 그때 나왔던 천사가 또 나온다. 일곱 대접 재앙 얘기가 16장으로 끝나고 17장에는 다른 내용이 시작되는 것이 아니라는 뜻이다. 연결된 내용이다.

17-18장은 바벨론이 심판을 받는다는 내용이다. 바벨론에 대한 심판 얘기는 앞에서도 나왔는데 그 내용을 확대해서 보여준다. 바벨론이 심판받는 얘기를 이렇게 중요하게 다루는 이유는 바벨론이 이 세상을 상징하기 때문이다.

17:1〉 또 일곱 대접을 가진 일곱 천사 중 하나가 와서 내게 말하여 이르되 이리로 오라 많은 물 위에 앉은 큰 음녀가 받을 심판을 네게 보이리라

15절에 따르면 많은 물은 온 세상 만국이다. 그 위에 큰 음녀가 앉아 있다. 세상의 어느 한 귀퉁이를 차지한 것이 아니라 세상을 다 장악했다.

12장에서 용한테 핍박받는 여자가 나왔다. 용이 여자가 낳은 아이를 삼키려다 실패하자, 여자의 남은 자손과 싸우려고 한다. 그 여자가 교회의 상징인 것을 앞에서 확인했다. 하나님이 교회의 상징으로 여자를 얘기하자, 사탄이 세상의 상징으로 등장시킨 것이 음녀다. 음녀는 하나님께 지켜야 할 신앙지조를 모른다.

큰 성 바벨론이 음녀라면 뒤에 나오는 거룩한 성 새 예루살렘은 어린양의 신부다. 새 예루살렘의 특징이 거룩한 것이면 바벨론의 특징은 큰 것이다. 신자는 거룩을 정체성으로 삼는 반면 세상은 큰 것을 자랑한다. 우리는 하나님 앞에 성결한 사람이 되고 싶은지, 세상에서 잘나가는 사람이 되고 싶은지 태도를 분명하게 해야 한다.

17:2-3a〉 땅의 임금들도 그와 더불어 음행하였고 땅에 사는 자들도 그 음행의 포도주에 취하였다 하고 곧 성령으로 나를 데리고 광야로 가니라

음녀로 인한 폐해가 사뭇 심각하다. 온 세상 만국이 음녀의 영향력 아래 있으니 별수 없다. 천사가 요한한테 큰 음녀가 받을 심판을 보여주겠다고 할 만하다. 하나님이 이 세상 주인인데 그런 음녀가 마냥 활개치고 다닐 수는 없는 노릇이다.

성령이 요한을 광야로 데리고 갔다. 큰 음녀가 많은 물 위에 앉은 모습을 볼 수 있는 곳이 광야인 셈이다. 온 세상이 음녀의 영향력 아래 있으니 음녀의 실상을 보려면 세상을 벗어나야 한다.

17:3b-4〉 내가 보니 여자가 붉은 빛 짐승을 탔는데 그 짐승의 몸에 하나님을

모독하는 이름들이 가득하고 일곱 머리와 열 뿔이 있으며 그 여자는 자주 빛과 붉은 빛 옷을 입고 금과 보석과 진주로 꾸미고 손에 금잔을 가졌는데 가증한 물건과 그의 음행의 더러운 것들이 가득하더라

12장에 용이 교회의 상징인 여자를 박해한다는 얘기가 나왔다. 머리가 일곱이고 뿔이 열인 붉은 용이었다. 용의 대행자로 등장한 바다 짐승도 머리가 일곱이고 뿔이 열이었다. 여자가 일곱 머리와 열 뿔이 있는 붉은 짐승을 탔다고 했으니 사탄과 동류임을 알 수 있다.

또 자주 빛과 붉은 빛 옷을 입었다고 했다. 예수님이 십자가를 지고 갈 적에 입은 옷이 마태복음에는 홍포로 나오고 마가복음, 요한복음에는 자색 옷으로 나온다. 당시 예수님 옷이 붉은색 같기도 하고 자색 같기도 했던 모양이다. 음녀가 그런 예수님을 흉내 낸다. 그래서 자주 빛과 붉은 빛 옷을 입었다. 세상을 미혹하기로 작정한 것이다.

프랑스 혁명 당시 전통적인 기독교를 이성적 종교로 대체하려는 움직임이 있었다. 프랑스 철학자 라 레벨리에르도 그런 움직임에 동참했다. 그가 '신인 일체주의'라는 것을 만들었다. 인간이 신이라는 주장이다. 자신의 주장을 전하기 위해 논문도 쓰고 소책자도 발간하고 사회 프로그램도 만들었다. 하지만 반응이 없었다. 기가 꺾인 그가 동료 철학자들한테 조언을 구했다. 그 중의 한 명인 탈레랑이 답했다. "예수 그리스도는 자신의 종교를 창설하기 위해서 먼저 죽었다가 살아났거든. 자네도 종교를 만들고 싶으면 그 정도는 할 수 있어야 하지 않을까?" 달라스 윌라드가 편집한 〈세상이 묻고 진리가 답하다〉에 나오는 내용이다.

예수님이 구세주인 이유가 무엇일까? 검붉은 옷을 입었기 때문일까? 이 질문은 우리한테 별로 의미가 없다. 음녀가 입은 자주 빛, 붉은 빛 옷에 미혹될 사람이 우리 중에는 아무도 없기 때문이다. 그러면 질문을 바꿔보자. 크리스천이 크리스천인 이유는 무엇일까? 교회에 등록되어 있기 때문일까?

예수님이 자신의 종교를 창설하기 위해서 먼저 죽었다가 살아났다는 탈레랑의 말이 썩 마음에 들지는 않는다. 하지만 우리가 예수님이 창설한 종교를 믿는다면 우리야말로 죽었다가 살아나야 한다. 검붉은 옷을 입어서 예수님 행세를 하는 것이 말이 안 되는 것처럼 한두 가지 종교 행위를 하는 것으로 크리스천인 양 하는 것도 말이 안 된다. 우리는 죄에 대해서 죽고 의에 대해서 살아난 사람들이다. 그것이 신자 된 모습의 시작이다.

또 그 여자는 금과 보석과 진주로 꾸미고 손에 금잔을 가졌다. 사람들의 주목을 끌 만하다. 그 음녀와 더불어 음행을 하면 그런 것을 얻을 수 있을 것도 같다. 그런데 그 금잔에는 가증한 물건과 음행의 더러운 것들이 가득하다. 금잔 안에 있는 것이 음녀한테는 영광과 자랑이겠지만 하나님의 시선으로는 가증하고 더러운 것에 지나지 않는다. 같은 것에 대한 평가도 관점에 따라서 전혀 딴판이 된다.

에덴동산에서 비손, 기혼, 힛데겔, 유브라데의 네 강이 발원했다. 그중에 비손 강을 이렇게 설명한다.

첫째의 이름은 비손이라 금이 있는 하윌라 온 땅을 둘렀으며 그 땅의 금은 순금이요 그 곳에는 베델리엄과 호마노도 있으며(창 2:11-12)

에덴동산에는 순금이 널려 있었다. 관주성경에 보면 베델리엄에 3)이 있고, 진주라고 설명되어 있다.

비슷한 모습을 새 예루살렘에서도 볼 수 있다. 새 예루살렘은 정금으로 되어 있다. 성곽의 기초석은 각색 보석으로 되어 있고 문은 진주로 되어 있다. 길도 정금으로 되어 있다.

예루살렘에 가면 황금 돔 사원이 있다. 본래 이름이 오마르 사원인데 황금 돔 사원이라는 별명이 더 유명하다. 1994년에 요르단의 후세인왕이 금 80kg로 지붕을 도금한 다음에 붙은 별명이다.

전에 기독교 유적지 순례를 갔을 적에 일행 중에 누군가 말했다. "밤에 몰래 대패 갖고 들어가서 두어 번만 긁어 왔으면 좋겠는데…" 그런 농담이 가능한 이유는 이 세상에서 금이 그만큼 대접을 받기 때문이다.

본래 하나님이 만든 세상은 이런 세상이 아니었다. 에덴동산에는 금이나 진주, 호마노가 굴러다녔다. 아담, 하와가 날만 밝으면 금 주우러 다녔다는 얘기는 성경에 없다. 우리가 이다음에 천국에 가도 마찬가지다. 천국은 보도블록이 금으로 되어 있지만 아무도 거들떠보지 않을 것이다.

자주 빛과 붉은 빛 옷으로 예수님을 흉내 내는 음녀가 금과 보석과 진주로 꾸미고 손에는 금잔을 들었다. "구원은 다른 게 아니다. 이 세상에서 부귀영화를 누리는 것이 구원이다."라는 뜻이다.

이 세상에 죄가 들어오기 전이었으면 아무도 그런 것에 미혹되지 않았을 것이다. 우리한테 허락된 구원이 완성된 다음에도 그렇다. 하지만 지금 세상에서는 안 그렇다. 금과 은만 많으면 그것이 구원인 줄로 아는 사람이 얼마든지 있다. 금잔 가득 가증한 물건과 음행의 더러운 것들이 있어도 아랑곳하지 않는다.

댄 브라운이 쓴 〈다 빈치 코드〉는 내용이 상당히 고약하다. 예수님이 막달라 마리아와 결혼했다고 한다. 막달라 마리아가 예수님의 유복자를 낳아서 키웠다고도 하고, 예수님을 신으로 만들기 위해서 성경을 날조했다고도 한다. 예수님이 베드로가 아닌 막달라 마리아한테 교회를 부탁했다고도 한다. 신자 중에 신앙 기초가 부실한 사람은 당혹할 수도 있다.

댄 브라운이 대체 무슨 일을 한 것일까? 기독교를 욕보이기 위해서 악의적으로 그런 책을 쓰지는 않았을 것이다. 단지 독자들의 관심을 끌고 싶었을 것이다. 사람들의 호기심을 유발하기 위해서 흥미진진한 요소를 가미했을 것이다. 그런 시도가 성공을 거두었다. 그 책을 통해서 상당한 부와 명예를 얻었다. 본문의 표현을 빌리면, 세상이 부러워하는 금잔을 손에 든 격이다. 그러면 그 안에 있는 가증한 물건과 음행의 더러운 것은 어떻게 해야 할까? 자기가 원하는 것을 얻기 위해서 다른 사람이 귀하게 여기는 것을 능멸한 죄는 어떻게 해야 할까?

댄 브라운도 그 책이 그렇게 엄청난 베스트셀러가 될 줄 몰랐다고 한다. 어쩌면 본문의 음녀도 같은 말을 할지 모른다. "내가 금과 보석과 진주로 꾸미고 손에 금잔을 들기는 했어도 이토록 많은 사람들이 미혹될 줄은 몰랐다."

17:5-6) 그의 이마에 이름이 기록되었으니 비밀이라, 큰 바벨론이라, 땅의 음녀들과 가증한 것들의 어미라 하였더라 또 내가 보매 이 여자가 성도들의 피와 예수의 증인들의 피에 취한지라 내가 그 여자를 보고 놀랍게 여기고 크게 놀랍게 여기니

비밀이라고 했으면서 금방 답을 공개하는 것이 이상할 수 있는데, 여기서 말하는 비밀은 secret이 아니라 mystery다. secret은 보면 알 수 있지만 감춰져 있어서 모르는 것이고 mystery는 봐도 모르는 것이다. 아는 사람만 안다.

하나님이 성도의 이마에 인을 친 것처럼 음녀의 이마에도 이름이 기록되어 있다. 성도의 이마에는 어린양의 이름과 아버지의 이름이 있는데 음녀의 이마에 기록된 이름은 비밀이다. 그 비밀을 천사가 설명해준다. 큰 음녀는 큰 바벨론이다. 그는 땅의 음녀들과 가증한 것들의 어미다.

또 있다. 큰 음녀가 성도들의 피와 예수의 증인들의 피에 취했다고 했다. 성도가 성결에 초점이 있는 표현이라면 증인은 사명에 초점이 있는 표현이다. 신자라면 마땅히 자신의 성결과 사명 감당에 힘써야 한다. 음녀한테는 그것이 박해 이유가 되었다. 성도들의 피와 예수의 증인들의 피에 취한 큰 음녀는 마치 승리에 들뜬 기분이었을 것이다. 자기가 신자들한테 본때를 보여줬다는 것이다.

요한이 무척 놀랐다. 애초에 천사는 많은 물 위에 앉은 큰 음녀가 받을 심판을 보여준다고 했다. 그런데 요한이 본 큰 음녀는 기세가 등등했다. 심판받는 모습이 아니라 세상 주인 행세를 하는 모습이다.

17:7〉 천사가 이르되 왜 놀랍게 여기느냐 내가 여자와 그가 탄 일곱 머리와 열 뿔 가진 짐승의 비밀을 네게 이르리라

천사가 요한한테 그 여자와 그 여자가 탄 짐승의 비밀을 알려주겠다고 한다. 그 비밀을 알면 놀랄 이유가 없어진다는 뜻이다.

우리는 하나님이 이 세상 주인인 것을 알고 있다. 이 세상이 결국 하나님의 심판 아래 있는 것도 안다. 그래서 늘 찬송하며 사느냐 하면 그렇지 않다. 이 세상 악에 대해서 놀랄 때가 종종 있다. 하지만 우리가 정말로 놀라야 할 일이 따로 있다. 혹시 악과 싸우는 자리에 우리가 없다면 그때는 놀라야 한다.

요한이 본문에서는 놀라고 있지만 이제 곧 의문이 풀린다. 이 세상 악도 그렇다. 그 실체를 알면 놀랄 일이 아니다. 하지만 악과 싸우는 자리에 우리가 없다면 그런 일은 그냥 넘어가면 안 된다. 우리는 큰 음녀가 심판받는 모습을 지켜봐야 할 사람들이다. 오직 하나님 편에만 붙어 있어야 한다.

17:8〉 네가 본 짐승은 전에 있었다가 지금은 없으나 장차 무저갱으로부터 올라와 멸망으로 들어갈 자니 땅에 사는 자들로서 창세 이후로 그 이름이 생명책에 기록되지 못한 자들이 이전에 있었다가 지금은 없으나 장차 나올 짐승을 보고 놀랍게 여기리라

전에 있었다가 지금은 없으나 장차 무저갱으로부터 올라와 멸망으로 들어간다는 것이 짐승에 대한 설명이다. 이런 설명을 두 번 반복한다. 11절에도 같은 말이 나온다. 전에 있었지만 지금은 없고 나중에 결국 멸망하는 것이 짐승의 본질이다.

1장에 요한이 주님을 뵙는 장면이 나왔다. 그때 주님이 "나는 처음이요 마지막이니 곧 살아 있는 자라 내가 전에 죽었었노라 볼지어다 이제 세세토록 살아 있어 사망과 음부의 열쇠를 가졌노니"라고 했다. 그리스도는 이 세상에서 사시다가 죽으시고 다시 살아나셔서 영원히 살아 계시다. 짐승은 전에 있으나 지금은 없고 장차 무저갱으로부터 올라와 멸망으로 들어간다. 그 종말만 다른 것이 아니다. 그리스도는 처음이요 마지막인데 반하여 짐승은 존재하지 않던 때가 있다. 이 세상을 다스리는 왕이 아니라는 단적인 증거다.

과학이 발달하면 미신이 없어진다고 생각하던 시절이 있었다. 그런데 일간지마다 오늘의 운세가 실리는 것이 어제오늘의 일이 아니다. 대학생들을 겨

냥한 사주 카페도 있다. 직업별로는 정치인이 점쟁이를 가장 많이 찾는다고 한다. 정치인은 그 시대의 가장 엘리트 계층이다.

모든 점쟁이가 허황된 말을 하지는 않는다. 그 일을 해서 먹고살려면 최소한의 설득력이 있어야 한다. 그중에는 귀신같이 맞히는 점쟁이도 있다. 그렇다고 해서 그것이 무슨 의미가 있을까? 귀신이 귀신같이 맞히는 것은 당연한 일이다.

13장에서 사탄의 대행자로 바다에서 나온 짐승이 등장했다. 그가 사람들을 미혹하기 위해서 그리스도의 부활을 흉내 내자, 땅에 속한 자들이 그 짐승을 따랐다. 본문에 같은 내용이 나온다. 전에 있었다가 지금은 없으나 장차 나올 짐승을 보고 생명책에 기록되지 못한 자들이 놀랍게 여긴다. 생명책에 이름이 기록된 자한테는 놀랄 일이 아니라는 뜻이다. 어떤 일에 놀라는지가 그 사람의 정체성을 보여준다. 예수님이 우리를 위해 죽으셨다는 사실에는 놀라지 않으면서 점쟁이의 말을 듣고는 신기하다고 놀란다면 어떤 사람인지 뻔하다.

17:9-11〉 지혜 있는 뜻이 여기 있으니 그 일곱 머리는 여자가 앉은 일곱 산이요 또 일곱 왕이라 다섯은 망하였고 하나는 있고 다른 하나는 아직 이르지 아니하였으나 이르면 반드시 잠시 동안 머무르리라 전에 있었다가 지금 없어진 짐승은 여덟째 왕이니 일곱 중에 속한 자라 그가 멸망으로 들어가리라

본문은 8절에 대한 설명이다. 로마를 가리켜서 일곱 언덕의 도시라고 한다. 로마가 본래 일곱 언덕을 배경으로 시작되었다. 여자가 앉은 일곱 산은 로마를 말하는 것으로 볼 수 있다. 그러면 일곱 왕은 누구일까? 첫 번째 황제 아우구스투스에 이어 티베리우스, 칼리굴라, 클라디우스, 네로가 차례로 황제가 되었다. 네로가 죽은 다음에는 갈바, 오토, 비텔리우스가 황제 자리를 다투면서 잠깐 황제의 자리에 앉았다. 이어서 베스파시아누스, 티투스, 도미티아누스가 황제가 되었다.

요한계시록은 도미티아누스 때 기록되었다. "하나는 있고"를 도미티아누스라고 하면 망한 다섯은 누구일까? 아우구스투스, 티베리우스, 칼리굴라, 클라디우스, 네로가 망한 다섯일까? 갈바나 오토, 비텔리우스는 재위 기간이 짧으니까 무시한다고 해도 베스파시아누스와 티투스는 어떻게 할까?

이런 어려움 때문에 일곱 왕을 역사 속에 존재했던 일곱 나라로 해석하기도 한다. 애굽, 앗수르, 바벨론, 바사, 헬라가 망한 다섯이라는 것이다. 지금 있는 하나는 당연히 로마다. 그러면 아직 이르지 않은 다른 하나는 어느 나라일까? 열 뿔에 착안해서 EU라고 하는 얘기가 있었는데 로마 제국과 EU 사이의 시간 격차는 어떻게 설명할까? 게다가 현재 EU 회원국은 27개국이나 된다.

요한계시록은 어렵다고 한다. 구약에 익숙한 사람을 대상으로 쓴 책이니 그럴 수 있다. 요한계시록을 알려면 먼저 구약을 알아야 한다. 또 하나는 상징이 많기 때문이다. 일곱 왕이 누구이고 망한 다섯이 누구인지 무슨 수로 알까? 억지로 꿰어 맞추려니 열 뿔을 EU라고 하는 얘기도 나오는 것이다.

일곱 산은 로마라고 했다. 그리고 로마는 세상의 상징이다. 일곱 왕이라고 하는 것은 그 시대마다 세력을 잡았기 때문이다. 그중에 다섯이 망했다는 얘기는 복구가 안 될 만큼 타격을 입었다는 뜻이다. 자본금 7억으로 시작했는데 5억을 까먹었으면 망하는 것은 시간문제다. 파산 선고만 남았다.

여자의 후손이 뱀의 머리를 밟았다. 뱀은 치명상을 입어서 소생 가능성이 없다. 일곱 왕 중에 다섯이 망한 것에 해당한다. 그렇다고 해서 이 세상 역사가 끝난 것은 아니다. 뱀이 여전히 꼬리를 꿈틀거린다. 때가 이르면 남은 힘을 모아 마지막 발악을 할 것이다. "하나는 있고 다른 하나는 아직 이르지 아니하였으나 이르면 반드시 잠시 동안 머무르리라"가 그 얘기다.

또 전에 있었다가 지금 없어진 짐승은 여덟째 왕인데 일곱 중에 속한 자라고 했다. 일곱 중에 속했다고 했으니 일곱 왕과 구분되는 다른 왕이 아니다. 그런데 여덟째 왕이라는 별도의 이름을 부여했다.

7은 하나님의 창조 사역을 뜻하는 숫자다. 하나님이 엿새 동안 천지를 창조하시고 일곱째 날에 안식하셨기 때문이다. 그런데 인간이 죄를 범했다. 완결되었던 창조 사역에 추가할 일이 생겼다. 우리를 구원하는 일이다. 그래서 8은 구원을 나타내는 숫자다.

나병에 걸렸다가 나으면 여덟째 날에 정결예식을 행한다. 나병은 죄를 상징하는 병이다. 그런 병이 나은 것은 죄로 인해서 죽을 수밖에 없던 인간이 구원 얻은 것을 보여준다. 그 사실을 여덟째 날에 선포했다.

그러면 전에 있었다가 지금 없어진 짐승을 여덟째 왕이라고 하는 것은 무슨 영문일까? 그는 새로운 왕이 아니다. 일곱 중에 속해서 이미 멸망이 선포된 자이다. 그런데 구원을 상징하는 숫자 8을 적용한다.

나병이 나았다는 얘기가 사람을 기준으로 하면 구원이지만 나병을 기준으로 하면 멸망이다. 우리한테 구원이 선포되면 짐승한테는 멸망이 선포될 수밖에 없다. 그래서 여덟째 왕이다. 우리가 영원히 구원 얻은 것처럼 그는 영원히 멸망할 것이다. "…그가 멸망으로 들어가리라"라고 한 것이 그런 얘기다.

17:12-13〉 네가 보던 열 뿔은 열 왕이니 아직 나라를 얻지 못하였으나 다만

짐승과 더불어 임금처럼 한동안 권세를 받으리라 그들이 한뜻을 가지고 자기의 능력과 권세를 짐승에게 주더라

음녀가 탄 짐승은 머리가 일곱이고 뿔이 열이었다. 방금 일곱 머리가 일곱 왕이라고 했는데 열 뿔도 열 왕이라고 한다. 그런데 아직 나라는 얻지 못했다. "임금처럼 한동안 권세를 받는다"라고 했으니 정식 임금이 아니다.

성경이 무슨 말을 하는지 모르지만 어쨌든 열 뿔로 상징되는 열 왕의 권세는 일곱 머리로 상징되는 일곱 왕의 권세에 미치지 못한다. 일곱 왕한테는 이미 멸망이 선언되었다. 그러면 열 왕도 항복해야 하는 것 아닐까? 자기들보다 강한 왕이 박살난 마당에 할 수 있는 일이 무엇이 있을까? 할 수 있는 일이 아무것도 없을 것 같은데 자기들의 능력과 권세를 짐승한테 줬다. 왜 줬을까?

17:14) 그들이 어린양과 더불어 싸우려니와 어린양은 만주의 주시요 만왕의 왕이시므로 그들을 이기실 터이요 또 그와 함께 있는 자들 곧 부르심을 받고 택하심을 받은 진실한 자들도 이기리로다

요컨대 그들의 관심은 어린양을 대적하는 것이다. 그 일을 위해서 힘을 모은다. 아마겟돈 전쟁 때 온 천하 왕들이 모인 것과 같다.

우리나라는 분단국가다. 남한과 북한이 경기를 할 때마다 "우리의 소원은 통일"을 부른다. 그런데 정말일까? 통일에는 통일 비용이 따른다. 북한 선교를 활발하게 하는 H목사에 따르면, 통일이 될 경우 소득이 2/3로 줄어든다고 한다. 월 소득이 600만 원인 가정은 400만 원이 된다. 그것을 감수할 마음도 없으면서 통일을 말하는 것은 다 빈말이다.

열 뿔한테 이런 말을 하면 뭐라고 할까? "정말로 어린양과 싸우기를 원하는가? 그렇다면 여러분의 모든 능력과 권세를 다 포기해야 한다. 그래도 싸우겠는가?" 그들이 뭐라고 할까? 우리의 소원은 통일이 아닐지 모르지만 열 뿔의 소원은 어린양과 싸우는 것이다. 죄는 그 존재가 소멸되기 전까지 활동을 그치는 법이 없다. 일곱 왕 중에 다섯이 박살나서 소생 가능성이 없어도 하나님 대적하기를 포기하지 않더니 일곱 왕한테 멸망이 선언된 것을 알면서도 그보다 능력이 못한 열 뿔이 어린양을 대적한다.

그 싸움에서는 물론 어린양이 이긴다. 어린양은 만주의 주이고 만왕의 왕이다. 이길 수밖에 없다. 그런데 어린양 혼자 이기지 않는다. 그와 함께 있는 자들 곧 부르심을 받고 택하심을 받은 진실한 자들도 같이 이긴다. 짐승의 핍박 속에서도 신앙을 지킨 사람은 어린양의 승리를 함께 누린다.

17:15-16〉 또 천사가 내게 말하되 네가 본바 음녀가 앉아 있는 물은 백성과 무리와 열국과 방언들이니라 네가 본바 이 열 뿔과 짐승은 음녀를 미워하여 망하게 하고 벌거벗게 하고 그의 살을 먹고 불로 아주 사르리라

어린양이 어떻게 이길까? 사람은 전략이나 전술이 필요하지만 어린양한테는 그런 것이 필요 없다. 죄는 그 속성상 스스로 파국을 초래하는 법이다. 본문은 그 내용을 열 뿔과 짐승이 음녀를 미워해서 망하게 하고 벌거벗게 하고 그의 살을 먹고 불로 아주 사르는 것으로 말한다.

애초에 음녀는 일곱 머리에 열 뿔 달린 짐승을 탄 모습으로 등장했다. 음녀와 짐승이 한통속이었다. 그런데 열 뿔과 짐승이 음녀를 학대한다. 둘 사이에 무슨 일이 있었을까?

짐승이 사탄을 상징하면 열 뿔은 사탄의 전위 부대, 음녀는 세상 풍조를 말한다. 사탄이 세상 풍조를 이용해서 하나님의 나라를 대적한다. 세상 풍조는 사탄의 도구일 뿐이다. 이용 가치가 없으면 언제든지 폐기된다. 그런데 짐승과 열 뿔이 음녀에 대해서 악의적인 감정을 갖고 있는 것처럼 얘기한다. 어쩌면 어린양한테 패한 책임을 추궁하는 것일 수 있다. 그렇다고 해서 성경이 짐승과 열 뿔이 얼마나 신의가 없는가, 음녀가 얼마나 억울한 형편인가를 말하는 것이 아니다.

17:17〉 이는 하나님이 자기 뜻대로 할 마음을 그들에게 주사 한뜻을 이루게 하시고 그들의 나라를 그 짐승에게 주게 하시되 하나님의 말씀이 응하기까지 하심이라

짐승과 열 뿔이 음녀를 파멸시킨 것은 하나님이 하나님 뜻대로 할 마음을 그들에게 주었기 때문이다. 하나님이 그들을 사주한 것이 아니다. 그들이 아무리 악한 일을 도모해도 이루어지는 것은 하나님의 뜻이다. 짐승과 열 뿔한테 소원이 있다면 하나님 나라를 멸하는 것이다. 열 뿔은 한뜻을 가지고 자기의 능력과 권세를 짐승에게 주어서 어린양과 싸우게 했다. 하지만 궁극적으로 이루어지는 것은 언제나 하나님의 뜻이다.

사탄이 가룟 유다에게 예수님을 팔 마음을 넣었다. 가룟 유다는 은 30에 예수님을 팔았고, 예수님은 십자가에 달렸다. 그렇게 해서 사탄의 뜻이 이루어졌을까? 사탄은 나름대로 열심을 다했지만 이루어진 것은 자기의 파멸이다. 그것이 하나님의 뜻이고, 사탄은 그 뜻이 이루어질 때까지 제한적으로 행세했다.

가룟 유다를 벌한 것이 누구일까? 하나님이 죄를 묻지 않았다. 가룟 유다 스스로 자기를 정죄했다. 짐승과 열 뿔이 음녀를 학대하는 것과 같은 일이 가룟 유다한테서 일어났을 것이다. 아마 가룟 유다는 "넌 인간 망종이다. 너 같은 건 살아 있을 자격이 없다."라는 음성을 숱하게 들었을 것이다.

17:18) 또 네가 본 그 여자는 땅의 왕들을 다스리는 큰 성이라 하더라

음녀는 큰 성 바벨론이다. 그 큰 성을 땅의 왕들이 다스리는 것이 아니다. 그 큰 성이 땅의 왕들을 다스린다. 땅의 왕들이 세상 풍조에 사로잡힌 것을 그렇게 표현한 것이다.

이 세상 풍조의 결국은 파멸이다. 하나님이 저주하시기 때문이 아니라 사탄에 의해 버림받는다. 천사가 요한한테 큰 음녀가 받을 심판을 보여준다고 한 것이 그것이다. 요한은 그 음녀가 이 세상 왕 노릇을 하는 것을 보고 잠깐 놀랐지만 놀랄 일이 아니다. 사탄한테 이용당하다가 비참하게 끝나는 것이 세상 풍조다.

결국 성경은 "짐승의 핍박을 견디고 어린양과 함께 승리를 누리겠느냐, 짐승을 숭배하다 짐승한테 버림받겠느냐?"를 묻는 셈이다. 양자택일을 해야 한다. 평소에는 짐승을 숭배하다가 마지막 날에 어린양과 함께 이기는 법은 없다.

18장 멸망하는 바벨론

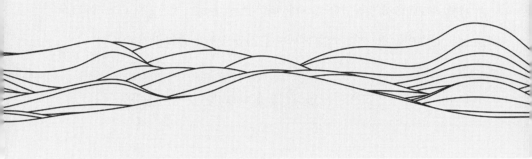

17장에 음녀에 대한 설명이 나왔다. 음녀는 바벨론의 다른 이름이다. 18장은 바벨론의 멸망을 다룬다. 19장에 어린양의 혼인 잔치가 나온다. 17-18장이 어린양의 혼인 잔치를 위한 사전 작업인 셈이다.

하나님 나라가 시작되려면 먼저 이 세상 역사가 끝나야 한다. 이 얘기를 개인한테 적용하면 어떻게 될까? 우리가 그리스도의 신부로 살려면 세상에 속한 이전 삶과 단절되어야 한다. 어린양의 혼인 잔치가 있기 위해서 먼저 바벨론이 망해야 한다는 얘기에는 고개를 끄덕이면서 세상의 때가 덕지덕지 묻은 채로 그리스도의 신부 노릇을 하려는 것은 말이 안 된다.

개개인한테 해당되는 이런 얘기를 온 세상으로 확대한 것이 18장이다. 1-3절에서 개략을 얘기하고 4-24절 이하에서는 자세하게 풀어서 설명한다. 바벨론 멸망을 이렇게 중요하게 다루는 이유는 우리가 이 세상에 속한 삶과 단절하는 것이 그만큼 중요하기 때문이다. 바벨론 멸망이 전제되지 않으면 어린양의 혼인 잔치가 의미가 없는 것처럼 세상에 속한 모습이 남아 있으면 그리스도의 신부라는 신분도 의미가 없다.

18:1〉 이 일 후에 다른 천사가 하늘에서 내려오는 것을 보니 큰 권세를 가졌는데 그의 영광으로 땅이 환하여지더라

요한이 다른 천사가 하늘에서 내려오는 것을 보았다. 요한한테 음녀의 정체를 설명해준 천사가 아닌 다른 천사다. 그 천사는 큰 권세를 가졌는데 그의 영광으로 인해서 땅이 환해졌다.

천사한테 권세가 있다면 하나님께 위임받은 권세다. 영광도 마찬가지다. 그 천사 고유의 영광이 아니라 하나님으로 말미암은 영광이다.

아파트 재개발로 부동산 시장이 활황인 동네가 있었다. 개도 10만 원짜리 수표를 물고 다닌다고 했다. 천사의 권세와 영광을 얘기하는 것이 그런 경우다. 그 천사가 얼마나 대단한지에 대한 설명이 아니라 하나님의 권세와 하나님의 영광에 대한 설명이다.

18:2〉 힘찬 음성으로 외쳐 이르되 무너졌도다 무너졌도다 큰 성 바벨론이여 귀신의 처소와 각종 더러운 영이 모이는 곳과 각종 더럽고 가증한 새들이 모이는 곳이 되었도다

하나님의 권세와 영광을 위임받은 천사가 힘찬 음성으로 바벨론의 붕괴를 선언한다. '무너졌도다'를 두 번 말한 것은 강조 용법이다.

고레스가 바벨론을 무너뜨린 것이 주전 539년이다. 하지만 본문의 바벨론은 그 바벨론이 아니다. 일차적으로는 로마를 말하고 궁극적으로는 우리가 사는 세상을 말한다. 이 세상은 아직 망하지 않았다. 요한계시록이 쓰일 당시를 기준으로 하면 로마도 망하지 않았다. 그런데 '무너질 것이다'가 아니라 '무너졌도다'라고 한다.

남학생들은 학교에서 주먹다짐을 벌이는 수가 있다. 보통 쉬는 시간에 시비가 붙은 다음 방과 후에 적당한 곳에서 결판을 내게 된다. 그런 경우에 으레 "넌 죽었어"라고 한다. 단단히 혼을 내주겠다는 의지 표현이다.

하지만 사람이 세운 계획은 이루어진다는 보장이 없다. 오히려 흠씬 두들겨 맞을 수도 있다. 싸움 장소로 가다가 학생 주임을 만날 수도 있고 중간에 마음이 풀려 화해를 할 수도 있다.

하나님께는 그런 일이 없다. 하나님은 마음이 변하지도 않고 다른 것에 의해 방해를 받지도 않는다. 하나님께는 계획과 성취의 구분이 의미가 없다. 그래서 '무너졌도다'이다.

앞에서 바벨론은 자주 빛과 붉은 빛 옷을 입고 금과 보석과 진주로 꾸민 화려한 모습이었다. 그런 바벨론이 무너지면 어떤 모습이 될까?

예전에 〈혹성 탈출〉이라는 영화가 있었다. 우주선을 타고 지구로 귀환하던 일행이 정체 모를 행성에 불시착한다. 그 행성은 원숭이가 주인이었다. 그들도 원숭이한테 붙잡혔다가 탈출했는데 놀라운 사실을 알게 된다. 그곳이 바로 지구였다. 어떻게 알게 되었는가 하면, 쓰러진 채 버려진 자유의 여신상을 본 것이다. 쓰러진 자유의 여신상으로 멸망한 세상을 표현한 셈이다.

이 세상이 멸망한 모습을 그린다면 어떻게 그리면 될까? 본문에서는 "귀신의 처소와 각종 더러운 영이 모이는 곳과 각종 더럽고 가증한 새들이 모이는 곳이 되었도다"라고 했다. 굉장히 음산하다. 잡초가 우거진 황폐한 무덤 주변에 까마귀 떼가 모여 있는 형국이다. 밤이면 여우 울음도 들릴 것이다.

무너진 바벨론을 이렇게 묘사하는 이유는 구원과 대조하기 위해서다. 하나님이 우리한테 허락하신 것은 생명이고 진리이고 빛이고 거룩이다. 구원을 얻으면 이 모든 것을 누린다. 하지만 구원이 없으면 아무것도 없게 된다. 생명도 없고 진리도 없고 빛도 없고 거룩도 없다. 무너진 바벨론을 그렇게 묘사한 것이다.

18:3) 그 음행의 진노의 포도주로 말미암아 만국이 무너졌으며 또 땅의 왕들이 그와 더불어 음행하였으며 땅의 상인들도 그 사치의 세력으로 치부하였도다 하더라

바벨론이 무너진 이유를 설명한다. "음행의 진노의 포도주"는 "음행의 포도주이며 또한 진노의 포도주"를 말한다. 성경에서 가장 자주 지적하는 죄가 음행이다. 하나님 없는 삶의 원칙을 말한다. 바벨론을 음녀라고 하는 이유도 하나님께 지켜야 할 지조가 있는 것을 모르기 때문이다.

17장에서 음녀가 손에 금잔을 들었는데 가증한 물건과 음행의 더러운 것들이 가득했다고 했다. 또 음녀가 성도들의 피와 예수의 증인들의 피에 취했다고 했다. 가증한 물건과 음행의 더러운 것은 하나님의 백성들로 하여금 피를 흘리게 한 죄를 말한다. 음녀가 그것을 즐겼다. 그래서 음행의 포도주다.

그 포도주를 마시는 동안에는 무척 흡족했을 것이다. 그런데 그것이 진노의 포도주이기도 했다. 자기는 세상을 즐긴다고 했지만 사실은 하나님의 진노를 쌓는 일이었다.

중학생 때 나를 전도하려고 애쓰던 친구가 있었다. 주변에 수소문해서 그 친구 연락처를 알아냈다. 이런저런 얘기 끝에 지금도 교회 다니는지 물었다가 실망스러운 답을 들었다. "안 다닌다. 그런 데야 어릴 때나 다니는 거지."

불신자들은 우리가 신앙을 지키는 것을 이해하지 못한다. 괜히 자기들끼리 만든 교리에 속박된 줄 안다. 그 친구 말마따나 철없는 시절에나 그런 일에 시간을 쓰는 줄 안다.

그 친구가 예전에 나한테 했던 말이 있다. "아무리 착하게 살아도 예수 안 믿으면 그게 다 죄짓는 거야." 내가 그때 그런 법이 어디 있느냐고 따지자, 그 친구가 대답을 못했다. 그 친구도 교회에서 들은풍월을 나한테 옮긴 것이었다.

지금 내가 같은 말을 하면 그 친구가 뭐라고 할까? 절대 동의하지 않을 것이다. 교회에서 자기네끼리 하는 얘기로 생각할 것이다. 그래서 음행의 진노의 포도주다. 자기들한테 하나님의 진노가 쌓이고 있는데도 그것을 오히려 즐긴다. 하나님 없이 사는 것이 왜 죄인지 모른다. 주변에서 다 그렇게 살기 때문이다.

또 땅의 왕들도 그와 더불어 음행했다고 한다. 땅의 왕들이 하나님 없는 삶의 원리에 오염되었다. 이 세상의 가치 기준에 하나님이 없다.

유대인들이 생각하는 왕은 우리가 생각하는 왕과 다르다. 우리 생각에는 왕조국가를 다스리는 사람이 왕이다. 하지만 유대인들은 왕과 구원자를 묶어서 생각한다. 유대인들한테는 메시야 대망 사상이 있다. 그들이 기다리는 메시야는 구원자이면서 왕이다.

그런데 본문에서는 땅의 왕들이 음행했다고 한다. 그러면 그 왕을 통한 구원은 어떤 것일까? 그런 왕들이 다스리는 세상은 어떻게 될까? 그래서 땅의 상인들도 그 사치의 세력으로 치부했다는 말로 연결된다. 만일 음행이 문란한 성도덕의 문제라면 사치는 방만한 소비 생활의 문제가 되지만 그런 얘기가 아니다.

　사람의 본분은 하나님을 영화롭게 하는 것이다. 하지만 하나님께 바쳐야 할 지조가 있는 것을 모르고 음행을 일삼는 사람한테 그런 것을 기대할 수는 없다. 그런 사람들은 자기를 치장하기에 바쁠 텐데, 그것을 사치로 얘기한 것이다. 땅의 상인들이 자기 영광만 탐하는 사람들한테 편승해서 치부했다.

　카페만 개업하면 무조건 대박 나는 나라가 있다면 사람들이 커피를 얼마나 많이 마신다는 얘기일까? 땅의 상인들이 그 사치의 세력으로 치부했다는 얘기가 그렇다. 하나님은 없고 자기의 영광을 탐하는 풍조가 얼마나 극심했는지 거기에 편승하는 것으로 치부했다. 사람들이 커피를 얼마나 즐겨 마시는지 카페마다 대박이더라는 얘기다. 땅의 왕들이 음행에 빠졌으니 별수 없는 노릇이다. 세상을 지배하는 원리에 하나님이 없는데 오히려 그것을 구원으로 얘기한다. 그런 세상을 사는 사람들의 삶의 원리에 하나님의 자리가 있을 수 없다.

　하나님이 이 세상의 주인이다. 그런데 세상이 하나님을 거부했다. 하나님보다 죄가 더 좋은 것을 어떻게 할까? 그러면 세상은 무너질 수밖에 없다. 하나님이 앙갚음을 하기 때문이 아니라 저절로 무너진다. 그것이 죄의 속성이다. 결국 이 세상은 귀신의 처소와 각종 더러운 영이 모이는 곳과 각종 더럽고 가증한 새들이 모이는 곳으로 전락하게 된다. 그것이 바벨론의 멸망이다. 그리고 그 터전 위에 거룩한 성 새 예루살렘이 서게 된다. 우리가 기다리는 날이 그날이다.

　소아시아 일곱 교회 교인들이 이런 내용을 받고 무슨 생각을 했을까? "그러니까 우리가 언제까지 고생해야 한다는 얘기입니까? 엉뚱한 얘기 그만하시고 그걸 말씀해 주세요."라고 한다면, 하나님이 요한계시록을 잘못 쓰신 것이다. 하지만 그렇게 생각되지는 않는다. 그들은 이 내용을 통해서 위로를 얻었을 것이다. "그렇구나. 로마가 아무리 기승을 부려도 시한부인생이구나. 오직 우리만 영원하구나."라는 생각을 했을 것이다.

우리도 요한계시록을 통해서 유익을 얻고 있을까? 죄를 기초로 한 이 세상이 얼마나 허무한지 알아서 더욱 하나님을 의지하고 있을까? 혹시 우리한테 아직도 이 세상에 속한 삶의 원리가 남아 있지나 않은지 스스로 조심하고 있을까? 그렇다면 요한계시록을 제대로 읽은 것이다. 그것이 요한계시록의 기록 목적이다.

18:4) 또 내가 들으니 하늘로부터 다른 음성이 나서 이르되 내 백성아, 거기서 나와 그의 죄에 참여하지 말고 그가 받을 재앙들을 받지 말라

1-3절에서 바벨론의 멸망을 선언했다. 바벨론이 망하는 것을 알았으면 얼른 그 자리를 피해야 한다. 머뭇거릴 이유가 없다.

하나님이 소돔을 멸하실 적에 먼저 천사를 보내서 롯을 구출하셨다. 천사도 롯한테 같은 말을 했다. 꾸물대면 성과 함께 멸망하니까 빨리 나가라고 했다.

차이가 있다. 그때 롯은 소돔성에서 빠져나가는 것으로 유황불을 피할 수 있었다. 하지만 소아시아 일곱 교회 교인들이 있는 곳은 로마 제국이다. 로마 제국을 무슨 수로 벗어날까? 결국 세상 밖으로 나가라는 얘기가 아니라 이 세상과 구별된 삶을 살라는 뜻이다. 13장에 나온 표현을 빌리면 짐승의 표를 받지 말라는 뜻이다. 이 세상에 짐승이 횡행하는 것은 별수 없지만 짐승과 타협하는 일은 없어야 한다.

학교에 불이 났다. 선생님이 학생들을 대피시킨다. 그때 "여기서 나가라"라고 할 것이다. 선생님도 학생들과 같은 곳에 있기 때문이다. 선생님은 밖에 있고 학생들만 안에 있으면 '여기'라고 하지 않고 '거기'라고 할 것이다.

본문이 그렇다. "여기서 나가라"라고 하지 않고 "거기서 나오라"라고 한다. 하나님이 같이 계시지 않다. 하나님이 계시지 않은 곳이면 있을 이유가 없다. 요컨대 본문이 말하는 바벨론은 하나님이 안 계신 곳이다.

18:5-7a) 그의 죄는 하늘에 사무쳤으며 하나님은 그의 불의한 일을 기억하신지라 그가 준 그대로 그에게 주고 그의 행위대로 갑절을 갚아주고 그가 섞은 잔에도 갑절이나 섞어 그에게 주라 그가 얼마나 자기를 영화롭게 하였으며 사치하였든지 그만큼 고통과 애통함으로 갚아주라

바벨론을 향한 하나님의 판결이 사뭇 엄중하다. 하나님이 용서가 아닌 심판을 말씀하시는 이유는 회개의 때가 지나갔기 때문이다. 그러면 하늘에 사무쳤다는 바벨론의 죄는 어떤 죄일까? 또 하나님이 기억하시는 그의 불의한 일은 어떤 일일까? "그가 얼마나 자기를 영화롭게 하였으며 사치하였든지 그만큼 고통과 애통함으로 갚아 주라"라는 말로 이어지는 것에서 답을 알 수 있다. 자기를 영화롭게 하고 사치한 것이다.

17장에서 바벨론을 음녀로 얘기했다. 음녀의 특징은 음행이다. 그런데 본문에서는 바벨론의 죄를 "자기를 영화롭게 하고 사치한 것"으로 지적한다. 자기를 영화롭게 하고 사치한 것이 음행과 같은 뜻이 된다.

성경은 우리의 구원을 설명하는 책이다. 성경이 말하는 음행도 문란한 성도덕이 아니라 하나님 없이 사는 삶을 얘기한다.

본래 사람은 하나님의 영광을 위해서 지음받았다. 이 사실을 모르면 하나님의 영광 대신 자기의 영광을 구하게 된다. 자기가 돋보여야 하고 자기가 인정받아야 한다. 그렇게 하는 것이 자기를 영화롭게 하고 사치한 것이다. 어느 만큼 돈을 물 쓰듯 하느냐에 대한 얘기가 아니라 어느 만큼 자기 영광에 집착하느냐에 대한 얘기다.

본래 하나님은 죄 용서를 기뻐하시는 분이다. 불의를 기억하지 않는 것이 하나님의 '특기'다. 그런데 바벨론에 대해서는 예외인 모양이다. 그럴 만한 이유가 있다.

18:7b) 그가 마음에 말하기를 나는 여왕으로 앉은 자요 과부가 아니라 결단코 애통함을 당하지 아니하리라 하니

"결단코 애통함을 당하지 아니하리라"는 혼자 하는 말일 수 없다. "너, 그렇게 하다가 애통함을 당하게 된다."라는 말에 대한 대꾸다. 죄에 대한 경고를 받았는데 공공연히 무시한 것이다.

왕이 아닌 여왕이 등장하는 이유는 앞에서 음녀가 나왔기 때문이다. 하나님은 음녀라고 하는데 자기는 여왕인 줄 안다. 또 과부는 여왕과 대척점에 있는 사람이다. "왜 나한테 죗값을 말하는 거냐? 그런 얘기는 궁상맞게 사는 과부나 들을 얘기 아니냐? 나는 여왕이다. 이렇게 잘살고 있는데 죗값은 무슨 죗값이냐?"라고 했다.

하나님의 심판 앞에서 여왕이니 과부니 하는 말이 왜 나올까? 하나님의 관심은 음녀인지, 어린양의 신부인지에 있다. 여왕이라서 심판을 안 받고 과부라서 심판을 받는 것이 아니다. 그런데 그런 식의 생각이 의외로 흔하다.

키 큰 사람이 예수를 잘 믿을까, 키 작은 사람이 예수를 잘 믿을까? 왼손잡이가 예수를 잘 믿을까, 오른손잡이가 예수를 잘 믿을까? 이런 질문은 말이 되지 않는다. 그러면 부자가 예수 잘 믿는 사람일까, 가난한 사람이 예수 잘 믿는 사람일까? 마찬가지로 말이 되지 않는다. 그런데 말이 된다고 우기는 사람이 있다. 만사가 형통한 것이 하나님을 잘 섬긴 증거라는 것이다. 그러면 어려운 일이 있는 사람은 하나님을 제대로 섬기지 않은 것이 된다.

그런 생각이 있으면 아무리 경고를 해도 터무니없는 말로 듣는다. 자기가 누리는 풍요를 하나님 주신 복이라고 우기기도 할 것이다.

18:8a〉 그러므로 하루 동안에 그 재앙들이 이르리니 곧 사망과 애통함과 흉년이라 그가 또한 불에 살라지리니

재앙이 이르는 데는 오랜 시간이 필요하지 않다. 하루면 충분하다. 10, 17, 19절에 나오는 한 시간도 같은 뜻이다. 경과한 시간 단위가 아니라 갑작스러움을 말한다.

어떤 사람이 뇌졸중으로 쓰러져서 반신불수가 되었다. 평소에는 건강했는데 갑자기 쓰러져서 그렇게 되었다고 한다. 하지만 정말로 건강했으면 그렇게 될 수 없다. 몸속에서는 쓰러질 준비가 다 되어 있었는데 몰랐던 것이다.

소돔성에 유황불이 내릴 적에도 아무런 조짐이 없었다. 노아 홍수 때도 마찬가지다. 이 세상이 끝날지 모른다는 생각을 한 사람이 아무도 없었다. 이 세상이 마냥 지속될 줄 알았다. 바벨론에 임하는 재앙도 그런 식이다. 멀쩡하게 보이던 세상이 돌연 망한다.

그 재앙을 사망과 애통함과 흉년이라고 한다. 사망과 애통함과 흉년을 나란히 얘기하는 것이 어색할 수 있다. 죽은 사람한테는 애통함이나 흉년이 아무 소용없기 때문이다. 그런데도 이렇게 말하는 것은 일상적인 죽음과 구별하기 위한 것이다.

본문은 하나님의 심판으로 인한 재앙을 말하는 중이다. 평소에 누리던 것에 대한 박탈을 언급해야 한다. 이 세상에 더 이상 생명이 없게 된다. 기쁨도 없고 부요함도 없다. 그래서 사망과 애통함과 흉년이다. 이 세상에 속한 좋은 것은 아무것도 없고 나쁜 것만 있다.

그것이 전부가 아니다. 그가 또한 불에 살라진다고 했다. 누리던 것을 누리지 못하는 것에 그치지 않고 고통이 따른다.

6절에서 "그가 준 그대로 그에게 주고"라고 했다. 하나님이 바벨론을 공연히 못 살게 구는 것이 아니다. 여태까지 받은 것을 돌려주는 것이다. 아마 그들은 펄쩍 뛸 것이다. 자기들이 언제 하나님을 고통스럽게 했단 말인가?

인터넷에서 재미있는 글을 읽었다. 오빠 때문에 짜증날 때가 어떤 때인지 얘기하는 내용이다. 한참 드라마 보는데 채널 돌릴 때, 자기 방에 마음대로 들어올 때, 여자 친구한테는 지극 정성이면서 자기는 구박할 때 같은 다양한 사연이 있었다. 하지만 압권이 따로 있었다. '존재할 때'였다. 여동생한테 오빠는 존재 자체가 짜증인 모양이다.

하나님께 죄가 그렇다. 존재 자체가 고통이다. 그런데 바벨론의 죄는 하늘에 사무쳤다. 하나님의 고통 역시 하늘에 사무쳤다.

18:8b〉 그를 심판하시는 주 하나님은 강하신 자이심이라

내가 군 생활 할 적에는 "계급이 깡패다"라는 말을 쓰곤 했다. 군대에서는 고참이 최고다. 고참이 괴롭히면 괴롭힘을 당하고 때리면 맞았다. 그렇다고 해서 하나님이 바벨론을 심판하는 것이 그런 식일 수는 없다.

당시 소아시아 일곱 교회 교인들은 짐승의 표를 받지 않으면 살 수 없는 것 같은 상황이었다. 로마에 빌붙어서 감투를 쓸 만큼 뻔뻔스럽지는 못해도 최소한 그들을 거역하지는 말아야 한다. 그런 그들한테 주시는 말씀이다. "세상이 그렇게 무서우냐? 너희가 믿는 하나님이 세상을 심판하시는 분인 것을 모르느냐? 기왕이면 너희의 궁극적인 복을 붙들어야 하지 않겠느냐?"라는 뜻이다.

하나님이 사울을 폐하시고 다윗을 세우셨다. 그렇다고 해서 그 즉시 사울이 쫓겨나고 다윗이 왕이 된 것이 아니다. 오히려 다윗이 사울을 피해 도망다니는 신세가 되었다. 하나님이 다윗을 세우신 것을 사람들이 몰랐기 때문이다. 하나님이 이스라엘 사람들을 다 모아 놓고 "내가 오늘부로 사울을 폐하고 다윗을 왕으로 삼노라"라고 했으면 어떻게 되었을까?

본문이 바로 그 얘기를 하고 있다. 자고로 줄을 잘 서야 한다. 하나님보다 세상이 강하면 세상 편을 들어야 하지만 세상보다 하나님이 강하면 하나님 편을 들어야 한다. 이 세상이 망할 것을 알면서 세상 풍조를 따르는 것은 어리석은 짓이다.

18:9-10〉 그와 함께 음행하고 사치하던 땅의 왕들이 그가 불타는 연기를 보고 위하여 울고 가슴을 치며 그의 고통을 무서워하여 멀리 서서 이르되 화 있도다 화 있도다 큰 성, 견고한 성 바벨론이여 한 시간에 네 심판이 이르렀다 하리로다

바벨론의 멸망 앞에서 땅의 왕들이 눈물을 흘린다. 바벨론 때문에 흘리는 눈물이지만 바벨론을 위해서 흘리는 눈물은 아니다. 바벨론이 망하면 여태 까지 바벨론과 함께 음행하고 사치하던 자기들은 어떻게 될까?

3b절에서는 "땅의 왕들이 그와 더불어 음행하였으며 땅의 상인들도 그 사 치의 세력으로 치부하였도다"라고 했다. 땅의 왕들한테는 음행을 얘기하고 땅의 상인들한테는 사치를 얘기했다. 그런데 본문에서는 "그와 함께 음행하 고 사치하던 땅의 왕들이…"라고 한다. 음행과 사치 둘 다 땅의 왕들한테 적 용한다. 하나님 없는 삶을 사는 것이 음행이고 자기의 영광을 탐하는 것이 사치이니 둘은 분리되는 개념이 아니다. 하나님 없는 삶을 살면 자기의 영광 을 탐하게 마련이고, 자기의 영광을 탐하면 하나님을 외면한 삶을 살게 마련 이다.

어쨌든 땅의 왕들한테는 상당한 충격이다. 바벨론은 크고 견고한 성이다. 작고 약한 성이 한순간에 망하는 일은 있을 수 있지만 크고 견고한 성이 한 순간에 망하는 일이 어떻게 가능할까?

그렇다고 해서 회개하고 하나님께 돌아오지는 않는다. 땅의 왕들이 무서워 한 것은 바벨론의 죄가 아니라 바벨론이 받는 고통이다. 고작해야 "멀리 서서 이르되 화 있도다 화 있도다 큰 성, 견고한 성 바벨론이여" 하고 탄식할 뿐이 다. 자기한테 불똥이 튈까봐 가까이 가지는 못하고 멀리서 발만 구른다. 4절 에서 하나님은 "내 백성아 거기서 나와 그의 죄에 참여하지 말고 그가 받을 재 앙을 받지 말라"라고 했다. 그런데 넋을 잃고 바벨론을 바라보고 있으니 하나 님의 백성이 아닌 것을 스스로 인정하는 셈이다. 바벨론과 관계없이 살 마음 은 없고 바벨론을 통해서 누리던 것을 누리지 못하는 안타까움만 있다.

18:11) 땅의 상인들이 그를 위하여 울고 애통하는 것은 다시 그들의 상품을 사는 자가 없음이라

13장에 짐승의 표를 받지 않으면 매매를 할 수 없게 한다는 내용이 있었다. 그런 세상을 살려면 온갖 불편을 감수하는 것은 물론이고 굶어 죽을 각오까지 해야 한다.

그렇다고 해서 짐승의 표를 받으면 천년만년 배 두드리며 살 수 있는 것이 아니다. 매매에 대한 일체의 소망이 끊어지는 날이 곧 닥친다. 매매할 대상이 없어지는 정도가 아니라 지금까지 매매를 한 사실 때문에 심판도 받게 될 것이다.

18:12-13) 그 상품은 금과 은과 보석과 진주와 세마포와 자주 옷감과 비단과 붉은 옷감이요 각종 향목과 각종 상아 그릇이요 값진 나무와 구리와 철과 대리석으로 만든 각종 그릇이요 계피와 향료와 향과 향유와 유향과 포도주와 감람유와 고운 밀가루와 밀이요 소와 양과 말과 수레와 종들과 사람의 영혼들이라

7절에서 바벨론의 죄를 지적하면서 "자기를 영화롭게 하고 사치하였다"라고 했다. 본문은 어떻게 영화롭게 하고 어떻게 사치했는지에 대한 설명이다.

그런데 뭔가 이상하다. 금, 은, 보석, 진주를 수입하는 것이 과소비일 수는 있지만 범죄 행위는 아니다. 포도주나 감람유, 밀가루는 생필품이다. 13절 끝부분에 종들과 사람의 영혼들이 나오는 것이 걸리지만 지금의 잣대로 그렇다. 당시는 정상적인 거래 품목이었다. "어떻게 사람의 영혼까지 사고팔

수 있느냐?" 하고 흥분할 일이 아니다. 영혼으로 번역된 '프쉬케'는 목숨이나 생명, 사람으로도 번역된다. 당시는 노예 제도가 존재할 때였다. 인권을 무시한 처사이기는 하지만 어차피 그런 시대였다. 그런데 성경은 이 모두를 바벨론이 범한 죄의 목록으로 얘기한다. 이런 품목을 거래하는 것이 왜 심판받을 일일까?

바벨론은 로마의 별명인 동시에 이 세상을 말한다. 우리 중에 이 세상이 망한다는 사실을 모르는 사람은 없다. 바벨론의 멸망을 당연하게 받아들인다. 그런데 본문은 별것도 아닌 것을 죄로 얘기한다. 금, 은, 보석이나 포도주, 감람유, 고운 밀가루를 거래하는 것이 왜 문제가 될까? 백화점 세일 기간마다 미어터지는 사람들과 다를 바가 없다. 큼지막한 가방을 밀며 인천공항을 통과하는 사람일 수도 있고, 장바구니를 들고 재래시장을 기웃거리는 아주머니일 수도 있다.

요컨대 본문은 당시의 소비문화를 통해서 사람들의 죄를 고발하는 내용이다. 사람들이 일상적인 소비 행위를 심판 대상으로 말한다. 이런 하나님의 심판을 누가 피할 수 있을까?

피할 수 있는 사람이 있다. 짐승의 표를 받지 않은 사람들이다. 자유롭게 매매를 한다는 얘기는 죄다 짐승의 표를 받았다는 뜻이다. 그들은 잠시 그 특권을 누렸다. 하나님이 그 책임을 묻는 것이다.

요한계시록을 한 번이라도 읽은 사람은 짐승의 표를 받지 않으면 매매를 못한다는 것을 알 것이다. 본문의 품목을 거래한 사람은 죄다 짐승의 표를 받은 사람들이다. 그들 앞에 멸망이 있을 수밖에 없다. 그런데도 "이런 품목을 거래하는 것이 왜 죄일까?" 하고 이유를 찾는 것은, 하나님이 죄라고 지정하신 것에 대해서 그만큼 둔감한 때문인지도 모른다.

18:14〉 바벨론아 네 영혼이 탐하던 과일이 네게서 떠났으며 맛있는 것들과 빛난 것들이 다 없어졌으니 사람들이 결코 이것들을 다시 보지 못하리로다

바벨론의 영혼이 탐하던 과일은 선악과를 연상하게 한다. 그들은 한때 먹음직도 하고 보암직도 한 선악과를 즐겼다. 하지만 지난 이야기다. 먹음직도 한 맛있는 것들과 보암직도 한 빛난 것들이 다 없어졌다. 선악과를 즐기는 바벨론의 모습을 사람들이 다시는 보지 못하게 된다.

국어사전에서 '정상적'을 찾으면 "특별한 변동이나 탈이 없이 상태가 제대로인 것"이라고 설명되어 있다. 그러면 선악과를 먹은 사람들이 일상적으로 세상을 사는 모습은 정상일까, 비정상일까? 차제에 우리는 뭐가 정상이고 뭐가 비정상인지 바로 구별해야 한다. 하나님께 속한 삶이 정상이고 하나님을 떠난 삶이 비정상이다.

탕자가 집을 나갔다. 허랑방탕하다가 재산 다 탕진하고 돼지가 먹는 쥐엄열매도 먹지 못할 형편이 되어서 집에 돌아왔다. 만일 그가 집에서 나간 다음에 근면 성실하게 살아서 재산을 갑절로 불렸으면 어떻게 될까? 그래도 불효이기는 매일반이다. 하나님 없이 사는 사람은 무엇을 하든지 다 비정상이다. 짐승의 표를 받으면 별수 없다.

18:15-19〉 바벨론으로 말미암아 치부한 이 상품의 상인들이 그의 고통을 무서워하여 멀리 서서 울고 애통하여 이르되 화 있도다 화 있도다 큰 성이여 세마포 옷과 자주 옷과 붉은 옷을 입고 금과 보석과 진주로 꾸민 것인데 그러한 부가 한 시간에 망하였도다 모든 선장과 각처를 다니는 선객들과 선원들과 바다에서 일하는 자들이 멀리 서서 그가 불타는 연기를 보고 외쳐 이르되

이 큰 성과 같은 성이 어디 있느냐 하며 티끌을 자기 머리에 뿌리고 울며 애통하여 외쳐 이르되 화 있도다 화 있도다 이 큰 성이여 바다에서 배 부리는 모든 자들이 너의 보배로운 상품으로 치부하였더니 한 시간에 망하였도다

앞에서 음녀를 설명하면서 나왔던 표현이 그대로 반복된다. 바벨론의 정체가 바로 음녀다. 음녀는 바람을 피울 때만 음녀가 아니다. 시장에 가도 음녀이고 설거지를 해도 음녀이고 쇼핑을 해도 음녀이다. 음행이 그의 정체성이다. 그가 무엇을 하든지 심판받는 것이 마땅하다. 그래서 망했다.

바벨론의 멸망이 어느 만큼 큰 사건이었는지 모든 선장과 각처를 다니는 선객들과 선원들과 바다에서 일하는 자들한테까지 효과가 파급된다. 바벨론은 바다를 무대로 하는 그들한테도 치부 수단이었다.

하나님이 아브라함을 복의 근원으로 부르셨다. 땅의 모든 족속이 아브라함을 통해서 복을 받기를 바라셨다. 바벨론은 그 반대되는 모델이다. 바벨론의 영향력이 바다 건너까지 미쳤다. 오물이 있는 곳에 파리가 꾀는 것처럼 바다 건너에서도 바벨론을 찾아왔다. 바벨론은 바다에서 배 부리는 모든 자들이 탐내는 보배로운 상품이 있는 곳이었다.

바벨론에 있다는 보배로운 상품이 구체적으로 무엇인지 모른다. 굳이 알아야 하는 것도 아니다. 하지만 성경의 평가는 알아야 한다. 음녀의 소유가 무엇인가? 음녀는 자주 빛과 붉은 빛 옷을 입고 금과 보석과 진주로 꾸미고 손에 금잔을 가졌다고 했다. 그 금잔이 음녀의 소유다. 거기 들어 있는 것은 가증한 물건과 그의 음행의 더러운 것들이다.

세상의 눈으로 보기에 바다에서 배를 부리는 사람들이 바벨론과 무역을 한 것은 일상적인 거래 행위다. 그들은 원하는 것을 얻었다. 다른 곳에 되팔아서 더 많은 수익을 얻었을 것이다. 그것이 하나님 보시기에 가증하고 더러운 것이라는 사실에는 관심이 없었다. 그런데 바벨론이 망했다. 이익의 소망이 끊어졌다. 티끌을 자기 머리에 뿌리고 울며 애통해 한다.

방금 무엇이 정상이고 무엇이 비정상인지 구분해야 한다고 했다. 정상을 비정상으로 알고 비정상을 정상으로 아는 사람이 더러 있다. 애통도 마찬가지다. 애통해야 할 일인지, 기뻐해야 할 일인지 바로 분별해야 한다. 바벨론의 멸망을 놓고 땅의 왕들도 애통해 하고 땅의 상인들도 애통해 하고 바다에서 배 부리는 사람들도 애통해 한다. 그것이 정말 애통해 할 일인지는 문제가 아니다. 안타깝고 억울하고 속상한 것을 어떻게 할까? 자기들의 감정에 충실할 뿐이다.

18:20〉 하늘과 성도들과 사도들과 선지자들아, 그로 말미암아 즐거워하라 하나님이 너희를 위하여 그에게 심판을 행하셨음이라 하더라

지금까지 땅과 바다가 나왔는데 본문에는 하늘이 나온다. 바벨론과 같은 편인지, 하나님과 같은 편인지 구별하자는 얘기다. 바벨론과 같은 부류의 사람들이 바벨론의 멸망을 애통해 하는 것은 별수 없다. 하지만 하나님으로부터 "내 백성아 거기서 나와 그의 죄에 참여하지 말고…"라는 말을 들은 사람들은 그렇지 않다. 하늘에 속한 성도들과 사도들과 선지자들한테는 오히려 즐거움이다. 하나님이 바벨론을 심판하신 것이 그들을 위한 일이다. 어린양의 혼인 잔치를 위한 준비이기 때문이다.

갑돌이와 갑순이는 혼인을 언약한 사이다. 갑돌이 아버지가 집을 한 채 구입한 다음 대대적으로 보수 공사를 시작한다. 갑순이가 그 소문을 들었다. 마음이 어떨까? 아마 혼자 얼굴을 붉히며 혼인 날짜를 꼽아볼 것이다. "하늘과 성도들과 사도들과 선지자들아, 그로 말미암아 즐거워하라"가 그런 말이다.

저절로 되는 얘기가 아니다. 아무나 바벨론의 멸망을 애통하게 여기지 않는다. 바벨론의 멸망을 애통하게 여길 만한 삶을 산 사람이어야 한다. 바벨론의 멸망을 즐거워하는 것도 마찬가지다. 바벨론의 멸망을 즐거워할 만한 삶을 살아야 바벨론의 멸망을 즐거워할 수 있다.

우리의 소망이 바벨론에 있을까, 어린양의 혼인 잔치에 있을까? 그 마음이 바벨론에 있는 사람한테 요한계시록은 불온 문서에 불과하다. 하지만 바벨론에서 나온 사람한테는 상당히 복된 책이다. 하나님이 그들을 위해서 세상 역사를 움직인다는 내용이 기록되어 있다. 그들이 바로 어린양의 혼인 잔치의 주인공들이다.

18:21〉 이에 한 힘 센 천사가 큰 맷돌 같은 돌을 들어 바다에 던져 이르되 큰 성 바벨론이 이같이 비참하게 던져져 결코 다시 보이지 아니하리로다

힘 센 천사는 앞에서도 나온 적이 있다. 둘 다 두루마리와 관련해서 나왔는데 두 천사가 같은 천사라고 할 근거는 없다. 본문의 천사가 앞에 나온 천사와 어떤 관계인지 모르지만 두루마리가 하나님의 구원 계획에 대한 것임은 분명하다. 바벨론 멸망이 이 세상을 향한 하나님의 구원 계획이라는 차원에서 다뤄지는 문제라는 뜻이다.

'비참하게 던져져'는 표현이 어색할 수 있다. 〈개역한글판성경〉에는 '몹시 떨어져'라고 되어 있었다. 원문 그대로 옮기면 '갑작스럽게 던져져'라고 해야 한다. 이때 쓰인 헬라어 '호르메마'가 적군한테 강력한 힘으로 급습당할 때 쓰는 표현이다. 바벨론이 그만큼 속수무책인 상태로 홀연히 망한다는 뜻이다.

영화에 보면 악당이 죽을 때는 온갖 폼을 다 잡으며 슬로모션으로 죽는다. 바벨론 멸망은 그런 식이 아니다. 잠깐 사이에 끝난다. 조약돌도 금방 가라앉는데 하물며 큰 맷돌 같은 돌이면 얼마나 잘 가라앉겠는가? 게다가 힘 센 천사가 던졌다. 우리나라로 치면 동해 너머 태평양 한가운데까지 던졌을 것도 같다. 그런 바벨론의 형편을 비참하게 던져진 것으로 의역했다.

하지만 본문이 말하는 내용은 "바벨론이 이처럼 망할 것이다"가 아니다. "다시는 바벨론이 보이지 않게 된다"이다. 이것이 바벨론에 대한 마지막 설명이다. 바벨론 얘기가 더 이상 나오지 않는다.

18:22-23a〉 또 거문고 타는 자와 풍류 하는 자와 통소 부는 자와 나팔 부는 자들의 소리가 결코 다시 네 안에서 들리지 아니하고 어떠한 세공업자든지 결코 다시 네 안에서 보이지 아니하고 또 맷돌 소리가 결코 다시 네 안에서 들리지 아니하고 등불 빛이 결코 다시 네 안에서 비치지 아니하고 신랑과 신부의 음성이 결코 다시 네 안에서 들리지 아니하리로다

바벨론이 멸망한 다음 모습을 '결코 다시'라는 말을 반복하며 설명한다. 바벨론에 속했던 것은 아무것도 찾아볼 수 없게 된다. 멸망 이전 상태로 환원할 가능성이 전혀 없다.

우선 거문고 타는 자와 풍류 하는 자와 통소 부는 자와 나팔 부는 자들의 소리가 결코 다시 들리지 않게 된다. 바벨론에 속했던 일체의 기쁨이 사라진다.

세공업자도 결코 다시 보이지 않는다. 7절에서 바벨론의 특징으로 자기를 영화롭게 하고 사치한 것을 말했다. 자기를 치장하는 것이 존재 목적이었다.

그런 모습을 볼 수 없게 된다. 바벨론이 존재하지 않으니 존재 목적을 충족시킬 수단도 필요가 없다.

맷돌 소리도 결코 다시 들리지 않는다. 빵을 구우려면 밀을 갈아야 한다. 맷돌로 한 시간 밀을 갈면 800g을 갈 수 있는데 한 사람이 하루에 먹는 양이 밀 500g이다. 여섯 식구가 살면 하루에 4시간은 맷돌질을 해야 한다. 당시 주부한테는 가장 비중이 큰 가사 노동이었을 것이다. 그런 맷돌 소리가 더 이상 들리지 않게 된다.

등불 빛도 결코 다시 비치지 않는다. 사람이 살지 않는 정도가 아니라 암흑 그 자체다. 빛이라고는 조금도 없다.

화 있을진저 여호와의 날을 사모하는 자여 너희가 어찌하여 여호와의 날을 사모하느냐 그날은 어둠이요 빛이 아니라 마치 사람이 사자를 피하다가 곰을 만나거나 혹은 집에 들어가서 손을 벽에 대었다가 뱀에게 물림 같도다 여호와의 날은 빛 없는 어둠이 아니며 빛남 없는 캄캄함이 아니냐(암 5:18-20)

이스라엘은 언젠가 여호와의 날이 이르면 자기들 세상이 된다는 생각이 있었다. 그런데 아모스 선지자가 다른 말을 한다. 여호와의 날은 빛이 없는 어둠이고 빛남이 없는 캄캄함이라는 것이다. 자기들도 심판 대상인 줄 모르고 마냥 낙관적인 기대를 하다가 이런 말을 들으면 당혹스러울 것이다.

바벨론의 멸망도 이와 같다. 자기들은 과부가 아니라 여왕인데 애통할 날이 이를 이유가 있느냐고 하다가 하루아침에 망한다. 그들이 꿈꾸던 장밋빛 미래가 갑자기 암흑으로 변한다. 차이는 있다. 아모스는 이스라엘도 심판 대상에서 예외가 아니라는 뜻으로 빛 없는 어둠을 얘기했지만 본문은 바벨론이 심판받아서 아무것도 남지 않게 된다는 뜻으로 빛이 없게 된다고 한다.

신랑과 신부의 음성도 결코 다시 들리지 않게 된다. 아무도 혼인을 안 하면 세대가 이어지지 않는다. 현재 있는 사람들의 수명이 다하면 그것으로 세상이 끝난다. 바벨론 멸망이 남긴 것이 그런 것이다. 이 세상이 더 이상 존재하지 않게 된다.

이 모두가 바벨론의 멸망을 설명하는 단면이다. 이 세상에 속한 것이 다 그와 같다. 하나님께 속한 것이 아니면 아무것도 남지 않게 된다. 우리가 세상을 살면서 추구해야 할 가치가 무엇인지 다시 생각하게 하는 대목이다.

18:23b) 너의 상인들은 땅의 왕족들이라 네 복술로 말미암아 만국이 미혹되었도다

바벨론이 멸망해서 이 세상에 아무것도 남지 않게 된 것이 바벨론의 상인들이 땅의 왕족인 것과 무슨 상관이 있을까? 바벨론의 복술로 말미암아 만국이 미혹되었다는 얘기는 무슨 영문일까?

조선시대에는 사농공상이라는 신분 질서가 있었다. 그런 풍조였으니 권문세족들의 관심이 땅에 집중되었다. 권세 있는 사람이 땅에 욕심을 내면 평민은 당할 수밖에 없다. 만일 사농공상이라는 신분 차별이 없었으면 권세를 바탕으로 장사해서 이익을 얻는 것에 욕심냈을 것이다.

바벨론 상인들은 땅의 왕족이었다. 왕족이면 가장 큰 권세가 있는 계층이다. 그런 권세를 가지고 상인 노릇을 했다. 돈 버는 것을 지상 과제로 알고 살았다. 그러면 권세가 없는 사람들은 청렴결백했을까? 왕족이 그 지경이면 왕족 아닌 사람들은 말할 것도 없다.

"네 복술로 말미암아 만국이 미혹되었도다"도 같은 얘기다. 상인들이 무슨 복술을 행할까? 복술은 허황된 것이다. 돈을 추구하는 마음 또한 그렇다. 그래서 돈을 벌려는 모든 술책을 복술이라고 했다. 급기야 만국이 그런 풍조에 오염되었다. 세상에서 행세하려면 역시 돈이 최고라는 사실에 모두 동의한 것이다. 권세 있는 사람이나 권세 없는 사람이나 돈의 노예가 되기는 매일반이다.

대체 어느 시대 얘기일까? 요한계시록은 로마의 압제 아래 신음하는 소아시아 일곱 교회에 주신 말씀이다. 그들한테 "로마는 영원한 나라가 아니다. 하나님 나라만이 영원하다."를 말하는 것으로 그들의 신앙을 격려하는 내용이다. 그렇다고 해서 그 시대 교인들한테만 해당되는 얘기가 아니다. 우리한테 주시는 말씀이기도 하다. 우리 역시 요한계시록을 통해서 무엇이 영원하고 무엇이 영원하지 않은지 분별해야 한다.

셰익스피어가 한 말이 있다. "아비가 누더기를 걸치고 있으면 자식은 모른 체 하지만 돈주머니를 차고 있으면 모두 효자가 된다." 십계명 중의 다섯 번째 계명이 "네 부모를 공경하라"이다. 하지만 그런 말을 하는 것보다 돈주머니를 보여주는 것이 훨씬 빠르다. 성경 말씀은 별 힘이 없지만 돈에는 실질적인 힘이 있다.

교인들끼리 모인 자리에서 누군가 자식한테 재산을 너무 일찍 물려주면 안 된다고 했다. 부모 대접을 받으려면 돈이 있어야 한다는 것이다. 전부 고개를 끄덕였다. "돈으로 부모 대접 받는 것이 말이 되느냐?"라고 반박하는 사람이 아무도 없었다. "네 복술로 말미암아 만국이 미혹되었도다"에 그대로 해당되는 얘기다. 돈이 최고라는 잘못된 가치관이 확대 재생산된다.

자본주의를 영어로 capitalism이라고 한다. capital에는 자본이라는 뜻 외에도 기본, 으뜸이라는 뜻이 있다. 자본주의는 돈을 으뜸으로 여기는 사상을 말한다. 부자는 잘사는 사람이라고 하고 가난한 사람은 못사는 사람이라고 한다. 가난한 사람은 아무리 세상을 바르게 살아도 못사는 사람이고, 부자는 아무리 행실이 엉망이어도 잘사는 사람이다. 도무지 말이 안 되는데 아무도 말이 안 되는 줄 모른다. 돈이 사람의 생각을 그만큼 강력하게 지배하기 때문이다. 그러니 왕족이 상인일 수밖에 없다. 자본주의라는 말이 생기기 훨씬 이전부터 세상은 돈을 으뜸으로 삼았다. 이때의 돈은 이 세상 욕심을 대표하는 개념이다. 바벨론이 그렇게 살다가 망했다.

18:24〉 선지자들과 성도들과 및 땅 위에서 죽임을 당한 모든 자의 피가 그 성 중에서 발견되었느니라 하더라

왕족이 상인이라고 했다. 모든 권세가 돈을 위해서 집중된다. 그런데 짐승의 표를 받지 않은 사람은 매매를 안 한다. 그처럼 자기들이 통치하는 세상 질서에 순응하지 않는 사람을 그냥 둘 수는 없다. 당연히 본때를 보여야 한다. 자기들의 복술로 말미암아 만국이 미혹되는데 거기에 역행하는 자들은 그에 따른 대가를 치르게 해줘야 한다.

로마 시대에는 황제 숭배에 동의하지 않으면 생존을 보장받지 못했다. 지금은 어떨까? 공권력이 우리 신앙을 방해하지는 않지만 세상 풍조가 우리 신앙에 적대적인 것은 마찬가지다. 예수를 믿는 것은 여전히 어렵다. 선지자들과 성도들과 및 땅 위에서 죽임을 당한 모든 자의 피가 도처에서 발견된다. 하나님은 이런 세상을 만드신 적이 없는데 이렇게 왜곡되었다.

그래서 바벨론 멸망을 말한다. 바벨론에 속한 모든 것이 청산되는 날이 곧 이른다. 그 내용을 "결코 다시 들리지 않는다", "결코 다시 보이지 않는다" 하고 반복해서 얘기했다. 그러면 우리가 할 일은 다시 보지 말고 다시 듣지 않는 것이다. 하나님이 보이지 않게 하고 들리지 않게 한 것을 한사코 보거나 들으려고 할 이유가 없다. 어쩌면 세상을 사는 동안에는 세상에 대해서 눈 감고 귀 막고 사는 것이 미련하게 생각될 수 있다. 하지만 하나님이 원하신다. 설령 그렇게 하다가 피를 흘리는 한이 있어도 그렇게 해야 한다. 우리가 정작 들어야 하고 보아야 할 것은 따로 있다.

정진홍 씨가 쓴 〈마지막 한 걸음은 혼자서 가야 한다〉에 수로를 따라 걷다가 희한한 광경을 본 얘기가 나온다. 겉으로 보이는 물결의 방향과 물이 흐르는 방향이 다른 것이다. 바람이 워낙 거세서 마치 그 방향으로 물이 흐르는 것처럼 보였는데 정작 수초더미가 떠내려가는 건 반대 방향이었다. 수로 바닥을 흐르는 도도한 저류가 바람결과 다른 때문이었다. 이처럼 바람이 만든 표면의 물결과 실제 물의 흐름이 다를 수 있다.

세상 역사가 바벨론 쪽으로 흐르고 있을까, 하나님 쪽으로 흐르고 있을까? 바벨론 쪽으로 흐르고 있으면 신경 쓸 일이 없다. 가만히 있으면 저절로 시류를 따라가게 되어 있다. 하지만 하나님 쪽으로 흐르고 있으면 정신 차려야 한다. 그때는 행여 하나님이 보이지 않게 하고 들리지 않게 한 것이 우리한테는 여전히 보이고 여전히 들리는 것이 아닌지 조심해야 한다. 그런 상태로는 어린양의 혼인 잔치에 참여할 수 없기 때문이다. 어린양의 혼인 잔치가 우리 모두의 목적지다.

19장 어린양의 혼인 잔치

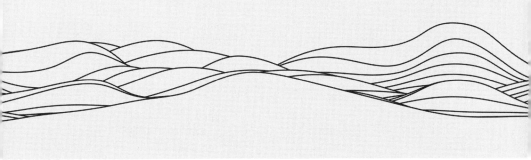

19:1-2a) 이 일 후에 내가 들으니 하늘에 허다한 무리의 큰 음성 같은 것이 있어 이르되 할렐루야 구원과 영광과 능력이 우리 하나님께 있도다 그의 심판은 참되고 의로운지라

할렐루야는 시편과 요한계시록에만 나온다. 성경에서 할렐루야가 가장 먼저 나오는 구절이 "죄인들을 땅에서 소멸하시며 악인들을 다시 있지 못하게 하시리로다 내 영혼아 여호와를 송축하라 할렐루야(시 104:35)"이다. 시편에서는 주로 하나님의 공의와 관련해서 할렐루야가 나온다. 자기한테 얼마나 유리한 일이 일어나느냐가 문제가 아니다. 이 세상에 하나님의 공의가 실현되어야 한다. 본문의 찬양도 그런 내용이다.

앞에서 바벨론의 멸망을 확인했다. 바벨론이 멸망하자, 땅의 왕들과 상인들이 애통해 했다. 하지만 하늘에서는 할렐루야 찬양이 울려 퍼진다. 같은 일을 놓고 하늘과 땅의 반응이 다르다.

하나님을 찬양하라고 하는 이유는 구원과 영광과 능력이 하나님께 있기 때문이다. 구원과 영광과 능력이 하나님께 있는 것을 어떻게 알 수 있는가 하면, 그의 심판이 참되고 의로운 것을 보고 알 수 있다. 그의 심판이 참되고 의로운 것은 음행으로 땅을 더럽게 한 큰 음녀를 심판해서 자기 종들의 피를 그 음녀의 손에 갚으신 것을 보고 알 수 있다.

뻔한 얘기 같은데 그렇지 않다. 구원과 영광과 능력이 세상에 있다고 오해할 수 있기 때문이다. 요한계시록 당시로 얘기하면, 사람들이 짐승의 표를 왜 받겠는가? 신앙을 고집했다가는 구원이나 영광, 능력은 고사하고 단 하루도 제대로 살 수 없을 것 같기 때문이다.

누군가 짐승의 표를 받았다고 하자. 그 사람이 하나님의 심판이 참되고 의롭다고 인정할까? 어림도 없다. 하나님이 악을 수수방관하니까 별수 없이 짐승의 표를 받았다고 할 것이다. 요즘도 쉽게 들을 수 있는 얘기다. 신앙을 지켜서 세상을 살 수 있으면 신앙을 왜 안 지키겠는가? 신앙만 가지고는 세상을 살 수 없으니까 세상과 타협하는 것이다.

신앙을 지켜서는 세상을 살 수 없다는 얘기가 안 나오게 하려면 신앙에 대한 보상이 당장 주어지면 된다. 그런데 그게 아니다. 교회에서는 구원과 영광과 능력이 하나님께 있다고 하는데 실감이 안 난다. 그러니 "할렐루야 구원과 영광과 능력이 우리 하나님께 있도다"는 아무나 할 수 있는 찬양이 아니다. 자기의 진정한 본향이 이 세상이 아닌 것을 아는 사람만 할 수 있다.

19:2b) 음행으로 땅을 더럽게 한 큰 음녀를 심판하사 자기 종들의 피를 그 음녀의 손에 갚으셨도다 하고

음녀와 더불어 음행해서 땅을 더럽힌 사람들이 누구일까? 바벨론에 속한 사람들, 짐승의 표를 받은 사람들이다. 아마 그들은 절대 인정하지 않을 것이다. 자기들이 언제 음행했느냐고 할 것이다. 세상 풍조에 물든 사람은 자기가 세상 풍조에 물든 것을 모른다. 자기는 정상이고 다른 사람들이 유난 떤다고 할 것이다.

분별할 수 있는 방법이 있다. 음녀 때문에 흘린 피가 있는지 보면 된다. 하나님이 자기 종들의 피를 음녀의 손에서 갚으실 때 과연 그가 흘린 피도 있느냐 하는 것이다. "이러면 안 되는 줄 알지만…"이라고 하면 안 된다. 그런 얘기는 음녀와 음행할 때 나오는 얘기다. 정말로 세상 풍조에 대항해서 피 흘리기까지 싸워야 한다. 그런 사람들만 하늘에서 들리는 큰 음성에 아멘을 말할 수 있다.

19:3〉 두 번째로 할렐루야 하니 그 연기가 세세토록 올라가더라

'그 연기'라고 했으니까 앞에서 나온 연기를 가리킨다. 즉 바벨론이 불타는 연기다. 바벨론이 불타는 연기가 세세토록 올라간다는 얘기는 바벨론에 대한 심판이 영원무궁하게 지속된다는 뜻이다. 그것이 음행으로 땅을 더럽히고 하나님의 종들로 하여금 피를 흘리게 한 보응이다.

19:4-5〉 또 이십사 장로와 네 생물이 엎드려 보좌에 앉으신 하나님께 경배하여 이르되 아멘 할렐루야 하니 보좌에서 음성이 나서 이르시되 하나님의 종들 곧 그를 경외하는 너희들아 작은 자나 큰 자나 다 우리 하나님께 찬송하라 하더라

하나님을 경외하는 자들한테 하나님을 찬송하라고 하는 이유가 바벨론에 대한 영원한 심판에 있다. "그동안 바벨론 때문에 얼마나 힘들었느냐? 내가 복수해주마. 나한테 고맙다고 해라."가 아니다. 하나님을 경외하는 자라면 오매불망 하나님만 사모할 것이다. 그런데 그동안 바벨론이 방해했다. 그 바벨론이 소멸된 것이다. 하나님과 하나님을 경외하는 자 사이를 가로막던 장애물이 사라진 것은 물론이고 다시 나타날 가능성도 없다. 그러면 남은 일은 하나님과의 연합이다.

19:6) 또 내가 들으니 허다한 무리의 음성과도 같고 많은 물소리와도 같고 큰 우렛소리와도 같은 소리로 이르되 할렐루야 주 우리 하나님 곧 전능하신 이가 통치하시도다

수많은 무리가 터져 나오는 감격으로 찬양한다. 허다한 무리의 음성과도 같고 많은 물소리와도 같고 큰 우렛소리와도 같은 소리라는 표현이 요한이 묘사할 수 있는 가장 우렁찬 소리였을 것이다. 이 세상 모든 피조물이 한마음으로 하나님을 찬양한다.

첫 번째 찬양 내용은 "할렐루야 주 우리 하나님 곧 전능하신 이가 통치하시도다"이다. 우리가 늘 하는 기도처럼 "아버지의 나라가 오게 하시며"가 이루어진 것이다. 하나님의 통치가 이루어지면 그곳이 곧 하나님의 나라다.

어떤 사람한테서 등산을 극찬하는 말을 들은 적이 있다. 등산의 묘미를 안 다음부터 틈만 나면 산에 간다고 했다. 비단 등산에만 해당되는 말이 아니다. 낚시의 묘미를 알아서 틈만 나면 낚시하러 가는 사람, 사진 찍는 묘미를 알아서 틈만 나면 사진기 들고 나가는 사람이 얼마든지 있다. 하지만 우리가 진정 알아야 할 것은 하나님의 뜻대로 사는 묘미다. 그것을 아는 사람들은 하나님의 통치가 실현되는 것을 보면서 마음껏 하나님을 찬양할 것이다.

19:7-8〉 우리가 즐거워하고 크게 기뻐하며 그에게 영광을 돌리세 어린양의 혼인 기약이 이르렀고 그의 아내가 자신을 준비하였으므로 그에게 빛나고 깨끗한 세마포 옷을 입도록 허락하셨으니 이 세마포 옷은 성도들의 옳은 행실이로다 하더라

"즐거워하고 크게 기뻐하며"가 헬라어로 "카이로멘 카이 아갈리오멘"인데 성경에 딱 두 번 나오는 표현이다. 산상수훈에서 "나로 말미암아 너희를 욕하고 박해하고 거짓으로 너희를 거슬러 모든 악한 말을 할 때에는 너희에게 복이 있나니 <u>기뻐하고 즐거워하라</u> 하늘에서 너희의 상이 큼이라"라고 할 때도 같은 표현이 쓰였다. 어린양의 혼인 기약이 이르기까지 자신을 준비하고 빛나고 깨끗한 세마포 옷을 입는 것과 주님으로 인해서 세상에서 박해받는 것이 같은 맥락이라는 얘기가 된다. 자신을 준비하려면 세상에 시달려야 한다.

그런데 "그의 아내가 자신을 준비하였으므로"가 무슨 영문일까? 어린양의 혼인 기약이 이르렀다고 했으니 혼인 전이다. 아직 아내가 아니다. 우리 얘기로 바꿔보자. 우리는 스스럼없이 우리를 그리스도의 신부라고 한다. 하지만 아직 혼인을 한 사이는 아니다. 혼인은 천국에서 이루어진다. 그런데 왜 지금부터 신부라고 할까?

유대인들은 결혼 전에 정혼을 한다. 정혼은 신부 집에서 이루어진다. 정혼을 하면 신랑이 "지금부터 1년쯤 뒤에 당신을 데리러 오겠습니다"라는 말을 남기고 떠난다. 언제 신부를 데리러 올지 신랑도 모른다. 그것은 신랑 아버지한테 속한 영역이다.

그 기간 동안 신부는 신랑을 맞을 준비를 한다. 자신을 정결하게 지키면서 음식 솜씨도 익히고 시집갈 집의 가풍도 숙지한다. 한편 신랑은 신부와 함께 살 집을 짓는다. 집이 완성되고 신랑이 한 가정을 이끌 가장의 면모를 갖추었다고 판단되면 아버지가 신부를 데려오라고 한다. "내가 너희를 위하여 거처를 예비하러 가노니 가서 너희를 위하여 거처를 예비하면 내가 다시 와서 너희를 내게로 영접하여 나 있는 곳에 너희도 있게 하리라"라는 말씀 그대로다. 신랑이 신부를 데리러 오면 비로소 혼인 잔치가 시작된다.

정혼을 하면 같이 살지는 않지만 법적으로는 부부다. 마리아가 요셉과 정혼한 상태에서 예수님을 잉태했다. 우리가 정혼 기간을 보내고 있다. 우리한테는 정결의 의무가 있다. 지금부터 천상의 삶을 연습해야 한다. 예수님 재림까지의 기간은 정혼한 신부가 신랑을 기다리는 기간과 같다.

앞에서 음녀는 자주 빛과 붉은 빛 옷을 입고 금과 보석과 진주로 꾸몄다고 했다. 반면 어린양의 아내는 빛나고 깨끗한 세마포 옷을 입는다. 세마포 옷은 아무한테나 허락되지 않는다. 자신을 준비한 사람한테만 허락된다.

구원을 얘기할 적에 항상 충돌하는 것이 하나님의 은혜와 우리의 책임이다. 우리가 구원 얻은 것은 전적으로 하나님의 은혜다. 그러면 구원을 얻지 못한 사람은 하나님이 은혜를 주시지 않은 때문일까?

세마포 옷은 자기가 입고 싶다고 입을 수 있는 것이 아니다. 하나님이 허락하셔야 한다. 즉 하나님의 주권에 달린 문제다. 하지만 세마포를 허락받으려면 자신을 준비해야 한다. 세마포를 허락받은 것은 은혜이지만 허락받지 못한 것은 자기 책임이다.

19:9) 천사가 내게 말하기를 기록하라 어린양의 혼인 잔치에 청함을 받은 자들은 복이 있도다 하고 또 내게 말하되 이것은 하나님의 참되신 말씀이라 하기로

어린양의 아내가 따로 있고 청함받은 자들이 따로 있는 것이 아니다. 어린양의 아내라고 하면 한 사람 같지만 혼인 잔치에 청함받은 자들은 그 수에 제한이 없다. 앞에서 바벨론의 멸망을 얘기하면서 "내 백성아 거기서 나와 그의 죄에 참여하지 말고 그가 받을 재앙들을 받지 말라"라고 했다. 바벨론에서 나온 하나님의 백성들이 어린양의 혼인 잔치에 청함받은 자들이다. 그들한테 복이 있다는 것이다.

어떤 말을 한 다음에 "정말이야. 약속해."라고 할 수 있다. "이것은 하나님의 참되신 말씀이라"가 그런 경우다. 어린양의 혼인 잔치에 청함을 받은 자들은 복이 있다는 말을 왜 이렇게 강조할까?

소아시아 일곱 교회의 상황을 떠올리면 납득이 된다. 그들한테 무슨 복이 있다는 얘기일까? 복은 고사하고 핍박이나 안 받으면 다행이다. 그런 상황이니 "이것은 참되신 하나님의 말씀이라"라고 강조할 수밖에 없다.

우리는 다를까? 우리 역시 하나님 말씀을 지킨 것이 정말 복인지 늘 갈등한다. 고지식하게 믿을 것이 아니라 융통성 있게 믿어야 하는 것 아니냐는 생각이 들기도 한다. 바로 그런 사람들을 위한 확언이다. "어린양의 혼인 잔치에 청함받은 사람들한테 복이 있다. 하나님이 밝히 말씀하셨다. 이 세상 사는 동안 절대 딴 생각 말아라!"라는 뜻이다.

19:10) 내가 그 발 앞에 엎드려 경배하려 하니 그가 나에게 말하기를 나는 너

와 및 예수의 증언을 받은 네 형제들과 같이 된 종이니 삼가 그리하지 말고 오직 하나님께 경배하라 예수의 증언은 예언의 영이라 하더라

얘기를 들은 요한이 경배하려 하자, 천사가 만류한다. 요한이 경배를 하려고 한 것은 말씀을 전달받은 감격 때문일 것이다. 그런데 천사가 거절했다. 자기 역시 종의 신분이니 경배는 오직 하나님께 하라는 것이다.

천사가 말한 "예수의 증언은 예언의 영이라"가 〈쉬운성경〉에는 "이 모든 예언을 하게 하신 것은 예수님을 더 증언하기 위해서일 뿐이다"라고 번역되어 있다. 천사는 예수님을 증언하는 일을 맡은 심부름꾼이다. 그 천사한테서 예언을 들었으면 예수님을 증언하기 위해서 열심내야 한다. 천사한테서 예언을 들었다고 해서 천사를 주목하면 안 된다.

천사한테 경배하려고 했다가 제지당했다는 얘기는 요한으로서는 머쓱한 얘기일 수 있다. 그런데도 그 내용을 공개한다. 자기가 망신당한 것이 문제가 아니라 모든 관심을 주님께 집중시키는 일이 중요하기 때문이다.

구원과 영광과 능력이 하나님께 있다는 말에 선뜻 아멘하지 못하는 사람이 있다면 자기가 받는 대접에 관심이 있기 때문이다. 하나님이 통치하신다는 사실에 크게 기뻐하고 즐거워하며 영광을 돌리지 못하는 사람도 마찬가지이고, 어린양의 혼인 잔치에 청함을 받은 자들이 복이 있다는 얘기에 감격하지 못하는 사람도 마찬가지이다. 요한계시록은 예수가 증언되는 일에 관심 있는 사람을 위한 책이다. 빛나고 깨끗한 세마포가 그런 사람들을 위해서 예비되어 있다.

19:11) 또 내가 하늘이 열린 것을 보니 보라 백마와 그것을 탄 자가 있으니 그

이름은 충신과 진실이라 그가 공의로 심판하며 싸우더라

　요한은 밧모섬에 유배 중이다. 소아시아 일곱 교회는 박해 중에 있다. 그런 상황에서 하늘이 열린 것을 보았는데 백마와 그것을 탄 자가 보였다. 눈이 불꽃 같고 입에서 예리한 검이 나오고 철장으로 만국을 다스린다는 설명이 있는 것을 보면 그리스도가 분명하다. 그래서 '보라'는 감탄사를 말한 것이다.

　예수님에 대한 설명이 특이하다. "또 내가 하늘이 열린 것을 보니 보라 백마와 그것을 탄 자가 있으니 그 이름은 충신과 진실이라"라고 했다. 이름이 곧 그 사람 자신을 나타낸다. 예수님의 속성이 충신과 진실이라는 얘기가 된다. 충신은 忠臣이 아니고 忠信이다. 충직이라고 했으면 오해의 소지가 없을 뻔했다.

　예수님의 속성이 충신과 진실인 것을 "그가 공의로 심판하며 싸우더라"라는 말로 설명한다. 백마를 탄 자의 이름이 충신과 진실인 것을 단적으로 보여주는 모습이 있는데 그것이 공의로 심판하며 싸우는 것이다.

　'싸우더라'는 현재 시제다. 현재 시제는 계속을 뜻한다. 요한이 하늘이 열린 것을 본 그때 백마 탄 자가 싸우고 있던 것이 아니다. 예전에도 싸웠고 지금도 싸우고 있고 앞으로도 계속 싸울 것이다. 싸움이 그친 적이 없다. 하늘이 언제 열리든지 싸우는 모습이 보이게 마련이다. 그래서 충신과 진실이다.

19:12〉 그 눈은 불꽃 같고 그 머리에는 많은 관들이 있고 또 이름 쓴 것 하나가 있으니 자기밖에 아는 자가 없고

　김영봉 목사가 쓴 〈엄마가 희망입니다〉에 노동 운동가 전태일 씨의 어머니 이소선 여사가 어머니에 대해 말한 내용이 있다. 이소선 여사가 네 살 되던 해에 아버지가 일본 순사한테 잡혀가서 죽임을 당했다. 어머니는 스무 살도 더 많은 남자와 재가를 했다. 이소선 여사는 어머니가 미웠다고 한다. 나중에야 이유를 알았다. 죽은 아버지 때문에 감시와 박해가 이어지자, 어머니는 남은 아들이 걱정되었다. 일본에 있는 외삼촌한테 보내고 싶었지만 여비를 마련할 재간이 없었다. 어머니는 아들을 일본행 밀항선에 태워주는 조건으로 할아버지 같은 사람한테 시집을 갔던 것이다. 이런 사정을 알 길이 없는 이소선 여사가 어머니를 원망했던 것이다.

사람은 자기가 아는 한계에서 판단을 내린다. 그런 사람이 공의를 말한들 자기를 기준으로 하는 공의일 뿐이다. 하지만 예수님은 눈이 불꽃 같다. 어둠 속에서는 보이지 않는 것도 밝은 곳에서는 보이는 것처럼 예수님께는 숨길 수 있는 것이 없다. 예수님은 이 세상 모든 것을 다 아신다. 그래서 공의로 심판하신다.

또 예수님 머리에는 많은 관들이 있다. 관을 뜻하는 헬라어는 두 가지다. '스테파노스'와 '디아데마'다. 스테파노스는 경기에서 이긴 사람이 쓰는 면류관이고 디아데마는 왕이 쓰는 왕관이다. 예수님이 쓰신 관은 디아데마다. 그렇다고 해서 정말로 예수님이 여러 개의 왕관을 겹쳐서 쓰신 것이 아니다. 이 세상 모든 왕권이 예수님께 있다는 상징이다. 앞에서 용이 일곱 왕관을 썼고 바다에서 나온 짐승이 열 왕관을 썼다는 얘기가 나왔다. 예수님의 왕권을 흉내 낸 것이다. 예수님이 세상을 심판할 수 있는 이유는 예수님이 이 세상 왕이기 때문이다. 이 세상이 예수님께 속해 있다.

또 이름 쓴 것 하나가 있는데 자기밖에 아는 자가 없다고 했다.

이는 한 아기가 우리에게 났고 한 아들을 우리에게 주신 바 되었는데 그의 어깨에는 정사를 메었고 그의 이름은 기묘자라, 모사라, 전능하신 하나님이라, 영존하시는 아버지라, 평강의 왕이라 할 것임이라(사 9:6)

예수님은 기묘자이다. 예수님을 알 수 있는 사람은 아무도 없다. 예수님은 사람들이 모여서 머리 싸매고 깊이 연구해야 겨우 알 수 있는 분이 아니라 도무지 알 수 없는 분이다. 예수님께는 누구도 모방하거나 흉내 낼 수 없는 능력과 경륜이 있다. 그러니 공의로 심판하는 것이 가능하다.

19:13) 또 그가 피 뿌린 옷을 입었는데 그 이름은 하나님의 말씀이라 칭하더라

성경에서 피 얘기만 나오면 주님의 보혈을 연상할 수 있는데 그렇지 않다. 우리가 입는 옷이라면 예수님의 피를 뿌리는 것이 맞다. 세마포가 희고 깨끗한 이유는 예수님의 피로 씻었기 때문이다. 하지만 예수님이 자기 옷에 자기 피를 뿌려서 입는 것은 말이 안 된다.

전쟁터를 누비는 장수의 옷에는 피가 묻게 마련이다. 자기가 흘린 피일 수도 있지만 주로 적군이 흘린 피일 것이다. 예수님도 그런 식이다. 예수님의 보혈이 아니라 공의로 심판받은 대상들의 피다. 그런데 차이가 있다. 전쟁터를 누비는 장수는 전투 수행 중에 피가 묻게 된다. 예수님은 다르다. 공의로 세상을 심판하는 과정에서 피가 묻은 것이 아니라 피 뿌린 옷을 입었다. 그 옷의 이름을 하나님의 말씀이라고 한다.

중학생 때 수업 중에 조는 학생을 재미있게 체벌하는 선생님이 계셨다. 보통은 주먹으로 머리통을 쥐어박는데 그 선생님은 주먹을 쥔 채 "이리 와, 자진납세!'라고 했다. 그러면 학생이 스스로 선생님 주먹에다 머리를 갖다 박았다.

이 세상은 하나님의 말씀으로 지어졌다. 하나님 말씀에 위배되면 심판 대상이 된다. 군이 하나님이 심판하실 것도 없다. 존재 자체에 이미 심판이 포함되어 있다. 예수님이 입은 피 뿌린 옷이 그런 격이다. 공의로 심판하시는 예수님이 계시고 심판 대상이 있다는 사실만으로 옷에 피가 뿌려진 것이다.

19:14〉 하늘에 있는 군대들이 희고 깨끗한 세마포 옷을 입고 백마를 타고 그를 따르더라

사극에서는 장수가 말을 타고 가면 군졸들은 도보로 따른다. 그런데 백마를 탄 예수님을 따르는 군대도 백마를 탔다. 예수님은 피 뿌린 옷을 입었는데 그들은 희고 깨끗한 세마포 옷을 입었다. 공의로 심판하며 싸우는 자를 따르려면 순결하고 거룩해야 한다. 그렇지 않으면 예수님을 따르는 것은 고사하고 자기 피도 예수님 옷에 묻혀야 한다. 순결과 거룩이 하늘 군대의 정체성이다.

19:15〉 그의 입에서 예리한 검이 나오니 그것으로 만국을 치겠고 친히 그들을 철장으로 다스리며 또 친히 하나님 곧 전능하신 이의 맹렬한 진노의 포도주 틀을 밟겠고

입에서 나오는 예리한 검은 하나님의 말씀을 뜻한다. 하나님 말씀에 어긋나는 것은 모두 잘라내는 것으로 하나님의 심판을 얘기한다. 그다음에 철장이 등장한다. 성경 다른 곳에서는 세상을 심판하는 모습을 철장으로 질그릇 부수는 것으로 묘사한다. 그것이 전부가 아니다. 포도주 틀에 넣고 짓밟는다.

하나님이 전능하신 것을 누가 모를까? '전능하신 이'라는 말이 없어도 뜻이 통하는데 굳이 그 말을 쓴다. 누가 진노하는지에 따라 진노의 무게가 달라진다. 어린 시절에 어머니가 화를 내는지, 아버지가 화를 내는지에 따라서 긴장감이 달랐던 기억이 있다. 그런데 전능하신 이가 진노했다. 그 진노를 벗어날 수 있는 방도는 도무지 없다. 굳이 말을 만들면 '심판 3종 세트'다.

19:16) 그 옷과 그 다리에 이름을 쓴 것이 있으니 만왕의 왕이요 만주의 주라 하였더라

앞에서 음녀가 탄 붉은 빛 짐승의 몸에 하나님을 모독하는 이름들이 가득하다고 했다. 거기에 대조되는 내용이다. 그런데 왜 하필 옷과 다리에 이름을 쓸까? 옷과 다리에는 공통점이 있다. 옷에는 피가 뿌려져 있다. 진노의 포도주 틀을 밟았으니 다리에도 피가 튀었을 것이다. 심판의 흔적을 그대로 보여주는 곳이 옷과 다리다. 그런 곳에 이름을 썼는데, 그 이름이 만왕의 왕이고 만주의 주다. 만왕의 왕이고 만주의 주가 행하는 심판에 누가 감히 토를 달겠는가? 그 심판은 의로울 수밖에 없다.

그 만왕의 왕, 만주의 주를 따르는 것이 하늘 군대다. 그들은 희고 깨끗한 세마포 옷을 입고 백마를 탔다. 마치 개선 행진을 하는 것 같다. 그들이 할 일이라고는 세마포를 더럽히지 않는 일뿐이다.

주님은 지금도 세상을 심판하는 중이다. 입에서 나오는 예리한 검으로 심판하고 쇠몽둥이로 심판하고 진노의 포도주 틀을 밟으신다. 그리고 우리한테 동참하라고 부르신다. 주님의 승리가 우리한테 어떻게 나타나는가 하면, 세상 풍조에 굴복하지 않는 것으로 나타나고 세상과 타협하지 않는 것으로 나타난다. 우리는 희고 깨끗한 세마포를 입고 주님을 따르는 사람들이다.

19:17-18) 또 내가 보니 한 천사가 태양 안에 서서 공중에 나는 모든 새를 향하여 큰 음성으로 외쳐 이르되 와서 하나님의 큰 잔치에 모여 왕들의 살과 장군들의 살과 장사들의 살과 말들과 그것을 탄 자들의 살과 자유인들이나 종들이나 작은 자나 큰 자나 모든 자의 살을 먹으라 하더라

요한이 한 천사가 태양 안에 서서 공중에 나는 새들한테 외치는 환상을 보았다. 태양은 원(圓)이 아니라 구(球)다. 그런 태양 안에 어떻게 선다는 얘기일까? 요한이 본 것이 무엇인지 몰라도 실제 상황이 아니라 상징인 것이 분명하다. 하여간 천사가 새들을 하나님의 큰 잔치에 초대했다. 앞에서 어린양의 혼인 잔치에 청함을 받은 자들은 복이 있다고 했는데 본문에는 그와 대조되는 잔치가 나온다.

그런데 왜 태양 안에서 외칠까? 어쨌든 천사가 태양 안에서 외친다는 이상한 표현을 쓰면서까지 태양을 동원한 이유가 있을 것이다.

내 이름을 경외하는 너희에게는 공의로운 해가 떠올라서 치료하는 광선을 비추리니 너희가 나가서 외양간에서 나온 송아지같이 뛰리라(말 4:2)

치료하는 광선을 비춘다고 했는데 KJ나 NIV에는 ray 대신 wing이 나온다. 원문을 그대로 옮기면 "그의 날개 안에서 치료한다"인데 "치료하는 광선을 비춘다"로 의역한 것이다. 해한테는 날개보다 광선이 어울린다. 하지만 성경의 본래 의도는 광선이 아니라 날개다. 날개는 하나님의 은혜나 보호를 뜻한다.

말라기 선지자가 해를 통해서 하나님을 경외하는 자들이 누릴 구원의 은혜를 선포했다. 본문의 천사는 바로 그런 곳에서 저주를 선언한다. 그럴 수밖에 없다. 그들은 하나님의 이름을 경외하는 자들이 아니기 때문이다.

어떤 교회에서 말다툼이 벌어졌다. 고성이 오가더니 다툼의 한쪽 당사자가 3주째 예배에 불참했다. 그러고는 말한다. "내가 예배에 안 가는 사람이야? 어지간한 일 아니면 나도 안 그래. 하지만 도저히 못 참겠어."

이런 말은 참 씁쓸하다. "예배에 불참할 만큼 화가 났다"와 "화가 나면 예배에 불참한다"가 어떻게 다를까?

그런데 "나도 어지간하면 그렇게 하지 않는다. 하지만 이번 일은 못 참는다."라는 말을 하나님이 하면 어떻게 될까? "나도 사람들한테 은총을 주고 싶다. 은총을 주는 것이 내 본성이다. 하지만 저 사람한테는 저주밖에 줄 게 없다."라고 하는 것은 도무지 상상이 안 된다. 천사가 태양 안에서 외쳤다는 얘기가 바로 그렇다.

천사가 새들한테 "저기에 하나님의 큰 잔치가 벌어지고 있다. 얼른 가서 포식해라."라고 하지 않았다. "와서 하나님의 큰 잔치에 모여… 모든 자의 살을 먹으라"라고 했다. 천사가 새들을 자기가 있는 곳으로 부른다. 그곳에서 하나님의 큰 잔치가 벌어지고 있다는 것이다. 하나님을 경외하는 자들에게 은혜가 쏟아지는 그곳에서 하나님을 경외하지 않는 자들에 대한 저주가 실현된다. 빈부귀천 구별이 없다. 왕들과 장군들과 장사들과 말들과 그것을 탄 자들과 자유인들이나 종들이나 작은 자나 큰 자나 모든 자가 저주 아래 있다. 말 탄 자들이 나오는 것은 그렇다 쳐도 말들도 저주를 받아야 할까? 별수 없다. 하나님을 대적하는 도구로 쓰였기 때문이다. 하나님을 대적하는 행위에 관련되었으면 당연히 저주를 받아야 한다.

앞에서 짐승이 작은 자나 큰 자나 부자나 가난한 자나 자유인이나 종들에게 표를 받게 했다. 짐승의 미혹이 빈부귀천을 가리지 않았으니 하나님의 심판도 마찬가지다.

예수를 믿지 않는 사람들의 병이 있다. 하나님의 심판이 있는 것을 모르고 세상에 속한 것으로 도토리 키 재기를 하는 것이다. 예수를 믿는 사람들한테도 병이 있다. 하나님의 심판이 있는 것을 알면서도 세상에 속한 것으로 도토리 키 재기를 하는 것이다. 남보다 큰 집에 살고 남보다 비싼 차를 타는 것이 여전히 중요하다. 심지어 그것이 예수 믿은 보람인 줄 안다.

그러면 "왕들의 살과 장군들의 살과 장사들의 살과 말들과 그것을 탄 자들의 살과 자유인들이나 종들이나 작은 자나 큰 자나 모든 자의 살을 먹으라"라는 말을 어떻게 감당할까? 하나님 앞에서는 왕이나 장군, 자유인이나 종이 아무 차이가 없다. 세상에 속한 것을 남보다 많이 누린 사람이나 적게 누린 사람, 심지어 아무것도 누리지 못한 사람이 똑같다. 심판받는 사람만 차이가 없는 것이 아니라 심판을 받지 않는 사람들도 차이가 없다.

정당한 부의 축적이나 사회적인 성공이 잘못일 수는 없다. 성실하게 산 대가로 부를 이루고 출세하는 것은 바람직한 일이다. 하지만 그것은 세상을 사는 과정에서 있을 수 있는 일이지, 목표로 삼을 일은 아니다. 우리의 관심은 희고 깨끗한 세마포를 입고 백마를 탄 그리스도를 따르는 것이다. 세상의 빈부에는 차이가 있어도 그리스도를 따르는 데에는 차이가 있으면 안 된다.

19:19-21〉 또 내가 보매 그 짐승과 땅의 임금들과 그들의 군대들이 모여 그 말 탄 자와 그의 군대와 더불어 전쟁을 일으키다가 짐승이 잡히고 그 앞에서 표적을 행하던 거짓 선지자도 함께 잡혔으니 이는 짐승의 표를 받고 그의 우상에게 경배하던 자들을 표적으로 미혹하던 자라 이 둘이 산 채로 유황불 붙는 못에 던져지고 그 나머지는 말 탄 자의 입으로부터 나오는 검에 죽으매 모든 새가 그들의 살로 배불리더라

앞에서 아마겟돈 얘기가 나왔던 것을 기억할 것이다. 그런데 흐지부지 끝나고 말았다. "세 영이 히브리어로 아마겟돈이라 하는 곳으로 왕들을 모으더라"가 전부였다. 용과 짐승과 거짓 선지자의 입에서 나온 귀신의 영이 이적을 행해서 온 천하 왕들을 모아 전쟁을 예비한다고 했으면서 그다음 얘기가 없었다.

한 가지 짐작할 수 있는 것은 그들이 하나님의 큰 날에 있을 전쟁을 위해서 모였다는 것이다. 하나님의 큰 날은 이 세상 심판 날을 말한다. 17절에서 '하나님의 큰 잔치'를 말했다. 큰 날이면 큰 잔치가 벌어질 만하다.

그 전쟁이 어떻게 되었는지 본문에 나온다. 짐승과 거짓 선지자는 유황불 못에 들어가고 짐승의 표를 받고 우상에게 경배하던 자들은 하나님 말씀 앞에 다 죽어서 새의 먹이가 된다.

얘기를 왜 이렇게 복잡하게 할까? 아마겟돈 얘기를 꺼냈으면 그 얘기를 매듭짓고 다음 얘기로 넘어가야 하는 것 아닐까?

요한계시록은 사건 순서에 따른 기록이 아니다. 반복적이고 점진적인 기록이다. 계 16:17에서 일곱째 천사가 대접을 쏟을 때 '되었다'라는 음성이 들렸다. 하나님의 심판이 끝났다는 뜻이다. 하나님의 심판이 끝나려면 아마겟

돈 세력에 대한 심판이 끝나야 한다. 그 내용이 17-20장이다. 아마겟돈 주동 세력은 용과 짐승과 거짓 선지자다. 그들한테 미혹된 온 천하 왕들과 왕들을 따라 전쟁에 동원된 군사들이 바벨론인 셈이다. 17-18장에서 바벨론의 멸망을 다뤘다. 마치 전쟁 영화에서 수두룩한 엑스트라가 죽는 장면을 먼저 보여 주는 식이다. 짐승과 거짓 선지자는 19장에서 심판받는다. 그리고 용이 심판받는 내용이 20장에 나온다. 그렇게 해서 심판이 마무리된다. 심판받는 순서가 그렇다는 얘기가 아니다. 심판은 동시에 받지만 짐승과 거짓 선지자, 그리고 용의 심판을 확대해서 설명하는 것이다.

현대인의 가장 큰 관심은 돈이다. 돈의 위력을 실감하는 데 다른 사람의 도움이 필요하지 않다. 자기 혼자 충분히 알 수 있다. 그런데 주변에서 그 사실을 부추긴다. 아무개는 시골에 사 둔 땅값이 올라서 부자 되었다고 하고, 아무개는 아파트를 몇 번 사고팔더니 아파트 두 채가 생겼다고 한다. 그런 말을 들으면 확신이 배가된다. 세상에서는 돈이 최고다.

짐승과 거짓 선지자를 통해서 이런 내용을 그대로 볼 수 있다. 13장의 짐승은 참으로 기세가 등등했다. 뿔이 열이고 머리가 일곱에 뿔에는 열 왕관이 있었다. 심지어 그리스도의 부활도 모방했다. 이 정도만 되어도 사람들이 감탄하기에 충분하다. 그런데 또 있다. 거짓 선지자가 큰 이적을 행하면서 사람들을 미혹한다. 짐승을 위해서 우상을 만들고 짐승을 경배하라고 한다. 짐승의 우상한테 경배하지 않는 사람은 몇이든지 다 죽이게 한다. 심지어 짐승의 표를 받지 않으면 매매를 못하게 한다. 이런 상황에서 짐승한테 경배하지 않을 사람이 얼마나 될까?

그런데 그 짐승이 잡혔다. 그 앞에서 표적을 행하던 거짓 선지자도 잡혔다. 그 둘이 산 채로 유황불 못에 던져졌다. 그러면 짐승의 위세에 굴복하거나 거짓 선지자한테 속아서 그 짐승을 경배한 사람들은 어떻게 될까? 17-18장에서 확인한 바벨론 멸망이 그 내용이다. 본문에서는 그 내용을 "그 나머지는 말 탄 자의 입으로부터 나오는 검에 죽으매 모든 새가 그들의 살로 배불리더라"라고 한다.

톨스토이가 쓴 〈안나 카레니나〉가 "행복한 가정은 모두 엇비슷하고 불행한 가정은 불행한 이유가 제각기 다르다"로 시작한다. 이 문장을 그들한테 옮길 수 있다. "신앙을 지키는 이유는 모두 엇비슷하지만 신앙을 버린 이유는 제각기 다르다." 그리고 같은 것이 한 가지 더 있다. 그들의 결국이다. 그들이 어떤 이유로 거짓 선지자한테 미혹되어 짐승을 따르게 되었는지 몰라도 그들의 종말이 똑같다. 모두 말 탄 자의 입에서 나오는 검에 죽었다. 한 사람도 빠짐없이 하나님 말씀으로 심판받았다.

여행을 뜻하는 영어 travel은 라틴어 트레팔리움(trepalium)에서 유래했다. 트레팔리움은 세 개의 구덩이라는 뜻의 고문 도구다. 중세 시대의 여행은 여유를 즐기는 행위가 아니라 죽음을 각오한 노정이었다. 교통도 안 좋고 치안도 엉망이었기 때문이다. trouble이 travel에서 파생된 단어다. travel에는 trouble이 따른다.

중세 시대에는 죽음을 각오해야 여행을 할 수 있었는데 요즘은 누구나 여행을 즐긴다. 이런 차이가 있는 이유는 누구의 책임도 아니다. 단지 시대가 달라진 때문이다. 그러면 신앙으로 바꿔보자. 옛날에는 신앙생활이 어려웠다는데 우리는 별 어려움을 느끼지 않는다. 역시 시대가 달라진 때문일까?

짐승의 표를 받지 않으면 매매를 못한다. 하루하루를 사는 것이 힘겹다. 그러던 중에 짐승과 거짓 선지자가 유황불 못에 던져지는 것을 보았다. 신앙을 지키기 위한 자기들의 수고가 헛되지 않은 것을 확인했다. 그야말로 복음이다. 할렐루야 찬양이 절로 나올 것이다. 그런데 우리는 감동은 고사하고 눈만 껌뻑거린다. 세상에 시달리고 있지 않다는 뜻이다. 신앙을 이유로 불이익을 강요당하는 것도 없고 불편한 것도 없으니 세상이 심판을 받거나 말거나 알 바 아니다.

옛날에는 예수를 믿는 것이 참 어려웠다. 그런데 지금은 어렵지 않다. 이런 차이가 종교의 자유 때문이라면 관계없다. 하지만 옛날에는 교회와 세상이 확연하게 구분되었는데 지금은 제대로 구분되지 않는 때문이라면 어떻게 해야 할까?

요한이 짐승과 거짓 선지자가 유황불 못에 던져지는 환상을 보았다. 소아시아 일곱 교회는 그 내용을 전해 듣고 세상에 굴복하지 않을 힘을 얻었을 것이다. 우리는 무엇을 얻어야 할까? 어차피 우리의 신앙을 방해하는 외부의 강제력은 없다. 우리의 문제는 천생 우리 안에 있다. 우리로 세상 풍조를 따르게 미혹하는 것이 있다면 그것이 심판 대상이다. 그것이 우리한테는 짐승이고 거짓 선지자다. 행여 거기에 미혹된 행위가 있다면, 그것이 말 탄 자의 입에서 나온 검에 죽은 나머지들이다. 하나님 말씀에 위배된 것은 그렇게 될 수밖에 없다.

새삼스러운 얘기가 아니다. 이 세상이 심판받는 것을 누가 모를까? 아는 것이 실력이 아니라 아는 것을 몸으로 나타내는 것이 실력이다. 우리한테 주어진 기간은 그 실력을 쌓는 기간이다. 우리는 각자한테 주어진 기간 동안 그 실력을 쌓다가 주님을 만날 사람들이다. 우리의 소망이 그날에 있다.

20장 천년왕국과 백 보좌 심판

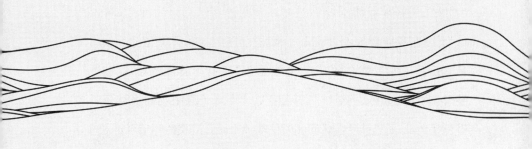

천년왕국에 대해서는 크게 세 가지 주장이 있다. 전천년설과 후천년설, 무천년설이다. 전천년설은 예수님 재림이 천년왕국 전에 있다는 설이고 후천년설은 예수님 재림이 천년왕국 후에 있다는 설이다. 무천년설은 천년왕국이 없다는 설이 아니라 지금의 교회시대가 곧 천년왕국이라는 설이다. 천 년을 실제 기간이 아니라 상징으로 본다.

한동안 전천년설에 따른 얘기가 많았는데 요즘은 무천년설이 지지를 받는 추세다. 후천년설은 별로 지지를 못 받는다. 요한계시록에 나오는 숫자는 대부분 상징이니 천년왕국이라고 해서 천 년이라는 보장이 없다. 중요한 것은 어쨌든 주님이 오신다는 사실이고, 주님이 이 세상에 대해서 주권을 갖고 계시다는 사실이다.

성경을 유심히 보면 천년왕국을 놓고 논쟁할 이유가 없음을 알 수 있다. 천년이라는 말이 나오지만 천년왕국 때문에 나오는 것이 아니다. 사탄은 천 년 동안 결박되고 성도는 천 년 동안 왕 노릇 한다. 그런 일이 주님 재림 전에 일어나는지 후에 일어나는지 논증할 의도는 보이지 않는다. 사탄과 그를 따르는 세력들은 어떻게 되고 성도들은 어떻게 되는지 대조할 뿐이다.

게다가 사탄에 대한 심판은 천 년에 그치는 것이 아니라 세세토록 이어진다. 짐승의 표를 받은 사람들도 세세토록 심판받는다. 그러면 성도들이 받는 보상도 천 년에 그칠 수 없다. 당연히 세세토록 왕 노릇 해야 한다. 천 년이 아무리 긴 기간이라도 유한한 기간이다. 우리한테 허락된 궁극적인 복이 아니라는 뜻이다. 천년왕국에 대해서 아무리 얘기해도 그것은 지엽적인 문제다.

20:1-3〉 또 내가 보매 천사가 무저갱의 열쇠와 큰 쇠사슬을 그의 손에 가지고 하늘로부터 내려와서 용을 잡으니 곧 옛 뱀이요 마귀요 사탄이라 잡아서 천 년 동안 결박하여 무저갱에 던져 넣어 잠그고 그 위에 인봉하여 천 년이 차도록 다시는 만국을 미혹하지 못하게 하였는데 그 후에는 반드시 잠깐 놓이리라

천사가 무저갱의 열쇠와 큰 쇠사슬을 가지고 내려와서 용을 잡아서 무저갱에 감금한다. 용의 이름이 네 가지로 나온다. 용, 옛 뱀, 마귀, 사탄이다. 옛 뱀은 에덴동산을 생각나게 하는 이름이다. 사탄의 술책이 그만큼 뿌리 깊다. 그런 사탄을 천 년이 차도록 만국을 미혹하지 못하게 잡아 가둔다.

하늘에 전쟁이 있으니 미가엘과 그의 사자들이 용과 더불어 싸울새 용과 그의 사자들도 싸우나 이기지 못하여 다시 하늘에서 그들이 있을 곳을 얻지 못한지라 큰 용이 내쫓기니 옛 뱀 곧 마귀라고도 하고 사탄이라고도 하며 온 천하를 꾀는 자라 그가 땅으로 내쫓기니 그의 사자들도 그와 함께 내쫓기니라(계 12:7-9)

사탄의 패배는 이미 나온 내용이다. 참소하는 자, 즉 사탄이 쫓겨났다. 하나님이 힘으로 윽박지른 것이 아니다. 어린양의 피 때문에 쫓겨났다. 참소를 하려면 근거가 있어야 하는데 예수님이 죗값을 다 치렀으니 참소할 근거가 없어졌다.

사탄을 천 년 동안 결박해서 무저갱에 던져 잠그고 인봉한 이유는 만국을 미혹하지 못하게 하려는 것이라고 했다. 사탄에 대한 형벌은 영원한 불 못이다. 그 형벌은 나중에 받는다. 천 년 동안 결박한 것은 '징역 천 년 형'에 처한 것이 아니라 활동을 못하게 한 것이다. 사탄이 더 이상 우리한테 힘을 쓸 수 없게 되었다. 그래서 13장부터 짐승이 등장한다. 마치 조폭 두목은 수감되어 있는데 수하들이 여전히 그 뜻대로 움직이는 것과 같다.

> 사람이 먼저 강한 자를 결박하지 않고서야 어떻게 그 강한 자의 집에 들어가 그 세간을 강탈하겠느냐 결박한 후에야 그 집을 강탈하리라(마 12:29)

예수님이 이 땅에 오신 이후로 사탄은 결박당했다. 하나님 나라가 시작되었다. 여자의 후손한테 머리를 밟힌 뱀이 꼬리를 꿈틀대는 것처럼 사탄은 치명상을 당한 채 마지막 발악을 할 뿐이다. 그 얘기를 본문에서는 "…그 후에는 반드시 잠깐 놓이리라"라고 한다.

사탄은 무저갱에 인봉되어 있다. 자기 스스로 나올 수 없다. 무저갱에 갇혔던 사탄이 최후의 발악을 한다고 해서 자기 재주로 탈출한 것이 아니다. 그마저도 하나님의 허용이 있어야 가능하다. 그러면 허용하는 이유가 있을 것이다. 그 내용은 7-10절에 나온다. 사탄한테 미혹된 자들을 같이 벌하기 위해서다. "하나님이 사탄을 무저갱에서 나오도록 허락하지 않았으면 사탄한테 미혹되는 사람도 없었을 텐데 사탄을 풀어주는 바람에 그런 사람이 생긴 것이냐?"라고 할 수 있는 얘기가 아니다. 곡식을 키질하면 알곡과 쭉정이가 구분된다. 그렇다고 해서 쭉정이가 "왜 공연히 키질을 하느냐?"라고 할 수는 없다. 키질을 했기 때문에 쭉정이가 된 것이 아니라 본래 쭉정이였는데 키질을 통해서 확인된 것이다.

"…그 후에는 반드시 잠깐 놓이리라"에서 '반드시'는 필연을 뜻한다. 하나님의 구원 사역을 위해서 그 일이 꼭 있어야 한다는 뜻이다. 이 세상 죄를 모두 청산해야 하기 때문이다. 죄에 속한 것이 남아 있으면 안 된다. 그렇게 해서 새 하늘과 새 땅이 시작되는 것이다.

20:4-6〉 또 내가 보좌들을 보니 거기에 앉은 자들이 있어 심판하는 권세를 받았더라 또 내가 보니 예수를 증언함과 하나님의 말씀 때문에 목 베임을 당한 자들의 영혼들과 또 짐승과 그의 우상에게 경배하지 아니하고 그들의 이마와 손에 그의 표를 받지 아니한 자들이 살아서 그리스도와 더불어 천 년 동안 왕 노릇 하니 (그 나머지 죽은 자들은 그 천 년이 차기까지 살지 못하더라) 이는 첫째 부활이라 이 첫째 부활에 참여하는 자들은 복이 있고 거룩하도다 둘째 사망이 그들을 다스리는 권세가 없고 도리어 그들이 하나님과 그리스도의 제사장이 되어 천 년 동안 그리스도와 더불어 왕 노릇 하리라

요한이 이어서 본 것은 보좌들이다. 거기에는 심판하는 권세를 받은 자들이 앉아 있다. 본래 3절은 7절로 이어져야 정상이다. 3절에서 사탄이 잠깐 놓인다고 했고 7절 이하에서는 사탄이 마지막 발악을 하고는 불과 유황 못에 던져진다는 내용이 나온다. 그런데 중간에 본문이 있다. 무저갱과 보좌를 대조하는 것이 아니다. 무저갱에 던져진 사탄과 보좌에 앉아서 심판하는 권세를 행하는 자들을 대조하는 것이다. 그 보좌는 예수를 증언함과 하나님의 말씀 때문에 순교한 자들의 영혼들과 또 짐승의 표를 받지 않은 자들이 살아서 그리스도와 더불어 천 년 동안 왕 노릇 하는 자리다.

그들이 세상에서 어떤 대접을 받았을까? 굳이 순교까지 갈 것도 없다. 친구 결혼식이 주일이어서 안 가면 무슨 말을 들을까? 하물며 예수를 증언함과 하나님의 말씀 때문에 목 베임을 당했다. 매매를 포기하면서까지 짐승의 표를 받지 않았다. 세상이 보기에는 참 한심한 사람들이다. 그런데 이제는 보좌에 앉아 있다. 하나님이 그들의 삶을 인정하셨다. 그들은 그리스도와 더불어 천 년 동안 왕 노릇 한다.

그 천 년이 언제부터 언제까지일까? 그것을 알려면 그리스도가 왕 노릇 하는 기간을 알면 된다. 그리스도는 부활 승천해서 하나님 보좌 우편에 앉아 계시다. 그때부터 재림하실 때까지 왕 노릇 하신다. 그러면 신자가 왕 노릇 하는 천 년이 언제인지에 대한 답이 나왔다. 신자는 예수를 믿는 즉시 왕으로 존재한다. 지금이 우리가 왕 노릇 하는 때이다.

이런 말은 실감이 안 날 것이다. 우리 신앙 현실은 전혀 왕 노릇이 아니다. 그러면 우리 느낌이 틀렸든지 성경이 틀렸든지 둘 중에 하나다. 예수님이 하신 일은 우리의 느낌과 상관이 없다. 신약 시대는 그리스도가 통치하는 시대다. 그리스도의 왕 노릇을 믿는다면 성도의 왕 노릇도 믿어야 한다.

성도가 그리스도와 더불어 천 년 동안 왕 노릇 하는 것을 첫째 부활이라고 한다. 예수님이 부활한 것처럼 우리 역시 부활한다는 사실을 모르는 사람은 없다. 그런데 난데없이 첫째 부활이라는 말이 왜 나올까? 어쨌든 첫째 부활은 둘째 부활을 전제로 한다.

성경에 둘째 사망이라는 표현이 나온다. 첫째 사망도 있다는 뜻이다. 사람은 누구나 죽는다. 그것이 첫째 사망이다. 둘째 사망은 영원한 형벌에 처해지는 것을 말한다. 그렇게 따지면 둘째 부활은 영원한 복락을 누리는 것이 된다. 우리가 변화된 몸을 입고 구원의 완성을 누리는 것이 둘째 부활이다.

첫째 부활은 아직 거기에 이르지 못한 중간 단계다. 어쨌든 첫째 부활에 참여하는 자들은 복이 있고 거룩하다고 한다. 둘째 사망이 그들을 다스리는 권세가 없기 때문이다. 그러면 답이 나왔다. 우리 영이 새로 태어난 것이 첫째 부활이다. 허물과 죄로 죽었던 우리가 다시 살아난 것을 말한다. 첫째 부활은 우리가 장차 참여할 부활이 아니다. 우리가 지금 첫째 부활을 한 상태다. 첫째 부활에 참여한 우리는 살아서 그리스도와 더불어 천 년 동안 왕 노릇한다.

그 반대 되는 얘기가 "그 나머지 죽은 자들은 그 천 년이 차기까지 살지 못하더라"이다. 천 년이 차면 소망이 생기는 것이 아니다. 천 년이 차면 다시 살아나서 둘째 사망에 참여할 것이다.

천 년은 그리스도가 부활 승천한 다음에 재림할 때까지의 기간에 대한 상징이다. 그 기간 동안 둘째 사망과 관계없는 우리는 하나님과 그리스도의 제사장이 되어 그리스도와 더불어 왕 노릇을 한다.

제사장이나 왕은 기능에 대한 개념이 아니라 속성에 대한 개념이다. 성도한테는 제사장과 왕으로 특징 되는 속성이 있다. 주님 재림하시면 천 년 동안 이 땅에서 왕으로 거드름 피는 것이 아니라 주님 오실 때까지 이 세상에서 왕 같은 제사장으로 살아간다. 하나님과 사람의 관계를 중재하는 사람이 제사장이다. 한 사람이라도 더 하나님 앞에 바로 세우는 것이 우리의 책무다. 또 우리는 이 세상에서 왕으로 존재한다. 사극에 나오는 왕이 아니라 그리스도와 함께 하늘 보좌에 앉은 왕이다. 우리는 이 세상을 내려다본다. 비록 제한된 육신을 가지고 있지만 하늘 보좌에 앉은 사람으로서의 품위를 가지고 살아간다. 죽은 다음에 천상에서 그렇게 한다는 얘기가 아니다. 지금 그렇게 살아간다.

4b절에서 예수를 증언함과 하나님의 말씀 때문에 목 베임을 당한 자들의 영혼들과 또 짐승과 그의 우상에게 경배하지 아니하고 그들의 이마와 손에 그의 표를 받지 아니한 자들이 살아서 그리스도와 더불어 천 년 동안 왕 노릇 한다고 했다. 얼핏 순교에 대한 보상을 떠올릴 수 있다. 이 세상에서 순교를 무릅쓰고 신앙을 지킨 사람한테 그에 따른 보상이 있다고 하면 맞는 말이기도 하다. 하지만 본문은 그런 내용을 말하고 있지 않다.

소아시아 일곱 교회에는 예수를 증언함과 하나님의 말씀 때문에 목 베임을 당한 자들이 있을 것이다. 또 짐승과 그의 우상에게 경배하지 아니하고 그들의 이마와 손에 그의 표를 받지 아니한 자들도 있다. 그들이 살아서 그리스도와 더불어 천 년 동안 왕 노릇 한다는 것이다. 신앙을 지키다 죽은 사람도 살아서 왕 노릇 하고 순교의 각오로 신앙을 지키는 사람도 살아서 왕 노릇 한다. 특히 6절에서는 첫째 부활에 참여한 자들, 즉 예수를 믿는 모든 사람들이 천 년 동안 왕 노릇 한다고 했다. 결국 요한이 본 보좌들에 앉은 사람들은 순교를 한 보상으로 앉은 것이 아니다. 이 세상에서도 그 자리에 앉고 죽어서도 그 자리에 앉는다. 이 세상에서 그리스도와 함께 왕 노릇 하던 사람들이 죽어서도 하늘 보좌에 앉는다.

이 부분을 놓치면 신앙이 옹색하게 된다. 이 세상에서 신앙을 포기하지 않고 지키고 있으면 언젠가 주님이 보상해주신다는 생각을 하게 된다. 지금 참고 견디면 장차 좋은 날이 있다는 것이다. 하지만 신앙은 그런 것이 아니다.

일단 지켰다가 나중에 보상받는 것이 아니라 지금도 적극적으로 누리는 것이어야 한다.

세상에서는 더 나은 미래를 위해서 지금을 희생하라고 한다. 신앙도 마치 그런 식이다. 장차 주어질 하늘 기쁨을 위해서 지금 세상에서는 참고 인내하자고 한다. 과연 그것이 최선일까? 기왕이면 지금 주어진 시간을 즐기면서 내일을 맞으면 안 될까? 신앙은 정도껏 따지고 적당히 세상을 탐하자는 얘기가 아니다. 신앙생활을 즐길 수는 없느냐는 얘기다.

신앙생활은 억지로 하는 것이 아니다. 그리스도와 더불어 왕 노릇 하는 현실을 지금 누려야 한다. 세상에서는 자신의 미래를 위해서 참고 인내하고 견디는 사람을 성실하다고 한다. 하지만 우리가 신앙생활을 그렇게 하면 하나님이 참 민망하실 것이다. "나를 섬기는 것이 그렇게 재미없느냐? 얼굴 좀 펴고 예수 믿으면 안 되겠느냐?"라고 할 것이다. 우리는 장차 이루어질 약속을 기다리기만 하는 사람들이 아니다. 그 약속을 지금 누리는 사람들이다. 성경이 얘기한 천 년은 이미 시작되었고 그리스도는 지금도 우리와 함께 계신다.

20:7-8〉 천 년이 차매 사탄이 그 옥에서 놓여나와서 땅의 사방 백성 곧 곡과 마곡을 미혹하고 모아 싸움을 붙이리니 그 수가 바다의 모래 같으리라

우리는 흔히 "3시간이 지났다", "1년이 지났다"처럼 얘기한다. 그런데 "천 년이 찼다"라고 한다. 햇수를 따져서 천 년이 지난 것이 아니라 정해진 때가 되었다는 뜻이다. 하나님이 정하신 기간이 있는데 그 기간이 충분히 길다는 뜻으로 천 년이라고 했다. 그러면 하나님이 정하신 때의 기준이 무엇일까?

예수님 말씀 중에 "이 천국 복음이 모든 민족에게 증언되기 위하여 온 세상에 전파되리니 그제야 끝이 오리라"라는 말씀이 있다. 하나님이 모든 민족에게 복음이 전파되기를 기다리셨다. 그리고 마침내 그날이 되었다. 천 년이 찼다는 얘기가 바로 그런 뜻이다.

무저갱에서 나온 사탄이 땅의 사방 백성 곧 곡과 마곡을 미혹한다. 곡과 마곡은 에스겔 38, 39장에서 이스라엘을 대적하는 세력으로 나온다. 사탄이 땅의 사방 백성을 미혹하는데 거기 미혹된 사람들을 곡과 마곡으로 얘기하는 것이 아니다. 땅의 사방 백성을 곡과 마곡이라고 한다.

앞에서 바벨론의 멸망을 얘기할 적에 '땅의 왕', '땅의 상인'이라는 표현을 썼다. 땅의 사방 백성도 그런 뜻이다. 땅에 속한 모든 백성이 곡과 마곡이다. 아무나 사탄한테 미혹되지 않는다. 땅에 속한 사람들이 미혹된다. 사탄이 곡과 마곡을 미혹해서 최후의 일전을 준비한다. 16장에서 나온 아마겟돈 얘기가 또 나오는 것이다.

20:9〉 그들이 지면에 널리 퍼져 성도들의 진과 사랑하시는 성을 두르매 하늘에서 불이 내려와 그들을 태워버리고

교회가 풍전등화의 위기에 놓였다. 우리한테는 그리 실감이 안 난다. 우리가 맞닥뜨린 현실이 아니라 먼 훗날 있을 막연한 일로 생각할 수도 있다. 하지만 소아시아 일곱 교회는 다르다. 그들이 처한 형편이 바로 이렇다.

성경의 표현이 특이하다. 교회를 가리켜서 성도들의 진과 사랑하시는 성이라고 한다. 진은 군대 용어다. 사탄이 곡과 마곡을 미혹하여 싸움을 붙이려고 하니 우리한테도 맞서 싸울 전투력이 있어야 한다. 또 사랑하시는 성이라는 표현을 썼다. 앞에서 바벨론을 큰 성이라고 했다. 바벨론이 사람들 보기에 큰 성이라면 교회는 하나님이 사랑하시는 성이다.

이 대목에서 우리는 세상에서 위대해지고 싶은지 하나님께 사랑받고 싶은지 결정해야 한다. 하나님의 사랑으로 세상에서 위대해지고 싶다고 하면 안 된다. 둘 중에 하나를 택하는 것이 어려우면 둘 중에 하나를 포기해도 된다. 하나님의 관심은 교회에 있다. 21장에서는 거룩한 성 새 예루살렘이라고 한다.

어쨌든 바다 모래같이 많은 곡과 마곡이 지면에 널리 퍼져 성도들의 진과 사랑하시는 성을 둘렀다. 그다음에 어떤 내용이 나와야 할까? 성도들의 진이라고 했으니까 나름대로 전투력이 있다. 사랑하시는 성이라고 했으니까 하나님의 보호도 있다. 그것을 바탕으로 열심히 싸워야 하는 것 아닐까? 사탄의 세력이 아무리 극악해도 우리는 하나님을 의지해서 승리했다는 말을 할 수 있어야 할 것 같은데 그게 아니다. 하늘에서 불이 내려와서 그들을 태워버렸다고 한다. 그러면 교회는 무엇을 했을까? 그냥 진만 치고 하나님의 사랑만 받았다.

영성 신학자 마르바 던이 한 말이 있다. "아무리 형편없는 경주를 마쳤어도 하나님은 당신을 위해 면류관을 준비해두셨습니다." 한때 "세상은 1등만 기억한다"라는 말이 있었다. 하나님은 그렇지 않다. 하나님의 면류관은 성적과 관계없다. 하지만 마르바 던의 말에는 단서가 있다. "만일 당신이 경주를 멈추지 않는다면"

성도들의 진과 사랑하시는 성으로 지칭된 교회가 바다 모래 같은 곡과 마곡을 이겨서 면류관을 받는 것이 아니다. 사탄한테 미혹되지 않고 신앙을 지키면 승리는 하나님이 주신다. 우리한테 필요한 것은 불로 그들을 태워버릴 능력이 아니라 성도들의 진과 사랑하시는 성에 속해 있는 것이다.

20:10) 또 그들을 미혹하는 마귀가 불과 유황 못에 던져지니 거기는 그 짐승과 거짓 선지자도 있어 세세토록 밤낮 괴로움을 받으리라

곡과 마곡이 불에 탔으니 그들을 미혹한 사탄이라고 해서 온전할 리 없다. 사탄 역시 불과 유황 못에 던져지는데 짐승과 거짓 선지자도 그곳에 있다. 짐승과 거짓 선지자, 사탄 사이에 형벌받는 순서가 있는 것이 아니다. 설명을 구분해서 한 것이다. 19장에서 짐승과 거짓 선지자의 심판을 언급했다. 20장은 초점이 사탄한테 있다. 그들은 세세토록 밤낮 괴로움을 받는다.

그러면 곡과 마곡은 어떻게 될까? 불에 타서 죽었으니까 그것으로 끝일까? 이 세상을 살다 죽는 것으로 존재가 소멸되면 예수를 믿을 이유가 없다. 적당히 살다 죽으면 그만이다.

수년 전에 SBS에서 방영한 〈시크릿 가든〉이라는 드라마가 있다. 남녀 주인공의 영혼이 바뀌면서 생기는 에피소드가 드라마의 주된 소재다. 몸은 그대로인데 영혼이 바뀌면 어느 쪽이 진짜 자기일까? 그 드라마에서는 서로 지금의 자기 몸은 자기가 아니라고 한다. 사람의 정체성이 영혼에 있다는 뜻이다. 육신은 영혼을 담는 그릇에 불과하다.

사람이 죽으면 저 세상에 갔다고 한다. 영혼이 소멸되지 않는 것을 본성적으로 알고 있는 모양이다. 이 세상이 아닌 다른 어느 세상에 간 것이다. 아담, 하와 이래 인류 역사에 존재했던 영혼이 얼마나 되는지 모르지만 소멸된 영혼은 단 한 영혼도 없다. 전부 어딘가에 있다.

20:11) 또 내가 크고 흰 보좌와 그 위에 앉으신 이를 보니 땅과 하늘이 그 앞에서 피하여 간 데 없더라

11-15절에 불에 타버린 곡과 마곡의 그다음 얘기가 나온다. 흔히 백 보좌 심판이라고 한다. 요한이 크고 흰 보좌와 그 위에 앉으신 이를 보았다. 그 보좌에 앉으신 이가 누구일까? 성부 하나님일까, 성자 예수님일까?

성경이 말하지 않는 것을 추리하느라 애쓸 이유가 없다. 성경은 궁극적인 심판이 있다는 사실을 말할 뿐이다. 그러면 우리의 관심도 거기에 있어야 한다. 보좌에 앉으신 이가 누구인지에 따라서 심판이 달라지지 않는다.

곡과 마곡은 백 보좌 심판을 통해서 죗값을 받게 된다. 그 심판은 땅과 하늘도 감당을 못한다. 이 세상에 속한 것은 하늘이나 땅조차도 존재할 수 없게 된다. 하나님 앞에 합당한 것만 남는다. 그래서 21장에서 새 하늘과 새 땅이 나온다. 하나님 앞에 합당한 사람들만 새 하늘, 새 땅을 누릴 수 있다. 그러면 우리는 어떻게 합격 판정을 받았을까? 노아 홍수 때 방주 안에 있던 노아 가족과 같다. 우리는 어린양의 피를 힘입은 사람들이다.

20:12) 또 내가 보니 죽은 자들이 큰 자나 작은 자나 그 보좌 앞에 서 있는데 책들이 펴 있고 또 다른 책이 펴졌으니 곧 생명책이라 죽은 자들이 자기 행위를 따라 책들에 기록된 대로 심판을 받으니

죽은 자들이 큰 자나 작은 자를 막론하고 그 보좌 앞에 서 있다. 또 책들이 펴져 있다. 책들이라고 했으니 한 권이 아니다. 그 책들 말고 다른 책도 있었는데 그 책은 생명책이다. 그런데 생명책에 대해서는 별 얘기가 없다. 본문은 불신자의 심판을 말하는 중이다. 생명책에 기록된 자들 얘기는 21장에 나온다.

백 보좌 심판이 언제쯤 일어날까? 그날을 알 재간은 없지만 그 시점에 살아 있는 사람도 있을 것이다. 이 세상을 살다 죽은 사람만 심판받는 것이 아니라 살아서 주님의 재림을 맞는 사람도 심판을 받는다. 그런데 성경은 그들을 다 '죽은 자들'이라고 한다. 육신의 생명은 생명으로 치지 않는다. 영이 죽은 자들은 죽은 자이고 첫째 부활에 참여한 자들만 산 자다. 영이 죽은 자들, 하나님 없이 세상을 산 사람들은 자기 행위를 따라 책들에 기록된 대로 심판을 받는다. 4절에서 순교한 자들과 짐승의 표를 받지 않은 자들이 살아서 왕 노릇 한다고 한 것과 대조된다.

기록은 기억보다 강하다고 한다. 그렇다고 해서 하나님께도 이런 말이 통할까? 하나님께는 기록이 필요 없다. 그런데 본문은 죽은 자들이 자기 행위를 따라 책들에 기록된 대로 심판을 받는다고 되어 있다. 심판에는 근거가 있어야 하기 때문이다.

후고구려를 세운 궁예는 미륵불을 자처했다. 또 관심법으로 사람의 마음을 읽을 수 있다고 했다. 누가 딴 마음을 품고 있는지 자기 눈에는 다 보인다는 것이다. 그 관심법 때문에 숱한 사람이 죽었다. 반역을 도모했다는 증거는 필요 없다. 마음이 보인다는데 어떻게 할까? 당하는 사람만 억울할 뿐이다.

하나님의 심판은 그런 식이 아니다. 누구도 부인할 수 없는 객관적인 근거가 있다. 그래서 행위가 책에 기록되었다고 한다.

20:13〉 바다가 그 가운데에서 죽은 자들을 내주고 또 사망과 음부도 그 가운데에서 죽은 자들을 내주매 각 사람이 자기의 행위대로 심판을 받고

육신의 생명이 있는 상태에서 백 보좌 심판을 받는 사람은 극소수일 것이다. 대부분 이미 죽은 사람들이다. 그들이 어디에 있다가 크고 흰 보좌 앞으로 호출되었을까? 본문은 그 답으로 바다, 사망, 음부를 의인화해서 얘기한다.

이스라엘은 바다와 별로 친하지 않다. 성경에서 바다는 죄악의 본산을 뜻한다(사 57:20). 불신자들이 죽어서 그런 바다에 있다가 크고 흰 보좌 앞으로 호출받는다. 또 사망과 음부는 굳이 구별할 필요가 없다. 음부는 부활 신앙이 없는 사람들이 말하는 저승이다.

20:14〉 사망과 음부도 불 못에 던져지니 이것은 둘째 사망 곧 불 못이라

첫째 부활에 참여한 자들은 천 년 동안 그리스도와 더불어 왕 노릇 한다. 그 기간 동안 죽은 자들은 바다, 사망, 음부에서 지낸다. 피의자가 구치소에 수감되어 있다가 재판정에 나오는 것처럼 불신자들 또한 그렇다.

그것이 전부가 아니다. 불신자들을 가뒀던 사망과 음부도 불 못에 던져진다. 애가 크면 회초리가 필요 없게 되는 것과 같다. 불신자들을 다 심판했으니 그들을 구속해두었던 장소도 필요 없다.

20:15〉 누구든지 생명책에 기록되지 못한 자는 불 못에 던져지더라

불신자들은 행위대로 심판받는다. 그러면 신자들은 행위대로 보상받아야 하는 것 아닐까? 성경에는 그런 말이 없다. 누구든지 생명책에 기록되지 못한 자는 불 못에 던져진다고 한다. 우리가 심판을 받지 않는 것은 생명책에 기록되어 있기 때문인데 불신자들이 심판을 받는 것은 그들의 행위 때문이다.

신자는 믿음으로 판단하고 불신자는 행위로 판단한다는 얘기가 아니다. 신분과 소속을 묻는 것이다. 하늘에 속했는지 땅에 속했는지, 이 세상에 속했는지 예수님께 속했는지, 자기가 자기의 주인인지 그리스도가 자기의 주인인지가 기준이다.

좋은 나무가 아름다운 열매를 맺고 못된 나무가 나쁜 열매를 맺는 법이다. 좋은 열매를 맺으라는 얘기가 아니라 좋은 나무가 되라는 얘기다. 열매가 곧 그 나무의 정체성을 보여준다. 그 얘기를 본문은 행위를 따라 심판받는다고 하는 것이다.

"죽은 자들이 자기 행위를 따라 책들에 기록된 대로 심판받는다", "누구든지 생명책에 기록되지 못한 자는 불 못에 던져진다"라는 말을 들으면 사람들은 자기 이름이 생명책에 있는지 궁금하게 여기곤 한다. 자기 이름이 생명책에 있으면 안심이라 치고, 없으면 어떻게 할 셈일까?

어떤 아이 가방에서 호적등본이 나왔다. 엄마가 웬 거냐고 묻자, 자기 이름이 있는지 궁금해서 떼어 봤다고 한다. 그런 말을 들으면 뭐라고 해야 할까? 쓸데없는 것에 신경 쓰지 말고 공부나 하라고 할 것이다.

자기 이름이 생명책에 있는지 궁금하게 여긴다는 얘기가 그런 격이다. 그럴 시간 있으면 공부나 하는 것이 맞다. 하나님이 우리를 어디로 인도하시는지 알아서 거기에 맞게 살아야 한다. 21장에서 새 하늘과 새 땅이 나오고 거룩한 성 새 예루살렘이 나온다. 우리가 그런 곳에 갈 사람들이다. 그만큼 거룩해져야 한다.

그러면 성경이 사탄의 패망과 백 보좌 심판을 얘기하는 것은 무슨 까닭일까? 일차적으로는 소아시아 일곱 교회 교인들을 위로하기 위한 것이다. "너희를 압제하는 세상의 종말이 이렇다. 거기에 굴하면 결국 이렇게 된다."를 보여주는 것이다. 그리고 우리한테는 세상 풍조에 흔들리지 말라는 뜻이다.

혹시 우리한테 세상 눈치를 보려는 마음이 있다면 그 결국이 그와 같을 것이기 때문이다.

성경은 땅과 하늘도 간 곳이 없다고 분명히 말한다. 하나님께서 인정하시지 않는 것은 어떤 것도 남아 있을 수 없다. 그런 것을 놓고 아옹다옹할 이유가 없다. 우리는 어린양의 피로 인해서 하나님께 인정받은 사람들이다.

21장 새 하늘 새 땅 새 예루살렘

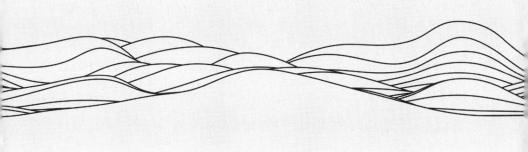

하나님이 천지를 창조했다. 그런데 사람이 죄를 지었다. 모든 피조 세계가 엉망이 되었다. 하나님이 그것을 치유하신다. 그래서 요한계시록을 마치면서 새 하늘, 새 땅을 얘기한다.

새 하늘, 새 땅이 필요한 이유는 어린양의 신부 때문이다. 어린양의 신부를 새 예루살렘이라고도 한다. 21:1-8에서 새 하늘과 새 땅, 새 예루살렘을 말하고 21:9-22:5에서는 새 예루살렘을 확대해서 설명한다. 새 하늘, 새 땅의 초점이 새 예루살렘에 있다. 더 얘기하면 새 예루살렘으로 표현되는 하나님 나라 백성의 완성에 있다.

21:1) 또 내가 새 하늘과 새 땅을 보니 처음 하늘과 처음 땅이 없어졌고 바다도 다시 있지 않더라

앞에 나온 백 보좌 심판의 결론이 불 못이었다. 그런 내용에 이어 새 하늘, 새 땅이 나온다. 불 못과 대조하는 것이다. 이 세상 모든 사람의 운명이 그 두 곳에서 영원히 갈린다.

새로운 것을 뜻하는 헬라어에는 두 가지가 있다. 시간적으로 새로운 것은 '네오스'를 쓰고 질적으로 새로운 것은 '카이논'을 쓴다. 하나님이 죄에 물든 이 세상을 없애버리고 똑같은 세상을 다시 만들어서 새 하늘과 새 땅이라고 했으면 '네오스'다. 그런데 본문에는 '카이논'이 쓰였다. 하나님은 우리를 거듭나게 하신 것처럼 하늘과 땅도 거듭나게 하신다. 새 하늘과 새 땅은 죄가 가득한 옛 질서와 무관한 곳이다.

어떤 사람이 사업을 하다 실패했다. 돈과 건강은 물론이고 의욕마저 잃어 버렸다. 완전히 재기불능이다. 처음 하늘과 처음 땅이 없어졌고 바다도 다시 있지 않다는 얘기가 그런 격이다. 성경에서 바다는 주로 악의 근원으로 나온 다. 모든 악이 바다에서 공급된다. 그런 바다가 없어졌다. 새 하늘과 새 땅에 죄가 유입되는 일은 결단코 없을 것이다.

21:2) 또 내가 보매 거룩한 성 새 예루살렘이 하나님께로부터 하늘에서 내려 오니 그 준비한 것이 신부가 남편을 위하여 단장한 것 같더라

앞에 나온 바벨론은 큰 성이었다. 반면 새 예루살렘은 거룩한 성이다. 세상 은 외형을 추구하지만 우리는 거룩을 추구한다. 그런 새 예루살렘이 하나님 께로부터 하늘에서 내려온다. 인간의 능력으로 말미암은 것이 아니라는 뜻 이다.

여자가 가장 아름다운 날은 혼인하는 날이라고 한다. 하객들마다 웨딩드레스를 입은 신부의 자태를 칭송한다. 새 예루살렘을 설명하면서 그런 표현을 쓴다. 마치 신부가 남편을 위하여 단장한 것 같다는 것이다.

새 예루살렘은 옛 예루살렘을 전제로 한다. 옛 예루살렘은 신부가 남편을 위하여 단장한 것 같지 않았다. 그래서 죄로 파멸했다. 하지만 어린양의 피로 회복된 새 예루살렘은 다르다. 신부가 남편을 위해서 한껏 아름다움을 꾸미는 것처럼 새 예루살렘은 하나님의 영광을 사모하는 마음으로 가득하다.

21:3) 내가 들으니 보좌에서 큰 음성이 나서 이르되 보라 하나님의 장막이 사람들과 함께 있으매 하나님이 그들과 함께 계시리니 그들은 하나님의 백성이 되고 하나님은 친히 그들과 함께 계셔서

새 예루살렘의 핵심은 임마누엘에 있다. 한때 하나님이 사람들과 함께 거하신 적이 있다. 에덴동산에서 그랬다. 그런데 그것이 깨졌다. 그것을 회복한 것이 임마누엘이다.

하나님의 장막이 사람들과 함께 있는 것을 보여주는 것이 성막이다. 지성소에 있는 언약궤가 하나님의 임재를 상징한다. 그런데 그 지성소는 휘장으로 막혀 있었다. 하나님의 함께하심이 완전히 계시된 것이 아니었다. 나중에 예수님의 성육신으로 임마누엘이 성취된다. 예수님이 십자가에 달려 돌아가실 적에 지성소 휘장이 찢어졌고, 오순절에 성령님이 오셨다. 예수님이 이 세상에 오신 임마누엘은 과거에 있었던 일이다. 하지만 성령님이 우리 안에 계신 것은 현재의 일이다. 하나님이 정말로 우리와 함께 계신다. 지금은 그 사실을 믿음의 눈으로 바라보지만 조만간 직접 확인할 수 있게 된다. 본문이 바로 그날이다.

하나님이 사람들과 함께 계신다는 얘기는 구약 시대부터 있었다. 하지만 그때는 성막을 통해서 그 사실을 암시할 뿐이었다. 예수님이 오고서야 임마누엘이 현실이 되었다. 그런데 예수님은 육신을 가진 분이다. 공간의 제약을 받는다. 예수님이 특정한 곳에 계시면 다른 곳에는 안 계신 것이 된다. 이것을 해결한 것이 성령님의 내주하심이다. 성령님은 영이시므로 우리 모두한테 계실 수 있다. 예수를 믿는 사람이라면 누구나 임마누엘의 은총을 누린다.

21:4) 모든 눈물을 그 눈에서 닦아 주시니 다시는 사망이 없고 애통하는 것이나 곡하는 것이나 아픈 것이 다시 있지 아니하리니 처음 것들이 다 지나갔음이러라

우리 육신은 완전하지 않다. 추위와 더위를 느끼고 고통과 불편을 느낀다. 사망이 왕 노릇을 하는 세상에서 살고 있기 때문이다. 그런데 하나님이 우리와 함께 계시면 그 문제가 해결된다.

하나님이 우리의 모든 눈물을 닦아 주신다. 처음 하늘과 처음 땅에서는 애통하는 것이나 곡하는 것이나 아픈 것이 있을 수밖에 없었다. 모두가 사망에서 파생된 것이다.

하나님이 닦아주시는 눈물이 어떤 눈물일까? 애들끼리 놀다가 싸워서 울수 있다. 그런 눈물도 닦아주실까? 아이들의 싸움도 이 세상에 죄가 시작된 때문이라는 측면에서는 닦아주실 수 있다. 하지만 자기가 상대방보다 힘이 셌으면 흘리지 않았을 텐데 힘이 약해서 흘리는 눈물이라면 해당 사항이 없다. 우리가 이 세상에서 눈물을 흘리기만 하면 하나님이 무조건 닦아주셔야하는 것이 아니다. 하나님은 사망이 지배하는 세상 원리 때문에 흘린 눈물을 닦아주신다. 시어머니 때문에도 눈물을 흘려보았고 집 없는 설움 때문에도 눈물을 흘려보았는데 십자가 때문에 흘린 눈물이 없다면 하나님이 닦아주실 눈물이 없는 셈이다.

우리를 위해서 예비된 새 하늘, 새 땅은 사망이 없는 곳이다. 사망은 죄의 삯이다. 즉 새 하늘, 새 땅은 죄가 없는 곳이다. 그러면 지금 우리한테 중요한 것은 죄와 상관없이 사는 일이다. 그런 일이 쉬울 리 없다. 짐승의 표를 받지 않고 세상을 사는 일은 절대 만만하지 않다. 당연히 눈물을 흘리게 된다. 하나님이 그런 눈물을 닦아주신다.

21:5〉 보좌에 앉으신 이가 이르시되 보라 내가 만물을 새롭게 하노라 하시고 또 이르시되 이 말은 신실하고 참되니 기록하라 하시고

우리가 사는 세상이 사망이 왕 노릇 하는 세상이라면 눈물을 닦아주는 것이 별 의미가 없다. 눈물 흘릴 일이 또 생길 것이기 때문이다. 그래서 하나님은 다시 사망이 없는 세상을 만드신 다음에 눈물을 닦아주신다. "내가 만물을 새롭게 하노라"라는 말이 그래서 가능하다.

하나님은 새로운 만물을 만들지 않으신다. 만물을 새롭게 하신다. 존재하지 않던 만물을 만드는 것이 아니라 존재하는 것을 새롭게 하신다. 그것이 새 하늘과 새 땅이고 또 새 예루살렘이다. 아담, 하와가 죄를 범하자 세상을 뒤집어엎고 다시 천지를 창조한 것이 아니라 그리스도 안에 있는 새로운 인류를 만드셨다.

그것이 전부가 아니다. "내가 만물을 새롭게 하노라"라고 하신 다음에 "이 말은 신실하고 참되니 기록하라"라고 했다. 어차피 요한은 자기가 보는 환상을 기록 중이다. 그런데도 기록하라고 하는 것은 그만큼 중요하기 때문이다. 어쩌면 지금은 체험할 수 없고 믿음으로 받아들여야 하는 것이어서 그럴 수 있다.

소아시아 일곱 교회 교인들을 생각해 보자. 짐승의 우상에게 경배하지 않고 죽음을 택한 사람들이 주 안에서 죽는 사람들이다. 짐승의 표를 받지 않은 사람들은 어린양의 혼인 잔치에 청함받은 사람들이다. 그들이 자기들이 복되다는 사실을 실감했을까? 그래서 기록하라고 하는 것이다.

본문도 마찬가지다. 우리가 사는 세상은 새 하늘 새 땅이 아니다. 하나님이 아직은 만물을 새롭게 하지 않으셨다. 하지만 그렇게 될 것이다. 하나님이 하시는 일이 이루어지지 않을 수는 없다.

21:6〉 또 내게 말씀하시되 이루었도다 나는 알파와 오메가요 처음과 마지막이라 내가 생명수 샘물을 목마른 자에게 값없이 주리니

사람이 세운 계획은 이루어진다는 보장이 없다. 하지만 하나님이 계획을 세우면 그 일은 이루어진 셈이다. 그래서 '이루었도다'라고 선언하신다. 하나님은 알파와 오메가이고 처음과 마지막이다. 모든 것이 하나님으로 시작하고 하나님 안에서 끝난다.

'이루었도다'라는 선언은 홀로 존재하지 않는다. 그 선언을 위해서 "무너졌도다 무너졌도다 큰 성 바벨론이여"라는 탄식이 있었다. 하나님 나라는 붕괴된 세상 나라의 기초 위에 성립한다. 앞에서 바벨론의 멸망을 그토록 상세하게 다룬 이유가 여기에 있다. 하나님을 섬기려면 먼저 세상 욕망을 부숴야 한다. 세상 욕심을 청산하기 전에는 하나님을 바로 섬길 수 없다.

알파와 오메가요 처음과 마지막이신 하나님이 이루신 일은 생명수 샘물을 목마른 자에게 값없이 주는 일이다. 창세기부터 요한계시록에 기록된 모든 내용이 그 일을 위한 것이었다. 우리는 과연 목이 마른지 스스로에게 질문해야 한다. 하나님이 하신 모든 일은 목이 마른 사람을 위한 일이다.

21:7〉 이기는 자는 이것들을 상속으로 받으리라 나는 그의 하나님이 되고 그는 내 아들이 되리라

목이 마른 사람은 물을 켜기 마련이다. 본문에서는 그런 사람을 '이기는 자'라고 한다. 이긴 경험이 있는 사람이 아니라 현재 이기고 있는 사람이다. 신앙은 언제나 현재진행형이어야 한다. 그런 사람이 생명수 샘물을 상속받는다.

상속에는 조건이 필요 없다. 혈육이면 된다. 그런데 생명수 샘물은 그렇지 않다. 이기는 자한테 준다고 하면서 상속으로 받는다고 한다. 이기는 자한테 주어지지만 자기 능력이 아니라 상속한 것이다. 상속한 것이라고 해서 저절로 주어지는 것이 아니라 이기는 자한테 주어진다. 믿음으로 구원 얻었는데 그것을 은혜라고 하는 것과 같다. 우리가 믿었다고 해서 우리의 결단이 아니다. 하나님의 은혜라고 해서 저절로 주어지는 것도 아니다.

생명수 샘물을 값없이 받은 목마른 사람, 생명수 샘물을 상속으로 받은 이기는 사람들한테는 특권이 따른다. 하나님의 아들이 되는 것이다. 우리가 지금 하나님을 아버지라고 하는 것은 신앙 고백이다. 실제 그 일이 이루어진 상황이 아니다. 하나님을 아버지라고 하면서도 제한된 육신을 가지고 살아간다. 그런데 우리가 하나님과 부자지간으로 지내는 것이 조만간 현실이 된다. 실제로 하나님의 자녀로 지내게 된다. 그것이 구원의 완성이다. 우리가 예수를 믿게 된 것이 우리 능력이 아니라 하나님이 하신 일이라면 그 일도 이루어질 수밖에 없다.

21:8) 그러나 두려워하는 자들과 믿지 아니하는 자들과 흉악한 자들과 살인 자들과 음행하는 자들과 점술가들과 우상 숭배자들과 거짓말하는 모든 자들 은 불과 유황으로 타는 못에 던져지리니 이것이 둘째 사망이라

구원이 구원인 이유는 심판이 있기 때문이다. 그래서 "내가 생명수 샘물을 목마른 자에게 값없이 주리니 이기는 자는 이것들을 상속으로 받으리라"에 해당되지 않는 사람들에 대한 설명이 나온다.

산상수훈에 나오는 팔복은 서로 구별되는 복이 아니다. 하나님의 백성이 누리는 복을 다른 측면에서 나열한 것이다. 본문도 그런 식이다. 이 가운데 어느 하나에 해당하면 심판받는다는 얘기가 아니다. 두려워하는 자들이나 믿지 아니하는 자들, 흉악한 자들, 살인자들, 음행하는 자들, 점술가들, 우상 숭배자들, 거짓말하는 자들은 모두 불신자를 다양하게 이르는 표현이다.

아담, 하와가 죄를 범했을 때 하나님이 아담을 부르시며 "네가 어디 있느 냐"라고 물으셨다. 그때 아담이 "내가 벗었으므로 두려워하여 숨었나이다" 라고 했다. 두려움은 하나님 앞에 벌거벗은 상태에서 시작된 감정이다. 죄 는 지었는데 희고 깨끗한 세마포로 가리지 않은 것이다. 그런 사람은 하나님 을 믿지 않는다. 당연히 흉악한 자들이다. 선하고 의로운 것이 있을 수 없다. 살인자들이다. 남을 미워하는 마음이 가득하다. 음행하는 자들이다. 하나님 앞에 지켜야 할 정조가 있을 것을 모른다. 점술가들이다. 길흉화복을 하나님 아닌 것에 의지한다. 우상 숭배자들이다. 자기 욕심이 곧 자기의 신이다. 거짓말한다. 만우절과 만우절 아닌 날을 구분하지 않는다는 얘기가 아니라 마귀한테 속했다는 뜻이다. 마귀의 별명이 거짓의 아비다. 그런 자들은 불과 유황으로 타는 못에 던져지는데 그것이 둘째 사망이다.

사실 백 보좌 심판 때 이미 나온 내용이다. 그런데 또 반복한다. 노아 가족이 방주 밖의 참상을 봤다면 무슨 생각을 했을까? 하나님을 떠난 삶이 얼마나 비참한지에 몸서리를 쳤을 것이다. 천사가 롯한테 소돔성의 참상을 보여 줬다면 그것이 무슨 뜻일까? 지금까지 얼마나 부질없는 삶을 살았는지 알라는 뜻이다. 그래서 성경이 우리한테 심판을 말한다.

우리는 신부가 남편을 위하여 단장한 것 같은 거룩한 성 새 예루살렘이다. 쓸데없는 일에 신경 쓸 이유가 없다. 백 보좌 심판과 새 하늘, 새 땅에서 사람들의 운명이 영원히 갈라지는 것처럼 세상을 사는 모습도 영원히 갈라져야 한다. 하나님은 지금도 우리한테 하신 약속을 이루고 계시다. 우리는 그 약속의 완성을 기다리는 사람들이다.

21:9-10〉 일곱 대접을 가지고 마지막 일곱 재앙을 담은 일곱 천사 중 하나가 나아와서 내게 말하여 이르되 이리 오라 내가 신부 곧 어린양의 아내를 네게 보이리라 하고 성령으로 나를 데리고 크고 높은 산으로 올라가 하나님께로부터 하늘에서 내려오는 거룩한 성 예루살렘을 보이니

예수님이 가장 먼저 행한 기적이 물로 포도주를 만든 기적이다. 왜 하필이면 물로 포도주를 만드는 기적을 가장 먼저 행했을까?

성경은 우리를 그리스도의 신부라고 한다. 어린양의 혼인 잔치에 참여하는 것을 구원의 완성으로 얘기한다. 예수님이 그 일을 위해서 오셨다. 즉 갈릴리 가나에서 자칫 망가질 뻔한 혼인 잔치를 온전하게 하신 것으로 장차 있을 혼인 잔치의 완성을 암시하신 것이다.

일곱 대접 재앙 때 나왔던 천사 중의 한 천사가 요한한테 어린양의 아내를 보여주겠다고 했다. 그런데 웨딩드레스를 입은 신부가 아니라 거룩한 성 새 예루살렘을 보여주었다.

앞에서 요한은 큰 음녀가 받을 심판을 본 적이 있다. 그것을 보여준 천사도 일곱 대접을 가진 일곱 천사 중의 한 천사였다. 본문의 천사와 같은 천사인 것 같지만 아닐 수도 있다. 어쨌든 음녀와 어린양의 아내를 대조하는 것은 분명하다. 음녀는 큰 성 바벨론이고 어린양의 아내는 거룩한 성 새 예루살렘이다. 음녀와 바벨론, 세상이 동격이고 어린양의 아내와 새 예루살렘, 교회가 동격이다.

21:11-21〉 하나님의 영광이 있어 그 성의 빛이 지극히 귀한 보석 같고 벽옥과 수정같이 맑더라 크고 높은 성곽이 있고 열두 문이 있는데 문에 열두 천사가 있고 그 문들 위에 이름을 썼으니 이스라엘 자손 열두 지파의 이름들이라 동쪽에 세 문, 북쪽에 세 문, 남쪽에 세 문, 서쪽에 세 문이니 그 성의 성곽에는 열두 기초석이 있고 그 위에는 어린양의 열두 사도의 열두 이름이 있더라 내게 말하는 자가 그 성과 그 문들과 성곽을 측량하려고 금 갈대 자를 가졌더라 그 성은 네모가 반듯하여 길이와 너비가 같은지라 그 갈대 자로 그 성을 측량하니 만 이천 스다디온이요 길이와 너비와 높이가 같더라 그 성곽을 측량하매 백사십사 규빗이니 사람의 측량 곧 천사의 측량이라 그 성곽은 벽옥으로 쌓였고 그 성은 정금인데 맑은 유리 같더라 그 성의 성곽의 기초석은 각색 보

석으로 꾸몄는데 첫째 기초석은 벽옥이요 둘째는 남보석이요 셋째는 옥수요 넷째는 녹보석이요 다섯째는 홍마노요 여섯째는 홍보석이요 일곱째는 황옥이요 여덟째는 녹옥이요 아홉째는 담황옥이요 열째는 비취옥이요 열한째는 청옥이요 열두째는 자수정이라 그 열두 문은 열두 진주니 각 문마다 한 개의 진주로 되어 있고 성의 길은 맑은 유리 같은 정금이더라

음녀가 금과 보석과 진주로 치장을 하고 손에는 금잔을 가졌던 것처럼 새 예루살렘도 온갖 보석으로 꾸며져 있다. 바벨론이 사치와 탐욕의 차원에서 자기를 치장했다면 새 예루살렘은 영광과 존귀의 차원이다. 모름지기 어린양의 아내는 어린양에 어울리는 모습이라야 한다.

본문에 거룩한 성 새 예루살렘에 대한 설명이 나온다. 성의 빛은 지극히 귀한 보석 같고 벽옥과 수정같이 맑다고 한다. 성은 네모가 반듯하여 길이와 너비, 높이가 다 12,000스다디온이고 성벽의 높이는 144규빗이다. 성은 정금으로 되어 있고 성곽의 기초석은 각색 보석으로 꾸며져 있다. 동서남북에 세 개씩 열두 개의 문이 있는데 각 문은 하나의 진주로 되어 있다. 음녀가 자기를 치장한 것과 도무지 비교가 안 되는데 그럴 만한 이유가 있다. 새 예루살렘은 하나님의 영광이 있는 곳이기 때문이다. 이어지는 모든 내용이 하나님의 영광 때문이다.

모세가 성막을 봉헌했을 때 하나님의 영광이 거기에 충만해서 모세도 들어갈 수 없었다. 솔로몬이 성전을 봉헌했을 때도 같은 일이 있었다. 하나님의 영광을 감당할 수 있는 사람은 아무도 없다.

그런 하나님의 영광이 새 예루살렘에 있었다. 하나님의 영광을 인간의 언어로 설명할 수 있을까? 어쨌든 우리가 상상할 수 있는 것 중에 가장 귀한 것

으로 설명할 수밖에 없다. 그래서 온갖 보석이 동원된다. 새 예루살렘은 이 세상과 도무지 비교가 안 되는 곳이다. 실제로 이런 보석들로 되어 있다는 얘기가 아니라 우리가 알아듣게 설명하려니 이런 식으로밖에 표현할 수 없는 것이다.

새 예루살렘의 특징은 열둘이라는 숫자에 있다. 열두 문에 열두 천사가 있고, 그 문들 위에는 이스라엘 열두 지파의 이름들이 있다. 성곽에는 열두 기초석이 있는데 그 위에는 어린양의 열두 사도의 열두 이름이 있다. 열두 사도의 이름이 있다고 해도 되는데, 열두 사도의 열두 이름이라고 해서 열둘을 강조한다. 성의 길이, 너비, 높이도 각각 12,000스다디온이다. 성벽의 높이는 144(12×12)규빗이다. 열두 문은 문마다 한 진주씩 열두 진주로 되어 있다.

성경에서 12는 충만한 수를 말한다. 그런 숫자를 반복함으로써 하나님의 충만하심을 보여주는 것이다. 새 예루살렘은 하나님의 충만하심으로 이루어진 곳이다.

교회는 그의 몸이니 만물 안에서 만물을 충만하게 하시는 이의 충만함이니라(엡 1:23)

만물 안에서 만물을 충만하게 하시는 이는 그리스도다. 교회는 그리스도의 몸이기도 하고 그리스도의 충만함이기도 하다. 본래 그리스도는 홀로 충만하신 분이다. 그런 분이 교회로 자신의 충만함을 삼는다. 만일 교회에 결격 사유가 있으면 그리스도의 충만하심에 문제가 생긴다.

부부는 모든 것을 공유한다. 남편의 위상이 아내의 위상이고 아내의 위상이 남편의 위상이다. 이것이 그리스도와 교회의 관계다. 예수님은 교회가 완전해지지 않으면 자신도 완전해지지 않기로 작정하셨다.

신데렐라가 계모한테 구박받으며 온갖 집안일을 한다. 그러다가 왕자와 결혼하게 되었다. 그런 경우에 평소에 집안일을 하면서 입던 옷을 그대로 입고 결혼하지 않는다. 우리가 그리스도의 신부가 된다는 것이 그만큼 엄청난 얘기다. 예수님이 우리를 사랑하셔서 무조건 혼인 신고를 해주는 것이 아니다. 우리를 그리스도의 신부에 어울리게 만드신다. 우리와 예수님이 동격이다.

이런 엄청난 일이 저절로 될 수 없다. 그래서 성곽 열두 기초석에 어린양의 열두 사도의 열두 이름이 있다고 했다. 기초 공사를 어떻게 하는지 보면 지으려는 건물 규모를 짐작할 수 있다. 지하 5층을 파고 판잣집을 짓는 법은 없다. 하물며 우리를 위한 기초가 열두 사도다. 우리를 향한 하나님의 청사진이 그만큼 놀랍다. 그래서 거룩한 성 새 예루살렘에 하나님의 영광이 있었다. 우리가 본래 하나님의 형상대로 지음받았으니 하나님의 영광이 있는 것이 자연스러운 일일 수 있다. 요컨대 창조 질서의 회복이다. 아닌 게 아니라 에덴동산에도 금과 진주가 널려 있었다.

예루살렘성은 모양이 특이하다. 길이와 너비, 높이가 전부 12,000스다디온이다. 지성소를 연상하게 한다. 모세가 광야에서 만든 성막의 지성소는 길이, 너비, 높이가 모두 10규빗이었고 솔로몬 성전의 지성소는 20규빗씩이었다. 새 예루살렘은 그 자체가 거대한 지성소다.

사람들과 함께 거하는 것이 하나님의 오랜 소원이다. 모세를 통해서 성막을 만들게 한 것이 그 일을 이루고 말겠다는 하나님의 의지 선언인 셈이다. 하지만 사람한테 있는 죄 때문에 당장 그 일을 이룰 수 없었다. 구약 시대에는 대제사장만 일 년에 한 번, 지성소에 들어갈 수 있었다. 그런데 새 예루살렘에서는 하나님의 임재를 상시적으로 누린다. 사람들과 함께 거하려는 하나님의 오랜 계획이 드디어 이루어진 것이다. 구약 시대 대제사장이 얼마나 특별한 사람이었을까? 성경은 우리가 그런 사람이라고 한다.

하나님이 우리를 사랑하신다. 교회에서 늘 듣는 말이다. 이 말만 나오면 "그런데 내 기도는 왜 안 들어주세요?"라고 묻는 사람이 있다. 하나님 생각은 다르다. 하나님은 우리를 사랑하셔서 우리와 같이 시간을 보내고 싶어 하신다. 그래서 임마누엘이다. 구약 시대에는 그 임마누엘이 제한적으로 나타날 수밖에 없었다. 언약궤가 있는 지성소가 휘장으로 가려진 채 대제사장만 일 년에 한 번 들어갈 수 있었다. 하지만 우리 구원이 완성되면 임마누엘도 같이 완성된다. 우리가 하나님과 늘 함께 지내게 된다.

우리가 이 세상에서 익혀야 할 시급한 과제가 있다면 하나님과 함께 있는 것을 즐거워하는 일이다. 이다음에 하나님과 늘 함께 지내게 될 것을 안다면 지금부터 그 연습을 해야 한다. 하나님께는 최소한의 성의 표시만 하고 모든 관심은 세상에 둔 채 살아간다면 나중에 천국에 가도 천국이 아닐 것이다. 하루 종일 하나님과 함께 지내야 하는데 지루해서 어떻게 견딜까? 이 세상에서 하나님을 예배하는 것이 즐겁지 않은데 죽었다고 해서 즐거워질 리는 없으니, 자기가 있는 곳이 천국인지 지옥인지 분간을 못할 것이다.

예루살렘성은 성벽 높이도 엄청나다. 무려 144규빗이다. 144는 12를 두 번 곱해서 나온 숫자다. 12가 두 번 나오는 이유는 구약의 열두 지파와 신약의 열두 사도를 의미해서 그렇다. 하나님의 모든 백성을 말한다. 그런데 144규 빗이 사람의 측량 곧 천사의 측량이라고 한다. 천사가 측량했다고 해서 이 세상에 없는, 천사들만의 기준으로 측량한 것이 아니다. 사람이 측량하는 것과 같은 기준으로 측량했다.

새 예루살렘을 이루신 일은 하나님이 하신 일이다. 그래서 하늘에서 하나님께로부터 내려왔다. 어느 날 갑자기 마술처럼 나타난 것이 아니다. 구약과 신약을 아우르는 일련의 역사를 통해서 만들어졌다. 하나님은 언제나 사람을 통해서 하나님의 일을 이루신다.

21:22〉 성안에서 내가 성전을 보지 못하였으니 이는 주 하나님 곧 전능하신 이와 및 어린양이 그 성전이심이라

옛 예루살렘에서 가장 귀한 것은 단연 성전이었다. 그런데 새 예루살렘에는 성전이 없다. 주 하나님 곧 전능하신 이와 및 어린양이 그 성전이시기 때문이다.

새 예루살렘은 성 자체가 거대한 지성소다. 성전이 성전인 이유는 하나님의 임재를 상징하는 언약궤가 있기 때문이다. 언약궤를 지성소에 안치하고는 아무나 드나들지 못하게 했다. 사람들은 성소 밖에 있는 번제단에서 제사를 드리며 하나님의 임재를 갈망해야 했다. 그런데 새 예루살렘에서는 이미 하나님의 임재 속에 들어와 있으니 특별히 마음을 정돈해서 하나님을 찾을 이유가 없다.

부교역자 시절, 예배를 소홀히 하지 말라는 얘기에 한 청년이 대답했다. "삶이 곧 예배이고 예배가 곧 삶인데 왜 그러세요?" 난처한 상황을 모면하기 위해서 재치를 부린 것이었지만 말 자체는 옳다. 우리 삶 가운데 하나님과 단절된 순간은 없다. 우리는 매 순간 하나님의 임재를 갈망하며 살아야 한다. 삶이 예배라야 하고 예배가 삶이라야 한다. 우리가 육체 가운데 지내는 동안에는 그것이 현실적으로 불가능하기 때문에 시간을 구별해서 하나님을 예배하는 것이다. 하지만 그렇게 되는 날이 있다. 우리 구원이 완성되면 그때는 삶과 예배가 구분이 없게 된다.

21:23〉 그 성은 해나 달의 비침이 쓸 데 없으니 이는 하나님의 영광이 비치고 어린양이 그 등불이 되심이라

도시 생활을 하면 해나 달의 비침에 둔감하다. 내가 어렸을 적에는 햇빛, 달빛이 활동 기준이었다. 하지만 새 예루살렘에서는 하나님의 영광이 비치고 어린양이 그 등불이 된다. 우리가 지금은 하나님을 대면할 수 없기 때문에 하나님의 빛이 아닌 해나 달을 의지하지만 더 이상 그렇게 할 필요가 없다.

21:24〉 만국이 그 빛 가운데로 다니고 땅의 왕들이 자기 영광을 가지고 그리로 들어가리라

난데없이 땅의 왕들이 나온다. 땅의 왕들은 바벨론 멸망 때 땅의 상인들과 같이 심판받았는데 그런 그들이 새 예루살렘에 들어오는 것은 말이 안 된다.

앞에서 예수님을 땅의 임금들의 머리로 소개했다(계 1:5). 예수님은 교회의 머리다. 본문의 땅의 왕들은 교회를 말한다. 이 땅에서 천 년 동안 왕 노릇하던 교회가 자기 영광을 가지고 새 예루살렘으로 들어가게 된다.

새 예루살렘이 교회인데 교회가 교회로 들어가는 것이 말이 되느냐 싶을 수 있지만 그렇지 않다. 교회는 성도 개인을 말하기도 하고 성도의 총화를 말하기도 한다. 그러니 성도 개개인이 성도들의 모임에 합류한다는 뜻이다. 그냥 합류하지 않고 자기 영광을 가지고 합류한다.

신자들한테 무슨 영광이 있을까? 신자들한테 영광이 있다면 이 세상에서 하나님의 영광을 사모한 영광이 있을 뿐이다. 즉 이 세상에서 하나님을 섬긴 흔적을 가지고 새 예루살렘에 모인다.

21:25〉 낮에 성문들을 도무지 닫지 아니하리니 거기에는 밤이 없음이라

제주도를 삼다도라고도 하고 삼무도라고도 한다. 삼다도는 돌, 바람, 여자가 많아서 붙은 이름이고 삼무도는 거지, 도둑, 대문이 없어서 붙은 이름이다. 도둑과 대문은 일맥상통한다. 도둑이 없으니 대문이 있을 이유가 없다.

새 예루살렘 성문들은 닫을 일이 없다. 이 세상 모든 악이 척결된 상태이기 때문이다. 따로 문단속을 할 필요가 없다.

21:26-27〉 사람들이 만국의 영광과 존귀를 가지고 그리로 들어가겠고 무엇이든지 속된 것이나 가증한 일 또는 거짓말하는 자는 결코 그리로 들어가지 못하되 오직 어린양의 생명책에 기록된 자들만 들어가리라

모든 사람이 만국의 영광과 존귀를 가지고 그리로 출입한다. 그리로 들어오는 사람마다 하나님의 백성이다. 그러면 27절은 사족일 수 있다. 이미 백보좌 심판이 시행된 마당이니 속된 것이나 가증한 일 또는 거짓말하는 자가 존재할 리 없다. 그런데도 이런 말을 하는 것은 어린양의 생명책에 기록된 자들과 대조하기 위해서다. 소아시아 일곱 교회 교인들한테 "봐라! 오직 너희들한테만 이런 영광이 예비되어 있다."를 말하는 것이다.

어린 시절의 동화는 주로 "…왕자와 공주가 결혼해서 행복하게 살았더래요"로 끝났다. 21장이 그런 내용을 말하는 것 같다. 지금은 박해에 시달리지만 조금만 참으면 모든 것이 잘된다는 것이다.

만일 하나님의 구원 계획이 동화 속 얘기라면 짐승의 표를 받지 않은 사람들이 어린양의 신부가 되어 황금보화로 된 거룩한 성에서 살아간다는 얘기로 끝나야 한다. 하지만 우리는 이제 비로소 시작이다. 아이가 출생하면 그때부터 진짜 자기 인생이 시작되는 것과 같다. 우리한테는 그날을 기다리는 소망이 있다. 요한계시록은 그런 소망이 있는 사람들을 위한 책이다.

22장 아멘 주 예수여 오시옵소서

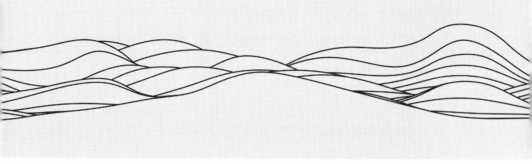

22:1-2) 또 그가 수정같이 맑은 생명수의 강을 내게 보이니 하나님과 및 어린 양의 보좌로부터 나와서 길 가운데로 흐르더라 강 좌우에 생명나무가 있어 열두 가지 열매를 맺되 달마다 그 열매를 맺고 그 나무 잎사귀들은 만국을 치료하기 위하여 있더라

요한계시록에는 생명수라는 말이 본문 외에도 세 차례 더 나오는데(7:17, 21:6, 22:17) 생명수 샘으로도 나오고 생명수 강으로도 나오고 그냥 생명수로도 나온다. 대체 생명수가 무엇이기에 이렇게 자주 얘기할까? 어쨌든 생명수의 근원이 하나님과 어린양의 보좌다.

에덴동산에도 강이 흘렀다. 창 2:10에 "강이 에덴에서 흘러나와 동산을 적시고 거기서부터 갈라져 네 근원이 되었으니"라고 되어 있다. 강이 동산을 적시지 않으면 풀은 마르고 나무는 시들어서 에덴동산이 황무지가 된다. 강이 있어야 에덴동산이 에덴동산이 된다. 강이 생명의 근원이다.

에스겔 47장에는 성전에서 발원한 강줄기 얘기가 나온다. 천 척을 측량하니 물이 발목에 오르고, 다시 천 척을 측량하니 무릎에 오르고, 다시 천 척을 측량하니 허리에 오르고, 다시 천 척을 측량하니 헤엄칠 만한 물이었다.

그 강물이 이르는 곳마다 생물이 살아났다. 에스겔은 이스라엘이 바벨론 포로 생활을 할 때 기록된 책이다. 나라가 망해서 아무런 소망도 없는데 생명의 회복을 얘기했다.

하나님이 요한한테 다짜고짜 생명수의 환상을 보여주시고는 소아시아 일곱 교회에 전하라고 한 것이 아니다. 창세기에는 강이 생명의 근원으로 나오고 에스겔에는 생명의 회복으로 나오는 사실을 알고 있는 사람들을 염두에 두고 이런 환상을 보여주셨다.

명절 끝 날 곧 큰 날에 예수께서 서서 외쳐 이르시되 누구든지 목마르거든 내게로 와서 마시라 나를 믿는 자는 성경에 이름과 같이 그 배에서 생수의 강이 흘러나오리라 하시니 이는 그를 믿는 자들이 받을 성령을 가리켜 말씀하신 것이라 예수께서 아직 영광을 받지 않으셨으므로 성령이 아직 그들에게 계시지 아니하시더라

(요 7:37-39)

예수님이 말씀한 생수의 강이 본문의 생명수 강이다. 믿는 자들이 받을 성령을 말한다. 에덴동산에서 강이 생명의 시작으로 나오고 에스겔에서 생명의 회복으로 나온 이유가 여기에 있다. 성령님이 하시는 일이 죽은 영혼을 살리는 일이다.

사람들한테는 이상한 편견이 있다. 신이 있다는 얘기는 신앙이고 신이 없

다는 얘기는 과학인 줄 안다. 신이 있다는 사실이 과학적으로 증명된 것도 아닌데 어떻게 믿느냐는 말을 한두 번 들은 것이 아니다. 그러면 신이 없다는 사실은 과학적으로 증명되었을까? 신이 있다는 주장이 주관적인 신념이라면 신이 없다는 주장도 주관적인 신념이다. 우리가 신이 있다고 믿는 것처럼 세상 사람들은 신이 없다고 믿는 것뿐이다.

만일 신이 있다면 신은 과학보다 커야 한다. 그런 신을 무슨 수로 과학으로 증명할까? 과학은 신의 존재를 밝히는 학문이 아니라 신이 세상을 다스리는 이치를 밝히는 학문이다.

신자들은 이런 말에 고개를 끄덕인다. 하지만 불신자들은 들은 척도 안 한다. 불신자는 달리 불신자가 아니다. 하나님에 대해서 죽었기 때문에 불신자다. 이것을 치유하는 일을 성령님이 하신다. 그런 성령님의 사역을 생명수의 강으로 얘기한다.

그 강 좌우에 생명나무가 있어 열두 가지 열매를 맺는데, 달마다 그 열매를 맺는다고 한다. 생명나무는 에덴동산에 있던 나무다. 하나님이 죄를 범한 아담을 에덴동산에서 쫓아낸 이유가 생명나무 열매를 먹지 못하도록 하기 위해서였다. 하지만 옛날이야기다. 새 예루살렘에서는 그것이 다시 허락된다. 하나님이 본래 지으신 세상이 회복되는 것이다. 본래 나무 열매는 일 년에 한 번 열리는데 생명나무는 달마다 열매를 맺는다. 일 년이면 열두 번이니 이 역시 하나님의 충만을 나타낸다.

또 그 나무 잎사귀들은 만국을 치료하기 위해서 있다고 했다. 대체 무엇을 치료할까?

강 좌우 가에는 각종 먹을 과실나무가 자라서 그 잎이 시들지 아니하며 열매가 끊이지 아니하고 달마다 새 열매를 맺으리니 그 물이 성소를 통하여 나옴이라 그 열매는 먹을 만하고 <u>그 잎사귀는 약 재료가 되리라</u>(겔 47:12)

"그 잎사귀는 약 재료가 되리라"는 "그 잎사귀는 치료를 위한 것이다"라고 하는 것이 더 원문에 가깝다. 본문은 에스겔이 본 환상에 대한 성취를 얘기한다. 치료 대상이 만국이다. 즉 이 세상에 에덴의 삶이 회복된다는 뜻이다.

또 생명수의 강이 하나님과 및 어린양의 보좌로부터 나왔다고 했다. 보좌가 단수로 쓰였다. 보좌 하나에 하나님과 예수님이 같이 앉아 계신 형국이지만 그런 얘기가 아니다. 두 분의 영광과 권세와 존귀와 위엄이 동등하다는 뜻이다.

성령님은 어떻게 될까? 하나님과 및 어린양의 보좌로부터 나왔으니까 하나님이나 예수님보다 조금 못한 분일까? 그렇지 않다. 본래 같은 보좌에 앉아 있었는데 한 분은 용무가 있어서 나갔고 다른 분은 계속 앉아 있는 차이다. 동등하니까 같은 보좌에 앉아 있지, 위아래 구분이 있으면 어떻게 같은 보좌에 앉겠는가? 성령님 역시 영광과 권세, 존귀와 위엄이 성부 하나님, 성자 예수님과 동등하시다.

22:3-4) 다시 저주가 없으며 하나님과 그 어린양의 보좌가 그 가운데에 있으리니 그의 종들이 그를 섬기며 그의 얼굴을 볼 터이요 그의 이름도 그들의 이마에 있으리라

생명수의 강이 흐르는 그곳에는 다시 저주가 없다. 전에는 저주가 있었다는 뜻이다. 아담, 하와의 범죄로 모든 피조물이 저주를 받았다. 새 예루살렘은 그 모든 저주가 종식된 곳이다. 그런 저주가 두 번 다시 반복되지 않는다.

고다마 싯다르타가 이 세상의 생로병사에서 벗어나는 방법을 찾아 출가했다고 한다. 보리수나무 아래서 해탈했다고 하는데, 그가 했다는 해탈이 어떤 것인지 몰라도 그가 평생 찾아 헤맨 답이 새 예루살렘에 있다.

하지만 그것으로는 부족하다. 저주가 없는 것이 천국의 전부일 수 없다. 저주가 없는 것 외에 추가로 주어지는 것이 있어야 한다.

새 예루살렘은 하나님의 종들이 하나님을 섬기는 곳이다. "하나님은 영이시니 예배하는 자가 영과 진리로 예배할지니라(요 4:24)"는 상당히 유명한 말씀이다. 그 말씀 앞에는 "아버지께 참되게 예배하는 자들은 영과 진리로 예배할 때가 오나니 곧 이때라 아버지께서는 자기에게 이렇게 예배하는 자들을 찾으시느니라(요 4:23)"라는 말씀이 있다. 하나님은 하나님을 예배하는 자들을 찾으신다. 천국에서 그 일이 온전히 이루어진다.

아담, 하와의 범죄 이래 사람은 하나님의 얼굴을 보면 죽을 수밖에 없는 존재로 전락했다. 구약 시대에 하나님과 가장 친했던 모세도 하나님의 등밖에 보지 못했다. 신약 시대에는 예수님을 뵙는 것이 하나님을 뵙는 것이었다. 그런데 새 예루살렘에서는 직접 하나님을 대면할 수 있게 된다.

하나님을 섬기며 하나님을 뵙는 사람들한테는 특징이 있다. 그들의 이마에 하나님의 이름이 있다. 이마에 이름을 쓴다, 이마에 인을 친다는 표현은 상당히 자주 반복된다. 짐승의 표를 받느냐, 안 받느냐 하는 것이 그만큼 중요한 문제라는 뜻이다.

이 세상 사람을 나누는 방법은 다양하다. 남자와 여자로 나눌 수도 있고, 인종이나 언어로 나눌 수도 있다. 가진 자와 못 가진 자로 나누기도 한다. 성경에는 그런 구분이 없다. 이마에 하나님의 이름을 쓴 자와 짐승의 표를 받은 자가 있을 뿐이다.

구약 시대 대제사장의 관에는 '여호와께 성결'이라고 쓰인 패가 있었다. 지성소에 들어갈 때마다 그 관을 썼다. 그런데 새 예루살렘은 그 자체가 거대한 지성소이고 우리는 거기 거주하는 사람이다. '여호와께 성결'이라고 써 붙인 모자를 썼다, 벗었다 할 틈이 없다. 우리 이마에 하나님의 이름이 있다. 짐승의 표를 받은 사람들은 그 표가 자기들의 정체성인 것처럼 우리는 하나님의 이름이 우리의 정체성이다.

22:5) 다시 밤이 없겠고 등불과 햇빛이 쓸데없으니 이는 주 하나님이 그들에게 비치심이라 그들이 세세토록 왕 노릇 하리로다

새 예루살렘에는 다시 밤이 없다. 등불이나 햇빛도 쓸데가 없다. 하나님이 그들한테 비치시기 때문이다. 밤과 낮의 구분이 없어진다는 얘기가 아니다. 하나님의 영광이 충만하다는 뜻이다. 그런 곳에서 세세토록 왕 노릇 한다.

결혼을 하면 누구나 행복을 소망한다. 그런데 결혼 전에 행복하지 않던 사람이 결혼했다는 이유만으로 행복할 수 있을까? 행복은 그런 식으로 하늘에서 떨어지는 것이 아니다. 결혼 전에 행복하게 살던 사람이라야 결혼 후에도 행복하게 살 수 있다.

세세토록 왕 노릇 하는 것도 마찬가지다. 어느 날 갑자기 그런 일이 이루어지는 것이 아니다. 이 땅에서 왕으로 살던 사람이 새 하늘과 새 땅에서 세세토록 왕 노릇 한다.

앞에서 천 년 동안 왕 노릇 한다는 말이 나왔는데 본문에서는 세세토록 왕 노릇 한다고 한다. 천 년 왕국은 교회 시대를 말한다. 지금이 천 년 왕국이다. 지금 왕 노릇 하는 사람이라야 새 예루살렘에서 세세토록 왕 노릇 할 수 있다. 지금 세상과 다음 세상이 연결되어 있다. 구원이 에덴의 회복인 것처럼 다음 세상은 지금 세상의 완성이다. 이 땅에서는 짐승의 표를 받아서 어려움을 면하고 다음 세상에서는 하나님의 은혜로 왕 노릇 하는 수는 없다. 우리가 장차 세세토록 왕 노릇 하게 될 것을 안다면 짐승이 기승을 부리는 지금부터 그리스도와 더불어 왕으로 살아야 한다.

전에 어떤 청년이 물었다. "천국 가면 우린 뭐하면서 지내요?" 그 답이 본문에 있다. 하나님을 섬기면서 하나님의 얼굴을 뵌다. 이마에 하나님의 이름이 있는 채로 세세토록 왕 노릇 한다.

그 청년이 내 말을 알아들었을까? 비단 그 청년만이 아니다. 서면 앉고 싶고, 앉으면 눕고 싶고, 누우면 자고 싶은 것이 우리 육신이다. 그런 우리가 천국을 상상해본들 우리 수준에서밖에 상상할 수 없을 텐데 그것이 천국일까? 하나님이 우리를 위하여 예비하신 모든 것은 눈으로 보지 못하고 귀로 듣지 못하고 마음으로 생각하지도 못하는 것이다.

C. S. 루이스가 한 말이 있다. "내 안에 이 세상이 채워줄 수 없는 갈망이 있는 이유는 내가 다른 세상을 위해 지어졌기 때문이다." 이 세상은 우리한테 만족을 주지 못한다. 우리는 천국에 가야 비로소 물 만난 고기처럼 살 수 있다. 거기서 사는 모습이 우리가 본래 살아야 하는 모습이다.

22:6-7〉 또 그가 내게 말하기를 이 말은 신실하고 참된지라 주 곧 선지자들의 영의 하나님이 그의 종들에게 반드시 속히 되어질 일을 보이시려고 그의 천사를 보내셨도다 보라 내가 속히 오리니 이 두루마리의 예언의 말씀을 지키는 자는 복이 있으리라 하더라

본문으로 천사의 얘기가 끝난다. 이어지는 8-21절은 일종의 에필로그다. 속히 온다는 얘기가 22장에서만 세 번 나온다. 같은 말을 세 번씩이나 반복하는 것을 보니 정말 속히 올 모양이다. 문제는 우리가 그것을 실감하지 못한다는 사실이다. 예수님이 속히 오신다고 하신 지 2,000년이 지났다.

초대 교회 교인들은 예수님이 속히 오신다는 말을 문자 그대로 받아들였다. 원형 경기장에서 사자 밥이 되는 순간까지 예수님이 오시기를 기대한 사람이 한둘이 아니었을 것이다. 그래서 어떻게 되었을까? 예수님 만난 다음에 왜 빨리 안 왔느냐고 항의했을까?

예수님이 2,000년 동안 안 오셨다고 해서 우리 중에 정말로 2,000년째 예수님을 기다리는 사람은 없다. 사람은 자기 인생 속에서만 예수님을 기다린다. 그리고 예수님을 만날 때는 누구나 "주님, 벌써 그날입니까?"라고 할 것이다. 주님은 속히 오시는 것이 맞다.

방학은 늘 빨리 지나갔던 것을 기억할 것이다. 별로 한 것도 없는데 벌써 개학이라며 안타까워했던 경험은 이 세상으로 족하다. 주님 만날 때는 그런 당혹스러움이 없어야 한다. 주님이 속히 오는 것을 인정하면 우리가 할 일은 고정되어 있다. 우리는 그날을 기준으로 살아야 하는 사람들이다.

22:8-9〉 이것들을 보고 들은 자는 나 요한이니 내가 듣고 볼 때에 이 일을 내게 보이던 천사의 발 앞에 경배하려고 엎드렸더니 그가 내게 말하기를 나는 너와 네 형제 선지자들과 또 이 두루마리의 말을 지키는 자들과 함께 된 종이니 그리하지 말고 하나님께 경배하라 하더라

천사는 경배의 대상이 아니다. 그런데 요한이 경배하려 한 것은 하나님 말씀을 전달받은 감격 때문이다. 만일 요한이 경배를 했다고 가정해 보자. 그러면 천사가 요한보다 높은 존재가 된다. 요한도 자기가 받은 내용을 소아시아 일곱 교회에 전하면서 경배를 받을 수 있게 된다. 요즘 말로 바꾸면, 설교자가 회중보다 우위에 있게 된다.

하나님 말씀을 지켜야 하는 책임은 어떻게 될까? 천사도 요한과 함께 종 된 신분이다. 하나님의 종으로 살아야 하는 책임은 천사나 요한이 동일하다. 요한만이 아니다. 요한으로부터 이 말씀을 전해 듣는 사람들도 마찬가지다.

나는 직장 생활을 하다가 신학을 했다. 그런 때문인지 왜 그렇게 힘든 길을 택했느냐는 질문을 종종 받았다. 한번은 내가 물었다. "왜 목회는 힘들다고 생각하세요?" 그분이 답했다. "목회를 하면 항상 말씀대로 살아야 하잖아요. 얼마나 힘들겠어요?"

말씀대로 사는 것이 힘들면, 하나님은 우리를 힘들게 하는 분일까? 말씀대로 살라는 얘기는 세상을 재미있게 살 수 있는 권리를 포기하라는 뜻이 아니라 세상을 바로 살라는 뜻이다.

짚고 넘어가야 할 사실이 또 있다. 목회자가 믿는 예수님과 평신도가 믿는 예수님이 같은 분이다. 하나님 말씀 앞에 아무런 차등이 없다. 목회자는 반드시 하나님 말씀대로 살아야 하지만 목회자가 아닌 사람은 대충 살아도 무방한 것이 아니다. 이 땅에 하나님 뜻을 이뤄야 하는 책임은 모두한테 동등하다. 오죽하면 천사도 우리와 함께 된 종이라고 했다. 우리는 천사가 하나님 말씀에 순종하는 것과 동등한 분량으로 순종해야 하는 사람들이다.

22:10〉 또 내게 말하되 이 두루마리의 예언의 말씀을 인봉하지 말라 때가 가까우니라

요한계시록이 묵시서인 것처럼 다니엘서도 묵시서다. 다니엘한테는 글을 봉함하라고 했다(단 12:4). 그때는 종말의 때가 아니었기 때문이다. 지금은 다르다. 예수님이 오시기만 하면 모든 것이 끝나는 촉급한 상황이다.

요한계시록은 비밀문서가 아니다. 교회로 하여금 종말을 준비할 수 있도록 공개되어야 하는 내용이다. 그것도 시급히 공개되어야 한다. 기록과 동시에 적용해야 할 만큼 긴박한 내용이다. 그래서 11절이 가능하다.

22:11〉 불의를 행하는 자는 그대로 불의를 행하고 더러운 자는 그대로 더럽고 의로운 자는 그대로 의를 행하고 거룩한 자는 그대로 거룩하게 하라

정말로 모든 것이 다 결정되어서 상황이 끝났다는 뜻이 아니다. 상황이 끝났으면 각성을 촉구할 이유가 없다. 예언의 말씀을 인봉하지 않는 것도 의미가 없다.

어떤 고3 교실에서 선생님이 시험이 얼마 안 남았으니 공부 열심히 하라는 말을 한다. 그런데 이번 달까지만 놀고 다음 달부터 공부한다는 학생이 있었다. 그런 학생한테 "그럼 넌 대학 가지마!"라고 하는 격이다. 우리의 행동을 정하는 것이 그만큼 시급하다는 뜻이다. 꾸물거리는 자들한테 구제 불능을 선언할 만큼 시급하다.

22:12〉 보라 내가 속히 오리니 내가 줄 상이 내게 있어 각 사람에게 그가 행한 대로 갚아 주리라

간혹 상급 얘기를 유치하게 생각하는 사람이 있다. 세상에서는 그런 태도가 바람직할 수 있다. 하지만 상을 주신다는 분이 하나님이면 얘기가 달라져야 한다.

교회 학교에서 달란트 잔치를 하는 이유는 아이들의 신앙을 분발시키기 위해서다. 그런데 한 아이가 "우리가 교회 잘 나오게 하려고 그런 식으로 수 쓰는 거죠?"라고 하면 뭐라고 해야 할까? 선생님이 머리를 써서 학생들을 교회 잘 나오게 하면 학생들이 할 도리는 교회 잘 나오는 것이다. 자기는 선생님의 의도를 다 안다고 잘난 척하면 참 얄미울 것이다. 하물며 하나님과 우리의 차이는 교회 학교 교사와 학생 정도가 아니다. 하나님이 상급을 말씀하시면 우리가 할 일은 기를 쓰고 그 상급을 받는 일이다.

22:13〉 나는 알파와 오메가요 처음과 마지막이요 시작과 마침이라

사람은 처음과 나중이 달라질 수 있다. 자기가 벌인 일을 감당하지 못할 수도 있고 마음이 변할 수도 있다. 하지만 주님은 역사의 주인이다. 모든 일이 주님께 달려 있다. 과수원 주인이 인부들이 행한 대로 갚아주는 것처럼 역사의 주인이신 주님께서 각 사람이 행한 대로 갚아주신다.

22:14〉 자기 두루마기를 빠는 자들은 복이 있으니 이는 그들이 생명나무에 나아가며 문들을 통하여 성에 들어갈 권세를 받으려 함이로다

이 세상 역사가 주님께 달려 있으면 주님께 잘 보이는 일이 무엇보다 중요하다. 본문에서는 그 일을 두루마기를 빠는 것으로 얘기한다. 자기 두루마기를 빠는 자들은 복이 있다. 그러면 자기 두루마기를 빨지 않아서 복이 없는 자는 어떤 자일까?

약속 시간이 6시인데 늦을 것 같아서 늦겠다고 연락을 했다. 그러면 늦을 수 있는 자격이 생길까? 연락을 했어도 늦은 것은 늦은 것이다. 이런 말이 너무 매몰차게 들릴 수 있다. 요즘은 시도 때도 없이 길이 막히니 별수 없다고 할 수도 있다.

하지만 두루마기를 빠는 일만큼은 별수 없으면 안 된다. 두루마기를 빨 수 없는 사유를 얘기했다고 해서 두루마기를 빤 것으로 인정되는 법은 없다. 우리가 두루마기를 빠는 것을 짐승은 결코 용납하지 않는다. 그래도 기필코 빨아야 한다. "어지간하면 빨려고 했지만 지금은 워낙 상황이 안 좋아서…"라고 한다면, 11절에 걸린다. 불의를 행하는 자는 그대로 불의를 행하고 더러운 자는 그대로 더럽고 의로운 자는 그대로 의를 행하고 거룩한 자는 그대로 거룩하게 하라고 이미 얘기했다.

그럴 만한 이유가 있다. 자기 두루마기를 빠는 자들은 복이 있다는 얘기가 "이는 그들이 생명나무에 나아가며 문들을 통하여 성에 들어갈 권세를 받으려 함이로다"로 이어지기 때문이다. 아무나 두루마기를 빨지 않는다. 구원에 관심이 있는 사람만 빤다. 그러면 짐승의 방해를 이유로 두루마기를 빠는 일을 유보한 사람은 세상에 관심이 있는 사람들이다. 설령 하나님이 싫어한다고 해도 세상에서 불이익을 받기는 싫다고 하면 별수 없다. 그들은 성에 들어갈 권세를 받으려 하지 않았기 때문에 성 밖에 있는 것이 맞다.

22:15〉 개들과 점술가들과 음행하는 자들과 살인자들과 우상 숭배자들과 및 거짓말을 좋아하며 지어내는 자는 다 성 밖에 있으리라

본문은 성 밖에 있는 자들의 명단이다. 21:8에서 불과 유황으로 타는 못에 던져지는 사람들에 대한 설명이 나왔는데 개들을 빼고는 거기에 다 있는 내용이다. 개들은 성경에서 더럽고 악한 사람들을 가리킬 때 사용되는 표현이다.

내가 이르노니 너희는 성령을 따라 행하라 그리하면 육체의 욕심을 이루지 아니하리라(갈 5:16)

성경은 우리한테 성령을 따라 행하라고 한다. 그래야 육체의 욕심을 이루지 않는다는 것이다. 성령을 따라 행하지 않으면 그때마다 육체의 욕심을 이루게 된다. 그런데 사람들은 비록 성령을 따라 행하지는 않았지만 육체의 욕심을 이루지도 않았다는 식으로 생각한다. 신앙에 중립이 없는 것을 모르는 모양이다.

자기 두루마기를 빠는 자들은 성안에 들어갈 권세를 받는다. 그들은 다시 밤이 없는 곳에서 세세토록 왕 노릇 한다. 자기 두루마기를 빨지 않으면 어떻게 될까? 성경은 그런 사람을 개들과 점술가들과 음행하는 자들과 살인자들과 우상 숭배자들과 및 거짓말을 좋아하며 지어내는 자들이라고 한다. 그들은 불과 유황으로 타는 못에 던져진다. 극과 극이다. 중간이 없다.

예수를 믿는 것이 뭐 그리 대단한 일이라고 이런 엄청난 차이가 생긴단 말인가? 사람이 이런 말을 하면 허풍이라고 무시할 수도 있다. 그래서 16절을 말한다. 이 모두가 예수님의 얘기다.

22:16) 나 예수는 교회들을 위하여 내 사자를 보내어 이것들을 너희에게 증

언하게 하였노라 나는 다윗의 뿌리요 자손이니 곧 광명한 새벽 별이라 하시
더라

학교 다닐 적에 예수님을 세계 4대 성인의 한 사람으로 배웠다. 그때는 철
이 없던 시절이라서 세상에서도 예수님을 인정해주는 것이 괜히 흐뭇했지
만 그런 말이 아니다. 창조주이신 하나님의 아들을 고다마 싯다르타나 공자,
소크라테스와 나란히 얘기하는 것은 엄청난 불경이다. 하지만 그 말을 잠깐
만 받아들이자. 예수님이 세계 4대 성인의 한 사람이면 거짓말을 할 리는 없
다. 그가 한 말은 틀림없는 사실일 것이다. 요한계시록에 기록된 모든 내용
은 무조건 사실로 인정해야 한다.

**22:17〉 성령과 신부가 말씀하시기를 오라 하시는도다 듣는 자도 오라 할 것이
요 목마른 자도 올 것이요 또 원하는 자는 값없이 생명수를 받으라 하시더라**

신부는 교회를 말한다. 성령과 신부가 사람들을 구원으로 초청한다. 이것
이 요한계시록을 읽은 우리가 할 일이다. 우리는 성령과 함께 그리스도를 증
언한다. 듣는 자도 부르고, 목마른 자도 부르고, 원하는 자도 부르고… 할 수
만 있으면 모든 사람을 다 불러야 한다. 이보다 더 시급하고 중요한 다른 일
이 없다.

**22:18-19〉 내가 이 두루마리의 예언의 말씀을 듣는 모든 사람에게 증언하노
니 만일 누구든지 이것들 외에 더하면 하나님이 이 두루마리에 기록된 재앙
들을 그에게 더하실 것이요 만일 누구든지 이 두루마리의 예언의 말씀에서**

제하여 버리면 하나님이 이 두루마리에 기록된 생명나무와 및 거룩한 성에 참여함을 제하여 버리시리라

중요한 내용을 말할 적에 말을 마치면서 한 번 더 당부할 수 있다. 본문이 그렇다. 지금까지 말한 내용 외에 다른 것을 더하면 여기에 기록된 재앙을 더할 것이고 지금까지 말한 내용에서 조금이라도 제하면 구원을 박탈한다고 한다. 표현이 상당히 과격하다. 그만큼 중요하다는 뜻이다.

이런 표현에서 우리가 먼저 놀라야 할 사실이 있다. 우리가 하나님 말씀을 흘려듣는다는 사실이다. 성경 말씀이라는 이유로 누구나 마음에 새기면 이처럼 거친 표현을 쓸 이유가 없다. 성경 말씀 앞에서도 태연하게 "난 그렇게 생각 안 해."라는 망발을 하는 경우가 있는 현실을 감안한 표현이다.

짐 월리스가 성경을 읽으면서 가난, 부, 정의, 억압이라는 단어가 나오는 구절마다 밑줄을 그었다. 그런 구절이 한 페이지에 평균 한 구절 이상 있었다. 그다음에 밑줄 친 구절을 모두 오려냈다. 그것이 작금의 기독교인들이 믿는 성경이라는 것이다. 하나님의 은혜가 드러나는 구절에는 '아멘'을 말하지만 세상 욕심을 버리라는 구절 앞에서는 침묵한다.

뷔페 음식은 입맛대로 골라먹을 수 있지만 하나님 말씀은 다르다. 우리가 할 일은 하나님 말씀을 고르는 일이 아니라 순종하는 일이다. 행여 우리가 그 사실을 망각해서 복을 못 받을까 싶어서 하나님이 애타는 심정으로 당부하신다.

22:20-21〉 이것들을 증언하신 이가 이르시되 내가 진실로 속히 오리라 하시거늘 아멘 주 예수여 오시옵소서 주 예수의 은혜가 모든 자들에게 있을지어

다 아멘

우리가 늘 하는 기도가 주기도문이다. 20절은 그 상반부를 요약한 말씀이다. 아버지의 이름을 거룩하게 하고, 아버지의 나라가 오게 하고, 아버지의 뜻이 하늘에서와 같이 땅에서도 이루어지기를 바란다는 얘기를 한 줄로 요약하면 "주 예수여 오시옵소서"이다. 아람어로 마라나타인데 헬라어로도 음역해서 마라나타라고 한다. 예수님이 오시면 어린양의 혼인 잔치가 이루어진다. 우리 모두가 어린양의 신부가 되는 것이다. 혼인 날짜를 기다리는 신부의 심정이 곧 주님 오심을 기다리는 우리의 심정이다.

중요한 것일수록 가짜가 있는 법이다. 구원이 중요하니까 구원과 이단이 있고, 성령님의 사역이 중요하니까 이상한 은사 운동이 있다. 재림도 그렇다. 재림은 우리 구원의 완성과 연결될 만큼 중요한 사건이다. 사탄이 바보가 아니라면 가짜가 있을 수밖에 없다. 특히 시한부 종말론은 기독교 역사에 항상 있었던 이단이다.

주님 오시는 날짜를 왜 미리 알아야 할까? 누군가 주님 오시는 날짜를 미리 알아서 준비했다고 하자. 그러면 그 사람의 삶은 그날 하루로 평가받을까? 신앙생활은 평생 하는 것이다. 주님 재림하시는 당일만 하면 되는 것이 아니다.

간혹 목사가 교회 재정을 횡령해서 인터넷이 떠들썩하게 되는 수가 있다. 그런 말을 들을 때마다 참 민망하다. 하지만 대부분이 모르는 보편적인 문제가 따로 있다.

우리나라 전체 교회의 33%가 교인 수 50명이 안 되는 교회다. 150명이 안 되는 교회가 또 33%다. 어떤 기준인지 모르지만 재정이 안정되려면 교인이 350명은 넘어야 한다는데 그런 교회는 5%밖에 안 된다. 간혹 물의를 일으켜서 인터넷에 오르내리는 교회는 그 5% 중에서도 극히 일부에 불과하다. 하지만 최저생계비에 미치지 못하는 사례비로 힘겹게 사는 목회자는 상당히 많다. 그 극소수가 너무 드러나는 바람에 목회자의 일반적인 실상이 가려진다.

시한부 종말론이 아무리 문제라도 우리가 입는 피해는 별로 없다. 시한부 종말론이 이단인 것을 누구나 안다. 우리가 정작 조심해야 할 문제는 따로 있다. 종말이 없는 것처럼 살아가는 행태다. 말로는 신앙이 있다고 하면서도 신앙과 관계없이 사는 것처럼 말로는 재림을 말하면서 재림과 관계없이 사는 사람이 얼마든지 있다. 재림은 교리의 문제에 불과하다. 모든 소망이 세상에 있다. 그러면 예수는 왜 믿을까?

아직 장가도 못 가봤는데 주님 오시면 억울해서 어떻게 하느냐는 말을 들은 적이 있다. 그런 말을 어떻게 받아들여야 할까? 혹시 수긍한다면 우리가 그만큼 신앙을 모르는 탓이다. 신부가 결혼 전에 미팅 한 번 해보고 싶다는 것이 말이 될까?

마라나타는 말로만 하는 것이 아니다. 삶으로 고대해야 한다. 그런 사람들한테 주 예수의 은혜가 있을 것이다. 주 예수의 은혜가 우리 모두한테 있기를 진정으로 진정으로 진정으로 소망한다.

LET'S GO 요한계시록

초판 1쇄 발행 2024. 01. 18.

지은이   강학종
펴낸이   방주석
펴낸곳   베드로서원
주 소   10252 경기도 고양시 일산동구 고봉로 776-92
전 화   031-976-8970
팩 스   031-976-8971
이메일   peterhouse@daum.net
등 록   2010년 1월 18일
창립일   1988년 6월 3일
ISBN   979-11-91921-21-2 03230
책값은 뒤표지에 있습니다.

베드로서원은 문서라는 도구로 한국교회가 복음의 본질을 회복하고

마을 목회와 선교적 교회로 나아가는 데 기여하고자 최선을 다합니다.

나의 힘이신 여호와여 내가 주를 사랑하나이다(시 18:1)